그랜드 투어

엘리트 교육의
최종 단계

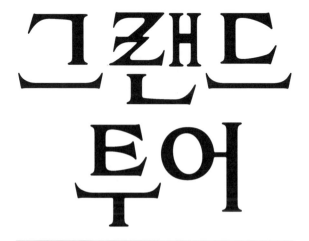

그랜드
투어

THE
GRAND TOUR.

설혜심 지음

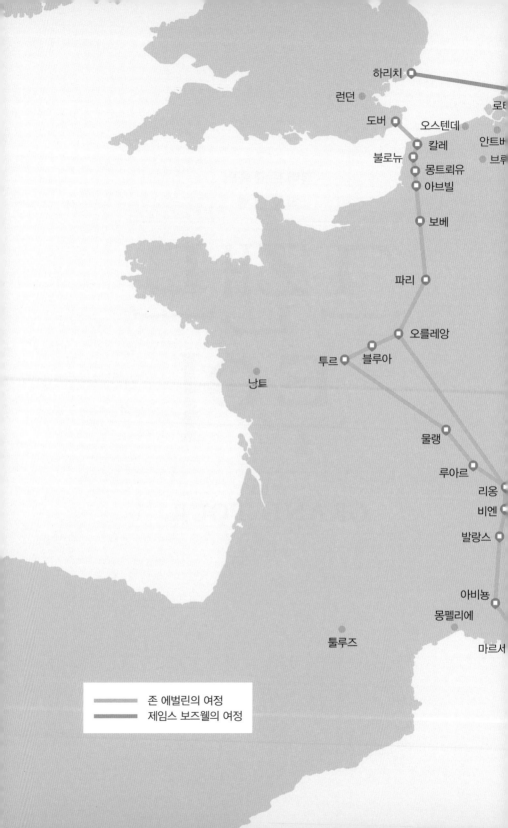

하리치

런던

로테

도버   오스텐데

안트버

불로뉴   칼레   브루

몽트뢰유

아브빌

보베

파리

오를레앙

투르   블루아

낭트

물랭

루아르

리옹

비엔

발랑스

아비뇽

몽펠리에

툴루즈   마르서

존 에벌린의 여정
제임스 보즈웰의 여정

이 거대한 여행의 역사

"솔직히…… 네 책은 너무 어려워서 읽기 힘들어."

몇 년 전 새로 출간된 나의 책을 받으신 어머니께서 나직하게 하신 말씀이다. 당시에는 아무렇지 않은 척했지만 그 말씀에 좀 충격을 받았다. 게다가 아버지께서도 동조의 눈빛을 보내시고 대학 교수인 남동생 역시 내 책이 어렵다고 거드는 게 아닌가.

그동안 나는 서양사 분야의 '전문 학술서'를 써왔다. 하지만 역사의 대중화에 관심이 커서 나 나름대로 전공자뿐 아니라 일반 독자도 염두에 두고 책을 쓴다고 자부해왔다. 게다가 그 책들이 '평이한 언어로 쓰였다'는 학계의 평을 들어왔던 터라 가족들의 이야기에 한 방 얻어맞은 기분이었다. 사랑하는 자식이 쓴 책이기에 침침한 눈을 비벼가며 숙제하듯 열심히 읽어보시려는 부모님의 모습이 떠올랐다. 그런데 그런 부모님에게조차 잘 읽히지 않는 책을 쓴다는 것이 무슨 의미가 있을까 하는 생각이 들었다. 그날 나는 다음에는 누구나 쉽게 읽을 수 있고 부모님께 재미도 드릴 수 있는 책을 쓰겠다고 마음먹었다.

그 다짐의 결과물이 바로 그랜드 투어의 역사를 다룬 이 책이다. 그랜드 투어란 18세기 유럽에서 교육의 일환으로 어린 청년이 프랑스와 이탈리아 등을 여행하던 관행을 일컫는 말이다. 종교 분쟁이 어느 정도 가라앉자 경제적 풍요를 누리던 영국 상류층은 자식을 유럽 대륙으로 보내 외국어와 세련된 취향을 배워오게 했다. 이 유행은 곧 유럽 전역으로 퍼져나갔고 귀족뿐만 아니라 토머스 홉스, 애덤 스미스, 볼테르, 괴테 등 수많은 지성이 동참하면서 '엘리트 교육의 최종 단계'로 자리매김하게 된다. 그랜드 투어는 유럽 지배계급 사이에 동질성을 만들어냈고 예술과 건축의 발달을 촉진했으며 계몽사상을 전파하는 등 유럽 근대사에서 매우 중요한 의미를 갖는 현상이지만 이상하리만치 역사학계는 이 주제에 냉담했다. 유럽에서 그랜드 투어를 다루는 진지한 연구가 시작된 것은 불과 20여 년밖에 되지 않았고, 우리나라에는 잘 알려지지 않았던 주제이다.

내가 그랜드 투어를 처음 만나게 된 것은 2006년 봄이었다. 한국 서양미술사학회에서 그 이듬해 열릴 국제 심포지엄을 준비하면서 기조 강연을 맡아달라는 의뢰를 해왔다. 주제는 '그랜드 투어: 신고전주의 열풍과 18세기 유럽의 예술 기행'이었는데, 서울대학교 박지향 교수님께서 나를 추천하셨다. 나는 영국사에서도 16~17세기를 주로 연구해왔고 19세기 제국주의를 다룬 책을 냈던 적은 있지만 항상 18세기를 비껴가곤 했기 때문에 이 주제가 부담스러웠다. 내가 망설이자 박지향 교수님은 이 기회에 18세기를 본격적으로 공부해보라고 격려해주셨다. 그렇게 시작된 그랜드 투어와의 만남이 이렇게 책으로 나오게 되었으니 교수님께 이 지면을 빌려 다시 감사드린다.

1년간의 준비를 거쳐 나는 2007년 5월에 열린 학술대회에서 그랜드 투어의 양상을 개괄하는 발표를 마칠 수 있었다. 버밍엄 대학교의 쉬어러 웨스트Shearer West, 바젤 대학교의 안드레아스 바이어Andreas Beyer, LA 카운티 미술관의 케빈 살라티노Kevin Salatino 등 신고전주의 미술 전문가들이 참여한 학술대회는 그야말로 풍성했고 즐거웠다. 그런데 나의 마음 한구석에는 그랜드 투어를 미술사적 의미에서뿐만 아니라 기타의 가치들, 특히 교육적 차원에서 본격적으로 조명하고 싶다는 생각이 자라나기 시작했다. 그래서 그때부터 더 많은 자료를 모으고, 학술지에 논문들을 발표하고, 웹진에 연재도 하면서 꽤 오랫동안 이 주제에 매달리게 되었다.

　그랜드 투어라는 주제는 결코 녹록지 않았다. 일단 여행을 떠난 인물이 너무 많고 그들의 경험이 제각각인 데다 16세기 중반부터 19세기에 걸친 장구한 관행이었던 탓에 여행의 패턴을 명확하게 도출하기 어려웠다. 더욱이 어려웠던 점은 출간을 목적으로 쓰인 글을 제외했을 때 그랜드 투어의 주인공들이 남긴 기록이 예상보다 많지 않다는 사실이었다. 남아 있는 기록도 특정 가문의 개인 컬렉션으로 묶여 있어 열람할 수 없는 경우가 많았다. 설사 그런 자료를 입수한다 할지라도 그 내용의 신빙성을 확보하기가 힘들다는 또 다른 난관에 부딪히곤 했다. 그랜드 투어의 1차 사료 대부분은 해외에 나간 어린 청년이 부모에게 보낸 편지들인데, 돈줄을 쥐고 있는 부모에게 아들이 자기가 얼마나 놀며 지내는지를 밝히지 않을 것은 뻔한 일이 아닌가. 결국 나는 역사가들이 이 주제를 왜 멀리해왔는지 그 이유를 처절하게 깨닫는 한편, 동행 교사의 기록이며 여행 지침서, 당시의 교육서, 신문 사설을 뒤지면서 비교적 '객관적'인 내용을 찾을 수밖에 없었다.

　파편적인 기록들이 쌓여가던 와중에 또 다른 문제는 글쓰기였다. 이른바 '쉬운 글쓰기'에 익숙지 않은 나로서는 어떻게 써야 할지 도저히 감을 잡을 수 없는 상태에서 시간이 흘러갔다. 나의 연구실과 집 여기저기에 'GT(내가 Grand Tour를 줄여 부른 말)'라고 적힌 포스트잇이 덕지덕지 붙은 책들이 널브러져갔다. 어느 날 냉장고를 열었는데 우유팩에 쓰여 있는 'GT('Good Taste'를 뜻함)'라는 글자가 포스트잇의 'GT'로 보이면서 '왜 이게 여기 있지?'라는 생각에 머리가 멍해졌다. 본격적인 집필을 더는 미룰 수 없는 때가 왔던 것이다.

폭염이 기승을 부리던 2012년 여름 나는 넉 달에 걸쳐 이 책의 얼개를 만들었다. 가장 염두에 두었던 것은 오늘날 유학이나 해외여행의 시발점으로서 그랜드 투어의 양상을 조망하는 것이었다. 세계화라는 거센 바람 속에서 많은 학생이 조기 유학이나 언어 연수를 떠나고 있기 때문에 그런 열풍의 기원과 발달 과정을 살피는 일은 역사가로서 필요하고도 의미 있는 작업이라고 생각했다. 본문에서 다루겠지만 그랜드 투어는 역사상 최초로 교육을 전면에 내세운 여행이라는 점에서 매우 독특한 위치를 차지한다. 소수 엘리트만이 누릴 수 있었던 이 호사스러운 여행은 19세기 중엽 교통수단의 발달로 더 넓은 계층에까지 확대되면서 그 성격이 많이 변하긴 했지만, 오늘날의 외국어 연수, 조기 유학, 해외 유학, 단체 관광의 토대를 만들어냈던 것이다.

좀 더 실질적 차원에서 나는 이 책을 통해 해외 유학의 득과 실을 따져봄으로써 과연 해외 유학이 떠날 만한 가치가 있는 것인가를 판단해보고 싶었다. 여행은 그야말로 산 교육이 될 수 있지만 동시에 많은 비용과 위험을 감수해야 하는 것이고, 때때로 부모의 손길을 벗어난 어린 학생들에게 합법적인 일탈의 기회를 주기 때문이다. 사실 그랜드 투어가 시작될 때부터 어린 자녀를 해외로 보내는 일은 이미 사회적 딜레마로 떠오르고 있었다. 그런데 연구가 진행될수록 여행자 개개인의 사례가 너무나 다양하다는 사실이 드러나면서 한눈에 해외 유학의 효과를 가늠할 대차대조표를 만드는 일은 불가능하다는 사실이 분명해졌다. 이국의 문화를 체험하며 국제적 감각을 갖추고 성숙해진 젊은이들이 있었는가 하면 도박, 술, 여자에 탐닉하고 귀국 후 적응하지 못한 젊은이들도 꽤 많았다. 그래서 나는 절충안으로 일반적인 시각에서 그랜드 투어에 따르는 위험과 부작용, 그리고 다른 한편으로 여행을 통해 얻게 된 긍정적인 효과를 나열할 수밖에 없었다. 책의 후반부에서 다루는 이 문제는 내게 계속 아쉬움으로 남을 것이다.

그럼에도 불구하고 전반적으로 이 책을 쓰는 과정은 매우 즐거웠다. 우리에게 익숙한 근대 초 유럽의 위인들 대다수가 그랜드 투어를 떠났다는 사실을 알아가는 과정은 참으로 흥미로웠다. 그들이 왜 떠났고 무슨 마차를 타고 다녔으며 어떤 여행 지침서를 읽었고 친구와 어떻게 놀았는지에 대해 읽을 때마다 마치 내가 18세기로 돌아가 그들과 함께 여행하는 것 같은 느낌도 들었다. 옛것에 대한 묘한 취미라고 해도 좋고, 일종의 엿보기가 주는 즐거움일 수도 있다. 그저 먼 곳, 그리고 옛날 사람에 대해 가지는 호기심과 매혹이었을지도 모른다. 가까이 있는 대상에 '애정'을 가진다면 멀리 있는 것에는 별다른 이유 없이도 '매혹'되지 않는가. 그래서 나는 그랜드 투어의 정형을 도출하기보다는 실제로 그랜드 투어를 떠난 사람들의 경험에 초점을 맞추고자 했다. 여행자 개개인의 족적을 되살리고 그 시대의 맛을 살리기 위해 당시 문헌의 일부분이나마 가능한 한 있는 그대로 많이 싣고자 했다. 그 과정에서 구조나 인과관계에 함몰되어 잃어버렸던 '이야기로서의 역사'가 얼마나 재미있는가를 새삼 깨닫게 되었다.

더욱 재미있었던 것은 여행자들이 서로 거미줄처럼 얽혀서 거대한 네트워크를 형성하고 있었다는 사실이다. 예를 들면 말년에야 그랜드 투어를 떠날 수 있었던 영어 사전 편찬자 새뮤얼 존슨 박사에게는 그를 열렬하게 추종하던 작가 제임스 보즈웰이 있었는데, 보즈웰은 자신의 그랜드 투어에서 프리드리히 2세며 위대한 문필가 볼테르 등을 만났다. 그뿐 아니라 나폴리에서는 과격파 정치가 존 윌크스와 함께 베수비오 화산에 올랐고 숭고미의 발견자로 유명한 요한 요아힘 빈켈만의 안내로 로마를 구경하기도 했다. 보즈웰을 만난 루소는 자신의 정부情婦를 영국으로 데려가달라고 부탁했으며, 루소 자신은 영국에서 그랜드 투어를 하던 중 철학자 데이비드 흄의 집에 머물렀다. 흄은 애덤 스미스에게 그랜드 투어 중 유명 인사들과 교류하는 장단점에 대해 자문하는 편지를 썼다. 이렇게 그랜드 투어를 통해 만난 역사 속 인물들의 네트워크를 그려가면서 나는 큰 퍼즐 조각을 맞추는 것 같은 색다른 재미를 느꼈다.

이 책은 보다 광범한 독자층을 겨냥한 나의 첫 시도다. 18세기를 중심으로 펼쳐진 이 거대한 여행의 역사는 당시 유럽의 사회상, 국경을 넘나든 교류와 인간관계, 범유럽적 엘리트 교육의 양상뿐만 아니라 위인들의 삶에서 우리에게 잘 알려지지 않았던 인간적인 면모들을 보여준다. 책을 쓰면서 과거의 여행자들이 오늘날의 관광객들과 얼마나 비슷한가를 발견할 때마다 깔깔거리기도 했고, 현재 우리 시각으로는 이해할 수 없는 행동을 하는 모습에는 왜 그랬을까 궁금해지기도 했다. 보편과 차이, 지속과 단절. 이렇게 과거 사람들의 행적을 살피는 작업은 묘한 감동과 재미를 준다. 나는 부모님, 그리고 독자들과 그 감동과 재미를 공유하고 싶다.

설혜심

Chapter 6   여행의 동반자들

Chapter 7   코즈모폴리턴으로 거듭나기

Chapter 1

그랜드 투어의
탄생

"여행이란 젊은이들에게는 교육의 일부이며
연장자들에게는 경험의 일부다."

프랜시스 베이컨

필립 시드니, 최초의 그랜드 투어리스트

애덤 스미스Adam Smith, 1723~1790의 《국부론The Wealth of Nations》(1776)
에는 이런 구절이 있다.

> **영국에서는 젊은 사람들이 학교를 졸업하면 바로 대학교에 가지 않고 외국으로**
> **여행을 떠나는 것이 점점 관례가 되어가고 있다. 우리 젊은이들이 이 여행을 통**
> **해 일반적으로 대단히 발전되어 귀국한다고 한다.**[1]

18세기 영국에서는 상류계층을 중심으로 젊은이들의 해외여행 열풍이
불었다. 우리가 역사책에서 만나는 위대한 인물들과 이름 모를 수많은 사람
들이 영국해협을 건너 대륙으로 향했다. 당시 유럽 대륙에서는 몰려드는 사
람들을 보며 '영국인의 대륙 침공'이라고 부를 정도였다. 그리고 그 열풍은
곧 영국뿐만 아니라 다른 나라로도 퍼져갔다. 엘리트 교육의 최종 단계로
여겨진 이 여행은 '그랜드 투어'라고 불렸다.

그랜드 투어라는 명칭은 리처드 라셀스Richard Lassels, 1603~1668의 《이탈
리아 여행The Voyage of Italy》(1670)에서 처음 사용되었다고 알려진다. 라셀스
는 "프랑스와 이탈리아를 도는 그랜드 투어를 다녀온 사람만이 리비우스와
카이사르를 이해할 수 있다"고 말했다.[2] 여기서 투어tour는 원래 원을 그리

는 도구를 의미하는 라틴어 토르누스tornus에서 비롯된 말로, 출발해서 원점으로 돌아오는 주유周遊를 뜻한다. 투어에 그랜드가 붙은 데는 돌아다니는 지역이 넓고 여행 기간이 길다는 점 이외에도 사회적으로 높은 계층의 근사한 여행이라는 의미가 숨어 있다.[3]

그랜드 투어의 기원은 16세기 중반으로 거슬러 올라간다. 이 여행의 시조 격인 인물은 필립 시드니Philip Sidney, 1554~1586다. 영국 명문가의 자제로 궁정의 신임이 두터웠던 시드니는 열여덟 살이던 1572년 외교에 필요한 훈련 과정의 하나로, 유럽 대륙으로 여행을 떠나게 되었다. 여행을 주선하고 비용을 대준 사람은 시드니를 총애하던 엘리자베스 1세였다. 그는 말네 필, 하인 세 명, 말동무이자 비서로 고용된 컴패니언companion 한 명을 대동했다. 그의 컴패니언은 이탈리아계 혼혈로, 대륙 사정에 밝은 사람이었다.

프랑스에 도착한 시드니를 맞아준 사람은 프랜시스 월싱엄Francis Walsingham, 1532~1590이었다. 월싱엄은 엘리자베스 1세의 왼팔이나 마찬가지였던 뛰어난 대신으로, 특히 외교와 정보 수집의 달인이었다. 유럽 변방에 위치한 작은 나라 영국이 세계적인 강대국으로 부상할 수 있었던 데는 정보력이 한몫했는데, 오늘날 007이나 M16 등으로 상징되는 첩보강국 영국의 초석을 세운 사람이 바로 월싱엄이다. 월싱엄은 시드니를 보고 무척 반가워했다. 시드니에게서 국익에 기여할 수 있는 고급 외교관이자 스파이로서의 뛰어난 자질을 보았기 때문이다. 시드니는 수려한 외모와 유창한 프랑스어로 프랑스 궁정을 사로잡았고, 영국 궁정은 그동안 문법학교에서 프랑스어를 가르친 보람을 드디어 느끼게 되었다고 기뻐했다.

프랑스에서 충분히 시간을 보냈다고 생각한 시드니는 독일, 이탈리아,

(위) 엘리자베스 1세의 후원을 받아 그랜드 투어를 떠난 필립 시드니 경.
(아래) 엘리자베스 1세(왼쪽)와 그녀의 총신이었던 프랜시스 월싱엄(오른쪽).

폴란드, 오스트리아를 돌아보고 1575년 영국으로 귀국했다. 귀국 후에 그는 군인이자 정치가로 활약했는데 전쟁터에서 빈사 상태에 있던 병사에게 자기가 마실 물을 준 일화로 기사도의 전형적인 인물로 회자되며 명성을 얻었다. 또한 문학에도 관심이 많아 문인들을 후원했다. 1583년이 되자 월싱엄은 아직 10대였던 자기 딸을 시드니에게 시집보냈다. 명문가에서 앞다투어 시드니를 사위로 삼으려 했기 때문에 월싱엄은 딸이 성장하기만을 초조하게 기다려왔던 터였다. 하지만 얼마 후 시드니는 전투에서 부상을 입어 서른두 살 생일을 맞지 못한 채 세상을 떠나고 말았다.

이른 죽음으로 더 유명해진 시드니는 유고가 출간된 이후에는 문필가로서의 명성까지 얻었다. 당대 베스트셀러가 된 그의 저서 가운데는 그랜드 투어 안내서인《유익한 가르침Profitable Instructions》도 있다. 여기서 시드니는 바깥세상을 경험해야 하는 이유에 대해 역설한다. 당시 영국인들은 서재에 앉아 책과 지도를 보는 것이 세상을 아는 최선의 방법이라고 생각했다. 외국에 나가면 이단, 미신, 방탕 같은 악에 물들 위험이 크다는 이유였다. 하지만 시드니는 그런 사람들을 "지하 감옥에 갇힌 채 세상을 여행하는 외로운 죄수"라고 부르며 순수성을 지킬 수는 있겠지만 무지에 빠질 수밖에 없다고 경고했다.

이렇게 죽은 자와 대화를 나누거나 존재하지 않는 사람에게 글을 써대는 사람들은 현명해지기는 하지만, 일단 공직에 진출하면 경멸당하기 십상이다. 왜냐하면 실제 활동하기에는 적합하지 않기 때문이다. 다양한 기질의 사람들, 파당들, 그리고 여러 나라 사람들을 다루는 일을 하려면 책을 읽는 것만으로는 부족하고, 사람에 대해 알아야 한다. …… 뛰어난 학자야말로 최고의 여행자가 될 수 있는

데, 그 이유는 그들이야말로 가장 적절하고도 유용한 관찰을 할 수 있기 때문이다. 이렇게 학식에 경험이 더해질 때 완벽한 인간이 된다.[4]

시드니는 공직, 특히 외교관이 되려는 사람에게 외국 여행은 필수이며 많은 나라를 여행해본 사람이 협상에 능할 수 있다고 말했다. 공직에 진출하려는 꿈을 가진 영국의 귀족 자제들에게 시드니의 조언은 그를 둘러싼 로맨틱한 후광만큼이나 매혹적이었을 것이다.

그랜드 투어 이전의 여행

고대의 여행

그랜드 투어가 나타나기 전에도 사람들은 여행을 했다. 그렇다면 그랜드 투어는 이전의 여행과 무엇이 달랐던 것일까? 흔히 서양 역사에서 최초의 여행자는 그리스인 헤로도토스Herodotos, ?B.C.484~?B.C.425로 알려져 있다.[5] 그는 발길 닿는 대로 이곳저곳을 돌아다니며 본 것과 들은 이야기 들을 꼼꼼하게 기록했다. 그리고 그 방대한 지식을 바탕으로 《역사Historiai》를 저술해 훗날 '역사의 아버지'라는 칭호를 얻었다. 그는 세상 곳곳의 온갖 기이한 풍습을 많이 알고 있었던 덕분에 연회에서 인기 있는 이야기꾼이었다. 헤로도토스는 뚜렷한 목적이나 필요에 의해서가 아니라 '여행 자체가 즐거움'인 여행을 했기 때문에 최초의 여행자로 불린다. 그런데 그때도, 그리고 그 후로도 오랫동안 헤로도토스처럼 목적 없이 여행할 수 있었던 사람은 극히 드물었다.

아피아 가도 고대 로마의 가장 중요한 길이자 가장 오래된 길로, 오늘날에도 일부가 사용되고 있다. 사람이나 물자 등의 이동에 필수적인 두 로는 로마제국 건설의 토대가 되었다.

　고대 사회에서 여행은 대개 특별한 사명이나 필요에 의해 이루어졌다. 그래서 군인, 성직자, 상인 같은 특별한 직업군에게만 여행이 허락되었다. 물론 소수의 여유 있는 자유인은 훌쩍 여행을 떠날 수 있었지만, 자신의 문화권을 벗어나지 않는 선에서 관습에 따라 이루어진 여행이었다. 그런데 로마 시대에 들어서면서 여행이 폭발적으로 유행한 시기가 있었다. 흔히 팍스 로마나Pax Romana, 로마의 평화라고 불리던 1~2세기로, 제국 팽창을 위한 전쟁이 줄어들고 평화가 지속되면서 로마제국이 건설한 훌륭한 교통망을 이용해 많은 사람이 여행을 떠나기 시작했다.

　로마 사람들은 시칠리아섬으로 가서 에트나산을 오르는가 하면, 그리스의 델포이 신전을 방문하고 아테네의 아크로폴리스 언덕에서 신화 속 왕과 역사 속 영웅 들의 발자취를 더듬었다. 고대 그리스에서 아테네와 쌍벽을 이루었던 스파르타 역시 주요 관광지로 떠올랐는데, 그곳의 볼거리는 아르테미스 축제였다. 어릴 적부터 엄격한 훈련을 받았던 스파르타 소년들은 훈련이 끝나면 사냥의 신 아르테미스를 기리며 흥겨운 축제를 벌였다. 축제 기간에 소년들은 여자나 짐승 등의 가면을 쓰고 다른 존재가 되어 빡빡한 훈육(훗날 '스파르타식'이라고 불리게 된다)에서 잠시나마 벗어날 수 있었다.[6]

팍스로마나 시절 주목받는 여행지로 새롭게 떠오른 곳은 바로 트로이였다. 율리우스 카이사르는 자신이 트로이 영웅인 아이네이아스의 직계 후손이라고 주장했다. 그런데 당시에는 트로이의 정확한 위치가 밝혀지지 않았기 때문에 카이사르는 '트로이로 여겨지던 지역'을 찾아가서 면세와 자치권 등의 특권을 부여했다. 카이사르 이후 트로이 관광은 황제들의 지원에 힘입어 성장했다. 그곳에는 특별한 볼거리가 없어서 가이드를 동반한 설명 위주의 관광이 행해졌는데, 가이드들은《일리아드Iliad》에서 따온 어구들을 인용하곤 했다.[7]

쾌락을 즐기던 로마인들은 오늘날 보편화된 '휴가 여행'을 최초로 발명한 장본인이었다. 1세기 말 로마의 부자들 사이에서는 '빌라'라는 시골 별장을 짓는 일이 크게 유행했다. 라틴어로 '페레그리나티오peregrinátio'라고 불린 휴가 여행은 로마에서 비교적 가까운 나폴리만이나 조금 멀게는 지중해 연안의 별장에서 놀다 오는 여행을 의미했다. 해안을 따라 별장이 속속 들어서면서 이 지역들은 휴양지의 모습을 갖추게 된다. 당시 이탈리아 최대 항구였던 푸테올리Puteoli, 오늘날의 포추올리는 국제적인 문화로 유명했고, 나폴리에는 그리스식 고급문화의 전통이 강하게 남아 있었다.[8]

나폴리만에 위치한 휴양지 가운데 가장 유명한 곳은 카이사르와 네로 황제의 별장이 있던 바이아이Baiae, 오늘날의 바이아였다. 유황 온천으로 유명했던 이 지역은 원래 피부병 환자들을 위한 요양지였다. 그런데 부유하고 방탕한 사람들이 몰려들면서 점차 도박과 매매춘 등 질펀한 쾌락의 대명사가 되었다. 바이아이에 다녀왔다는 말만 해도 도덕성을 의심받을 지경이었다. 로마 최고의 웅변가였던 키케로는 클로디아라는 30대 과부를 비난하기 위해 이런 말을 했다.

> **클로디아를 비방하는 사람들은 그녀의 방탕, 사통, 음행, 바이아이 여행, 해변 파티, 잔치, 술판, 먹자판, 가무가 질펀한 놀자판, 유람선 등에 대해 귀가 먹먹할 정도로 떠들고 있다.[9]**

여기서 해변 파티는 오늘날의 비키니 파티와 비슷한 것으로, 로마제국에서 가장 아름다운 사람들을 볼 수 있다는 소문이 돌면서 그들을 훔쳐보려는 구경꾼들까지 모여들어 인산인해를 이루었다.[10]

중세의 순례

로마제국이 멸망한 뒤 중세 유럽의 상황은 완전히 달라졌다. 유럽 전역의 헤게모니를 장악한 가톨릭교회는 고대 그리스-로마의 문화와 유산을 부정하거나 기독교식으로 전유하면서 사회의 기틀을 새로이 정립하려 했다. 쾌락과 관계된 것들 대부분은 영혼을 타락시킨다는 이유로, 혹은 로마제국 멸망의 원인으로 지목되어 부정되었다. 온천 여행이나 휴가 여행도 그 가운데 하나였다. 게다가 교역이 쇠퇴하면서 자급자족적 경제 시스템으로 회귀해 사람들 대부분은 토지에 속박되어 여행의 자유를 제한받았다. 하지만 한 번 생겨난 관습을 뿌리뽑기란 매우 어려운 일이었기에, 이미 사람들 사이에 널리 퍼진 여행이 사라지지는 않았다. 다만 새로운 사회 환경에 맞추어 여행 형태를 달리하고 정당성을 확보해야 했다. 그래서 나타난 것이 순례다.

순례란 본래 "교회에 관련되거나 그에 준하는 사명, 혹은 좀 더 명확하게는 교회의 허가 아래 수행되는 여행이나 사명"[11]을 뜻한다. 로마제국 말기부터 사람들이 순례를 떠나기 시작하면서 크고 작은 성소들이 순례지로서 명성을 떨치게 되었다. 순례는 살아 있을 때나 심지어 죽은 뒤에도 속죄를 위한 중요한 수단으로 여겨졌는데, 어디로 순례를 다녀왔는지에 따라 면죄의 등급이 매겨졌다. 최고 등급으로는 예루살렘, 그다음 등급으로는 로마와 산티아고데콤포스텔라 순례를 꼽았다. 이 세 곳은 그리스도교의 3대 성지였다.

북부 유럽 사람들에게 가장 인기 있는 순례지는 산티아고데콤포스텔라였다. 15세기가 되면 허가받은 여객선이 영국의 플리머스와 에스파냐의 라코루냐를 정기적으로 오가며 순례자들을 실어 날랐다. 순례지마다 독특한 기념품이 있었는데, 산티아고데콤포스텔라의 상징물은 조가비였다. 전설에 따르면, 예수의 열두 제자 중 한

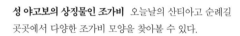

성 야고보의 상징물인 조가비 오늘날의 산티아고 순례길 곳곳에서 다양한 조가비 모양을 찾아볼 수 있다.

명인 야고보가 순교한 후 그의 유언에 따라 유골을 산티아고데콤포스텔라까지 옮겼다. 그리고 그곳의 성주가 유골을 모시기로 하자 성주의 온몸이 조가비로 뒤덮였다는 것이다. 이후 순례자들이 조가비를 달고 다니는 풍습이 생겼다. 초기에는 순례자가 직접 바닷가에 가서 조가비를 주웠으나 12세기경부터는 성당 앞 광장에서 납으로 만든 조가비 모양의 배지를 구입하는 사람이 많아졌다.[12]

순례자들은 긴 지팡이를 짚고 조가비를 몸에 지닌 채 성가를 부르면서 길을 재촉했다. 성소에 도착하기 전 순례자들은 3킬로미터 정도 떨어진 곳에 위치한 라바멘투라라는 곳에서 의식을 행한다. 온몸을 말끔히 씻은 뒤 성스러운 곳에 입성하는 것이다. 그리고 '기쁨의 산'을 의미하는 몽테델고소 언덕에 올라 대성당의 종루를 바라보았다. 순례자 일행 가운데 가장 먼저 종탑을 발견한 사람은 일행의 왕으로 인정받았다. 순례의 문을 지나 성당 안에 들어간 다음 야고보의 성물에 예배를 드리는 순간이야말로 순례의 절정이었을 것이다.[13]

순례가 활발해지면서 오늘날의 패키지여행 상품과 비슷한 것이 나타나기도 했다. 15세기 베네치아에서 홀리랜드Holy Land, '예루살렘'을 뜻함로 떠나는 순례단의 요금에는 뱃삯, 식대, 숙박비, 당나귀 대금, 이교도들에게 바칠 뇌물까지 포함되어 있었다.[14] 순례단의 정규 요금 체계는 오늘날의 단체 관광요금 제도와 놀라울 만큼 흡사했다. 관광객 중 외국인에게 종종 다른 요금이 적용되듯이 당시에도 무슬림이 아닌 사람들은 일종의 부가세를 물고 예루살렘으로 들어가야 했다. 하지만 성안에 들어갈 때 입장료는 단체 할인을 받을 수 있었다.[15]

심각한 질병이나 기타 사정 때문에 여행을 떠나지 못하는 이들은 전

순례자의 배지 성 게오르기우스와 용을 본떠 만든 것(왼쪽)과 세례 요한의 얼굴을 새겨 넣은 것(오른쪽).

문 순례꾼을 고용해 대리 순례를 시키기도 했다. 죽음을 앞둔 이들이 영혼의 안식을 위해 유언장에 대리 순례를 지시하는 일도 많았다. 전문 순례꾼은 파머palmer라고 불렸다. 이 이름은 예루살렘에서 돌아오는 순례자들이 예리코의 종려나무palm 가지를 가져오던 관행에서 비롯되었다. 종려나무 가지는 죄와 싸워 승리하리라는 믿음과 구원을 상징한다. 전문 순례꾼들은 온몸에 자기가 다녀온 여러 순례지의 상징물을 덕지덕지 붙이고 다니면서 화려한 경력을 자랑했다.[16]

원칙적으로 순례는 경건한 종교 행위로, 여러 단계의 치밀한 계획과 준비, 의식이 필요했다. 우선 종교적·세속적 권위로부터 합법적인 허가를 받아야 한다. 그다음으로 남성 순례자는 떠나기 전에 유언장을 작성하고, 자신이 돌아오지 못할 경우를 대비해 가족을 특정인이나 단체에 맡기고 상속인을 지명하는 것이 상례였다.[17] 순례자는 종교적·세속적으로뿐 아니라 기사도에 따라 신변 안전을 보장받았기에 순례자에 대한 범죄 행위는 일반적인 범죄 행위보다 훨씬 무거운 처벌을 받았다.

대다수 중세 사람들에게 순례는 일상에서 벗어날 수 있는 거의 유일하고 합법적인 제도였다. 그 때문에 경건한 여행임에도 그 안에 여흥의 요소가 숨어 있을 수밖에 없었다. 이런 측면에서 보면 순례는 고대에 생겨난, 기분 전환을 위한 휴가나 소풍을 계승한 것이다. 즉, 순례는 각박한 일상에서 탈피해 새로운 시간과 공간을 경험할 기회였던 셈이다.

그랜드 투어의 성장배경

낭험의 시대, 모험의 시대

중세 말이 되자 순례와는 다른 새로운 형태의 여행이 등장했다. 자유의지를 표출하는 이 자발적인 여행은 종종 '모험'의 성격을 띤다. 가장 먼저 자유 여행을 실천한 사람은 기사들이었다. 스스로 무장할 수 있는 권리와 어디로든 떠날 수 있는 자유는 오랫동안 노예와 자유인을 구별하는 결정적인 특징이었는데, 이 두 요소가 기사들의 방랑에서 두드러지게 구현되었던 것이다.[18] 중세 말 유럽의 궁정에서 유행한 기사문학은 기사들의 모험과 사랑이 핵심을 이루고 있다. 여기서 기사들이 여행에서 만나게 되는 온갖 역경이 '모험'이라는 이름으로 불리면서 짜릿한 즐거움으로 인식되기 시작했다.[19] 게다가 '지리상의 발견'과 발맞추어 모험의 총화라 할 수 있는 특별한 직업군인 '탐험가'가 나타나기 시작했다. 이제 모험을 앞세운 새로운 여행이 르네상스 시대를 '탐험의 시대'로 만들 것이었다.

이런 모험을 가능하게 하는 배경에는 호기심이 있었다. 르네상스 시대 사람들은 자연을 비롯한 세상의 모든 것에 호기심을 가지게 되었고, 호기심이야말로 인간의 지식을 확장하고 증진할 자극제라는 인식이 나타났다. 오늘날에는 호기심을 긍정적인 어떤 것으로 당연시하기 때문에 이런 변화의 중요성을 느끼기 어렵지만 중세까지도 호기심은 매우 의심스럽고 때로는 따가운 눈총을 받는 개념이었다.

4세기의 성 아우구스티누스St. Augustinus, 354~430나 10세기의 성 베르나르St. Bernard, 923~1008, 13세기의 토마스 아퀴나스Thomas Aquinas, ?1225~1274 같은 신학자들은 호기심을 하느님에 대한 사랑과 믿음을 오염시키는 소죄venial sin 혹은 안목의 정욕lust of the eye이라고 비난했다.[20] 14세기부터 호기심은 도덕적인 오명을 벗기 시작했고 15세기가 되면 인간정신의 우월한 특성으로 여겨지기에 이른다. 나아가 여행의 합법적인 동기로 인정받기 시작하면서 '탐험의 시대'나 '발견의 시대'에 딱 맞는 개념으로 떠오르게 된다.

여기서 선구적인 인물이 이탈리아의 시인 페트라르카Francesco Petrarca, 1304~1374다. 그는 "인간의 우월한 사고 속에는 새로운 곳을 보고 싶어 하고 다른 곳에서 살아보고 싶어 하는 염원이 내재되어 있다"고 말했다.[21] 이것은 호기심에서 나온 여행을 찬탄할 만한 것, 가치 있는 것으로 천명하는 선언문이나 마찬가지였다. 페트라르카는 호기심을 충족할 수 있는 수단으로서 여행을 찬미했다. 한창 부상하던 도시국가 피렌체는 새로 건립한 대학에 페트라르카를 초빙하면서 그가 꼭 와야 하는 이유를 "풍부한 여행 경험이 있어서 외국의 매너나 도시를 훤하게 알기 때문에"라고 붙였다.[22]

이제 호기심 가득한 여행자는 세계의 발견자이거나 사실의 발견자가 되어갔다. 15세기가 지나면서 휴머니스트들은 많은 장소를 탐색하는 것이 책을 탐구하는 것과 마찬가지로 철학적으로 강력한 자극제라고 주장했다. 이제 여행과 독서가 함께 발달하면서 새로운 문제의식들을 만들어냈다. 그리고 세상은 그야말로 '넓은 배움터'가 되었다. 그랜드 투어의 이론적인 핵심을 이룰 사상, 즉 교육을 위해 여행이 필요하다는 개념은 이렇게 나타나게 되었다.[23]

휴머니즘이 도입되면서 영국에서는 젊은 학자들을 중심으로 자랑스러운 내 나라를 좀 더 알기 위한 '문화유산 답사'가 유행했다. 귀족이나 젠트리처럼 여유 있는 사람들이 몇 주나 몇 달, 때로는 몇 년씩 온전히 개인적 관심으로 영국 곳곳을 여행했다. 이런 현상의 바탕에는 애국심이 있었고, 이것을 가능하게 한 조건들은 당시 쏟아져 나온 역사지지서와 지도, 그리고 1555년부터 체계적으로 정비되기 시작한 도로였다. 16세기 여행자들은 고대 유적을 답사하고, 당시 발달하던 산업 현장을 둘러보는 등 영국에 존재하던 모든 것을 보고 관찰하며 열광했다.[24]

하지만 어떤 사람들은 국내 여행에 만족하지 않았다. '더 멀리 갈수록 더 많이 보고 알게 된다'는 것이 르네상스 시대에 나타난 모토였다. 라셀스 같은 사람들은 더 넓은 세상에 나가 고생을 해봐야만 자신감을 가진 강한 사람, 진정한 젠틀맨으로 거듭난다고 주장했다.

아는 사람이 아무도 없는 곳에서 자고, 이전에 전혀 본 적이 없는 사람과 말하고, 아침이 밝기도 전에 떠나 늦은 밤까지 여행하고, 어떤 말馬이나 어떤 기후도 견뎌내고, 어떤 음식과 마실 것도 다 경험해봐야 하는 것이다.[25]

유럽 변방에 위치한 약소국이었던 영국은 오랫동안 유럽 대륙의 찬란

한 문화를 동경해왔다. 17세기 여행 관련
문헌 가운데 베스트셀러로 꼽히는 제임스
하웰James Howell, 1594~1666의 《해외여행 지
침Instructions for Foreign Travel》에는 이런 열
등감이 고스란히 드러나는 구절이 있다.

> 섬나라 사람들에게는 특히나 해외여행이
> 필요하다. 왜냐하면 그들은 세상 다른 나라
> 와 단절되어 있기 때문에 다른 사회가 어떻
> 게 돌아가는지, 무슨 장점을 가지고 있는지
> 를 알 길이 없다. …… 그래서 더욱 발달한
> 다른 나라 사람들과 교류하면서 문명이 발
> 생하고 세련되어가는 과정, 그것을 가능하
> 게 한 학문과 지혜를 알아야 한다. 이것은
> 마치 만물이 해를 따라 움직이는 자연의 비
> 밀스러운 법칙과도 같은 것이다.[26]

《해외여행 지침》의 표제지 역사가이자 문
필가인 제임스 하웰이 펴낸 17세기 베스트
셀러 여행서.

엘리자베스 1세 시대에 르네상스를 꽃피웠다고 하지만 여전히 영국은
문화적으로 후진국이었다. 하지만 17세기 후반부터 찾아온 정치적 안정과
경제적 풍요 덕분에 영국 사람들은 문화적 열등감에서 벗어날 기회를 마련
할 수 있었다. 찬란한 그리스-로마 문명을 간직한 이탈리아, 화려한 궁정 문
화를 꽃피운 프랑스를 직접 보고 배우기 위해 수많은 젊은이가 영국해협을
건너 긴 여행을 떠나기 시작했다.

종교 갈등 완화와 경제 성장

앞에서 본 것처럼 그랜드 투어의 선구자는 시드니로 알려져 있지만 17세기 후반 전까지 시드니처럼 여행할 수 있는 영국인은 많지 않았다. 프로테스탄트 국가였던 영국이 가톨릭 국가인 프랑스나 이탈리아로 여행하는 것을 원칙적으로 금지했기 때문이다. 여행 중 가톨릭의 영향을 받아 영혼이 더럽혀질 수 있다는 것이 가장 큰 명분이었다. 종교 갈등이 전쟁으로 이어지곤 하던 상황이었기 때문에 여행자들은 종교재판에 회부되거나 정치적 분쟁에 휘말릴 수도 있었다. 영국 정부는 특별한 이유가 없는 한 가톨릭 국가 여행을 반역 행위로 규정했다. 특히 생토메르, 랭스, 두에 같은 곳으로의 여행이나 유학을 가는 것은 심각한 의심을 살 수도 있었다. 그런 지역에는 유명한 제수이트파 학교나 베네딕트파 대학이 있어서 로마가톨릭에 물들 위험이 크다는 이유에서였다.

하지만 17세기 후반이 되면서 유럽을 휩쓸었던 종교 갈등이 상당 부분 누그러졌다. 이성과 과학이 중시되면서 마녀사냥 같은 광포한 종교적 박해도 점차 사라지기 시작했다. 이제 전보다는 훨씬 자유롭게 가톨릭 국가를 여행할 수 있는 분위기가 형성된 것이다. 이전까지는 정치적·종교적 박해로 인한 도피가 주를 이루었다면 이제는 교육을 전면에 내세우고 당당하게 여행을 떠나는 사람이 많아졌다.

17세기 중반 일찌감치 내전을 치르고 명예혁명(1688) 이후 정치적 안정을 획득한 영국은 에스파냐 왕위 계승 전쟁(1701~1714)을 성공적으로 치르며 강대국의 반열에 올라서기 시작했다. 당시 프랑스나 독일이 영토 확장에 혈안이 되어 있던 반면 영국은 교역에 힘을 집중했다. 18세기 중반이 되면서 영국의 무역이 기존 무역대국인 네덜란드를 앞질렀고, 드디어 영국제국의 기틀이 마련되었다. 원활한 교역로를 확보하려면 무엇보다도 해군력이 뒷받침되어야 했다. 엘리자베스 1세 시대만 해도 해적과 해군을 구별할 수 없었지만 영국 정부는 점차 공식적인 해군을 키우며 18세기 중엽 세계 최고의 해군력을 갖추게 되었다. 국가가 나서서 이런 변화를 추진하려면 많은 돈이 필요했다. 17세기 말 영국은 금융혁명이라는 일련의 개혁을 단행한다. 그리고 1694년 세계 최초의 중앙은행인 잉글랜드 은행Bank of England을 설립했다. 해외무역으로 축적한 자본을 정부의 도움 아래 보존할 수 있는 공적 신용 구조를 구축하게 된 것이다. 영국 정부는 국채를 발행해 장기적으로 자금을 확보하는 한편, 토지세 같은 직접세에 의존하던 다른 나라와는 달리 일찌감치 소비세 등의 간접세를 도입해 재정을 효과적으로 확충해갔다. 18세기 영국의 조세 수입에서 간접세가 차지하는 비중은 무려 75퍼센트에 달했고, 전체 조세 수입은 같은 시기 프랑스가 거둬들인 세금보다 무려 세 배 이상 많았다.

　해상권을 장악하고 식민지를 확대하면서 상업과 투자 부문에서 잉여를 축적하게 된 영국은 물질적으로 풍요를 누리게 된다. 물론 이런 풍요가 사회 전반에 골고루 배분된 것은 아니어서 계층 간 빈부 격차가 더욱 벌어졌다. 사회 하층민이 연간 10파운드 남짓의 수입을 올리는 동안 한편에서는 엄청난 부를 거머쥔 사람들이 생겨났던 것이다.[27] 경제적 호황의 수혜자였던 귀족과 새로운 중산층은 해외여행을 떠나기 시작한다. 해외여행이 이제 일종의 신분적 표지로 작용하기에 이른 셈이다. 1786년 영국의 한 신문은 파리에서 영국인들이 매년 100만 파운드 이상을 쓰고 있다고 비판했다.[28]

　또한 18세기 영국에서는 흔히 '소비혁명consumer revolution'이라고 불리는 움직임이 나타났다. 이는 인쇄술과 출판업이 발달하면서 일종의 정보혁

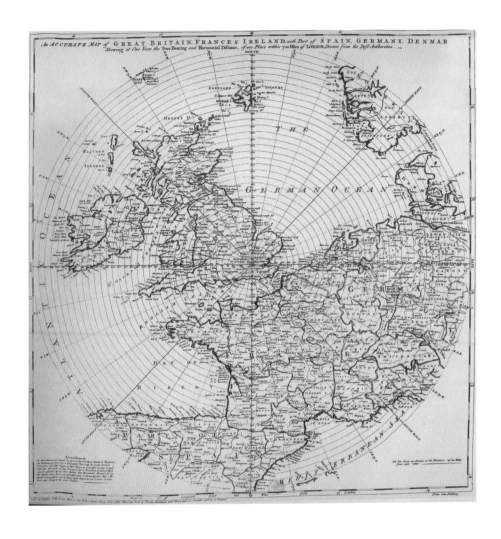

런던에서 유럽 곳곳까지의 거리를 표시한 지도 1766년에 제작된 것으로, 영국 중심적인 세계관을 보여준다.

명이 일어나 소비를 주도한 현상을 말한다. 세계 최초로 발행된 정기간행물들은 독자들의 관심을 끌 만한 온갖 정보를 취급하기 시작했고, 그 가운데 여행이 한몫을 차지했다. 여행 관련 출판물들이 쏟아져 나왔고, 건강과 사교를 위한 온천 여행이나 교육을 위한 여행이 일종의 유행으로 자리 잡게 되었다. 이런 사회적 배경을 바탕으로 그랜드 투어는 영국의 엘리트가 꼭 밟아야 할 교육의 최종 단계로서 사회 전반으로 확산되었다.

공교육과 사교육 논쟁

영국 젊은이들이 해외여행을 택한 이유에는 경제적인 여유뿐 아니라 당시 대학 교육에 대한 불만도 있었다. 17세기 말부터 옥스퍼드나 케임브리지 대학 등 주요 대학에 대한 비판과 불만이 점차 고조되었다. 18세기 초 대학은 텅 비고 그 위상은 한없이 추락했다. 1733년 케임브리지 대학의 크라이스츠 칼리지는 신입생이 겨우 세 명이었다. 대학의 인기가 하락한 가장 큰 이유는 바로 진부한 커리큘럼이었다. 사회는 급변하고 있었지만 대학에서는 중세부터 계속되어온 케케묵은 교과목이 되풀이되었고 교수들은 학생들에게 실생활과는 전혀 관계없는 라틴어 고전을 외우게 했다.

적잖은 기간 동안 대학 교수를 지내고, 이후 그랜드 투어의 동행 교사 생활을 했던 애덤 스미스는 당시 영국 대학의 현실에 대해 날카로운 비판을 내놓았다. 유럽의 대학 교육의 목적은 본래 성직자 양성이기 때문에 학생을 세상사에 능숙한 사람으로 교육하는 데는 적절하지 않다는 것이었다. 그나마 그런 기본교육마저도 "대단히 태만하게, 또 피상적으로 이루어진다"고 쏘아붙였다. 대학 대부분이 다른 분야의 진보를 수용하는 데 거부감이 많은 고인 물과 마찬가지라는 비난도 쏟아냈다.[29]

이런 작은 학자 사회는 일종의 성역으로서 타파된 학설과 진부한 편견이 세계 방방곡곡에서 쫓겨난 후에도 피난처와 보호를 구할 수 있는 성소로 오랫동안 남아있었다. 일반적으로 기부 재산이 많은 부유한 대학들이 개선에 가장 게으르고, 정해진 교육 계획에 대한 중대한 변혁을 가장 싫어했다.[30]

이런 상황에서 학식 있는 사람들 사이에는 자식을 학교에 보내는 것이 나은지 집에서 개인 교사를 두고 가르치는 것이 나은지에 대해 논쟁이 벌어졌다. 공교육과 사교육 논쟁이었다. 사교육에 반대하는 사람들은 하나같이 부모로부터 자식을 떼어놓아야만 진정한 교육을 할 수 있다고 목소리를 높였다. 집에서 교육할 경우 자식을 지나치게 사랑하는 어머니가 사사건건 간섭하기 때문에 가정 교사가 제대로 교육할 수 없다는 것이다.[31] 한때 가정 교사로 생계를 유지했던 선구적 페미니스트 메리 울스턴크래프트Mary Wollstonecraft, 1759~1797는 페미니즘의 권리장전으로 불리는《여성의 권리 옹호A Vindication of the Rights of Woman》의 한 장을 할애해 공교육과 사교육 문제를 다루었다. 학생이 집에서 양육될 경우 좀 더 질서 정연하게 학습 계획을 따라갈 수 있을지는 모르지만, 하인들 위에 군림하는 법을 먼저 배우게 되고 신사의 예의범절에 집착하는 어머니 탓에 허영심만 가득하고 나약해진다고 지적했다.[32]

반면, 공교육의 폐단을 지적하는 측은 천차만별의 학생들이 모인 학교에서 순진한 학생이 질이 좋지 않은 동료들로부터 나쁜 영향을 받을 것을 우려했다. 공교육을 담당하는 선생들의 교수법이 지나치게 엄격해 오히려 학생들에게 악영향을 끼친다는 주장도 많았다. 옥스퍼드나 케임브리지 대학에는 부패가 만연하고 학자들이 서로를 잡아먹으려는 풍조가 팽배해 학

메리 울스턴크래프트.

생들이 그런 그릇된 관행부터 배울 것이라는 걱정도 있었다. 울스턴크래프
트는 사교육의 폐해를 지적하면서도 결과적으로는 공교육보다 사교육이 낫
다고 생각했다. 그녀는 영국 학교의 현실을 이렇게 진단했다.

나는 학교들이 지금과 같은 상태로 운영된다면 악과 우둔함의 온상밖에 될 수 없
다고 생각한다. 아마도 거기서 경험할 인간의 본성은 단지 교활한 이기심뿐일 것
이다. 소년들은 먹보와 게으름뱅이가 될 것이고, 가정적인 애정을 키우는 대신
지성은 약해지고 마음은 완고해져서 성격이 형성되기도 전에 성격을 파괴하는
방탕 속으로 일찌감치 빠져들게 된다.[33]

공교육과 사교육 논쟁에서는 일단 사교육 선호자의 입장이 우세한 듯 보였다. 영국에서는 로크John Locke, 1632~1704, 유럽 대륙에서는 라이프니츠 Gottfried Wilhelm von Leibniz, 1646~1716, 루소Jean Jacques Rouseau, 1712~1778 같은 지식인들이 공교육보다 사교육의 장점을 훨씬 높이 평가했다.[34] 하지만 학생을 가정에서만 교육하기에는 당시 영국 사회가 너무 큰 변화를 겪고 있었고, 학생들이 당장 배워야 할 것은 너무 많았다. 그래서 제3의 대안으로 나타난 것이 바로 해외여행과 여행 중 아카데미 수학이었다.

이미 르네상스 시대부터 피렌체의 플라톤 아카데미를 필두로 새로운 학문을 가르치는 아카데미가 설립되기 시작했다. 18세기는 '아카데미의 시대'라고 불릴 정도로 브뤼셀, 마드리드, 베네치아, 런던 등 유럽 곳곳에서 아카데미가 유행했다. 이런 학교들에서는 당시 실용적인 학문으로 분류되었던 역사, 철학, 시, 수사학 등의 인문학 교과목을 가르쳤다. 인문학 이외에도 승마, 프랑스어, 춤 등 대학이 가르치지 못하는 분야의 수업들이 제공되었다.[35]

옥스퍼드나 케임브리지 대학에 보내면 라틴어나 그리스어를 조금 배우고, 고대 로마나 다른 도시들에 관해 조금 배우는 것이 고작이었지만, 그랜드 투어를 보내면 해당 나라의 지리, 역사, 정치, 예술, 건축, 사회에 대해 많은 것을 배우리라고 기대했다. 사실 아카데미는 대학에 비해 훨씬 효율적인 교육 프로그램을 운영했고, 만족도 또한 높았다. 애덤 스미스조차 대학 같은 공공시설보다 사립아카데미에서 더 훌륭한 교육이 이루어지고 있다고 평가했다. 펜싱, 무용, 승마 학교에 들어가면 최고 수준까지는 아니더라도 최소한 할 수 있는 수준까지는 배운다는 것이다.[36]

이런 상황을 보다 못한 국왕은 1724년 옥스퍼드와 케임브리지 대학에서한을 보냈다. 국왕은 수많은 젊은 귀족과 젠트리가 아예 대학에 입학하지 않거나 대학 교육을 마치지 않은 상태에서 해외로 떠나고 있다고 지적하면서 시대의 흐름에 부합하는 새로운 커리큘럼과 교수진의 운용을 주문했다. 하지만 그 정도 조치로는 충분하지 않았다. 여전히 상류층은 자식들을 영국 대학에 보내기보다 해외 아카데미에 보내는 편을 선호했다.

여기서 여행지로 선택된 곳은 르네상스 휴머니즘이 이상화했던 고대 그리스-로마의 유산이 남아 있는 곳이었다. 즉, 여행을 교육과 연결한 휴머니스트들이 이상향으로 꼽았던 로마를 최고의 목적지로 삼았던 것이다. 중세 1,000년을 이어온 순례는 이제 교육을 위한 '대여행'에 그 자리를 내주게 되었다.

누가 그랜드 투어리스트인가

도대체 얼마나 많은 영국인이 그랜드 투어를 떠났을까? 이 질문에 정확한 답을 내놓을 방법은 없다. 오늘날처럼 여행자 수를 집계하는 정교한 시스템이 없었기 때문이다.[37] 여행에 필요한 통행증 발급 기록으로 여행자의 규모를 산출하는 방법은 신뢰할 수 없는 것으로 밝혀졌다. 1660년에서 1715년 사이에 프랑스로 여행 간 사람들 가운데 통행증을 취득한 사람은 11명에 불과했으나 당시의 서신이나 일기로 추적한 결과 350여 명이 프랑스를 여행한 것으로 나타났기 때문이다.[38] 서신이나 일기를 남기지 않았거나 그런 기록이 사라져버린 사람들까지 포함한다면 과연 몇 명이나 되었을까?

얼마나 많은 영국인이 여행했는지는 파편적인 정보들을 토대로 막연히 추측할 수밖에 없다. 옥스퍼드 대학 교수였던 조지프 스펜스Joseph Spence, 1699~1768는 학생들과 함께 여러 차례 그랜드 투어를 하면서 여행 중에 만났던 영국인 수를 꼼꼼하게 기록했다. 그는 1731년에서 1733년 사이에 프랑스에서는 112명을, 1739년 이탈리아에서는 175명을 만났다.[39] 1780년대 한 여행자는 프랑스에만 3만 명의 영국인이 있다고 말했고,《로마제국 쇠망사The History of the Decline and Fall of the Roman Empire》로 유명한 에드워드 기번Edward Gibbon, 1737~1794은 하인을 포함해 4만 명 이상의 영국인이 유럽을 여행하고 있다면서 자신도 믿기 힘들 정도로 많은 수라고 덧붙였다.[40]

수상의 아들이었던 호러스 월폴Horace Walpole, 1717~1797은 고급 정보를 바탕으로 1763년 7년 전쟁이 끝나기 무섭게 무려 4만 명의 영국인 여행자가 대륙으로 건너갔다고 말했다.[41] 실제로 유럽 대륙에 평화가 찾아온 뒤 여행자 수가 급속하게 늘었던 것은 분명하다. 유럽이 전쟁에 휘말려 있던 18세기 초 영국은 에스파냐(1739~1748), 프랑스(1743~1748)와 교전했는데, 그 시기에는 여행이 완전히 불가능했던 것은 아니지만 대륙 여행이 위험하다는 생각에 여행자 수가 감소했다. 이후 그런 긴장이 사라진 18세기 후반에 여행자가 급증했던 것이다.[42] 그래서 '전형적인' 그랜드 투어는 18세기 후반에 이루어졌다고 주장하는 학자들도 있다.

정확하게 누가 그랜드 투어리스트였는가에 대해서도 학자마다 견해가 다르다. 대륙 여행을 떠났던 모든 사람을 그랜드 투어리스트로 보는 학자가 있는가 하면, 온전히 교육을 위해 대륙으로 건너간 영국 젊은이만이 그랜드 투어의 진정한 주인공이라고 고집하는 학자도 있다.[43] 이런 논란 중에 영국 사학자 브루스 레드퍼드Bruce Redford는 그랜드 투어를 정의할 네 가지 요소

그랜드 투어리스트의 초상 폼페오 바토니가 그린 크나치블-윈덤 경의 초상으로, 고대 유적과 로마 시대 흉상 등을 동원한 전형적인 그랜드 투어리스트의 초상화다. 여기서 개는 초상화 주인공이 나라에 충성할 인재임을 에둘러 표현한 것이다.

를 제안했다.

- 영국의 젊은 남자 귀족 혹은 젠트리가 여행 주체다.
- 전체 여행을 책임지고 수행하는 동행 교사가 있다.
- 로마를 최종 목적지로 삼는 여행 스케줄이 있다.
- 평균 2~3년에 이르는 장기 여행이다.[44]

사람들은 꼭 교육이 아니더라도 다양한 동기를 갖고 대륙으로 떠났는데, 그들 모두를 그랜드 투어리스트의 명단에서 지우는 것은 공평하지 않다. 그래서 필자는 어떤 동기를 갖고 대륙으로 떠났던 간에 최소한 몇 개월이상 로마나 파리 같은 주요 도시를 여행하면서 문화를 체험하고 고대 유적을 답사했다면 그랜드 투어리스트에 포함했다.

여행이 가능한 부유층 가운데는 종교적 혹은 정치적 갈등 탓에 망명을 떠나거나 국외로 추방되어 대륙으로 향한 사람들도 많았다. 영국이 내란을 치르는 동안 극성스러운 왕당파 가운데는 망명을 떠난 왕자(이후 찰스 2세)에 대한 충성심에서 해외를 돌며 자발적으로 고행을 했던 이들도 있었다. 또한 명예혁명 시기에 영국 왕 제임스 2세1633~1701, 재위 1685~1688가 프랑스로 망명하자 그와 그 자손을 받들고 왕위의 부활을 꾀했던 세력인 자코바이트Jacobites(제임스의 라틴어 발음을 딴 말)는 프랑스와 이탈리아에 둥지를 틀게 되었다. 그들은 끊임없이 동조 세력을 불러들였고, 언제 정권이 바뀔지모르는 상황에서 미리 '눈도장'을 찍어두기 위해 그들을 방문하는 고위층도꽤 많았다.

오늘날도 마찬가지지만 당시에도 고위 관료들은 해외로 도피할 때 정치적 이유를 내걸기보다는 건강을 핑계 삼았다. 그들이 벨기에의 유명한 온천지인 스파에 간다는 말은 곧 영국의 정치 상황이 마음에 들지 않아 떠난다는 의미였다. 대륙 온천으로의 요양이 반역과 결부되어 심각한 감시의 대상이 되었던 것은 바로 이런 이유에서였다. 물론 실제로 건강 때문에 유럽으로 건너간 사람도 있었다. 영국의 빈약한 햇살과 습한 기운이 건강에 좋지 않다고 판단해서 청명한 기후와 건강에 좋은 물을 찾아 떠난 것이다. 실제로 영국 사람들은 자기 나라의 기후를 몹시 싫어해서 삶의 불만족을 날씨 탓으로 돌리는 것이 국민성이 되었을 정도다. 어느 귀부인은 파리에 간 여동생에게 보낸 편지에 "잉글랜드의 모든 어리석음은 분명히 이 험악한 날씨가 가져오는 찬 기운 때문이야. 파리의 청명한 날씨와 다른 많은 편리함을 누릴 네가 부러워"[45]라고 썼다.

18세기를 살던 영국인 가운데 사람들이 대륙으로 떠나는 이유를 궁금해했던 인물이 있었다. 바로 문학계의 이단아로 불리는 로렌스 스턴Laurence Sterne, 1713~1768이다. 그는 자신의 그랜드 투어를 다룬 《어느 감상적인 여행 A Sentimental Journey》(1768)에서 '사람들은 왜 여행할까?'라는 질문을 던진다. 그러고는 육체와 정신의 건강을 위해 떠나는가 하면, 피할 수 없는 필요성에 따라, 아니면 비행을 저지르는 자식을 계도하기 위해, 혹은 대륙의 물가가 영국보다 싸기 때문에 여행한다고 대답한다. 그러면서 그랜드 투어에 나서는 이들은 "게으른 자, 호기심 많은 자, 거만한 자, 허영심이 많은 자, 돈을 헤프게 쓰는 자, 순진한 자, 바보 같은 자, 감상적인 자, 그리고 지식과 보다 나은 무언가를 추구하는 자" 등 다양하다고 말했다.[46]

의사이자 문필가였던 토비아스 스몰렛Tobias Smollett, 1721~1771은 과로로 망가진 건강을 회복하겠다며 대륙으로 떠났다. 사실은 외동딸의 죽음과 필화 사건으로 인한 울분을 가라앉히는 것이 더 큰 목적이었다. 그야말로 시간과 비용이 많이 드는 '기분 전환'을 꾀했던 것이다. 스몰렛의 여행에는 아내가 동행했다. 그처럼 가족이 함께 가는 경우도 아주 드문 일은 아니어서 아들의 유학에 어머니가 따라가는 경우도 있었다. 1779년 〈위클리 미셀러니The Weekly Miscellany〉라는 잡지에서는 극성스러운 엄마들이 여행에 따라가고 싶어서 자꾸 아들을 해외로 보내는 바람에 유학 열풍이 불고 있다고 비난했을 정도다.[47] 이런 사례들은 여성도 상당수 여행을 했다는 사실을 말해준다. 본래 그랜드 투어는 남성 엘리트를 위한 기획으로서 여성은 원칙적으로 배제되었지만, 대사의 아내나 아들을 따라가는 엄마처럼 여행을 하는 여성이란 항상 있게 마련이었다. 18세기 말이 되면 가족 단위로 그랜드 투어를 떠나는 경우도 많아졌다.

한편, 오붓한 가족 여행이 아니라 거꾸로 가족을 버리고 대륙으로 사랑의 도피를 감행한 사람들도 있었다. 영국의 점잖은 사회 분위기에서는 용인되지 못할 불륜 관계인 경우 외국, 특히 이탈리아가 매력적인 피난처였다. 나중에 옥새상Lord Privy Seal에 오르게 된 제임스 스튜어트 매켄지James Stuart Mackenzie, 1719~1800의 두 번째 이탈리아행이 그랬다. 1743년 매켄지는 이탈리아 출신의 발레리나 바바라 캄파니니Barbara Campanini, 1721~1799와 함께 베네치아로 도망치는 스캔들을 일으켰다.[48] 그랜드 투어에서 돌아온 지 얼마 되지 않아서였다. 그랜드 투어 중에 밝은 인사성으로 해외 체류 인사들에게 좋은 인상을 주었던 매켄지였기에 파장은 클 수밖에 없었다.

라 바베리나La Barberina라는 별칭으로 불렸던 상대 여성은 18세기에 가장 유명한 발레리나로 손꼽히던 국제적 스타였다. 이 매혹적인 여성은 유럽 순회공연 중 런던에서 매켄지를 만나게 되었다. 그녀는 이미 영국의 다른 상류층 남성들과 염문을 뿌린 전적이 있었을 뿐 아니라 프로이센의 프리드리히 2세의 구애를 받고 있었다. 프리드리히는 자신의 구애를 뿌리친 그녀가 새파란 매켄지와 베네치아로 도망쳤다는 사실을 알고는 몹시 화를 냈다. 결국 그는 베네치아 공사를 체포하면서까지 그녀를 프로이센으로 데려오게 했다. 당시 베네치아에서 프랑스 대사 비서로 일하던 루소는 이 미묘한 국제적 분쟁에 발을 들여놓게 된다. 결국 프로이센에 발이 묶인 바베리나는 얼마 지나지 않아 프리드리히 밑에서 일하던 장관의 아들과 결혼해 황제를 완전히 절망에 빠뜨렸다.

버젓이 아내나 남편이 있음에도 불구하고 해외로 도피해 불륜 상대와 부부 행세를 하던 귀족도 많았다. 파리, 베네치아, 빈 등지에서는 엘리자베스 아미스테드Elizabeth Armistead, 1750~1842나 그레이스 엘리엇Grace Dalrymple Elliott, 1758~1823 같은 영국 출신의 유명한 쿠르티잔이 영국 최상층 귀족과 함께 모습을 드러내곤 했다.[49] 비단 귀족뿐만 아니라 억압적인 영국 사회에 불만이 많았던 중산층 여성들에게도 대륙행은 숨통을 틔워주는 최후의 보루로 여겨졌다. 메리 울스턴크래프트는 헨리 푸젤리Henry Fuseli, 1741~1825라는 유부남 화가에게 강렬한 사랑을 느꼈다. 하지만 상대가 그 사랑을 받아주지 않자 큰 좌절에 빠진 그녀는 혁명의 소용돌이에 휘말린 프랑스로 떠나기로 결정했다. "관계의 사슬을 끊기 위해 새로운 분위기를 찾아 다른 환경 속에 섞여들기로 결심"[50]했던 것이다. 이후 파리에서 울스턴크래프트는 사업가이자 작가인 미국인과 사랑에 빠져 아이까지 낳았다. 안타깝게도 그 사랑 역시 비극적인 결말을 맞았지만 말이다.

머지않아 그랜드 투어는 범유럽적인 현상이 될 터였다. 영국인뿐만 아니라 다른 나라의 귀족들도 자기 나름의 그랜드 투어를 떠나기 시작했다.

영국인의 선례를 가장 열심히 따른 이들은 북부 유럽의 왕족과 귀족 들이었다. 그리고 그들의 목적지에는 반드시 영국이 포함되었다. 독일 안할트데사우Anhalt-Dessau의 대공 프리드리히 프란츠Friedrich Franz, 1740~1817는 1756년부터 친구이자 건축가인 프리드리히 빌헬름 폰 에르드만스도르프Friedrich Wilhelm von Erdmannsdorff, 1736~1800와 함께 영국, 이탈리아, 네덜란드를 여러 차례 방문했다. 이 그랜드 투어의 결실로 그는 광대한 조경 사업을 벌여 자신의 공국을 쾌적하게 개선했다. 그들이 만들어낸 아름다운 영국식 정원과 신고전주의 양식의 건물은 지금까지도 많은 사람을 끌어모으고 있다.[51]

유럽 대륙의 그랜드 투어리스트 가운데 가장 극적인 인물은 아마도 러시아의 표트르 1세Pyotr Ⅰ, 1672~1725, 재위 1682~1725일 것이다. 어린 시절 말썽꾸러기였던 표트르는 정신을 차리고 서유럽의 발달된 문물을 직접 보기 위해 그랜드 투어를 떠났다. 러시아 황제의 신분을 감추고 공장, 박물관, 병원, 대학, 천문대 등을 견학하고 런던의 템스강에서 조선술을 살펴보았는가 하면, 네덜란드의 조선소에서는 직접 망치를 들고 배를 만들기도 했다. 표트르 대제의 서유럽 여행은 낙후된 러시아를 '서구화'하는 중요한 계기였다는 평가를 받곤 한다.

이제 그랜드 투어는 유럽의 엘리트들 사이에서 스스로의 발전을 위한 통과의례로 여겨졌다. 괴테Johann Wolfgang von Goethe, 1749~1832는 1786년 11월부터 1788년 4월까지 이탈리아를 여행하고 《이탈리아 기행》을 남겼다. 흥미롭게도 괴테의 여행은 아버지 요한 카스파르 괴테Johann Kaspar Goethe, 1710~1782의 선례를 모범 삼아 이루어졌다. 황제실 고문관을 지낸 괴테의 아버지는 아들보다 반세기 전에 여행을 마치고는, 1740년 아들의 《이탈리아 기행》과 같은 제목의 여행기를 펴낸 적이 있다. 하지만 이 부자의 관심사

표트르 1세와 흑인 시동 그랜드 투어리스트 가운데 가장 극적인 인물은 러시아의 표트르 1세일 것이다. 그의 서유럽 여행은 러시아를 '서구화' 하는 계기였다고도 평가받는다.

는 약간 달랐다. 아버지 괴테가 이탈리아의 문화며 귀족들의 살롱에 관심을 보이며 교양을 쌓는 데 주력했다면, 방대한 도서관과 훌륭한 미술관에 둘러싸여 살았던 아들 괴테는 오히려 번잡한 사교계에서 벗어나 익명성을 즐기고 자연을 음미하고 백과사전적 지식을 쌓는 것을 여행의 목표로 삼았다.[52]

다시 수십 년이 흘러 괴테의 아들 아우구스트 폰 괴테August von Goethe, 1789~1830도 가족의 전통에 합류했다. 그는 괴테의 자녀들 가운데 유일하게 생존한 무척이나 각별한 아들이었다. 1830년 이탈리아로 떠난 아우구스트는 아버지가 방문했던 여러 장소에서 아버지의 존재를 마주했다. 폼페이의 카사 델 파우노Casa del Fauno, 목신의 집가 카사 디 괴테Casa di Goethe, 괴테의 집로 불리고 있다는 사실에 감명도 받으면서 말이다. 이탈리아에 더 머물게 해달라는 아들의 청에 괴테는 "로마에 발을 들여놓은 사람에게는 아무런 말도 할 수 없는 법이다. 다시 태어난 느낌이 든다면 충분한 가치가 있고 더 머무른다면 좋은 것들 가운데 성숙할 수 있으리라"고 답했다.[53]

하지만 삼대에 걸친 이 여행은 비극적 결말을 맞았다. 병약한 아우구스트는 여행 중 심각한 사고를 당해 결국 로마에서 숨을 거두었다. 아우구스트는 로마의 '세스티우스의 피라미드Pyramid of Cestius' 옆에 묻혔다. 괴테는 친구에게 보낸 편지에서 "바로 그 자리, 아들 놈을 낳기도 전에 아비가 시적으로 동경해 마지않던 그곳에서 쉼을 얻었다네"라고 적었다.[54]

괴테는 《파우스트》 2부 '발푸르기스의 밤'에서 메피스토텔레스의 입을 빌려 "평소 여행을 많이 하는 영국 사람들"이라는 표현을 쓴 적이 있다.[55] 그는 로마에 도착했을 때 이런 고백을 남겼다.

어렸을 적에 나는 때때로 기이한 망상에 사로잡히곤 했는데, 그것은 내가 예술과 역사에 조예가 깊은 어느 학식 있는 영국 남자에게 이끌려 이탈리아로 간다는 기발한 착상이었다.[56]

여기서 괴테를 여행으로 이끄는 사람은 학식 있는 '영국 남자'다. 즉, 해외여행은 영국인의 표지나 마찬가지였던 것이다. 괴테가 말했던 것처럼 그랜드 투어는 그때나 지금이나 본질적으로 영국적인 현상으로 취급받는다. 이 책이 대륙으로 떠난 이들 가운데 영국인의 경험을 중심축에 놓는 이유가 바로 여기 있다.

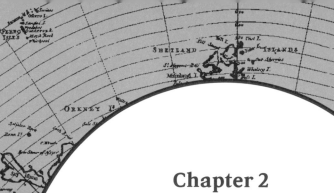

Chapter 2

여행 준비와
안내서

THE

GRAND TOUR.

"계산된 위험은 감수하라.
이는 단순히 무모한 것과는 전혀 다른 것이다."

조지 S. 패튼

여행 지침서의 등장

이미 오래전부터 여행자를 위한 안내서가 존재해왔다. 중세 영국에는 유럽 대륙으로 여행을 떠나는 순례자를 위한 지침서가 있었다. 11세기에 나온 《산티아고 순례 안내서The Guide for Pilgrims to Santiago》는 교과서처럼 취급되었고, 15세기에 나온 홀리랜드로 떠나는 이들을 위한 《윌리엄 웨이의 여정The Itineraries of William Wey》도 인기 있는 안내서였다.[1] 이런 책에는 순례자들이 가봐야 할 주요 성지, 그곳에 적합한 기도문과 기도법, 여행 중에 지켜야 할 신앙상의 덕목과 예배법을 비롯해 주요 도로와 숙박 시설, 각 지역의 풍습과 음식, 마실 수 있는 물을 구별하는 법에 이르기까지 세세한 내용이 담겨 있었다.[2]

그랜드 투어의 시대에는 그에 걸맞은 새로운 형태의 여행 안내서가 등장했다. 순례 안내서와 가장 큰 차이라면 교육이라는 목적을 전면에 내세웠다는 점이다. 휴머니스트들은 호기심과 여행, 그리고 교육이 어우러진 여행을 통해 교육 효과를 극대화할 방법을 궁리했다. 이는 르네상스 이후 유럽 전반에 유행하기 시작한 지적 흐름의 한 단면이기도 했다. 16~17세기 유럽의 지식인들은 인간사의 온갖 문제에 대해 최대의 효과를 불러올 수 있는 '방법론'을 고안하려 했고, 그러다 보니 '~하는 법'과 같은 책이 많이 나오게 되었다. 심지어 '하인에게 모욕을 주는 법'이나 '올바르게 죽는 법'에 대해서

도 활발한 논의가 이루어졌을 정도다.[3]

여기서 새로운 여행 안내서의 선구자인 테오도르 츠빙거Theodor Zwinger, 1533~1588가 등장했다. 그는 스위스 바젤 출신의 의사이자 휴머니스트로 유럽 구석구석을 엄청나게 쏘다녔던 인물이다. 그는 신학과 철학을 공부하고 의사, 인쇄업자의 도제 등 다양한 직업을 경험하며 방대한 지식을 쌓아 초기 백과사전을 편찬하기도 했다.[4] 그 백과사전은 '한 사람이 편찬한 것으로는 아마도 가장 방대한 것'이라는 평판을 얻었다. 그만큼 츠빙거는 자료를 정리하고 지식을 조직화하여 시스템을 만드는 데 탁월한 소질이 있었다.

츠빙거가 관심을 기울였던 분야 중 하나는 다름 아닌 여행 방법이었다. 1577년 그는 《여행 방법Methodus Apodemica》을 출판했다. 기존 여행 지침서들을 망라해 새로운 여행 원칙을 세운 것이다. 이 새로운 여행 지침서는 크게 다음과 같은 골격으로 구성되었다.[5]

- 여행의 정의
- 여행으로 얻을 수 있는 것
- 여행을 반대하는 의견들
- 의학적 조언
- 종교적 조언
- 실제적 조언
- 유럽 주요 나라에 대한 간략한 묘사
- 지도, 나침반, 여행 안내서 등 여행의 보조 도구들
- 무엇을 보고 어떻게 기록하며 평가할 것인가?

그랜드 투어

실용적인 여행 안내서의 등장 품격 있는 여행자들을 위한 믿을 만한 정보들을 담고 있다는 네마이츠의 《파리 체류》(1727)는 프랑스를 여행하는 사람들에게 매우 유용한 안내서였다. 이 책에 실린 파리 지도는 18세기 파리의 경계를 한눈에 보여준다.

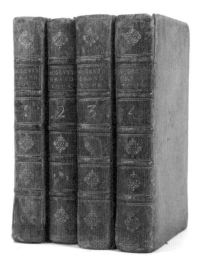

해외여행 지침서의 교과서 18세기 영국의 베스트셀러 해외여행 지침서인 토머스 뉴전트의 《그랜드 투어》.

츠빙거의 책은 출판되자마자 마치 기다렸다는 듯이 다른 나라에서도 곧바로 번역본이 나오면서 유럽 여행 지침서의 유형을 완전히 바꿔놓았다. 이후 그랜드 투어 지침서들은 이 정형화된 틀을 유지하며 출판 시장의 한 분야로 자리 잡았다. 영국에서도 '여행 방법Method of Travel'이라는 제목이 붙은 책들이 나오기 시작했다. 그 가운데 베스트셀러는 토머스 뉴전트Thomas Nugent, 1700~1772가 쓴《그랜드 투어》(1749)[6]였다. 뉴전트의 책은 유럽 주요 국가의 정치·경제 등을 개관하고 꼭 가야 할 명소를 수록했을 뿐만 아니라 비용에 대한 구체적 정보까지 담고 있어서 해외여행 지침서의 교과서 역할을 하게 된다. 그랜드 투어리스트 대부분은 이런 정형화된 매뉴얼을 따라 루트, 학습 방법, 일정 등을 정했다.[7]

여행준비

가장 완벽한 여행 가방

그랜드 투어는 평균 2~3년, 때로는 그 이상의 시간이 걸리는 긴 여행이었다. 그래서 가져가야 할 짐도 상당했다.[8] 이미 17세기부터 준비물이 구체적으로 제시되었는데, 18세기가 되면서 그 목록은 계속 늘어만 갔다. 우선 포크와 나이프 등 개인의 식기를 챙겨야 했다. 프랑스에서는 식기를 가져가지 않으면 저녁을 못 먹는 경우가 있었기 때문이다. 프로테스탄트 기도서, 공책과 크레용, 호신용 검과 피스톨도 필수였다.

옷은 준비물 가운데 가장 신경 써야 하는 품목이었다. 잠자리에서 입는 리넨 겉옷, 해충이 침투하기 어렵게 평직 안감이 붙어 있는 웃옷, 잦은 세탁

에도 견딜 수 있는 질긴 셔츠
열두 벌, 방수 바지 등은 꼭 챙
겨야 했고, 정장도 여름용과
겨울용으로 적어도 두 벌은 준
비해야 했다. 가벼운 여름 모
직 양복에는 금단추가, 꽃무늬
가 수놓인 겨울 벨벳 양복에는
벨벳 단추가 달려 있었다.

이동식 옷장 그랜드 투어리
스트들이 가지고 다닌 이런
거대한 짐들은 여정을 늦추
는 데 일조했다.

정장에 어울리는 스위스제 러
플(옷 가장자리의 주름 장식) 네 장, 에스파
냐제 손수건 여러 장, 흰색 실크 스타킹, 다이
아몬드 버클이 달린 붉은색과 흰색 구두, 뜨거운
햇빛을 막아줄 챙 넓은 모자도 챙겨야 했다. 여행자들은 허술한 숙소에 도둑
이 들 것에 대비해 쇠로 만든 십자 모양의 문 잠금장치도 가지고 다녔다. 이
동용 다기茶器, 물에 뜨는 목욕통, 풀무도 준비했다. 지체 높은 귀족 자제들은
그 밖에도 시계, 보안경, 부싯깃 통, 들고 다닐 수 있는 필기용 책상, 호화로
운 코담배통과 이쑤시개 상자, 가문의 문장이 박힌 여권 지갑을 가져갔다.

여행자들은 낯선 곳으로 떠나는 긴 여행에서 병에 걸리기 쉬웠으므로
무엇보다 위생에 신경 써야 했다. 최고급 여관에서는 깃털로 만든 베개와
침구를 제공했지만, 이탈리아와 독일의 여관에서는 대부분 짚으로 채워진
침구를 내놓았다. 짚 침구는 축축하고 해충이 많아 영국인들의 불만을 샀
다. 그래서 신중한 여행자는 아예 침구를 들고 다녔다. 어느 유명한 여행 지
침서는 이 문제에 대해 이렇게 경고했다.

여행자들은 그전에 누가 그 침대에서 잤는지 절대 알 수 없기 때문에 빈대가 옮겨붙거나 성병 등 각종 질병에 걸리지 않도록 조심해야 한다. 실크로 된 가벼운 침대보와 시트 두 장, 사슴 가죽 두 장을 붙여서 길이 6피트 6인치(약 2미터)에 폭 3피트 6인치(약 1미터)로 만든 깔개를 항상 상자에 넣어 다녀야 할 것이다. 사슴 가죽 깔개를 매트리스 위에 깔면 해충의 침투를 막아줄 것이다.[9]

영국인들은 외국의 의사를 믿지 않았다. 외국 의사는 '영국인의 체질을 모르는 촌구석의 푸주한'이라고 생각했다. 그래서 최고위층 여행자는 의사를 대동했고, 그렇지 않은 사람은 약을 잔뜩 챙겨갔다. 여행용 약상자는 소규모 약국을 방불케 했다. 멀미약, 소화제, 강장제는 기본이었고 비상약으로 사용할 수 있는 약재들도 가지고 다녔다. 특히 배 여행과 마차 여행에서 멀미약은 매우 중요한 상비약이었다. 그 밖에도 바닷소금을 채워 넣은 주머니를 배에 문지르는 것이 멀미에 효과가 있다고 생각했다. 그것이 싫은 사람들은 석류 또는 민트를 먹거나 향기가 좋은 퀸스quince, 마르멜로 열매 과육과 레몬 껍질을 배에 문질렀다.

음식에 들어갈 향신료도 준비해야 했다. 소금, 겨자, 고추, 생강, 육두구는 기본이었고 차, 설탕, 오트밀, 사고sago, 말레이산 사고야자 나무에서 뽑은 녹말 역시 필수품이었다. 부피가 큰 짐은 목적지로 먼저 부쳤지만, 검과 피스톨처럼 항상 휴대해야 하는 것들도 있게 마련이어서 짐은 늘 많았다. 돌아오는 길에는 그동안 사들인 물건 때문에 짐이 더 늘어났다. 18세기 초 벌링턴 백작Richard Boyle, 3rd Earl of Burlington, 1694~1753이 도버에 내렸을 때는 트렁크가 무려 878개나 되었다고 한다.

영국에서 출발하는 사람들은 여행 허가서를 발급받는 것이 원칙이었다. 물론 이것이 늘 지켜지지는 않았다. 하지만 칼레 이남에서는 밀항을 하지 않는 한 반드시 새로운 통행증을 발급받아야 했고, 여행 대상 국가와 상황에 따라 별도의 여권을 준비해야 했다. 이탈리아의 몇몇 도시에서는 40일간의 검역을 의무화했으며, 건강 증명서를 요구하는 나라도 있었다. 어떤 불행한 여행자는 로마의 교황령에 도착했을 때 여행 관련 서류가 아무것도 없었던 탓에 무려 6주 동안이나 감옥에 갇혀 지내야 했다. 불행은 거기서 끝나지 않았다. 그는 출소 후 검역 문제로 또다시 40일간 나환자 수용소에 격리되었다. 가까스로 여관으로 돌아왔을 때 그의 짐은 모두 사라진 뒤였다.[10]

여행용 약상자 신중한 여행자들은 잘 갖춰진 약품 상자 없이는 여행하지 않았다. 고형의 약제를 빻을 수 있는 작은 막자사발이 눈에 띈다.

천차만별 여행 경비

뉴전트의《그랜드 투어》에 품목별 경비가 나와 있기는 하지만 여행자들이 도대체 얼마나 썼는지를 정확하게 알기란 불가능하다. 게다가 저마다 비용은 천차만별이었다. 1591년 파인스 모리슨Fynes Moryson, 1566~1630이라는 케임브리지 대학의 장학생이 유럽 대륙의 법을 공부하기 위해 바다를 건넜다.[11] 케임브리지 대학은 그에게 매년 20파운드씩 2년간 지원하기로 했다. 당시 20파운드는 꽤 큰 돈이었지만 다른 학생들이 보통 50~60파운드를 연간 여행 비용으로 책정했던 것과 비교하면 매우 적은 금액이었다. 펑펑 써대는 귀족 자제는 그 네 배의 돈을 썼고 하인을 유지하는 데 추가로 돈이 더 들어갔다. 모리슨은 적게 먹고, 마차 삯을 아끼기 위해 걸어 다니고, 아무 것도 사지 않으면서 버텼다.

모리슨보다 더한 사례도 있었다. 옥스퍼드에서 공부한 토머스 코리엣 Thomas Coryate, 1577~1617은 1608년부터 여러 차례에 걸쳐 유럽과 아시아를 여행했는데, 대부분 걸어서 돌아다녔다고 한다.[12] 그는 나중에 '포크 소지자 fork-bearer'라는 별명을 얻게 되었다. 이탈리아의 테이블 매너에 감명받아 영 국에 포크 사용법을 전수한 인물로 알려졌기 때문이다. 그는 영국에 우산 도 들여왔다고 한다. 코리엣은 여행을 떠날 때마다 귀국 후 당장 쓸 돈에 대 해 걱정했다. 그래서 그는 일종의 여행 보험을 들었다. 하지만 아직 본격적 인 보험제도가 발달하기 이전이라 말이 보험이지 일종의 도박과 같은 것이 었다. 당시 여행 보험은 부유한 상인들이 여행자가 무사히 살아 돌아올지를 두고 돈을 거는 식이었다. 여기에 참여하는 것은 그다지 존경받을 만한 일 은 아니었지만 코리엣에게는 결과적으로 만족스러운 시도였다. 아는 포목 상에게 60파운드를 맡기고 자신이 살아 돌아오는 쪽에 배팅을 했던 코리엣 은 결국 무사히 돌아와 당시로는 어마어마한 액수인 320파운드를 받을 수 있었다.[13]

귀국 후의 생계보다 여행 중 빈털터리가 되는 것을 걱정해야 하는 경 우도 있었다. 여행 중간에 아버지나 후원자가 죽는 바람에 송금이 끊겨 곤 경에 처한 사람도 있었다. 정부 보조로 여행을 떠난 조지프 애디슨Joseph Addison, 1672~1719은 후원자가 공직을 박탈당하면서 보조금이 끊기자 한동 안 다른 여행자의 가이드로 연명해야 했다.[14] 역사학자 에드워드 기번은 비

토머스 코리엣이 1611년에 출간한 《코리엣의 여행기》의 표지 코리엣의 여행기는 당시 유럽 사회의 생활상을 생생하게 담고 있어서 매우 인기가 높았다.

용 문제로 여행 일정을 조정해야 했다.[15] 하지만 본국에 든든한 가족이 있던 대부분의 여행자들은 비용 때문에 원래 계획했던 일정을 바꾸지는 않았다. 돈이 떨어지면 어떻게든 송금받을 방법이 있었기 때문이다.

여행자가 영국 화폐를 칼레 이남까지 가져가는 경우는 드물었다. 강도를 만날까 두려웠기 때문이다. 보통 런던의 은행과 연결된 여행지의 은행에서 돈을 찾아 쓰거나, 군이 은행이 아니어도 거래처나 연줄 있는 부유한 상인(지금으로 말하면 주재원과 비슷하다)에게서 돈을 찾아 쓸 수 있었다. 이 시스템은 꽤 잘 운영되었다. 1718년 노섬벌랜드 출신인 카나비 해거스톤Carnaby Haggerston, 1700~1756은 뉴캐슬의 은행가를 통해 프랑스 마르세유에서 50파운드, 이탈리아 리보르노에서 100파운드, 로마에서 200파운드를 현지 상인들에게서 받을 수 있었다.[16] 《젠틀맨의 가이드The Gentleman's Guide》(1770)는 파리의 은행가들 가운데 울프스Wolfs 씨를 강력하게 추천했다. "생탄 거리에 살고 있는 울프스 씨는 가장 정중하고 합리적일 뿐만 아니라 취향도 고급스럽고 무엇보다 같은 영국인을 적극 도와준다"[17]는 이유에서였다.

다른 대안으로는 환어음을 사용해 은행에서 현금으로 인출하는 방법이 있었다. 하지만 유럽의 은행들은 잘 모르는 사람에게 환어음을 현금화해주는 것을 꺼렸기 때문에 확인 절차가 복잡하고 시간이 오래 걸렸다. 이때 문제가 발생하는 경우 여행자들은 영국 공사에게 돈을 빌릴 수도 있었다. 하지만 환전과 송금 과정에서 분명히 금전적 손실이 발생하는 데다 이탈리아에서는 지역별로 50여 가지의 동전이 유통되고 있어서 여행자들은 불편과 손해를 감수할 수밖에 없었다.[18]

시간이 흐르면서 여행 비용이 치솟기 시작했다. 17세기 내전의 와중에 그랜드 투어를 떠난 유명한 일기작가 존 에벌린John Evelyn, 1620~1706은 매년 300파운드가량을 비용으로 지출했다. 하지만 18세기에 접어들면서 젊은 귀족의 경우 아버지가 매년 3,000~4,000파운드를 부담해야 했던 것으로 알려진다. 여행 비용이 엄청나게 늘어난 것이다. 여행 비용에서 교통비가 큰 비중을 차지했다. 18세기 여행자들은 현대의 여행자들에 비해 음식과 숙박보다 교통수단에 더 많은 돈을 지불했다. 대중교통이 발달하지 않은 상황에서 말이나 마차를 이용하는 데 큰돈이 들었기 때문이다. 많은 여행자가 대륙에 도착하면 마차를 구입했다가 영국으로 돌아오는 길에 되팔았다.[19]

물론 여행자마다 쓰는 돈에는 차이가 있게 마련이다. 심지어 같은 시기에 같은 곳에 가고 같은 호텔에서 자도 차이가 났다. 알려진 요금과 실제 요금에도 차이가 났을 뿐만 아니라 때때로 바가지도 각오해야 했다. 요금 때문에 분쟁이 생기면서 프랑스나 이탈리아 관리에게 항의하는 일이 끊이지 않았다. 또한 파리 같은 대도시에 들어갈 때는 세관을 거쳐야 하는데, 여행자들은 종종 압수당한 소지품을 되찾기 위해 벌금과 보관료까지 내야 했다. 토비아스 스몰렛은 프랑스 세관이 심지어 더러운 식탁보에까지 5퍼센트의 관세를 매긴다고 불평했다. 프랑스에서는 여행자가 죽을 경우 직계 상속인이 바로 곁에 있어도 모든 것을 압수하는 바람에 불만은 더욱 컸다.[20]

이런 시비는 대부분 세관원에게 뇌물을 주고 해결할 수 있었다. 하지만 뇌물이 잘 통하지 않는 곳이 있었는데, 빈과 관세에 민감하기로 유명한 영국의 항구였다. 도버가 특히 엄격하기로 악명 높았다. 호러스 월폴은 평범한 5기니짜리 커피세트에 7기니 반이나 되는 관세가 부과되자 화를 냈다. 어떤 여행자는 도버 세관을 통과할 때 프랑스제 양복 상의는 무사히 들여왔으나 바지를 압수당하고 말았다. 그가 항의하자 세관원들은 눈앞에서 바지를 불태워버렸다.[21]

전혀 예상치 못했던 지출도 있었다. 어떤 도시는 성문 안에 잠깐 들어갔다 나와도 외국인에게 인두세를 부과했다. 지독한 여관 주인들은 말먹이, 마구간, 식탁의 후추와 소금, 심지어 식탁보에까지 요금을 매겼다. 흥정에 약한 고지식한 영국인들에게는 황당하기 그지없는 일이었다. 예상하지 못한 팁도 추가되었다. 식사를 하고 있는 여행자 곁에 와서 시키지도 않은 노래를 부르거나 악기를 연주하면 팁을 줘야만 했기 때문이다.

현지에서 고용하는 하인이나 가이드에게 나가는 돈도 큰 몫을 차지했다. 가이드는 항상 바가지를 씌우거나 사기를 치려 한다는 오명을 썼다. 실제로 그들은 수고비가 적다 싶으면 호텔이나 재단사에게 여행객을 소개하고 수수료를 챙겼다. 학생들은 유럽의 큰 도시에 비교적 오래 머물 경우 음악, 춤, 펜싱 등을 따로 배웠는데, 해당 과목의 선생을 고용하는 것도 경비의 한 부분을 차지했다.[22] 영국에서부터 동행한 교사나 하인의 연봉으로도 큰 돈이 나갔지만 보통 그랜드 투어리스트의 연간 지출 내역에는 합산되지 않았다. 1785년에는 여행자들이 해외에서 쓰는 연간 경비가 최소한 40만 파운드에 이른다는 통계가 나왔다.[23] 4만 명의 여행자가 1년에 100파운드씩 썼을 때의 이야기다. 하지만 실제 액수는 그보다 훨씬 컸으리라는 추측이 더 많다.

그런데 '돈 쓰는 기계'로 불리게 될 많은 여행자에게 팁이나 레슨비 심지어 관세 등은 그렇게 큰 지출이 아니었다. 엄청난 여행비의 주범은 사치와 방탕이었다. 호화로운 의복과 보석, 유명 화가의 그림, 한몫 잡으려고 대도시마다 얼쩡대는 아름다운 쿠르티잔에게 쏟아붓는 돈은 가늠하기 어려울 정도였다. 해거스톤은 1718년 도박에만 400파운드를 썼고, 유명한 탕아 존 몬터규John Montagu, Lord Brudenell, 1735~1770는 1760년 한 해에만 1만 2,600 파운드의 도박 빚을 졌다. 1753년 로마에 머물던 노스 경Frederick, Lord North, 1732~1792은 로마의 어느 은행가에게서 그해에만도 영국인에게 7만 파운드를 인출해주었다는 말을 들었다.[24]

1750년 이탈리아에 도착한 의사이자 옛것 연구가인 프랜시스 드레이크Francis Drake, 1696~1771는 영국인의 씀씀이에 경악했다.

영국인이 저지르는 어리석음과 잘못은 부와 관대함으로 표상되는 영국의 국민성을 갉아먹고 있다. 우리 젊은 여행자들은 일반적으로 너무 돈이 많고 펑펑 써대

사치와 방탕의 여행 《코리엣의 여행기》
에 실린 그림으로, 코리엣이 베네치아
쿠르티잔인 마르가리타 에밀리아나를
만나고 있는 모습.

서 평범한 재산을 가진 사람이 발전하기 위해 해외에 나간다면 결국 그 비용을
감당하지 못할 것이다. …… 30년 전 500파운드면 충분했을 여행 경비가 지금은
1,000파운드에 달하는데, 이는 세상에 이탈리아만큼 물가가 싼 곳이 없다는 점
을 고려하면 있을 수 없는 일이다. 다른 나라 사람들은 영국인이 쓰는 돈의 10분
의 1로도 여행을 잘만 해낸다.[25]

드레이크의 말 가운데 이탈리아의 물가가 싸다는 대목이 흥미롭다. 당
시 대륙의 기본 생활비가 영국보다 싸게 든다는 점은 사실이었고, 지금까
지도 그렇다고 볼 수 있다. 1791년에도 로마의 카피톨리노 언덕 근방에서

는 방 여덟 개에 부엌, 포도주 저장실이 딸린 좋은 집을 연간 12파운드 정도에 빌릴 수 있었다. 같은 시기 런던에서 비슷한 집을 빌리려면 200파운드가 들었다. 18세기 후반에 대륙을 두루 여행했던 경제학자 아서 영Arthur Young, 1741~1820은 이탈리아에서 1년에 100파운드 정도면 괜찮은 생활을 유지할 수 있는 반면, 영국에서는 그렇게 살려면 500파운드가 든다는 통계를 내놓았다.[26] 이런 물가 차이는 많은 영국인을 대륙으로 내몬 또 다른 이유였다.

여행자를 위한 경고

18세기 이전 여행자들에게는 종교재판이나 정치적 곤경이 가장 치명적인 위험이었다. 종교 분쟁이 완전하게 해결되지 않았던 영국에서 가톨릭 국가로 여행하는 사람들은 언제나 의심에 노출되어 있었고, 해외여행을 억제하고자 하는 문화적 국수주의도 만만찮았다. 이런 분위기에서 영국 정부는 여행자들에게 외국의 정보를 모아올 스파이 역할을 암암리에 요구했다. 그 때문에 영국의 정치적 상황이 급변하던 16~17세기에 여행자는 본국과 여행지 양쪽에서 반역죄로 몰릴 가능성이 농후했다. 로스 경William Cecil, 17th de Ros, 1590~1618을 수행해 이탈리아에 갔던 존 몰John Mole이라는 학자는 1638년 로마의 종교재판소 감옥에서 죽음을 맞았다. 프로테스탄트 스파이로 의심받았기 때문이다. 죽을 당시 그는 80세로 무려 30년이나 감옥에 갇혀 있었다.[27]

여행지에서 만나는 영국인이 더 무서운 경우도 있었다. 대륙에서는 영국에서 망명한 열렬한 가톨릭교도를 만날 가능성이 매우 높았기 때문이다. 1591년 여행을 떠났던 모리슨은 여행지에서 만난 영국 가톨릭교도들이 프

여행 필수품인 피스톨과 망원경 거의 모든 여행자들이 피스톨과 망원경을 꼭 챙겼다. 1750년에 그랜드 투어를 떠난 스카스데일 경이 여행 내내 지니고 다녔던 피스톨(위)과 망원경(아래)이다.

로테스탄트 신자인 자신을 알아볼까 봐 그들을 피해 다니느라 고생했다. 결국 그는 가는 곳마다 다른 사람으로 위장하는 법을 익히게 되었다. 그는 독일인으로 위장해 에스파냐의 성벽을 보았고, 프랑스인으로 위장해 로마의 제수이트 칼리지를 방문했다.[28] 외교관이 되기 위해 6년 동안 대륙 여행을 했던 헨리 워턴Henry Wotton, 1568~1639 경은 독일 가톨릭교도로 위장해 베네치아로 향했다. 이후 그는 이탈리아인 오타비오 발디Ottavio Baldi로 위장해 한동안 스코틀랜드 궁정에 머물렀다.[29]

1608년 윌리엄 리스고William Lithgow, 1582~1645는 분수에 넘치게 귀부인을 사랑했던 탓에 그녀의 동생들에게 양쪽 귀를 잘리고 고향에서 쫓겨났다. 참담한 상처를 입은 리스고는 무려 19년 동안 해외를 떠돌았다. 해외에서도 불운은 계속되었다. 말라가에서 에스파냐 사람들에게 잡혀 처음에는 스파이로 오해받았고, 나중에는 이교도로 몰려 혹독한 고초를 치렀다.[30] 그런데 리스고가 그런 역경에 처한 데는 그의 성격도 한몫했다. 매우 편협한 스코틀랜드 신교도였던 그는 가톨릭교회에 들어가 성상을 장식한 화려한 의상을 찢어버린 적도 있었다. 하지만 그처럼 종교적으로 튀는 행동을 하지 않는다면 그렇게 큰 위험은 없었다. 특히 1625년 찰스 1세가 프랑스 왕의 동생이자 가톨릭교도인 헨리에타 마리아Henrietta Maria, 1609~1669와 결혼한 후에는 종교적 긴장이 눈에 띄게 누그러졌다.

종교 갈등이 수그러진 이후에도 긴 여행에는 여전히 많은 위험이 도사리고 있었다. 교통과 통신이 아직 잘 발달하지 않았고, 툭하면 전염병이 창궐하던 시대였으니 말이다. 사실 여행 중에 죽은 사람도 상당수였다.[31] 특히 나폴리와 포르투갈에서 폐결핵으로 죽은 사람이 많았다. 전염병 때문에 검역에 걸려 고생하는 경우도 있었다. 예상치 못한 사고로 여행 중에 누워 있어야 하는 경우도 종종 있었다. 프랑스 남부에 머물던 존 로크는 후원자의 호출을 받고 파리로 향하다가 아장에서 배의 기둥에 머리를 부딪히고는 몇 주 동안이나 누워 있어야 했다. 에벌린은 제네바에서 천연두에 걸려 생사의 기로에 놓이기도 했다. 천연두에 걸렸던 여관 하녀가 사용했던 침대보를 갈지 않은 것이 화근이었다. 그는 무려 5주 동안이나 침대에서 일어나지 못했다.[32]

여행자 대부분은 영국해협을 건널 때 심한 뱃멀미로 고생했다. 괴팍한 선장을 만나거나 선원들의 싸움에 말려들기도 했다. 강을 건너는 데도 언제나 위험이 따랐다. 홍수가 나거나 갑자기 강의 물줄기가 바뀔 수도 있었기 때문이다. 1822년 촉망받던 젊은 시인 퍼시 셸리Percy Bysshe Shelley, 1792~1822는 이탈리아 리보르노 근처를 배로 지나다가 갑자기 불어닥친 폭풍우에 배가 휩쓸리면서 물에 빠져 죽었다. 서른 번째 생일을 맞기 한 달 전이었다.

18세기 프랑스 여관 영국인 여행자들은 더러운 계단, 연기 자욱한 부엌, 이가 득실대는 침대 등 여관의 위생 상태가 형편없다며 끊임없이 불평을 늘어놓았다. 실제로 더러운 환경 때문에 병을 얻는 경우도 허다했다.

한편, 마차 사고는 일상적인 위험이었다. 여행자들은 프랑스에 도착하면 다리를 보호하기 위해 마부들이 신는 커다란 부츠를 구입했다. 독일 같은 지역에서는 강도나 소집 해제된 용병의 습격을 경계해야 했다. "독일에서는 군인, 이탈리아에서는 산적, 프랑스에서는 늑대, 지중해에서는 해적"을 조심하라는 것이 당시의 표어였다.[33]

실제로 범죄 현장에 있었거나 범죄의 표적이 되었던 여행자도 많았다.

몽펠리에에 도착한 로크는 자신이 머물던 집에서 살인미수 사건을 목격했다.[34] 아시시에서 한가롭게 산책을 즐기던 괴테는 총으로 무장한 불한당에게 돈을 빼앗겼다. 어이없게도 그 불한당은 경찰이었다.[35] 이탈리아에 간 새뮤얼 샤프Samuel Sharp, 1700~1778는 영국에 비해 그곳에서 살인사건이 많이 일어나는 이유를 궁금해했다.[36] 1768년 독일의 유명한 미술사가 요한 요아힘 빈켈만Johann Joachim Winckelmann, 1717~1768은 트리에스테의 여관 침대에서 강도에게 피살되었다. 오스트리아의 대공비이자 헝가리와 보헤미아의 여왕이었던 마리아 테레지아Maria Theresia, 1717~1780로부터 그동안의 업적을 치하하는 금메달을 받고 돌아오는 길이었다. 금메달을 노렸던 강도는 빈켈만이 별로 중요하지 않은 인물인 줄 알았다고 고백했다.

모리슨은 제노바에서 산적의 습격으로 쑥대밭이 된 마을을 지났고, 비테르보 근처에서는 사지가 잘린, 수많은 도둑의 시체를 보았다. 해적들은 교회를 불태우고 사람들을 잡아갔다. 바로 그날 결혼한 아름다운 신부가 신랑의 눈앞에서 잡혀가기도 했다.[37] 모리슨은 영국으로 돌아온 뒤 여러 차례 죽을 뻔했던 자신의 경험을 책으로 펴냈다. 《여정Itinerary》이라는 여행기에는 여행에서 재난을 피할 수 있는 실용적인 충고가 가득하다. 그는 바닷길로 여행하는 사람들에게는 헤엄칠 줄 알더라도 주변 사람들에게 그 사실을 숨겨야 한다고 당부한다. 배가 난파되었을 때 사람들이 그에게 매달려서 함께 빠져 죽을 수도 있기 때문이었다.[38]

모리슨은 영국인 여행자들이 해적이나 강도에게 가장 인기 있는 먹잇감이기 때문에 반드시 변장해야 한다고 강조했다. 자신은 올이 다 풀린 낡은 모자를 쓰고 가난한 네덜란드 사람들의 옷을 구해 먼지를 잔뜩 묻힌 다음 얼굴과 손에도 검댕을 칠하고 여행했다는 것이다. 특히 마차에서도 망토

나 칼 없이 한쪽 구석에 앉아 침묵을 지키면서 누가 자신에게 신분을 물으면 그저 가난한 보헤미안이라고만 대답했다고 한다. 모리슨이 판단하기에 가장 안전한 여행 방법은 밝은 대낮에 말을 타고 여행하는 것이 아니라 동트기 전에 조용하게 걸어서 길을 나서는 것이었다.[39]

선배 여행자들의 경험을 바탕으로 기본적인 주의 사항이 대충 정해졌다. 뉴전트는 도둑이나 강도를 피하려면 낯선 사람 앞에서 절대로 돈을 꺼내지 말라고 조언했다.[40] 여행 중에 수시로 짐을 점검해볼 것도 당부했다. 많은 여행자가 여관에 도착한 뒤 가방이 날카로운 칼에 찢어진 것을 발견했기 때문이다. 도둑도 문제지만 이탈리아에서는 도시마다 거쳐야 하는 세관 직원도 미심쩍은 사람들이었다. 여행자들은 그들에게 귀중품을 도난당하지 않도록 주의해야 했다. 관세를 줄이거나 피하는 요령도 있었다. 국경에서 시계, 목걸이, 반지는 오히려 몸에 착용하는 편이 낫다는 것이다. 여행 가방이나 바지 주머니에서 그런 물품들이 발견될 경우 더 높은 세금이 부과되었기 때문이다. 그 외에도 매우 요긴한 충고로는 다음과 같은 것들이 있었다.

- 절대로 밤에 여행하지 말고, 혼자 여행하지 마라.
- 여우나 곰이 쫓아오면 땅바닥에 죽은 듯이 누워서 숨을 멈춰야 한다.
- 미덕을 지키기 위해서는 젊은 여자를 가까이하지 마라. 늙은 여자도 멀리하라. (마차 안에서) 늙은 여자는 언제나 가장 좋은 자리를 요구하기 때문이다.
- 물을 마시기 전에 마늘 줄기를 물에 넣어 해독해라.
- 말을 타고 여행할 경우 밤에 박차를 벗겨두지 않으면 도둑맞을 수 있다.
- 양말을 벗고 신발을 신는 것이 오히려 여행의 피로를 막아준다.

- 항상 음식을 적당량 가지고 다녀라. 자신이 배고픈 경우와 굶주린 개를 만났을 때를 대비해서.
- 밤에 여관에 도착할 경우 방에 있는 큰 그림이나 거울 뒤를 살펴보아라. 비밀의 문이 있을지도 모르므로.[41]

여러 차례 귀족의 그랜드 투어에 동행했던 장 게이야르Jean Gailhard, 1659~1708는 외국에서는 절대로 싸움에 말려들지 말라고 당부한다. 스스로 해결하기보다는 공권력에 의존하라는 것이다. 하지만 어쩔 수 없이 싸움에 말려들 경우에 대비해 여행자들은 반드시 현금을 지니고 다녀야 한다. "만약에 나나 친구를 위해 칼을 뽑아 상대방을 죽이거나 부상을 입히는 경우 곧바로 말을 구해 도망갈 돈이 없다면 어쩌겠는가?"라는 것이 그 이유였다.[42]

자국인을 피할 것

여행에서 누군가를 만나는 것은 신원이 확실하거나 원래 알던 사람이 아닌 이상 위험한 일이었다. 여행 지침서에는 낯선 사람을 경계하라는 경고가 자주 등장한다. 강도떼 때문에 혼자 여행하는 것은 금지되었지만 여행 중에 우연히 동행하게 되는 사람과 지나치게 가까워지는 것도 현명하지 못한 일이었다.

외국에서는 외국인뿐만 아니라 자국인도 조심해야 했다. 특히 여행 지침서에는 자국인을 더 조심하라는 내용이 많다. 자국인과 어울려 모국어만 쓰면 외국어 학습이 어렵다는 점과 더불어 자국인을 상대로 사기 행각을 벌이는 사람들이 많다는 이유에서였다. 자국인이라고 믿는 것은 바보 같은 일

이라는 충고가 끊이지 않았다.[43]

　이런 충고를 깊게 새겨들은 영
국인 여행자는 때때로 고국 사람을
만나도 아예 알은척하지 않았다. 토
비아스 스몰렛은 1765년 프랑스 남
부의 한적한 앙티브 해안에서 영국
신사와 마주쳤다가 그가 자신을 못
본 척해서 무척 당황했다. 그 신사
의 시종은 스몰렛의 시종에게 지난
사흘간 다른 영국인들과 함께 마차
를 타고 여행하면서도 자기 주인은
그들과 단 한마디도 말을 섞지 않았
다고 말해주었다. 오세르에서 스몰

토비아스 스몰렛.

렛은 팔이 부러진 영국인을 보고 도움을 주기 위해 방에까지 찾아갔다가 문
전 박대를 당하고 말았다. 스몰렛은 그런 데면데면한 태도를 "진정한 영국
식 매너!"라고 불렀다.[44]

　색다른 환경과 새로운 만남을 기대하던 일부 여행자들은 굳이 외국에
서까지 영국인을 만나고 싶어 하지 않았다. 번거로운 런던의 상류사회를 피
해 망명하듯 대륙행을 택한 사람은 해외에 너무 많은 영국인이 돌아다닌다
고 불평했다. 1739년 메리 워틀리 몬터규Mary Wortley Montagu, 1689~1762는
영국을 떠난 지 며칠 안 되어 작은 도시 디종에 들렀는데, 그곳에 무려 16개
가문의 영국 상류층 사람들이 머물고 있다는 사실을 알게 되었다.

익명으로 여행한다는 것이 내게는 팰맬Pall Mall(영국 런던의 웨스트민스터에 있는 번잡한 거리)에서 익명으로 산책한다는 것과 마찬가지입니다. 프랑스의 어느 도시도 잉글랜드, 스코틀랜드, 아일랜드 사람이 자리 잡지 않은 곳이 없고, 지나치는 모든 도시에서 (나는 기억이 없지만) 나를 만난 적이 있다는 사람들을 만났습니다. 내 생각에 더 멀리 갈수록 더 많은 지인을 만날 것 같습니다.[45]

이는 결코 반가움의 표현이 아니었다. 몬터규는 "내가 피해야 할 것은 프랑스 전역에 퍼져 있는 잉글랜드 사람들"[46]이라면서 영국인들을 피해 다른 곳으로 떠나겠다고 말했다.[47]

하지만 영국인들은 어딜 가든 영국인만 찾으려 한다는 목소리도 많았다. 로렌스 스턴은 "영국인은 영국인을 만나려고 여행해서는 안 된다"라고 날카롭게 쏘아붙였다.[48] 실제로 많은 영국인 여행자가 고국 사람을 만나면 반가워했다. 그들은 종종 한 팀을 이루어 여행하거나 영국인만 찾아다니기도 했다. 영국인들조차 "칙칙한 커피하우스에서 자기들끼리 만나는 일밖에 없다"고 조롱할 정도였다.[49]

대도시의 큰 호텔은 영국인으로 넘쳐났고, 아예 영국인이 호텔을 사서 운영하기도 했다. 1746년 맨체스터 출신인 찰스 해드필드Charles Hadfield, 1725~1777는 영국인 여행자들을 끌어들이기 위해 피렌체의 주요 호텔들이 영국 호텔처럼 꾸며진 것을 보았다. 그래도 뭔가 어설프다고 생각한 그는 아예 시내에 두 채의 호텔을 구입해 운영하기 시작했다. 많은 여행자가 해드필드의 호텔에 매우 만족했고 '영국식 매너'에 감동해 '작은 잉글랜드'라고 불렀다.[50]

여행기의 진화

게으른 여행자를 위한 지침서

그랜드 투어는 본질적으로 교육을 위한 여행이었다. 또한 국익에 도움이 될 정보를 수집하는 여행이기도 했다. 이런 전통은 영국이 강대국으로 도약한 18세기에도 사라지지 않았다. 재미있는 것은 여행 지침서의 저자들이 여행 전에 먼저 고국인 영국에 대해 잘 알아야 한다는 점을 강조했다는 사실이다. 외국인이 영국에 대해 물어보았을 때 제대로 대답하지 못하면 부끄러운 일이라는 것이었다. 실제로 자기 나라에 대해 무지한 영국인의 모습은 근대 초 해외여행 지침서에 단골로 등장하는 비난거리였다. 오늘날에도 흔히 들을 수 있는 "여행자 개개인이 나라를 대표하는 외교관"이라는 말도 이 여행 지침서들에서 흔히 찾아볼 수 있다. 많은 여행 지침서는 게으른 여행자들을 위해 축약판 '영국 소개 자료'까지 실었다.

> **영국은 온난한 기후대에 위치한 나라로, 다양한 곡물이 자라고 다양한 음료가 있다. 와인을 직접 제조하지는 않지만 다양한 종류를 수입하고 있다. 이 섬을 지킬 수 있는 강한 군대가 있다. 해외에서는 영국산 칼, 스타킹, 장갑, 레이스, 직물, 벽걸이, 리본, 시계 등 다양한 수공예품에 대한 반응이 좋다.[51]**

여행 지침서는 역사, 지리, 상업, 기후, 작물, 광물, 음식, 의복, 관습, 동식물, 정치, 사법, 예술, 군사적 요새 등 여행지의 모든 것에 대한 지식을 기록해야 한다고 강조했다. 시간이 지나면서 어떻게 보고, 어떻게 기록할 것인가에 대한 지침이 더욱 자세해졌다. 계몽주의자 레오폴트 베르히톨트

Leopold Berchtold, 1759~1809는 무릇 여행자란 보고 듣는 것을 주제에 따라 다음과 같이 나눌 줄 알아야 한다고 했다.

- 인류의 복지에 기여할 만한 것
- 여행자의 출신국에 도움이 될 만한 것
- 개인의 이익이나 발전에 도움이 될 만한 것
- 외국의 장식적인ornamental 지식[52]

여행자는 먼저 여행지가 한눈에 들어오는 높은 곳에 올라가서 향후 좀 더 조사할 건물을 점찍어두어야 했다. 그리고 그런 건물은 반드시 스케치를 하고, 주요 건축물이나 예술작품을 인쇄한 팸플릿이 있다면 사서 모으고, 희귀한 식물이나 광석 등 호기심을 자극하는 것들도 모두 수집해야 했다.

여행 지침서는 최대의 교육 효과를 도모한다는 명분으로 마치 오늘날의 교과서나 학습지처럼 어찌 보면 지나치게 세세한 지침을 내리곤 했다. 유명한 서적상이었던 새뮤얼 패터슨Samuel Patterson, 1728~1802은《다른 여행자Another Traveller!》에서 도시에 들어가면 일단 '성문, 교구 교회, 거리, 수도원, 다리, 성당, 거주민' 같은 일반적인 카테고리를 만들고 각각에 대해 본 것을 기록한 뒤, 자신의 감상을 옆에 쓰라고 주문했다.[53] 영리한 작가들은 아예 페이지마다 표를 만들어놓고 구체적인 질문에 대해 여행자들이 직접 답을 적을 수 있게 책을 꾸몄다.[54] 이런 식의 기록법은 처음에는 매우 번거롭고 힘들겠지만 나중에는 수많은 여행지를 헷갈리지 않고 쉽게 떠올릴 수 있게 해준다는 홍보도 잊지 않았다. 학습지 같은 형식의 책은 매우 인기가 있었다.

시간이 흐르면서 여행 안내서는 선천적으로 호기심이 없는 여행자들을 배려해서 이국에서 물어야 할 질문들을 수록하기 시작했다. 어떤 여행 안내서는 심지어 117가지 질문을 싣기도 했다. 다음과 같은 '필수 질문'은 당시 무엇을 중심으로 해외 정세를 파악했는지 엿보게 해준다.[55]

- 성직자의 급료는 얼마이며, 재원은 어떻게 충당하는가?
- 어떤 군사 훈련이 어떻게 이루어지고 있는가?
- 장례 절차는 어떠한가?
- 이혼 성립에 필요한 요소들은 무엇인가?
- 상하수도 설비는 어떠한가?
- 대학에서 체벌은 어디까지 이루어지는가?
- 빈민을 교화하기 위한 강제노역이 있는가? 있다면 무엇인가?

이런 질문에 대한 답을 찾으면 반드시 기록해야 한다는 점이 강조되었음은 물론이다.

작가의 개성이 담긴 새로운 여행서

시간이 지나면서 다양한 여행 지침서들이 나타났다. 1722년 출간된 《젠틀맨의 해외여행 포켓 안내서The Gentleman's Pocket Companion for Traveling into Foreign Parts》는 들고 다닐 수 있게 작은 판형으로 만든 안내서였다.[56] 다른 안내서처럼 지도, 주요 도로 등의 최신 정보 외에도 요긴하게 써먹을 수 있는 간단한 회화가 각각 프랑스어, 이탈리아어, 독일어로 수록되어 있었다. 그런데 이 안내서에는 교육적으로 바람직하지 않은 부분이 많았다. 여관에

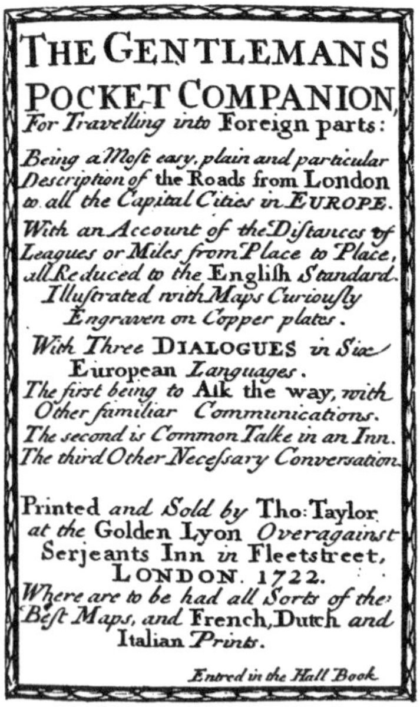

THE GENTLEMANS
POCKET COMPANION,
For Travelling into Foreign parts:
Being a Most easy, plain and particular
Description of the Roads from London
to all the Capital Cities in EUROPE.
With an Account of the Distances of
Leagues or Miles from Place to Place,
all Reduced to the English Standard.
Illustrated with Maps Curiously
Engraven on Copper plates.
With Three DIALOGUES in Six
European Languages.
The first being to Ask the way, with
Other familiar Communications.
The second is Common Talke in an Inn.
The third Other Necessary Conversation.

Printed and Sold by Tho: Taylor
at the Golden Lyon Overagainst
Serjeants Inn in Fleetstreet,
LONDON. 1722.
Where are to be had all Sorts of the
Best Maps, and French, Dutch and
Italian Prints.

Entred in the Hall Book

휴대용 여행서 간단한 외국어 회화까지 실린 《젠틀맨의 해외여행 포켓 안내서》의 표지.

서 잠들기 전 하녀에게 "침대에 올라와 내게 키스해다오"라는 말을 하라는 등의 내용이 포함되어 있었던 것이다. 그런데 그런 내용으로 인해 이 책은 오히려 더 유명해졌다.

17세기 후반부터는 정형화된 형식의 기존 여행 지침서와는 차별화된 새로운 여행기가 나오기 시작했다. 문학성이 가미되고 내러티브가 있는 글들이었다. 당시는 아직 과학적인 논설과 유려한 문학이 분명하게 구분되지 않은 시대라 영국의 일반적인 교양인들에게 여행기는 실용성과 재미 두 차원에서 매우 중요한 읽을거리였다. 천편일률적인 여행 매뉴얼에서 벗어나 작가의 개성이 살아 있는 새로운 형태의 여행기들은 곧 폭발적인 인기를 끌며 출판 시장에서 큰 비중을 차지하게 되었다.[57]

이 변화의 포문을 연 사람은 조지프 애디슨이었다. 목사의 아들로 태어나 옥스퍼드 대학에서 수학한 애디슨은 고전에 능통했다. 공직에 진출하려는 야심에 불타던 그는 후원자를 찾아다녔다. 얼마 뒤 몇몇 귀족이 300파운드를 모아 그를 그랜드 투어에 보냈다. 1699년, 어찌 보면 늦은 나이인 27세에 떠난 여행이었다. 1702년 스위스를 여행하던 그는 윌리엄 3세의 죽음과 함께 자신을 후원하던 귀족들이 실각했다는 소식을 들었다. 그는 가이드로 연명하는 등 갖은 고생을 하며 나머지 여행을 마쳤고, 마침내 그 여행에

REMARKS

ON SEVERAL

PARTS

O F

I T A L Y, &c.

In the Years 1701, 1702, 1703,

Verum ergo id eſt, ſi quis in cælum aſcendiſſet,
naturamque mundi & pulchritudinem ſi-
derum perſpexiſſet, inſuavem illam admi-
rationem ei fore, quæ jucundiſſima fuiſſet,
ſi aliquem cui narraret habuiſſet.
Cicer. de Amic.

LONDON,
Printed for *Jacob Tonſon,* within *Grays-*
Inn Gate next *Grays-Inn* Lane. 1705.

새로운 여행기의 포문을 열다 조지프 애디슨과 그가 쓴《이탈리아의 여러 곳에 대해》표지.

서 얻은 문학적 결과물로 큰 명성을 얻게 된다.[58] 애디슨은 정치가로 활동
하는 한편 시인이자 희곡작가로, 나아가 한 시대를 풍미한 평론가로 활동했
다. 그뿐만 아니라 세계 최초의 잡지로 꼽히는《태틀러Tatler》,《스펙테이터
The Spectator》등을 창간해 18세기 영국에서 '공론장Public Sphere'을 만들어낸
주역이 되었다.

　　애디슨의 여행기는 작가가 가장 자신 있었던 분야인 고전을 도구로 삼
았다는 점에서 매우 독특하다. 이는 여행과 문학을 결합한 매우 새로운 시
도였다. 그는 호라티우스, 베르길리우스, 세네카 등 고대 시인들의 작품을
장소나 주제에 끼워 넣었다. 피렌체에서 볼로냐로 가는 험한 길에서 실리

우스 이탈리쿠스가 묘사한 한니발의 행군을 떠올린다거나, 제노바에 생선이 귀하다는 사실을 호라티우스를 인용해 설명하는 식이었다. 그는 마르세유에서 지중해를 바라보면서 그곳이 아마도 클라우디아누스가 다음 시에서 묘사한 곳일 것이라고 말한다.

> 갈리아의 끝에 놓인 그곳
> 솟구치는 바다가 땅끝을 모욕하는 곳
> 오디세우스가 희생자들의 피를 뿌린 여기
> 그리고 죽은 자들의 창백한 회합을 열었지
> 가끔씩 바람은 구슬픈 소리를 내고
> 우울한 유령들은 허공을 맴도네
> 밭 가는 농부는 종종 공포에 떨며
> 공기처럼 가냘픈 모습이 고랑 위로 떠오르는 것을 엿보네
> 눈앞에 스치듯 지나가는 무시무시한 광경![59]

휴머니즘의 영향으로 영국의 식자라면 누구나 조금씩은 고전을 배웠다. 애디슨의 여행기는 독자들에게 익숙한 고전을 구체적인 이국의 풍광 속에서 다시 만나는 즐거움을 선사했다. 과거와 현재가 묘하게 만나는 지점을 제공한 것이다. 이를 두고 호러스 월폴은 "애디슨 씨는 이탈리아를 여행한 것이 아니라 시인들을 여행했다. 그는 현재의 장소가 아닌 과거의 장소를 보았다"고 비꼬기도 했다.[60] 하지만 어찌 보면 애디슨의 여행기야말로 과거의 찬란한 문화유산을 배운다는 그랜드 투어의 기획에 가장 충실하게 부응한 결과물일 수 있다. 그래서 19세기까지도 그랜드 투어를 떠나

는 사람들의 필독서로 남아 있었다. 여행자들은 애디슨의 책을 들고 다니며 자신이 본 것과 비교해보곤 했다. 애디슨의 《이탈리아의 여러 곳에 대해Remarks on Several Parts of Italy》를 손에 들고 여행을 떠난 제임스 보즈웰James Boswell, 1740~1795은 1764년 "애디슨 씨가 왔을 때 예배당이 있었다. 보즈웰 씨가 왔을 때 그는 똑같은 것을 발견했다"[61]라고 기록했다. 스스로를 애디슨과 같은 위치에 놓고 우쭐거렸던 것이다. 애디슨의 여행기가 새로웠던 또 다른 이유는 저자가 자신을 드러내지 않는다는 전통적인 범례를 깨트렸기 때문이다. 애디슨은 객관적인 정보뿐만 아니라 자신의 감상까지 실었다.

자신을 너무 드러내 악명을 떨친 여행기도 있었다. 토비아스 스몰렛의 《프랑스와 이탈리아 여행Travels through France and Italy》(1766)이 바로 그것이다. 스몰렛은 아주 까다로운 불평꾼이었다. 보티첼리Sandro Botticelli, ?1445~1510 마저 감동을 받았다는 고대 조각상 〈메디치가의 비너스〉를 보고 "몸매가 아름답지 않다. …… 포즈도 이상하고 개성이 드러나지 않는다"고 불평했는가 하면, 몬토리오의 산 피에트로 성당에 걸린 라파엘로Raffaello Sanzio, 1483~1520의 그림 〈그리스도의 변용〉을 보고 "만약 저 그림이 내 것이라면 두 조각으로 잘랐을 것이다"[62]라고 혹평했다. '성질이 최악인 영국인 여행자'라는 별명까지 얻었던 스몰렛은 몇 년 뒤 로렌스 스턴의 《어느 감상적인 여행》이 나오자마자 곧 잊히게 된다.[63]

요크 출신인 스턴은 문학적 경력을 위해 런던에 온 후 대도시의 유흥문화에 젖어 방탕한 생활에 빠졌다. 그 결과 병을 얻어 죽을 뻔했던 그는 가까스로 살아난 후 영국의 축축한 공기를 피해 유럽 대륙으로 건너갔다. 스스로를 '감상적인 여행자'라고 불렀던 스턴은 이전에는 결코 볼 수 없었던

독특한 스타일의 대륙 여행기를 내놓았다. 도덕적 교훈이나 고전을 일절 언급하지 않고, 심지어 줄거리도 없이 자신의 취향과 감상을 풀어냈던 것이다. 그는 '파리'라는 소제목이 붙은 장에서 고독하게 머물던 호텔을 나섰다가 갑자기 전혀 다른 감상과 마주하게 된 장면을 이렇게 그려냈다.

먼지 묻은 검정 코트를 입고 근엄하게 창문 쪽으로 걸어갔다. 유리 밖으로 보이는 세상은 온통 노란색, 파란색, 초록색으로 황홀하게 채워져 있다. 깨진 안경을 쓴 늙은이는 더는 가릴 수 없는 투구를 쓰고 있고, 금처럼 빛나는 갑옷을 입은 젊은이는 동방에서 온 깃털로 장식하고 있고, 모든, 모든 사람은 옛날 명예와 사랑을 위해 마상시합에 나섰던 멋진 기사들처럼 애쓰고 있다. 아, 불쌍한 사기꾼! 나는 울부짖었다. 너는 여기서 무엇을 하고 있는가?[64]

로마의 카라칼라 대욕장 유적 카라칼라 황제가 재위하던 212~216년 사이에 로마에 건설된 목욕탕 유적으로, 그랜드 투어리스트들이 즐겨 방문했다. 19세기와 20세기에 영국 리버풀의 세인트조지 홀, 미국 뉴욕시의 펜실베이니아 역사(驛舍) 등의 설계에 영감을 주었다.

스턴은 1768년《어느 감상적인 여행》을 탈고하고 쓰러져서 곧 죽고 말았다. 그런 극적인 이야기가 덧붙여져서인지 이후 독자들은 여행지에 대한 시시콜콜한 정보가 아니라 저자와 그의 일생, 그의 인간관계와 감정을 읽는 것을 더 좋아하기 시작했다.[65]

이 와중에 자신만의 특화된 관심사를 강조하는 여행기들도 나타났다. 작가이자 의사였던 스몰렛은 온천에 관심이 많아서 온천 요법에 대한 전문서를 펴냈다.[66] 그는 고대 로마의 유적지를 방문할 때마다 빠짐없이 고대 목욕탕의 흔적을 찾아 긴 보고서를 썼는가 하면, 물이 나오는 곳이 있으면 물을 분석하고 직접 그 물로 목욕을 했다. 심지어 실험적으로 바다에 뛰어들어 해수욕을 하기도 했다. 프랑스 북부의 불로뉴에서도 아름다운 풍광을 보기보다는 마차를 빌려 바닷가로 향한 뒤 주저 없이 물에 뛰어들었다. 그러

고는 "머리가 맑아지면서 오랫동안 나를 괴롭히던 쑤시는 증상과 고열이 첫 날부터 사라졌다"고 썼다.[67]

고전에 해박했던 길버트 버넷Gilbert Burnet, 1643~1715 주교는 휘그주의 적 성향이 무척 강했던 사람이다. 왕당파가 득세하자 그랜드 투어에 나선 그는 여행지마다 예술품에서까지 정치적인 메시지를 이끌어내려 했다. 무엇을 보든 휘그주의가 찬양하던 '제한적인 왕권의 미덕'을 찾고자 했던 것이다. 그래서 그는 가톨릭교회의 부패를 왕당파적 특성과 연결하는 동시에 프로테스탄트적 관용과 대비했다. 르네상스와 바로크식 건물의 위용을 설명하면서도 그것은 "억압을 말해주는 침묵의 증거나 마찬가지"라고 쓰는가 하면, 장엄한 고대 유적은 "사실 그 아래에서 신음했던 로마인들의 고통을 생생하게 보여주는 것"이라고 썼다.[68]

농업 전문가였던 경제학자 아서 영은 대륙의 농업 상황에 대해 자세한 설명을 남겼는가 하면, 옛것 연구가 겸 동행 교사로 활동했던 에드워드 라이트Edward Wright는 1730년에 특별히 건물, 그림, 조각을 자세히 묘사한 여행기를 남겼다.[69] 음악가 찰스 버니Charles Burney, 1726~1814는 1770년부터 두 차례에 걸쳐 대륙을 여행하면서 《프랑스와 이탈리아 음악의 현주소The Present State of Music in France and Italy》(1771)와 《독일과 네덜란드 음악의 현주소The Present State of Music in Germany, the Netherlands and United Provinces》(1773)를 펴내 큰 반응을 얻었다. 스웨덴의 유명한 식물학자 린네Carl von Linne, 1707~1778와 교류하며 스웨덴 왕립학회 회원까지 되었던 동식물 연구가 토머스 페넌트Thomas Pennant, 1726~1798는 자연사를 다룬 기록을 많이 남겼고, 요한 야콥 페르베르Johann Jakob Ferber, 1743~1790는 광물학에 집중한 여행기를 썼다.[70] 변호사이자 아마추어 역사학자인 앤드루 듀카렐Andrew Ducarel,

바이외 태피스트리 너비 50센티미터, 길이는 약 70미터에 이르는 이 태피스트리는 1066년 노르만의 잉글랜드 정복을 여덟 가지 빛깔의 털실로 수놓았다. 각 장면에는 라틴어로 해설이 달려 있다. 현재는 프랑스 북부 바이외시의 태피스트리 박물관에 전시되어 있다.

1713~1785은 영국 왕가의 기원을 이룬 노르만 정복을 자세히 조사하기 위해 노르망디 지방으로 떠났다. 그는 영국인으로는 최초로 바이외 태피스트리 Bayeux Tapestry를 직접 보았다.[71]

진본성 문제

르네상스 시대, 특히 엘리자베스 1세 시대의 궁정에서는 먼 곳을 여행하고 돌아온 여행자에게 새로운 이야기를 듣는 것이 유행이었다. 때로는 신기한 이야기가 듣고 싶어서 왕실에서 여행자에게 직접 재정 지원을 했다. 프랜시스 베이컨Francis Bacon, 1561~1626이 여행자를 '빛을 나르는 자merchant of light'라고 불렀던 것은 바로 이런 분위기를 반영한 것이다. 그 시대 여행자가 궁정에서 이야기를 들려주는 것은 일종의 의무였고, 상류층 사이에는 그런 정보들을 공유하고자 하는 분위기가 있었다. 여행 문학은 그런 전통 속에서 나타났기에 어떤 학자는 여행기를 '상상의 지리학imaginative geography' 이라고 불렀다.[72]

여행자가 많아지고 출판 시장에 여행기가 넘쳐나면서 여행과 관련된 글을 쓰는 사람들은 더욱 새로운 이야기를 들려줘야 한다는 압박감을 느꼈다. 심지어 출판을 목적으로 하지 않는 개인의 사적인 편지에서도 이런 중압감이 드러났다. 이 문제와 관련해서는 메리 워틀리 몬터규의 편지를 살펴보아야 한다. 그랜드 투어의 이면을 엿볼 수 있는 귀한 개인적 기록이기 때문이다.

몬터규는 1689년 영국 최고의 귀족 집안에서 태어났다. 독학으로 뛰어난 학식을 갖춘 그녀는 나중에 영국 최고의 부자가 될 남편과 결혼했다. 그녀는 결혼한 지 얼마 지나지 않아 천연두로 미모를 잃었지만 뛰어난 재치로 명성을 누렸고 오스만튀르크 대사로 임명된 남편을 따라 콘스탄티노플을 여행하는 드문 경험도 했다. 그녀는 익명으로 펴낸 정치적 팸플릿 때문에 스캔들에 휘말렸는가 하면, 볼테르Voltaire, 1694~1778를 비롯한 당대 최고의 지성들과 교류하며 영국 사교계를 주름잡았던 18세기 초 런던의 스타였다.

하지만 사생활에서 몬터규는 결코 행복하지 않았다. 재산 불리기에만 바빴던 남편과 난봉꾼 아들, 그리고 반대하는 결혼을 한 딸 등 그녀의 삶은 골칫거리가 가득했다. 그런 몬터규에게 큰 변화가 일어났으니, 1736년 젊은 이탈리아인 프란체스코 알가로티Francesco Algarotti, 1712~1764를 만나게 된 것이다. 알가로티는 부유한 파도바-베네치아 출신으로 볼로냐 대학에서 문학과 과학을 공부했다. 볼테르와 교류했으며, 1735년 뉴턴의 광학을 쉽게 설명한 《숙녀를 위한 뉴턴 이론Il newtonianismo per le dame》을 써서 유럽에 널리 이름을 알렸다. 그랜드 투어 중 영국에 도착한 그는 왕립학회Royal Society와 옛것연구회Society of Antiquaries의 일원으로 선출되었는가 하면, 영국 궁정

튀르크식 드레스를 입은 메리 워틀리 몬터규.

에 소개되어 많은 권력자와 교제했다. 뛰어난 학식에 야망과 매력까지 고
루 갖춘 젊은 알가로티에게 매혹된 몬터규는 함께 대륙으로 도피할 계획
을 세우고, 1739년 먼저 대륙으로 떠났다. 하지만 이탈리아에 도착하고 2년
도 지나지 않아 몬터규와 알가로티는 맺어질 수 없음이 자명해졌다. 양성애
자였던 알가로티가 프로이센의 황태자 프리드리히Friedrich II, 1712~1786, 재위
1740~1786를 따라가버렸던 것이다. 알가로티는 프리드리히 2세와 함께 오
페라 이론을 연구해 음악사에 길이 남을 오페라 평론의 권위자가 되었다.

　이 위험한 사랑에서 처절한 실패를 맛본 몬터규는 영국으로 돌아가지

않고 무려 22년간 주로 이탈리아에 머물며 자발적 망명 상태로 살았다.[73] 당시 남편이 그런 상황을 알고 있었는지는 정확하게 알려진 바가 없다. 아마 알았다 할지라도 18세기 영국의 정서상 최고 가문 출신의 부인에게 별다른 조치를 취할 수는 없었을 것이다. 두 사람은 법적으로는 부부 관계를 유지했지만 평생 다시는 만나지 않았다. 몬터규는 탁월한 문학적 소질을 발휘해 많은 글을 썼고 젊은 시절부터 죽을 때까지 쓴 편지가 상당 부분 남아 있다. 남편에게는 정기적으로 정중하고도 자세한 편지를 보냈는가 하면, 서서히 미쳐가던 여동생에게 활력을 주기 위해 상류사회의 가십과 해외 생활의 에피소드를 담은 편지를, 그리고 생의 후반부에는 주로 딸에게 육아부터 문학까지 다양한 주제에 대해 맛깔스러운 편지를 보냈다.[74]

몬터규가 여행을 하면서 지인들에게 보낸 편지에는 "이곳의 색다른 이야기를 들려주어야 할 텐데"라거나, 심지어 상대방이 "내 안부보다는 이곳에서 본 것들을 더 듣고 싶어 할 텐데"라는 말이 종종 등장한다.[75] 그녀는 훌쩍 먼 곳으로 떠나올 수 있는 여행자라는 특권에 상응해 진귀한 이야기를 들려주어야 한다는 일종의 사회적 의무를 느꼈던 것이다.

우리 여행자들은 매우 어려운 상황에 놓여 있다. 우리가 이미 알려진 것 이외에 아무것도 이야기하지 않는다면 우리는 지루하고 아무것도 보지 않은 사람이 된다. 새로운 것을 말하면 마치 꾸며낸 이야기나 소설 같다고 비웃음을 산다.[76]

여행기가 유행하면서 여행기 작가들은 자기 여행이 특별하다는 것을 보다 효과적으로 드러내야 했다. 독자들은 색다른 내용을 더 많이 요구하기 마련이었고, 그러다 보니 과장이나 왜곡, 심지어 사실과 환상의 혼합까지 나타났다. 한편에서는 게걸스럽게 여행기를 소비했지만, 다른 한편에서는 교육받은 청교도들을 중심으로 시와 연극을 '비도덕적인 것'으로 규정하며 이성, 진실, 사실의 중요성을 강조하는 움직임이 일어났다.

이는 17세기의 혼란 속에서 더 확실하고 분명한 해결책을 찾기 위한 '반동적 움직임'이었다. 베이컨이나 데카르트Rene Descartes, 1596~1650 같은 사람들의 영향으로 확실한 지식을 추구하고자 하는 움직임이 지식인 사회를 휩쓸었다. 흔히 '과학혁명'이라고 불리는 일대 변화가 일어난 것이다. 이제 수학적 정밀성과 논리적 엄밀성에 대해 숭배에 가까운 믿음이 생겨났으며, 자연과학자들은 학문과 지식의 탐구 대상과 방향을 뚜렷하게 바꾸어나갔다.[77]

이런 상황에서 바깥세상에 대한 정보를 둘러싸고 진본성authenticity의 문제가 대두되었다. 이미 17세기 초반에 조지프 홀Joseph Hall, 1574~1656은 해외여행을 비판하면서 여행자들이 보고 듣는 내용은 대부분 수준이 낮다고 비난했다. "여행을 가서 농부, 순례자, 도시민 혹은 궁정인과 이야기를 나눈 사람들이 듣는 정보도 부분적으로는 소문에 불과하고 신빙성이 떨어지는 것이 많다"[78]는 것이었다. 여행기 작가들은 더는 엘리자베스 1세 궁정의 이야기꾼처럼 청중을 현혹할 수 없었다. 오히려 자신의 이야기가 진실하다는 것을 보여주기 위해 다양한 전략을 써야 했다. 자신의 인격이나 후원자의 권위를 빌리거나, 멋지게 고전을 인용해 일종의 근거를 제시하는 것이었다. 하지만 언제나 안전한 방법은 담담하고, 건조하고, 사실적인 스타일을 견지하는 것이었다.[79]

몬터규의 편지에서는 세간에 유행하는 여행기를 의식하며 진본성에 집착하는 모습을 많이 찾아볼 수 있다. 1717년 몬터규는 빈에서 여동생에게 이렇게 썼다.

네 분부를 받자와 빈에 대한 기록을 보낸다. 하지만 나는 네가 결코 만족하지 않을 것을 잘 안다. 너는 분명히 내가 게으름 때문에 그동안 보고 들은 수천 가지 재미있고 놀라운 것들을 말해주지 않는다고 생각하겠지. 하지만 다른 여행자들이 독자들을 즐겁게 하기 위해 사용하는 많은 재주를 내가 부리지 않는 것은 게으름 때문이 아니라 진실을 전하고 싶어서라는 점을 알아주기 바란다. 나도 지나가는 도시마다 신기한 것들을 찾아 쓰고, 가톨릭의 기적 같은 것을 열거할 수 있지만, 성직자들이 거짓으로 말하고 무리들이 믿곤 하는 그런 새로운 것들이 있다고 너를 속일 수는 없어.[80]

몬터규는 때때로 더욱 적극적으로 기존 여행기의 오류를 지적하기도 했다. 1741년 제네바에 도착한 몬터규는 남편에게 "모든 것이 그동안 내가 들어왔던 것과 다르다는 것을 알게 되었습니다. 여행 중에 이런 일이 처음이 아닙니다"[81]라고 썼다.

몬터규는 여행 작가 에런 힐Aron Hill, 1685~1750[82]의 성 소피아 성당에 대한 묘사가 '망상'이었음에 틀림없다면서 저자의 신뢰성을 신랄하게 비판했다.[83] 이탈리아에서 몬터규는 이렇게 말한다.

나는 이탈리아에서 사람들의 행동양식이 다르다는 것을 발견하고 놀랐습니다. …… 내가 지금까지 듣거나 읽은 것과 너무 달라서 이 나라의 매너가 훌륭하게 바뀌었거나 여행자들이 경험보다는 상상에 의존한다고 확신하게 되었어요. 마찬가지로 나는 콘스탄티노플에서 여자들이 무기력하게 갇혀 있는 대신 베일을 쓰고 아침부터 저녁까지 뛰어다니는 모습을 보았습니다.[84]

몬터규가 보기에 여행기 작가들은 "자기도 모르는 것에 대해 말하기를 좋아하는 사람들"[85]이었다. 그들은 "단지 돈을 위해 글을 쓰는 사람들이라서 항상 현재의 입맛에 맞추는 것을 지상 과제로 삼기" 때문에 여행기에 과장이나 오류가 나타날 수밖에 없다는 것이었다. 몬터규는 "그들 대부분이 천한 출신이기 때문"에 그런 거짓말을 하는 것이라고 확신했다.[86] 영국에서 가장 부유한 남편을 둔 지체 높은 귀부인이었기에 할 수 있는 말이었다. 그녀가 보기에 독자도 수준이 떨어지기는 마찬가지였다. "저자는 아마 대중 public에게 봉사하는 것일지 모르지만 그 대중이라는 독자들은 싸구려 팸플릿 따위나 읽는 천박한 입맛을 지닌 사람들"이라고 비꼬았다.[87]

여기서 같은 여행자일지라도 여행기를 출판하는 사람들과 그렇지 않은 최고 귀족 사이에 분명한 경계가 나타난다. 오늘날까지 전해오는 그랜드 투어 출판물들 가운데 여행의 주인공이었던 당대 최고의 귀족이 남긴 기록을 찾기 어려운 이유가 바로 여기에 있다.

Chapter 3

여정

THE
GRAND TOUR.

"여행이란 우리가 사는 장소를 바꿔주는 것이 아니라
우리의 생각과 편견을 바꿔주는 것이다."

아나톨 프랑스

도버해협을 건너 프랑스로

그랜드 투어를 떠난 영국인 여행자들은 보통 정형화된 루트를 따라 여행했다. 프랑스로 건너가 일정 기간 체류한 뒤 이탈리아의 여러 도시를 거쳐 궁극적으로 로마를 둘러보고 다시 영국으로 돌아왔다. 보통 전체 기간을 3년으로 잡는다면 처음 18개월은 프랑스에서, 그다음 9~10개월은 이탈리아에서, 그다음 5개월은 독일과 저지대 국가(오늘날의 네덜란드, 벨기에, 룩셈부르크)에서, 그리고 돌아오는 길에 4~5개월은 파리에서 보내는 일정이었다.[1] 당시 강대국이었던 에스파냐를 빼놓았던 이유는 일단 거리가 너무 멀고 마드리드를 제외하고는 볼거리가 없었으며 심지어 마드리드조차도 파리 같은 멋진 국제적 문화가 없다고 여겼기 때문이다. 포르투갈과 그리스도 비슷한 이유로 제외되었다. 여행자는 자기 집에서 누리던 안락함을 누릴 수 있고 화려한 사교계가 있는 '문명화된 지역'을 선호했다.[2]

우선 도버해협을 건널 때는 대부분 도버를 출발해 칼레에 도착했다. 하지만 날씨나 선박의 행선지에 따라 디에프나 불로뉴 등 다른 항구로 가는 경우도 있었고, 프랑스와 적대 관계일 때는 네덜란드의 오스텐데로 도착지가 변경되기도 했다. 아주 소수이긴 하지만 큰 배를 이용해 지중해로 항해하는 사람들도 있었다. 번거롭게 유럽 대륙을 가로지르는 대신 곧바로 이탈리아로 가려는 것이었다.

영국인 여행자들은 섬나라 본국을 떠나는 시점부터 대단한 관문에 도전해야 했다. 도버해협을 건너는 일은 거리상으로는 멀지 않지만 공포를 동반하는 모험이었다. 높은 파도는 지독한 뱃멀미를 일으켰고, 사고로 바다에 빠지는 일도 종종 있었다. 우편물과 여객을 함께 싣는 정기선 패킷packet이 일주일에 두 번 도버에서 칼레까지 운항했지만, 일부 여행자는 아예 개인 소유의 배를 빌려 타고 떠났다. 18세기에 이 구간을 건너는 데는 평균 다섯 시간 정도가 걸렸다. 바람 때가 잘 맞으면 세 시간 혹은 그보다 일찍 도착할 수도 있었지만 아서 영처럼 운 나쁜 여행자는 높은 파도 때문에 내내 멀미에 시달리며 열네 시간 만에 칼레에 도착했다. 심지어 날씨 때문에 항구에서 일주일 정도 출항을 기다리는 것도 드문 일이 아니었다. 찰스 버니는 폭풍으로 칼레에 9일간이나 발이 묶였다가 결국 런던에 도착해서는 앓아눕고 말았다.[3]

선원들은 걸핏하면 웃돈을 요구하기 일쑤였다. 도착 시간이 바닷물이 빠질 무렵이면 사람들은 큰 배에서 다시 작은 보트로 갈아타고 해안에 내려야 했다. 노를 저어 움직이는 그 작은 배의 뱃삯이 해협을 건너는 큰 배보다 더 비쌌다. 일단 해안에 도착하면 진풍경이 펼쳐졌다. 어디선가 동네 사람들이 떼거리로 나타났다. 존 카John Carr, 1723~1807는 나막신을 신은, 거의 벌거벗은 사람들이 몰려들어 짐을 들어 던지는 모습을 보고 경악했다.[4] 그들은 항구에 특화된 전문 짐꾼들이었다.

여행자들은 프랑스 땅에 내리면 며칠 쉬면서 교통수단을 물색했다. 최상류층 여행자는 영국에서부터 자기 마차를 배에 실어 오기도 했지만 여행자들 대부분은 칼레에서 마차를 빌렸다. 칼레에는 데생M. Dessin이라는 사람이 운영하는 여관이 있었는데, 18세기 중반부터 이 여관이 영국에서 출발

칼레항에 도착한 영국인 여행자들 부두에서는 수많은 사람이 대기하고 있다가 돈을 받고 짐을 날라 주는 등 호객 행위를 벌였다.

한 그랜드 투어리스트의 베이스캠프 역할을 하게 된다. 낯선 타국에서 여행 자들은 일단 널리 알려진 데생의 여관부터 찾았기 때문에 그곳은 늘 손님이 북적거렸다.

사실 그 여관 밑으로는 근처 군인 병원의 하수구가 지나고 있어서 지독 한 악취가 진동했지만 여행자들은 개의치 않았다. 일부 돈 많은 젊은이들은 데생의 여관에 묵지 못하면 체면을 구긴다고 생각했다. 떠나기 전 환송 파 티에서 '데생에 예약했다'고 하면 고상한 지인들은 일단 안심하는 분위기였

여행자들의 베이스캠프였던 데생 여관 여행자들이 칼레의 데생 여관에 도착하는 모습이다.

다. 데생은 마차와 마부 임대, 환전까지 독점하다시피 해서 많은 돈을 벌어들였다. 1766년부터 10년 사이에 5만 파운드라는 어마어마한 돈을 벌어들였다는 기록이 남아 있을 정도다. 특히 데생의 여관은 훌륭한 음식을 내놓는 것으로 명성이 자자했는데, 생선과 게 요리, 차가운 샴페인은 영국인들이 감격할 정도의 맛을 자랑했다고 한다.[5]

데생에게 마차를 빌리는 것이 부담스러운 사람들은 좀 더 싼 다른 교통수단을 물색해야 했다. 우선 영국의 역마차와 비슷한 4륜 포장마차인 카로스carrosse가 있었다. 이 마차 안에는 여섯 명이 앉을 수 있었다. 코시coche는 더 크고 무거운 승합마차로, 안에 열두 명이 타고 바깥에는 양쪽으로 각각 두 명이 앉을 수 있었다. 마치 오늘날의 미니버스 같았다. 이런 마차는 지붕 위에 엄청난 양의 짐까지 실었기 때문에 아주 천천히 달릴 수밖에 없었다. 그보다 훨씬 빠르다고 알려진 역마차diligence는 12마일(약 19킬로미터)마다 말을 교체하는 시스템으로 운용되었다. 잘 만들어진 역마차는 30명까지 태울 수 있었다. 이 가운데 가장 많이 이용된 것은 4~5인승의 4륜 역마차였다. 부유한 여행자는 미리 연락해서 좋은 말을 역참에 대기시켰다.

18세기 프랑스의 교통은 비교적 발달된 편이었다. 하지만 영국인 여행자들은 언제나 불만이 많았다. 도로는 울퉁불퉁해서 끊임없이 멀미를 일으켰고, 작은 마을에는 바꿔 탈 말이 아예 없는 경우도 많았기 때문이다. 말이 작고 느리다는 점도 빼놓을 수 없는 불만거리였다. "말은 너무 작은 데다 이상하게 묶여 있어서 단 한 마리도 빠르게 걷거나 질주할 수가 없다. 프랑스 말을 제대로 걷게 하는 것보다 영국 말에게 춤을 가르치는 편이 더 쉽다"는 볼멘소리가 나오곤 했다.[6]

18세기 프랑스 승합마차
바구니 세공으로 만든 미니어처로, 당시 승합마차의 모습을 재현했다.

화려한 낭만의 나라, 프랑스

멋의 도시, 파리

프랑스에서 꼭 가보아야 하는 곳은 파리였다. 여행자들은 파리에 도착하자마자 새 옷을 사 입었다. 그것은 필수적인 절차였다. 토비아스 스몰렛은 "영국인이 파리에 오면 완벽한 변신을 하기 전에는 모습을 보이지 않았다"[7]고 말했다. 프랑스식으로 버클도 바꾸고, 러플도 새것으로 손봐야 했다. 만년에 그랜드 투어에 올랐던 새뮤얼 존슨Samuel Johnson, 1709~1784 박사마저 파리에 도착한 당일에 갈색 무명으로 만든 옷을 벗어던지고 실크와 레이스로 만든 옷을 입었다.[8]

도시에 영국인 여행자가 도착했다는 소문이 들리면 곧 온갖 상인들이 몰려들었다. 새단사, 이발사, 검 장수, 모자 만드는 사람, 향수 장수, 구두장이, 심지어 와인 장수까지 몰려와 자기에게 주문해달라고 굽실거렸다.[9] 프랑스에서는 토박이 하인 한 명을 고용하는 것이 바람직하게 여겨졌는데, 그들은 곧 바리바리 물건이 든 가방을 들고 손가락 끝에는 주인의 새 러플을 끼운 채 주인을 따라다닐 터였다.[10] 당시 여행자에게 파리에서 돈을 어디에 가장 많이 썼는지 묻는다면 분명 옷값이라고 대답했을 것이다. 존 스윈번John Swinburne이라는 귀족이 1749년 12월부터 6개월 동안 쓴 옷값은 다음과 같다.

> 호화로운 리옹산 웨이스트코트에 216리브르, 손으로 짠 러플 여섯 장에 84리브르, 전속 재단사에게 1,367리브르, 정장에 수놓는 데 299리브르, 레이스 모자와 깃털에 60리브르, 다른 재단사에게 718리브르 지불.[11]

전체 금액은 당시 프랑스 지방 귀족의 한 해 수입과 맞먹었다.

물론 바가지를 쓰는 일도 많았다. 《젠틀맨의 가이드》는 "이 세상에 프랑스 재단사보다 더한 사기꾼은 없다"면서 여행자들은 부르는 대로 값을 다 치러서는 안 된다고 경고했다. 프랑스에서 평범한 정장은 18실링, 검은 벨벳 양복에 금장이 달린 매우 화려한 웨이스트코트와 바지 두 벌이 한 세트인 경우 16기니 정도가 적당한 가격이라는 조언도 곁들였다.[12]

파리에는 여행자들이 묵을 수 있는 숙소가 다양하게 구비되어 있었다. 가장 인기 있는 숙소는 호텔이었지만 하인을 여러 명 데리고 장기간 묵을 수 있는 아파트도 많았다. 1742년 어떤 여행자는 생제르맹에 아파트를 얻었는데, 큰 식당이 딸린 데다 식당 맞은편에는 여행자 자신을 위한 큰 침실이 있고 다른 쪽에는 하인을 위한 또 다른 침실이 있었다. 하인 침실 옆에는 하인들이 대기하거나 몸을 누힐 수 있는 또 다른 방이 있었다.[13]

파리에서 젊은이들은 한가로운 생활을 즐겼다. 아침에는 이발사가 방문해 머리를 만져주고 하얀 분가루를 뿌리고는 포마드와 프로방스산 향수로 마무리해주었다. 젊은이는 더 맞춰 입을 옷이 없는지 거리를 기웃거리거나 튀일리궁을 산책하고, 커피숍에서 커피를 홀짝거렸다. 테이블을 순례하는 음악가나 여가수에게 동전 던져주거나 센강으로 나가 빨래하는 여인들을 구경하는 것도 소일거리였다. 인력거를 타고 팔레 루아얄 아래 아케이드의 보석가게를 어슬렁거리거나 노트르담 근처의 골동품 가게에 가기도 했다. 점심을 거하게 먹고 오후에는 시내 구경을 나가거나 뇌브데프티샹 거리에 있는 카비네 리테레르Cabinet Littéraire에서 영국 신문을 읽으며 한가로이 시간을 보내기도 했다. 오페라 관람도 중요한 일정이었다. 영국인 여행자들은 프랑스 오페라는 좋아했지만, 연극에 대해서는 혹평했다. 런던의 유명한 배우 데이비드 개릭David Garrick, 1717~1779으로 대표되는 영국식 공연이 훨씬 낫다고 생각했다.[14]

이런 보통 젊은이들보다 훨씬 더 꼼꼼하게 파리의 구석구석을 살피고, 모든 것을 머릿속에 담아두려 했던 사람도 있었다. 66세라는 늦은 나이에 여행길에 오른 존슨 박사가 바로 그 주인공이다. 영어사전 편찬자로 잘 알려져 있는 새뮤얼 존슨 박사는 신발조차 살 수 없는 가난한 집안 출신이었다. 학비가 부족해서 옥스퍼드 대학 학부조차 중퇴할 수밖에 없었다. 박사라는 타이틀이 붙은 것은 나중에 그의 업적을 인정한 옥스퍼드 대학이 예외적으로 박사 학위를 수여했기 때문이다. 영국 문학사에 한 획을 그은 석학이었지만 존슨은 평생 생활고에 시달리며 남들처럼 여행할 수 없는 스스로의 처지를 늘 안타까워했다. 그는 늘 그랜드 투어를 꿈꾸었으며 아주 먼 중국의 만리장성에 가보는 것이 소원이었다. 1775년 가을 마침내 그는 런던에서 손꼽히는 양조업자인 절친한 친구의 가족을 따라 프랑스에 가게 되었다.

존슨 박사는 "프랑스에 있는 동안 젊어지는 것 같았다"[15]고 썼다. 그의 발자취는 당시 영국인 여행자들이 파리에서 보아야 할 것들의 충실한 목록 그 이상이다.[16] 그는 파리 대로에서 펼쳐지는 춤 공연을 구경하고 방돔 광장에 있는 루이 14세 동상을 꼼꼼하게 살펴보았는가 하면, 바스티유에서 말라버린 해자를 바라보았다. 팔레 루아얄의 엄청난 규모와 높은 지붕은 존슨 박사에게 큰 감명을 주었다. 그는 그곳에서 라파엘로의 작품 세 점, 미켈란젤로의 소품 한 점, 루벤스의 그림을 모아둔 방을 둘러보았다.

그뿐 아니라 사관학교와 천문대, 주요 교회와 법원을 둘러본 뒤 왕실 태피스트리를 전담하고 있던 국영 고블랭 공장을 방문했고, 거울 공장도 견학했으며, 당시 최고급으로 꼽히던 세브르 도자기가 만들어지는 과정도 살펴보았다. 왕의 시계를 만드는 줄리앙 르 루아Julien Le Roy의 가게를 방문해 경도를 측정할 수 있다는 작은 시계가 만들어지는 광경을 흥미롭게 지켜보기도 했다.[17] 동행한 친구의 최대 관심사였을 양조장도 여러 곳 둘러보았다. 자연사 박물관에서는 진귀한 조개껍데기와 화석, 박제된 동물들과 초나무에서 열리는 초 등을 볼 수 있었다. 왕의 도서관, 소르본과 생제르맹의 도서관에도 갔다. 그는 어설픈 프랑스어를 쓰다가 무시당할까 봐 여행 내내 라틴어만 썼다.[18]

존슨 박사는 공작이 베푸는 연회에 참석하고, 베네딕트파 수도사들이 베푸는 만찬에서 장어와 청어, 튀긴 생선을 먹기도 했다. 같이 나온 콩 요리는 맛이 없었다고 적었다.[19] 사실 18세기 영국인들은 파리의 음식에 대해 불만이 많았다. 오늘날에는 이해하기 힘든 일이지만 당시에는 음식의 질에서 파리가 런던을 따라가지 못한다는 것이 일반적인 인식이었다. 파리의 음식에는 양념이 너무 많이 들어가고 고기는 너무 오래 삶거나 끓여서 재료본연의 맛이 사라져버렸기 때문이다. 토머스 뉴전트의 《그랜드 투어》에도 양념 범벅인 파리 음식은 '병든 개를 위한 약이나 마찬가지'라는 신랄한 비판이 적혀 있다.[20] 존슨 박사는 프랑스 요리가 절실한 필요에 의해 억지로 만들어진 것이 틀림없다면서 무언가를 첨가하지 않으면 먹을 수 없는 재료로 요리한 탓일 것이라고 비아냥거렸다.[21]

사실 파리의 진짜 문제는 맛보다 위생이었다. 뉴전트는 파리에서 가장 심각한 것은 물이라고 지적했다. 센강에서 양동이로 길어온 물은 맛도 없고 건강에도 좋지 않아 때때로 독감이나 설사를 일으키기 때문에 항상 저렴한 와인을 사서 물에 타 마시라는 것이었다.[22] 여행자들은 세계적으로 자랑할 만한 파리의 극장도 너무 더럽다는 사실에 안타까워했고, 오물과 악취

19세기 영국의 풍자화가 조지 크룩생크가 그린 〈파리의 삶〉 음악, 펜싱, 노래, 춤, 사랑, 게임, 고급음식 등 여행자가 프랑스에서 기대할 수 있는 즐거움들을 묘사했지만, 18세기 영국인 여행자 대부분은 프랑스 음식이 맛 없다고 생각했다.

로 뒤덮인 거리에 대해 끊임없이 불평을 늘어놓았다. 호러스 월폴은 이렇게 썼다.

파리는 전 세계에서 가장 추악하고 끔찍한 도시다. …… 더러운 도시는 더욱 더 러운 도랑을 끼고 있는데, 그 도랑은 센강이라고 불린다. 오물로 뒤덮인 시냇물 에 온갖 것을 빨아대지만 결코 깨끗하게 씻겨나가지 않는다. 추잡한 거리, 더욱 추한 상점과 교회는 불쾌한 그림들로 꽉 차 있다.[23]

영국인들에게 베르사유궁 방문은 매우 중요한 일정이었다. 하지만 '세 상에서 가장 멋진 궁전 가운데 하나'로 불린 이곳에 대해 예상과는 달리 실 망한 여행자들이 더 많았다. 여행자들은 의례적으로 한두 번 정도 베르사유 궁을 찾았다.[24] 베르사유궁에 대한 인상은 무엇보다도 작은 방들이 다닥다 닥 붙어 있다는 것이었다. 심지어 19세기까지도 영국의 유명 인사들은 그곳 을 '작은 것들의 거대한 더미'라고 부르곤 했다.

베르사유궁은 너무나 극단적으로 대비되는 것들이 한데 모인 공간이었 다. 즉, 호화로운 귀족의 삶과 비루한 하층민의 삶이 공존한다는 점이 관람 객을 불편하게 했다. 베르사유궁을 "다 큰 아이들의 정원"이라고 불렀던 월 폴은 계단참과 주랑, 심지어 왕족의 거처 앞 대기실에서까지 온갖 것을 파 는 잡상인들을 보았다. "우리가 황태자의 사치스러운 침실에서 황태자를 기 다리는 동안 나막신을 신은 두 명의 남자가 들어와 빗자루로 바닥을 쓸고 문질렀다."[25] 프랑스혁명 직전에 파리를 다시 찾았던 아서 영도 낡아빠진 셔츠 차림에 나막신을 신은 남자들이 궁정을 배회하는 모습을 보았다. 베르 사유 교회에는 남루한 차림의 군중이 미사에 참석하는 왕을 보려고 몰려들

베르사유궁 정원 산책 영국인 여행자들은 베르사유궁이 너무 좁은 데다 방과 가구 들이 다닥다닥 붙어 있어서 볼품없다고 생각했다. 하지만 베르사유궁의 정원과 미궁은 여행자들에게 인기 있는 곳이었다.

었다. 1750년 베르사유궁에서 루이 15세를 본 어느 여행자는 그 광경을 이렇게 기록했다.

나는 하루 종일 베르사유궁에 머물면서 궁정의 장엄한 모습을 보았다. 아침 10시에 조신들이 대회랑에 모두 모이자 곧 왕이 그곳을 지나 교회로 들어갔다. 그가 교회 안으로 들어가는 순간 합창단과 연주자들이 음악을 연주하기 시작했고 왕이 머무는 내내 음악은 계속되었다. 왕은 길게 머물지는 않았지만 사제의 말을 한마디도 들을 수 없었을 것이다. 12시가 넘자 왕비, 황태자, 그리고 공주들이 교회로 왔고, 나는 왕비가 간략한 의식과 함께 식사하는 모습을 보았다. 왕비를

그랜드 투어

제외한 모든 여성이 짙은 화장을 하고 있었다. 공주들은 거무스름한 얼굴을 하고 있었지만 커다란 검은 눈이 인상적이었다.[26]

프랑스혁명이 일어나자 왕의 가족은 더는 공식 만찬을 열지 않았다. 호기심 많은 여행자들은 멀리서 그들이 왕실 교회에 드나드는 모습만 바라볼 수밖에 없었다. 바스티유가 함락되고 몇 달 안 되어 루이 16세를 볼 수 있었던 어떤 여행자는 왕이 평온하고 온화하고 친절한 표정을 지키려 했다고 말했다. 마리 앙투아네트는 '여왕으로 태어난 자'라면서 그녀의 분위기, 눈길, 미소가 그녀의 비범한 영혼을 말해준다고 평했다.

마음속은 분명 고통에 차 있었겠지만 왕비는 슬픔을 감추는 방법을 알고 있어서 그녀의 밝은 눈 속에서 단 한 점의 어두운 그림자도 볼 수 없었다. 여신처럼 미소 지으며 기도서를 넘기면서 처음에는 왕을, 그다음에는 왕자를, 그리고 공주를 바라보았다. 그리고 다시 기도서로 시선을 돌렸다. 왕의 여동생 엘리자베스는 엄청난 열정으로 신심을 다해 기도했다. 그녀는 울고 있는 것처럼 보였다.[27]

파리 밖으로

프랑스에서 파리 다음으로 인기가 있었던 곳은 루아르 계곡이었다. 부모들은 젊은이들이 파리에 오래 머물면서 쾌락적인 문화에 젖기보다는 좀 더 한적한 시골에서 공부에 집중하기를 원했다. 이곳은 '루아르 아카데미'라고 불리는 학원들이 생겨나면서 엄청난 인기를 끌었다. 당시 이 지역의 언어가 가장 순수한 프랑스어로 여겨졌기 때문이다. 이런 아카데미는 언어뿐만 아니라 춤, 펜싱, 승마 같은 기사도적 덕목들을 '대도시의 악에 물들지 않고' 연마할 수 있는 곳으로 유명했다.

걱정 없던 시절 프랑스 외곽의 아름다운 풍광에 흠뻑 빠진 젊은이 가운데 몇몇은 아예 영국으로 돌아가지 않고 시골에 계속 살기를 원했는가 하면, 실제로 루아르 계곡 인근 마을인 투르에 정착하는 영국인도 꽤 있었다.[28] 그 외에도 영국인 여행자들이 선호하는 도시들이 몇 군데 있었다. 일반적인 그랜드 투어 루트에서 가장 서쪽 끝에 위치한 몽펠리에는 특히 건강에 좋은 깨끗한 공기와 실력 있는 의사들로 유명했다. 물론 그만큼 비싼 치료비로도 유명했다.

'분홍빛 도시'라 불리는 툴루즈에도 장기 체류하는 사람이 많았다. 중세와 르네상스 시대의 건물도 멋졌지만 무엇보다 물가가 싸다는 장점이 있었다. 《젠틀맨의 가이드》는 세련된 예술과 과학을 아주 저렴한 비용으로 배울 수 있고 적은 수입으로도 만족스럽게 살 수 있는 곳은 툴루즈뿐이라고 강조했다. 그곳에서 상당 기간 살았던 한 귀부인은 1776년 체류자들 대부분이 아일랜드와 스코틀랜드 사람들이고 잉글랜드인도 몇 명 있다고 말했다. 그녀는 체류자들이 전반적으로 매우 좋은 사람들이지만 도박을 너무 많이 하는 것이 불만이라고 말했다.[29]

프랑스에서 이탈리아로 떠나는 여정은 보통 리옹을 거쳤다. 리옹은 영국인 여행자들이 별로 좋아하지 않는 도시였다. 도심의 도로들이 너무 좁다는 이유에서였다. 하지만 더 큰 문제는 도시 밖 여행이었다. 프랑스를 여행할 때 가장 큰 공포는 늑대였다. 실제로 늑대의 위험이 컸다기보다는 영국의 독특한 문화 탓이었다. 늑대의 피해가 극심했던 중세 영국에서는 12세기부터 늑대를 소탕하기 시작했고 결국 15세기인 헨리 7세 때 정부는 늑대가 멸종되었다고 공식적으로 선포했다. 늑대가 없는 영국에서 온 사람들에게 프랑스 늑대는 너무나 인상적이었다. 여행자들은 양치기가 언덕 위에 작은 오두막을 짓고 밤새도록 양을 지키며 늑대에게 총을 쏘아대는 것에 대해 기록하기도 했다.[30]

알프스, 자연을 음미하는 새로운 방법

리옹까지는 도로 사정이 매우 좋은 편이었지만 그 후에는 알프스가 가로막혀 있었다. 여행자는 알프스를 넘든가 아니면 배를 타고 지중해로 가야 했다. 여행자들 대부분은 알프스를 넘는 쪽을 택했다. 가장 보편적인 루트는 리옹→퐁드보부아쟁→사보이 공국→몽스니 고개→토리노였다. 몽스니에서부터는 마차를 탈 수 없었기 때문에 노새를 이용하고 가마의 일종인 세단 체어를 빌려야 했다. 내려올 때는 썰매를 타기도 했다. 높은 산 주변에는 이 모든 과정을 도와주는 셰르파가 대기하고 있었다. 귀족 자제는 가마를 탔지만 동행한 하인이나 교사는 걸어서 알프스를 넘었다.

여행자들에게 험준한 알프스를 넘는 일은 끔찍한 경험이었다. 1739년 월폴은 울퉁불퉁하고 미끄러운 알프스를 오르느라 몸살을 앓았는데 엎친 데 덮친 격으로 굶주린 늑대가 나타나서 애완견 토리를 잡아먹어버렸다. 수상이었던 아버지 로버트 월폴Robert Walpole, 1676~1745의 뒤를 이어 열렬한 휘그당원이었던 월폴은 이 스패니얼종 애완견에게 장난삼아 라이벌 정당의 이름을 붙여주었던 터였다. 벌건 대낮인 오후 2시에 눈앞에서 벌어진 참혹한 광경을 지켜볼 수밖에 없었던 월폴은 여러 친구에게 그 충격적인 소식을 자세히 알렸다. 토리를 그리워하는 월폴의 안타까운 마음은 여행 중에 쓴

알프스를 넘는 여행자들 여행자들
은 노새나 가마를 타거나 걸어서 알
프스를 넘었다. 등에 짐을 지고 있는
이들은 대부분 셰르파다.

편지에 자주 나타난다. 그는 편지에 "지금 내 곁에 쓰다듬을 수 있는 토리가
있다면 얼마나 좋을까"라거나 "나를 즐겁게 해줄 토리가 없는 이 여행이 지
겹다"고 썼다.[31] 그는 두고두고 알프스를 지옥과 같은 곳으로 기억했다.

상스럽기 그지없게 생겨먹은 바위며 제멋대로인 거주민들이라니! 그자들은 아
직도 갑상선종을 앓고 있어서 목에 칠면조의 늘어진 턱처럼 커다란 주머니를
달고 있다. 막돼먹은 산사람의 매너여―심지어 어떤 가이드북에 따르면 그들
이 불타는 성욕을 눈[雪]에 대고 푼다고 한다. 나는 결코 다시는 그들을 보지 않으
리라.[32]

그랜드 투어

하지만 18세기 후반부터는 알프스 산맥의 최고봉인 몽블랑 같은 곳이 각광받기 시작했다. 험준하고 장엄한 자연을 좋아하는 취향이 생겨나면서 루아르 계곡처럼 부드럽고 우아한 풍광의 인기가 시들해졌기 때문이다.[33] '픽처레스크picturesque'라고 불리는 새로운 열풍이 일어난 것이다.

유럽 사람들은 오랫동안 사람의 손길이 닿지 않은 광대한 자연에 공포를 느껴왔다. 신학자들은 실낙원에 대한 분노 때문에 신이 황무지를 만들었듯이 완벽하지 않은 형태, 즉 추하고 험준한 자연의 모습이 신의 분노를 표현한 것이라고 해석해왔다. 하지만 18세기 전후로 새로운 세대의 신학자들은 전혀 다른 각도에서 자연을 바라보았다. 다양한 지형은 신의 의지에 따라 디자인된 것으로 자연의 위대함을 보여주기 위한 기획이라고 믿기 시작한 것이다.[34] 종교개혁과 과학혁명 이후 이성을 중시하는 사조가 유행하면서 인간이 자연을 정복할 수 있다는 자신감도 이런 변화에 한몫했다.

18세기 후반 자연으로 돌아가라고 말한 계몽주의자들은 훨씬 더 단순하고 소박한 형태의 삶과 자연을 찬미하기 시작했다. 영국에서는 윌리엄 길핀William Gilpin, 1724~1804 목사가 인위적이지 않은, 자연 그대로의 아름다움을 찬미하면서 '그림 같은 아름다움'을 뜻하는 픽처레스크라는 개념을 처음 도입했다.[35] 그는 1769년부터 1776년까지 잉글랜드의 호수 지대, 스코틀랜드와 웨일스 지역을 광범위하게 여행한 뒤 여행기를 출간했다. 영국인들은 자연을 음미하는 새로운 유행을 유럽 대륙에서도 이어갔다.

이미 1744년부터 런던에는 〈사보이의 빙하 혹은 얼음 알프스〉라는 팸플릿이 돌기 시작했다. 여덟 명의 신사가 하인 다섯 명과 더불어 말, 무기, 천막을 가지고 6일간 샤모니 원정에 나선 이야기를 다룬 것이었다. 불가능해 보이던 이 산행을 성공시킨 사람은 대지주였던 윌리엄 윈덤William

Windham, 1717~1761이었다. 그는 휴대용 컴퍼스, 사분의四分儀, 온도계, 기압계를 가지고 산에 올랐다. 그는 다음 사람들에게 편자, 못과 망치 그리고 간편한 음식을 많이 준비하라고 충고했다. 1760년대가 되면 알프스 현지의 노새 모는 사람들이 소풍 패키지를 운영하기 시작한다. 당일치기 여행에 3실링을 받고 장대한 폭포와 만년설로 덮인 산 정상을 구경시켜주었다.[36]

이제 바닷길 여행은 갈수록 뜸해졌고, 이탈리아로 가는 길에 샤모니에 들르는 것이 필수 코스로 자리 잡았다. 여행객들은 "아무도 지나치지 않은 바위들, 끝도 없는 빙하, 경계 없이 펼쳐진 광대함"[37]에 빠져들었다. 그들은 '산맥의 시학poetics of the mountains'을 문학과 미술로 표현하기 시작했다.[38] 또한 산의 경관을 화폭에 담을 화가를 고용하기도 했다. 기압계, 도시락 바구니, 천막 등을 가지고 안내인을 앞세운 채 하인들과 더불어 용감하게 산을 오른 사람들 가운데 가장 유명한 사람은 이미 나폴레옹의 아내 조세핀 Josephine Bonaparte, 1763~1814 황후였을 것이다. 1810년 황후는 무려 68명이나 되는 안내인을 거느리고 산에 올랐다.

스위스가 수많은 관광객을 끌어모으는 명소로 떠오른 것은 이때부터였다. 덕분에 과거에는 사람들이 잘 찾지 않았던 취리히와 제네바가 인기를 끌게 되었다. 제네바는 깔끔하고 아름다운 도시로 사람들이 부지런하고 정직하다는 명성을 누렸는데, 다른 한편으로 여행자들은 그곳의 물가가 너무 비싸다는 사실에 놀라곤 했다. 영국인 여행자들은 언제나 유럽 대륙 사람들이 자기들에게 바가지를 씌운다고 생각했지만 특히 제네바의 물가는 너무 심했다. 하지만 영국인의 탓도 있었다. 영국인은 원하는 물건을 사기 위해 기꺼이 값을 두 배로 지불하곤 했기 때문이다. 상대적으로 인구가 적은 도시에서 귀한 물건은 한정적이게 마련인데 갑자기 여행자들이 밀어닥치면서

자연을 음미하는 여행 열풍 인위적이지 않은 자연 그대로의 아름다움을 찬미하면서 '픽처레스크'라는 개념이 생겨났고, 18세기 중반 이후 샤모니는 그랜드 투어리스트들의 필수 코스로 자리 잡았다.

물가가 치솟았던 것이다.[39]

영국도 공식적인 프로테스탄트 국가였지만 종교개혁의 중심지였던 제네바는 영국 사람들이 보기에도 철저하게 신교적 원칙을 고수하는 도시였다. 청빈이 생활화되어 있을 뿐만 아니라 오후 5시가 되면 관리들이 성문을 닫고 북을 치며 사람들을 집에 돌려보냈다. 제네바를 비롯한 스위스의 여러 도시에서는 당시까지도 사치 금지법이 시행되고 있었다. 취리히에서는 특정 계층의 경우 마차를 아예 소유할 수 없었던 반면, 바젤에서는 시민 누구나 마차를 소유할 수는 있었으나 하인이 마차 뒤를 따르는 일은 금지되었다.[40]

영국인들이 제네바에 들르는 또 다른 큰 이유는 볼테르를 보기 위해서였다. 볼테르는 제네바 근교 페르네이에 칩거하고 있었다. 친영파 인사로 유명했던 볼테르는 영국인 방문객을 환영했고 영국인들은 그를 보기 위해 끊임없이 몰려들었다.

궁극의 목적지, 이탈리아

축제와 볼거리의 천국

일단 알프스를 넘으면 여행자는 토리노에서 마차를 새로 빌렸다. 이탈리아에는 베투리노vetturino라고 불리는 전문 가이드가 있었다. 이들은 마차를 몰 뿐 아니라 말을 돌보고 숙박업자들과 흥정하는 일까지 맡았기 때문에 여행자들에게 큰 도움이 되었다. 여행자는 토리노에서 며칠 쉬면서 이탈리아를 어느 방향으로 돌 것인가를 결정했다. 루트를 정하는 가장 중요한 기준은 절기였다. 더워지는 시기에 로마로 들어가는 것은 말라리아 같은 열병에 걸릴 위험이 높았기 때문에 피해야 했다.

1700~1750년 사이에 이탈리아는 끊임없이 분할되고 지배자도 계속 바뀌었는데, 상당 지역이 오스트리아의 영향 아래 놓여 있었다. 영국은 7년 전쟁 동안 프랑스와는 교전했지만 프랑스의 연합국이었던 오스트리아와는 전쟁을 치르지 않았다. 그 덕분에 이탈리아에는 더 많은 여행자가 몰려들었다.[41] 일찌감치 중앙집권화를 이룬 영국 사람들에게 중앙정부가 존재하지 않는 이탈리아의 정치체제는 매우 신기한 것이었다. 여행자들은 분할된 지역마다 전혀 다른 관습을 숙지하기에 바빴다. 그러면서도 가톨릭교회와 종교재판소가 이탈리아 전역을 장악하고 있다는 사실에 깊은 인상을 받았다.

19세기 초 밀라노 대성당의 모습을 담은 동판화 수많은 여행자가 대성당의 위용에 감동을 받고 이런 그림들을 구입해 고국으로 가져왔다.

영국에서는 이미 200년 이상 존재하지 않았던 정통 가톨릭의 모습에 여행자들은 큰 관심을 보였다. 여행자들은 장엄한 가톨릭 예배 의식을 즐겨 찾는가 하면, 수도원과 수녀원을 꼭 챙겨서 방문했다. 무엇보다도 이탈리아는 축제의 나라였다. 축제는 가톨릭 의식과도 관련이 깊었으므로, 여행자들은 축제 일정에 맞추어 이탈리아 곳곳을 방문하기 위해 세심하게 계획을 세웠다. 사순절이 시작되면 잠시 세상의 질서가 뒤집어졌다. 주인이 종이 되고 종이 주인이 되는 축제에 여행자들도 한데 어울려 즐기곤 했다. 하지만 지각 있는 여행자들은 그런 난장판보다는 상당히 효율적으로 운영되던 병원, 구빈원, 고아원 등에 더 큰 감명을 받았다.[42]

북부 이탈리아의 주요 방문지로는 제노바, 밀라노, 베네치아를 꼽을 수 있고, 중부 이탈리아에서는 피렌체와 로마가 필수 코스였다. 우피치로 대표되는 피렌체는 미술품으로 명성이 높았고 그곳에서 멀지 않은 시에나는 순수한 이탈리아어의 본고장이라는 이유로 많은 영국인이 찾았다. 프랑스와 마찬가지로 이탈리아 곳곳에도 아카데미라고 불리는 여행자들을 위한 교육기관이 있었다. 이탈리아 전역에 최소한 700개의 아카데미가 있었던 것으로 알려져 있고, 피렌체에만도 20개가 있었다고 한다.[43]

밀라노의 궁정과 상류사회는 영국인을 환대했다. 영국에 호의적인 군주가 지배하고 있었던 이유도 한몫했다. 1778년 수준 높은 오페라로 유명했던 밀라노에서는 그 유명한 라 스칼라La Scala 극장이 문을 열었다. 밀라노의 수호성인인 성 암브로시우스St. Ambrosius, 340~397의 이름을 딴 암브로시우스 도시관과 미술관에도 여행자들의 발길이 끊이지 않았다. 오늘날에도 다빈치와 그 제자의 작품을 많이 소장한 것으로 유명한 암브로시우스 도서관과 미술관에는 당시에도 다빈치의 소묘를 비롯해 브뤼헐Brueghel 일가, 알브레히트 뒤러Albrecht Dürer, 1471~1528 등 수많은 르네상스 거장의 작품과 7만 2,000권에 이르는 장서와 문헌이 소장되어 있었다.[44]

이탈리아 북부는 다른 지역에 비해 상대적으로 번영한 곳이었다. 그럼에도 영국인들은 끊임없이 숙박 시설과 음식에 대해 불평해댔다. 건물은 낡고 더러운 데다 서비스는 형편없고 음식은 손님들을 '거의 독살시킬' 수준이라는 것이었다.

당신이 아무리 상상력을 발휘한다고 할지라도 이탈리아의 침구, 음식, 역참, 마차, 불결함이 영국인 여행자에게 주는 불쾌감을 반도 이해하지 못할 것이다.

…… 가는 곳마다 커튼이라고는 찾아볼 수 없을뿐더러 베네치아에서 로마까지 어디에도 청결하고 유용한 발명품인 변기는 존재하지 않는다. 그래서 수거된 후 곧 망각되어야 마땅할 그것이 당신의 코와 눈 아래 영원히 놓여 있다.[45]

오늘날의 시각으로 보면 세계적으로 각광받는 이탈리아 음식에 대해 이런 불평을 늘어놓는 것을 이해하기 어렵다. 게다가 영국 음식이야말로 맛 없기로 유명하지 않은가. 그런데 18세기 유럽에서 영국 음식은 상대적으로 후한 평가를 받고 있었다. 아마도 영국인의 고기 소비량이 유럽 최고라서 그랬을 것이다. 그렇기 때문에 이탈리아 음식에 대한 영국인의 불평은 생경한 식재료 탓이었을 가능성이 크다. 새나 닭의 내장을 소금과 후추를 넣고 삶은 전채요리, 후추와 기름을 넣고 삶은 달팽이, 튀긴 개구리 같은 음식들은 영국인 여행자에게 혐오감을 주었다. 《이탈리아를 도는 여행자의 안내서 The Traveller's Guide Through Italy》는 이탈리아인들이 솔개, 매, 까치, 갈까마귀를 비롯해 영국인들이 잘 먹지 않는 종류의 새들까지 먹는다면서 여행자에게 주의를 당부했다.[46]

또한 이탈리아는 손님 접대, 특히 음식 대접에 인색하다는 악명을 누리고 있었다. 손님을 초대해놓고 몇 시간이 지나도록 커피 한 잔이나 수박 한 쪽을 내놓는 것이 고작이었다. 이탈리아에서는 주택에 난방을 하지 않는다는 점도 여행자들의 원성을 샀다. 날씨가 추워지면 몸에 온기를 더하기 위해 남성들은 팔목 위에 석탄이 든 작은 토기 냄비를 올려놓았고, 귀부인들은 작은 휴대용 스토브를 페티코트 속에 집어넣었다. 그 스토브는 가끔 은 삽으로 휘저어줘야 했는데 귀부인은 종종 고용된 애인에게 그 일을 시켜서 여행자의 눈살을 찌푸리게 했다. 영국의 부잣집 자제들은 이탈리아의 주택마다 굴뚝을 찾아볼 수 없다는 사실에 두려움을 느끼기까지 했다. 대부분의 집안 벽면에는 프레스코화가 그려져 있었는데 날씨가 추우면 그 그림들 때문에 더 으스스하다는 것이었다.[47]

그런데 물리적인 추위를 그렇게 싫어하면서도 으스스한 분위기를 좋아했던 사람들이 바로 영국인이었다. 유럽 대륙을 돌면서 영국인 여행자가 빼놓지 않고 찾았던 곳은 다름 아닌 처형장이었다. 오늘날의 감수성으로는 이해하기 힘든 일이지만 근대 초만 하더라도 사람들은 피에 열광했고, 특히 유혈 스포츠를 좋아하던 영국인들에게 처형장은 큰 구경거리였다. 프랑스 남부에 머물던 로크는 학생까지 데리고 정기적으로 처형을 보러 다녔을 정도였다.[48] 존 에벌린은 파리의 감옥을 방문해 강도 용의자를 고문하는 광경을 지켜보기도 했다.[49] 여행자들은 이탈리아의 처형 장면이 런던 타이번에서 행해지는 교수형에 비해 훨씬 드라마틱하다고 생각했다. 1817년 바이런 George Gordon Byron, 1788~1824은 로마의 포폴로 광장에서 범죄자 세 명이 처형되는 장면을 구경했다. 그는 출판업자 존 머리John Murray, 1778~1843에게 그 광경을 시적으로 묘사한 편지를 보냈다.

그 의식, 가면을 쓴 사제, 반쯤 벌거벗은 사형 집행자, 묶여 있는 범죄자, 검은 그리스도와 장막, 처형대, 군대, 느린 행렬, 짧게 덜컹거리는 소리, 무겁게 내려치는 도끼, 튀는 피, 드러나는 창백한 머리—이 모두는 영어식으로 말해 고통받는 자에게 내려진 개같이 무시무시한 고통보다 훨씬 인상적이었습니다.[50]

이탈리아에서는 피렌체가 각광받는 체류지로 떠올랐다. 오래 머물 수 있을 만큼 음식값도 쌌고 숙박 시설도 좋은 편이었다. 그뿐만 아니라 볼거리며 즐길 거리가 무척 많아서 여행자들이 지루할 틈이 없었다. 아름다운 모자이크로 장식된 교회와 궁성 들, 우피치의 보물과 르네상스 거장들의 미술작품 등 눈을 즐겁게 하는 것들이 무척 많았다. 피티궁의 만찬에 참석하고, 연극을 보러 가고, 아르노강 위의 아름다운 다리를 거닐었다. 거리 음악가의 연주를 듣거나 쇼핑을 즐기기에도 더없이 좋은 도시가 피렌체였다. 시가 주최하는 경마나 칼치오라고 불리던 축구경기도 큰 볼거리였다. 북적거리는 도심에 싫증이 나면 마차를 타고 아르노 계곡의 아름다운 시골 풍광을 둘러보기도 했다.[51]

여행자들은 피렌체를 "로마 다음가는 세계 최고의 도시로, 예술 애호가들이 가장 즐거운 시간을 보낼 수 있는 곳"이라고 묘사했다. 더러운 파리와 애완견을 잃어버린 끔찍한 알프스에 대해 불만투성이였던 월폴도 피렌체에 대해서는 "런던을 떠난 이래 가장 마음에 드는 도시"라고 극찬하면서 1년 넘게 머물렀다. 영국인들만을 위한 만남의 장소도 있었다. 코르시니 궁전 맞은편에 있던 찰스 해드필드의 호텔이었다. 언제라도 그곳에서는 먹고 마시고 카드놀이를 하는 영국인들을 볼 수 있었다. 산타 트리니타 다리 근처에 집이 있던 호러스 만Horace Mann, 1st Baronet, 1706~1786도 만나봐야 할 주요 인사였다. 만은 1737년 피렌체에 도착한 뒤 죽을 때까지 그곳에서 영국 공사를 지내며 온화한 성품으로 인기를 끌었다. 만은 피렌체의 모든 주요 사건과 인물을 알고 있어서 여행자들에게 최고의 인사들을 소개해주는가 하면, 새로 도착한 영국인을 위해 만찬을 베풀곤 했다.[52]

영국인 여행자들은 피렌체 귀족의 소탈함과 검약성에 놀라곤 했다. 그들은 거리낌 없이 소매상과 동업을 했으며, 심지어 직접 실크를 잘라 팔거나 와인을 만들어 팔았다. 궁전의 문이나 창문에는 와인 판매소 표시인 빈

피렌체의 축제 베키오궁 앞 시뇨리아 광장에서 열린 축제의 모습이다. 주세페 소기가 그린 그림을 카를로 그레고리오가 판화로 제작했다.

플라스크가 걸려 있었고, 하인들이 와인을 사러 와도 귀족이 직접 나와 원하는 것을 내주고 돈을 받는 모습을 자주 볼 수 있었다.[53]

토리노, 밀라노, 로마, 나폴리는 유적뿐 아니라 오페라로도 유명했다. 건축에 관심이 있는 영국인들은 건축가 안드레아 팔라디오Andrea Palladio, 1508~1580의 건물을 보기 위해 비첸차와 베로나를 방문했다. 베네치아에서는 무엇보다도 카니발이 가장 중요한 볼거리였다. 카니발 시즌에 베네치아에는 3만여 명의 방문객이 몰려들었는데, 영국인들도 이 엄청난 축제를 놓칠 리가 없었다. 여행자일지라도 검은색이나 흰색 가면을 쓰면 어디서나 환영받았다. 낮에도 온갖 볼거리가 즐비했다. 곡예, 소싸움, 권투와 레슬링 토

베네치아의 축제 예수승천일에 '바다와의 결혼식'을 마치고 부두로 귀환하는 부친토로 모습을 담은 카날레토의 그림이다.

너먼트, 야생동물 쇼, 그리고 이탈리아가 자랑하던 퍼레이드가 펼쳐졌다. 밤이면 댄스파티, 도박, 불꽃놀이가 벌어졌고 쿠르티잔의 집에서는 전시회가 열렸다.

    베네치아에서 가장 큰 볼거리는 '바다와의 결혼식'이었다. 예수승천일이 되면 베네치아 공화국의 총독Doge이 부친토로bucintòro라고 불리는 큰 배를 타고 바다로 나갔다. 온갖 조각과 그림, 화려한 꽃과 천으로 호화찬란하게 장식된 그 배에 베네치아의 귀족과 외국의 대사 들이 타고 총독을 수행했다. 리도섬까지 나가면 총독은 의전장에게 건네받은 금반지를 바다에 던지며 이렇게 말했다. "진실하고도 영원한 결합의 증표로 우리는 바다 당신과 결혼합니다."[54]

베네치아는 오랫동안 영국의 정치적 모델 역할을 했었다. 베네치아 공화국에는 지역의 관습에 따라 모든 일을 처리하는 독특한 정부가 발달했다. 영국의 휴머니스트와 정치사상가 들은 베네치아의 정치체제에 매혹되었다. 무엇보다도 황제정에 영향을 받지 않고 독립적 위치를 유지하는 데 깊은 인상을 받았다. 또한 영국인들은 총독, 상원, 대평의회가 서로 견제하는 베네치아 정치 시스템을 정교하고 세련되었다고 평가했다. 베네치아의 정치체제가 로마제국의 그것보다도 우월하다고 찬미하기도 했다. 공화정이 독재정으로 전락하지 않았을 뿐만 아니라 팽창과 전쟁을 일삼던 로마와는 달리 평화를 최선으로 삼으면서 나라 전체의 이익을 고려하는 사법체계를 갖추었다면서 말이다.[55]

특히 17세기 초 영국인들은 공화주의적 미덕뿐만 아니라 외교적 측면에서도 베네치아를 본보기로 삼았다. 이 작은 도시국가가 가톨릭의 맹주인 교황과 에스파냐에 대적한다는 측면에서 영국의 처지와 비슷하다며 호의적인 눈으로 바라보았던 것이다.[56] 해외를 돌며 활발한 첩보 활동을 펼쳤던 정치가 헨리 워턴은 베네치아와 영국이 비슷한 행보를 걷기 때문에 결국 베네치아도 프로테스탄트 국가로 전환할 가능성이 짙다는 주장을 펼쳤다.[57] 그런데 17세기 중반이 되자 과연 베네치아가 영국의 정치적 모델이 될 수 있는가에 대해 논란이 일면서 차츰 베네치아에 대한 열광적 찬미가 수그러들었다. 베네치아의 양면적 모습, 즉 자유로운 동시에 지나치게 방종한 문화에 대해 경계하는 분위기가 퍼져갔다.

베네치아를 방문한 영국인들도 그곳에 대해 비판적인 목소리를 내기 시작했다. 1764년 파머스턴 경Henry Temple, Lord Palmerston, 1739~1802은 베네

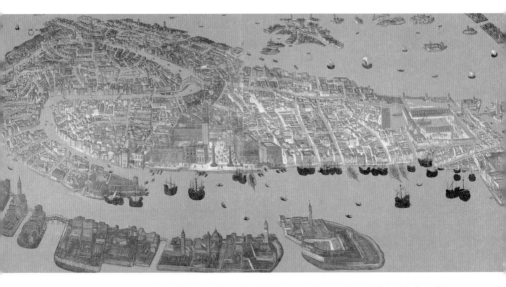

오도아르도 피알레티가 그린 베네치아 조감도 베네치아 대사를 세 번이나 지냈던 헨리 워턴이 자신이 교장으로 있던 이튼 칼리지에 기부한 파노라마 전경이다. "물 위에 떠 있는 것 같은 놀라운 풍경"으로 불린 이 그림을 엘리트 교육의 본산인 이튼 칼리지에 선물한 배경에는 영국과 베네치아의 관계에 대한 워턴의 열정적인 신뢰가 깔려 있었다.

치아의 풍경과 관습은 처음에는 충격적이고 신선하지만 곧 싫증난다고 말했다.[58] 예술적으로는 고대 로마식이나 바로크 양식이 각광받던 시대여서 중세 건물과 16세기 이탈리아풍 장식들로 치장된 베네치아가 조악하고 생경하다고 느끼는 사람들도 있었다. 그런데 더 심한 문제는 더러움과 악취였다. 실제로 베네치아는 '변기stinkpot'라는 별명을 얻었을 정도로 오염과 악취가 심각했다. 괴테는 인근 섬에 사는 사람들이 바닥이 평평한 배를 타고 와서 운하 곳곳에 쌓여 있는 오물을 실어다가 밭에 거름으로 사용하는 모습을 보았다.[59]

베네치아는 도박과 성매매로도 유명했다. 토머스 뉴전트는 '리도티

Ridotti'라고 불린 도박장에 대해 경고했다. 리도티는 귀족의 저택에 있는 도박장으로, '귀족에게는 은행이고 바보들에게는 돈을 잃는 곳'이었다.

> 보통 10~12개의 방에 게임 테이블이 놓여 있고 엄청나게 많은 사람으로 북적거린다. 심각한 침묵이 감돌았으며 가면 없이는 입장할 수 없다. 여기서 남자는 매춘부를 만나고, 유부녀는 가면의 보호 아래 카니발의 온갖 방탕을 즐길 수 있지만 보통 남편이나 남편의 스파이가 곁에 있게 마련이다. 이런 게임장을 나가면 대화를 할 수 있는 곳이 있고, 와인과 레모네이드, 설탕에 절인 고기를 파는 곳이 있다. 여기서 신사들은 남녀와 자유롭게 대화할 수 있으나 신중히 품위를 지켜야 한다. 그렇지 않을 경우 폭력배나 암살자를 만나게 된다.[60]

'유럽의 매음굴'이라고 불린 베네치아에는 이미 17세기 초반에 2만 명 정도의 쿠르티잔 있었다는 기록이 있다. 아들이 매음굴에 드나들 것을 염려한 귀부인들은 가난한 이웃의 딸과 계약을 맺어 아들의 침실 동료bedfellow로 들여보냈다. 계약금은 소녀가 얼마나 매력적인가에 따라 천차만별이었다. 하지만 결과적으로 그 소녀는 쿠르티잔으로 성장하기 마련이어서 쿠르티잔의 수는 계속 늘어갔다. 베네치아에는 부적절한 관계에서 태어난 사생아들을 돌보는 특수 기관이 있었다. 하지만 예상과는 달리 그곳은 한산했는데, '최고의 목수는 톱밥을 많이 남기지 않는다'는 옛말처럼 베네치아의 쿠르티잔은 진정한 프로들이었기 때문이다.[61]

영원의 도시, 로마

그랜드 투어의 궁극적인 목적지는 로마였다. 르네상스 휴머니즘의 영

괴테의 그랜드 투어 1787년 고대 유적이 있는 캄파나 평원을 배경으로 그린 괴테의 초상화. 이 그림을 그린 요한 하인리히 티슈바인은 괴테와 함께 나폴리를 여행하기도 했다.

향으로 고전에 대한 관심이 높아진 당시 유럽에서 로마는 여행자들이 보아야 할 모든 것을 함축하고 있는 곳으로 표상되었다. 1786년 로마에 도착한 괴테는 "새로운 삶이 시작되는 것 같다"면서 그 감동을 이렇게 표현했다.

> 지난 몇 년 동안 마치 병이 든 것 같았고, 그것을 고칠 수 있는 길은 오로지 이곳을 내 눈으로 직접 보며 이곳에서 지내는 것뿐이었다. 이제 와서 고백하건대, 그때는 정말 라틴어로 쓰인 책 한 권, 이탈리아 지방의 그림 한 점조차 바라볼 수 없었다. 이 나라를 보고자 하는 욕망이 너무나 강렬했기 때문이다.[62]

피치 못할 사정으로 로마에 들를 수 없었던 여행자에게 로마를 못 보았다는 아쉬움은 너무나 큰 것이었다. 로마로 향하던 로크는 혹한 때문에 몽스니 고개에서 발걸음을 돌려야 했다. 그는 "로마에 거의 다 왔다는 생각에 며칠 뒤면 카피톨리노 언덕에 다다라 스키피오와 카이사르의 족적을 더듬을 수 있으리라고 상상했던 때" 그런 일이 생겼다며 재수 없는 운명을 탓했다.[63]

로마는 볼거리와 즐길 거리가 많은, 그야말로 국제적인 도시였다. 12일 동안이나 지속되는 로마의 카니발은 베네치아의 카니발만큼이나 흥청거렸다. 큰 거리는 꽃과 리본, 나뭇잎과 화환 등으로 장식되었고 선원, 병사, 광대, 해적, 투르크인, 사형 집행인 등 갖가지 분장을 한 사람들로 가득 찼다. 심지어 금지되어 있던 추기경 복장을 하고 나타나는 사람들이 있는가 하면, 여자가 멋진 경비병 차림을 하거나 젊은 남자가 수녀복을 입어 성역할을 바꾸기도 했다. 카니발 밀고도 부활절 산탄젤로싱의 불꽃놀이, 싱 바오로 축세와 성 베드로 축제, 스페인 광장의 마차 쇼도 중요한 볼거리였다.

여행자들을 사로잡은 로마의 또 다른 명소는 카타콤이었다. 존 에벌린은 카타콤을 보고 온 날 그 감상을 일기에 적었다.

여기 소小플리니우스가 묘사했던, 박해받을 당시의 원시 기독교인들이 있다. 여기저기 엿보고 다니는 동안 나는 말라붙은 피가 들어 있는 유리병과 눈물단지 두 개를 발견했다. 시신들 혹은 그저 뼈뿐인 몸체들 대부분은 마치 외과의사의 작품처럼 놓여 있었고, 손만 닿아도 먼지로 변해버릴 것 같았다. 이 구불구불한 지하 길을 2~3마일(약 3~5킬로미터) 돌아다닌 끝에 대낮의 햇살이 쏟아지는 밖으로 나오니 눈이 멀어버릴 것 같았고 햇불 연기에 숨이 막혔다. 듣자 하니 어떤 프랑스 주교와 그 수행원들이 이 굴속으로 너무 깊이 들어가는 바람에 불이 꺼져버린

뒤, 다시는 그들에 대해 듣지 못하게 되었다고 한다.[64]

로마는 피렌체만큼이나 영국 사람들이 체류하기에 편리한 곳이었다. 영국과의 교역도 활발하고 항상 영국 신문을 읽을 수 있는 영국식 커피숍이 있었는가 하면, 영국식 레스토랑과 이름마저 '런던장Albergo Londra'인 영국식 호텔도 있었다. 물가도 싸고 사람들도 친절했다. 요리사, 시종과 마부, 가구가 딸린 근사한 아파트를 런던에서는 상상할 수 없는 싼 가격으로 이용할 수 있었다. 시장에는 온갖 신선한 고기가 넘쳐났고, 과일과 빵도 싸고 맛있어서 스코틀랜드 건축가 로버트 애덤Robert Adam, 1728~1792은 형과 함께 1년에 30파운드로 생활할 수 있었다.[65] 특이하게도 로마의 상점에는 대부분 창문이 없었고, 주인의 이름도 쓰여 있지 않았다. 대신 가게마다 무엇을 파는 곳인지를 상징하는 그림 간판을 내걸었다. 추기경의 빨간 모자는 재단사를, 파이프를 피우는 튀르크 남자는 담배 가게를, 피 흘리는 팔이나 다리는 외과의사를, 교황청의 스위스 근위대는 레이스 상인을 뜻했다. 면도용 접시는 이발소 표시로, 거기에는 흔히 '교황청 예배당 가수가 거세하는 곳'이라는 무시무시한 글귀도 함께 쓰여 있곤 했다.[66]

토리노나 밀라노에 비해 로마에는 여행자들이 사교 생활을 즐길 만한 상류사회의 네트워크가 없었다. 게다가 가톨릭의 본산이라서 프로테스탄트인 영국인이 드나들기에 껄끄러운 장소도 많았다.[67] 하지만 교황을 만나는 것은 영국인들에게도 큰 관심거리였다. 물론 교황을 만나기란 쉬운 일이 아니어서 기껏해야 중요한 종교적 행사가 있을 때 행렬을 이끄는 교황을 먼발치에서 볼 수 있었을 뿐이다. 하지만 종교적 갈등이 훨씬 완화된 18세기 후반 교황은 좀 더 많은 프로테스탄트 여행자들을 만나주었다. 비오 7세는 바

로마 바티칸의 성 베드로 대성당과 광장을 그린 동판화 존 에벌린을 비롯해 수많은 영국인 여행자가 감탄했던 대성당의 위용을 1745년 이후에 G. B. 피라네시가 그림으로 그리고, 판화로 제작해 판매했다.

조반니 파올로 파니니가 그린 성 베드로 대성당의 내부 전경 대성당에 들어서는 방문객의 시선으로 바라본 성당 내부의 모습으로, 수많은 대리석 조각과 금장식, 거대한 모자이크와 프레스코화, 화려한 천장이 그 위용을 자랑한다.

티칸의 정원에서 손님을 맞았는데, 방문객은 무릎을 꿇고 그의 발가락에 키스하는 것이 예의였다. 하인이나 정원사는 교황의 모습이 보이는 순간 꿇어앉아서 그 모습이 사라질 때까지 일어나면 안 되었다.[68]

괴테는 로마에서 색다른 구경거리를 찾았다. 이방인에게 축복을 전하는 공현축일에 프로파간다(1644년 로렌초 베르니니가 건립한 포교성성)에서 열린 토론회에 참석했던 것이다. 그날 '마리아가 동방의 세 박사를 과연 어디에서 만났을까?'라는 주제의 강론이 펼쳐졌다. 즉, 그곳이 마구간이었는지, 혹은 다른 어디였는지에 대한 강론이었다.

> 그 뒤 짧은 라틴어 시 몇 편이 낭독되고 30명가량의 신학도들이 한 명씩 차례로 등장해 각자 모국어로 짤막한 시를 낭송했다. 말라바리아어(인도 남부 지방의 언어), 알바니아어, 튀르크어, 루마니아어, 불가리아어, 페르시아어, 포가시아어, 히브리어, 아랍어, 시리아어, 이집트어, 바르바리어, 아르메니아어, 이베리아어, 마다가스카르어, 아이슬랜드어, 보헤미아어, 그리스어, 이사우리아어(소아시아 지방의 방언), 에티오피아어, 그리고 그 밖에도 내가 알아들을 수 없는 많은 언어가 쏟아져 나왔다.[69]

로마는 고대의 영광을 간직한 곳이었을 뿐만 아니라 국제적 도시라는 점에서도 괴테에게 깊은 감명을 주었다.

남부의 묘한 매력, 나폴리

로마 이남에서 여행자들이 가장 많이 방문했던 곳은 나폴리였다. 나폴리는 유럽에서도 손꼽히는 아름다운 풍광을 자랑했고, 따뜻한 남국의 묘한 매력이 있는 곳이었다. 뉴전트는 로마에서 나폴리로 가는 관광객들은 베투리노가 이끄는 대로 15일 정도를 할애하라고 권고했다. 남쪽으로 오가는 데 각각 여덟 끼의 식사를 하고 베수비오에서 하루, 포추올리에서 또 하루, 그리고 나폴리에서 닷새를 머물라는 것이었다.[70]

나폴리는 북부 유럽 사람들에게는 생경하리만큼 활기가 넘치는 곳이었다. '햇볕에 까맣게 그을린 소년들이 벌거벗은 채로 뛰어다니고, 조금 큰 녀석들은 캐스터네츠에 맞추어 춤추는 모습'을 여기저기서 볼 수 있었다. 18세기 후반부터 조금 점잖은 분위기로 바뀌었다고는 해도 나폴리의 활기와 자유로움은 그곳이 유럽의 다른 도시들과 전혀 다른 곳이라는 인상을 여행자들에게 각인시켰다. 무엇보다도 나폴리 사람들은 이탈리아의 기준에서 보더라도 너무 시끄러웠다. 심지어 그들은 극장에서도 웃고 떠드는 바람에 배우의 목소리를 들을 수가 없었다. 영국의 음악가 칠스 버니는 끊임없이 이어지는 싸움판 속에 있는 것 같다고 말했을 정도다.[71]

영국인 여행자들이 특히 나폴리를 찾았던 이유는 18세기 후반 윌리엄 해밀턴William Hamilton, 1731~1803이 오랫동안 공사로 머물면서 환대해주었기 때문이다. 여행자들은 나폴리만이 내다보이는 해밀턴의 저택에 모여 매일 파티를 즐겼는가 하면, 작은 콘서트를 감상하기도 했다. 여행자들이 더 큰 관심을 가졌던 대상은 바로 해밀턴의 아름다운 아내 엠마Emma, Lady Hamilton, 1765~1815였다. 그녀는 술집 여급 출신으로 공사의 아내 자리를 꿰찬, 그야말로 드라마틱한 신분 상승의 주인공이었다.

엠마는 명실상부한 '나폴리 사교계의 마스코트'였다. 그녀는 나폴리를 지배하던 왕비와 매우 친밀한 사이여서 언제나 궁정에서 환영받으며 파티마다 주인공 역할을 했다. 그녀의 독특한 이력은 그 자체로 정열이 넘치는

나폴리 베수비오 화산과 폼페이 유적 윌리엄 해밀턴은 지진이나 화산에 관심이 많았다. 그는 화가를 고용해 베수비오 화산의 폭발 장면(왼쪽)이나 화산 폭발 후 화산재에 묻힌 폼페이를 발굴하는 장면(오른쪽) 등을 그림으로 남겼다. 그는 나폴리에 머무는 동안 다른 그랜드 투어리스트들과 함께 발굴 과정에 참여해 많은 유물을 손에 넣었다.

남유럽에나 어울릴 법한 매우 이국적인 요소였다.[72] 늙은 해밀턴은 젊고 아름다운 아내를 자랑스럽게 여기고 손님들에게 보여주기를 좋아했다. 그는 손님들의 스케치 실력을 향상시킨다는 구실로 그녀를 고대 그리스-로마의 조각상처럼 누드로 포즈를 취하게 해서 모델로 세우곤 했다.[73] 엠마는 나폴리를 여행했던 사람이라면 누구나 입에 올리는 최고의 이야깃거리였다.

스토리는 나폴리에서 끝나지 않는다. 나중에 영국 함대가 나폴리에 잠시 정박했을 때 엠마는 넬슨Horatio Nelson, 1758~1805 제독을 만나 사랑에 빠져 결국 넬슨의 정부가 된다. 넬슨은 이혼을 감행한 반면, 해밀턴은 둘의 관계를 용인해 런던의 자기 집에서 셋이 함께 살게 되었다. 보통 사람의 기준으로는 결코 이해할 수 없는 이 관계를 두고 런던의 사교계는 들끓었지만, 그들은 '하나로 합쳐진 셋'이라고 당당히 말했다.

해밀턴은 외교관이면서 매우 진지한 옛것 연구가였다. 1738년 헤르쿨라네움[74]이, 1748년에는 폼페이[75]가 발굴되기 시작했다. 해밀턴은 그 발굴 작업에 큰 관심을 보였다. 베수비오 화산 폭발로 파묻혔던 헤르쿨라네움은 놀라울 만큼 잘 보존된 1평방마일(약 2.5제곱킬로미터) 정도의 지하 도시였다. 건물을 받치던 기둥뿐 아니라 원형극장의 대리석 좌석까지 온전한 상태였으며, 벽에 그려진 프레스코화는 아주 선명했다. 1775년 건축가 로버트 애덤은 발굴 시작 단계인 그곳을 보면서 "마치 갤리선의 노예가 파낸 석탄 광산 같다"는 인상을 받았지만 말이다.[76]

여행자들은 베수비오산에 오르는 것이 매우 힘들고 때로는 위험하지만 영광스러운 일이라고 생각했다. 영국의 과격파 정치가였던 존 윌크스John Wilkes, 1725~1797는 1765년 제임스 보즈웰과 함께 베수비오산에 올랐던 독특한 경험을 딸에게 이렇게 적어 보냈다.

다섯 명의 도움으로 산에 오를 수 있었다. 앞에서 끌어주는 두 사람의 허리띠를 잡자 뒤에서 세 명이 밀어주었다. 유황 연기가 나오는 구멍 근처까지 갔다. 구멍의 가장자리에 엎드려서 아래를 내려다보았지만 거의 아무것도 보이지 않았다. 바람이 불어오면 연기가 한쪽으로 쏠렸을 뿐이다. 유황으로 짐작되는 노란색 누더기 같은 것을 뒤집어쓴 산들을 볼 수 있었다. 가까스로 한 바퀴 둘러보았지만 연기에 질식할 뻔해서 서둘러 돌아왔다. 내려오는 길도 너무 힘들었다. 무릎까지 올라오는 잿더미에 발이 푹푹 빠졌다.[77]

"비록 아름답지는 않지만 기념으로 네게 보낸다"라고 끝맺은 편지는 화산에서 주운 용암 덩어리와 함께 딸에게 배달되었다.

독일과 네덜란드

새로운 교육의 중심, 독일

이탈리아에서 충분한 시간을 보낸 여행자는 그랜드 투어의 절반 이상을 끝낸 셈이다. 이제 돌아가는 루트를 결정해야 했다. 파리를 거쳐 왔던 길을 거슬러가는 방법과, 독일과 네덜란드를 거쳐 영국으로 돌아가는 대안이 있었다. 사실 파리와 이탈리아가 가장 중요한 목적지였기에 독일은 지나가는 곳 이상의 큰 의미가 없었다. 하지만 1714년 영국에 하노버 왕조가 들어서자 영국인들은 과거와는 다른 느낌으로 하노버 공국을 보게 되었다. 궁정을 방문했을 때 들려줄 이야기를 만들기 위해, 혹은 다른 정치적 이유로 독일 지역을 방문하는 여행자가 늘어나기 시작했다.

독일 땅에 도착한 영국인들은 불평을 늘어놓기 일쑤였다. 독일은 숙박 시설이나 도로 사정이 유럽 최악이라고 할 만했다. 여행 지침서는 하나같이 독일의 여행 여건을 부정적으로 묘사했다. 프랑수아 막시밀리앙 미송François Maximilien Misson, ?1650~1722은 "참으로 비참할 정도의 마차는 종종 너무 느리게 달리지만 마치 그것을 보상하듯이 밤낮으로 털썩털썩 달린다"라고 썼다.[78] 뉴전트는 "독일로 들어간 여행자는 마치 팰맬에서 큰 헛간으로 굴러떨어진 기분일 것이다"라고 쓰고 있다.[79] 심지어 독일의 여관은 여관 주인 내외, 남녀 하인, 남녀 손님, 소, 양, 말, 돼지가 함께 뒹구는 곳이라는 소문도 무성했다.

하지만 초라한 여관이라도 그나마 있으면 다행이었다. 어떤 마을에는 여관이 아예 없어 가난한 사람의 집이나 심지어 길에서 잠을 청해야 하는 경우도 있었다. 여행자들은 시골 보통 가정의 밥상이 별로 먹을 것은 없어도 여관의 식사보다 나았다고 회상했다. 검은 소시지와 거친 맥주만 나오는 여관에 비해 신선하고 다양한 음식을 맛볼 수 있었기 때문이다. 조금 여유가 있는 독일 가정에서는 손님에게 소고기, 양고기, 새 요리, 칠성장어, 달팽이, 생선, 말린 사슴고기 등을 내놓았다. 과일 요리도 좋았다. 사과나 살구를 반으로 갈라 오븐에 살짝 구운 다음 버터를 바르고 계핏가루를 뿌려 먹거나, 블랙체리를 배와 함께 끓여서 즙을 짜낸 다음 그릇에 담아 식혀서 젤리로 만든 것도 인상적이었다.[80]

독일 시골을 여행하던 여행자는 외국인을 상대로 한 온갖 범죄에 대한 흉흉한 소문에 떨지 않을 수 없었다. 특히 강도나 소집 해제된 용병의 습격은 늘 경계해야 했다. 그래서 영국인들은 비교적 안전하다고 알려진 대도시를 중심으로 빠르게 독일을 가로지르는 편을 선호했다. 사실 강도나 살인의 위협은 독일보다 이탈리아가 더 컸다. 하지만 독일에 대한 일반적 이미지와 함께 독일어를 전혀 알아들을 수 없다는 사실 때문에 여행자들은 독일 여행을 훨씬 더 불안하게 여겼다. 그런 열악한 상황에도 독일 지역의 물가가 오히려 이탈리아보다 비싸서 황당하다는 것이 당시 여행자들의 공통된 증언이었다.[81]

17세기 말 하이델베르크는 독일에서 교육의 중심지로 꼽혔다. '독일의 정원'이라고 불리는 지역에 위치한 하이델베르크는 매우 아름다운 풍광을 자랑했다. 그곳에는 높은 명성을 누리던 대학뿐만 아니라 큰 궁성도 있었다. 하이델베르크성에는 세상에서 가장 크다는 술통이 있었는데, 여행자들은 그 술통을 자세히 구경하고 열심히 스케치한 뒤 고국에 돌아가 자랑했다. 하이델베르크 이외에도 대학 도시인 괴팅겐, 라이프치히, 예나 등이 매우 잘 정비되어 있다는 인상을 주었다. 교통의 요지였던 프랑크푸르트는 구

독일의 명소 하이델베르크성 13세기에 세워져 18세기에 파괴된 하이델베르크성은 여행자들이 독일 지역을 돌아볼 때 잊지 않고 방문하는 장소였다.

텐베르크 이래 독일의 출판 중심지로서 여행자들의 관심을 끌었다. 또한 베를린을 방문한 사람들은 대부분 포츠담에 들르곤 했는데, 그곳은 '독일의 베르사유'라고 불렸다.[82]

    독일 방향의 루트를 선택한 여행자들에게 파리를 대체할 만한 대도시는 빈이었다. 근대 초 유럽에서 손꼽히는 국제 도시였던 빈은 영국인들에게 장기간 체류하기 좋은 곳으로 알려졌다. 극장과 도서관은 물론이고 승마와 펜싱으로 유명한 학교도 있어서 영국 젊은이가 상류층의 매너를 배우기에 최적의 도시라는 호평도 자자했다. 빈에 도착한 영국인들은 곧 현지 최고 가문의 사람들에게 소개되었다. 빈은 '세계에서 가장 호사스럽게 사는 곳'이라 할 정도로 사치가 만연한 곳이었다. 영국인들은 빈의 숙소가 독일 최고라는 데 동의하면서도 빈의 말과 마차가 파리보다도 훨씬 호화롭다는 데 놀라곤 했다. 뉴전트는 겨울에 빈에서 펼쳐지는 여흥을 생생하게 묘사했다.

> 그들의 주요 놀거리는 만찬과 술 파티다. 만찬이나 술 파티가 벌어질 때마다 정말로 좋은 와인과 음식이 나온다. 부유한 저택에 가면 테이블에 18~20종의 와인이 놓여 있고, 접시마다 그들이 원하는 와인의 이름을 적을 쪽지가 놓여 있다. 겨울에 다뉴브강의 지류들이 얼기 시작하고 그 위에 눈이 덮이면 숙녀들은 그리핀, 호랑이, 백조, 가리비 등 다양한 모양의 썰매를 타러 놀러 나간다. 귀부인들은 풍성한 모피가 둘러진 벨벳 드레스를 입고, 레이스와 보석으로 장식하고, 벨벳 모자를 쓴다. 말이 깃털과 리본, 종으로 장식된 썰매를 끌고 얼음을 지친다. 보통 이 놀이는 밤에 열리기 때문에 시종은 횃불을 들고 썰매 앞에 타고 신사들은 뒤에 타서 말의 방향을 지시한다.[83]

빈에서 가장 독특한 볼거리는 왕실의 사격 시합이었다. 보석 장신구를 부상으로 걸고 황실의 귀부인들이 그림에 권총을 쏘는 시합을 벌였다. 신사들은 구경만 해야 했다. 메리 워틀리 몬터규도 이 행사에 초대되었는데, 세 개의 타원형 과녁 안에 각각 큐피드, 행운의 여신 그리고 검이 그려져 있는 것을 보았다. 그 안에는 각각 "이곳에서는 용감해지기 쉽다"와 "행운의 여신이 사랑하는 그녀를 위해" 그리고 "지는 것은 부끄럽지 않다"라는 글귀가 쓰여 있었다.[84] 영국의 정치가 토머스 코크Thomas Coke, 1674~1727도 젊은 시절이 행사를 구경했던 기록을 남겼는데, 귀부인들이 자기 취향보다 두 배나 큰 가슴을 가지고 있어서 별로 아름답지 않았다고 썼다.[85]

라인강 유람선 마치 섬처럼 보이는 거대한 평저선이 라인강 위를 떠다니고 있다. 어떤 여행자는 이 색다른 교통수단에 즐거워했지만 빈에서 뮌헨으로 이동할 때 이 배를 탔던 찰스 버니는 이것이야말로 "전체 여행 가운데 가장 불유쾌하고 걱정스러운 경험이었다"라고 회고했다.

독일의 상당 지역은 배를 타고 강을 따라 여행할 수 있었다. 배는 선실이 갖추어진 거대하고 넓적한 평저선으로, 일종의 떠다니는 인공 섬이었다. 돈을 더 내면 개인 선실에 묵을 수 있었다. 하지만 말이 선실이지 들이치는 비나 막아주는 작은 상자 같았다. 창문도 구멍에 불과할 정도로 너무 작아서 선실 안은 덥고 눅눅했다. 그런데도 어떤 사람들은 '세상에서 가장 아름다운' 라인강의 거울과 같은 수면을 바라보며 고요히 흘러가는 이 여행을 매우 즐거워했다.[86] 18세기 후반부터는 라인 계곡을 따라 펼쳐지는 중세 성의 유적과 아름답게 펼쳐지는 포도밭 구릉이 찬미의 대상이 된다. 오늘날에도 라인 중부를 운항하는 유람선을 타는 것이 독일 관광의 필수 코스인데, 이 코스

를 최초로 만들어낸 사람들이 바로 그랜드 투어에 나선 영국인이다.[87]

군사 분야에 종사하고자 하는 사람들은 베를린, 마그데부르크 혹은 슐레지엔을 방문했다. 독일은 많은 공국과 자유도시가 느슨하게 얽혀 있는 집합체였는데, 그 가운데 프로이센이 강세를 보이며 약진하고 있었다. 여행자 가운데는 프로이센 병사들의 모습에 감동해서 입대를 결심한 사람도 있었다. 1697년 스물세 살이던 코크는 네덜란드 여행 중 몰래 왕의 캠프를 방문해 입대 의사를 밝힌 뒤 곧바로 상당한 비용을 들여 무기며 말을 구입했다. 그 사실을 알게 된 가족들은 난리가 났고, 결국 그의 동행 교사가 그의 이름을 명단에서 빼내어 그의 계획은 수포로 돌아갔다.[88]

귀국의 마지막 코스, 네덜란드

독일을 거쳐 귀국할 경우 최종적으로 머무는 나라는 네덜란드였다. 네덜란드의 숙박 시설은 훌륭했다. 영국인들은 그동안 여행하면서 가장 불편한 부분이었던 공용 침실이 아닌, 넉넉한 개인 침실을 사용할 수 있다는 사실에 매우 만족스러워했다. 깨끗한 침대보, 푹신한 침대, 깔끔한 마루, 풍성한 식탁이 귀로의 마지막을 편안하게 해주었다. 물론 끊임없이 담배를 피워대는 네덜란드인들이나 침을 뱉는 타구가 테이블마다 놓여 있는 것은 불쾌했지만 말이다. 네덜란드의 주요 도시에는 영국인이 운영하는 여관이 있었는데, 런던만큼 좋은 설비를 갖추고도 런던의 3분의 1도 안 되는 요금을 받아서 여행자들은 아주 만족했다.

에스파냐와의 전쟁으로 많은 귀족 가문이 절멸한 네덜란드에서는 화려한 사교 생활을 기대하기 어려웠다. 남아 있는 가문들이 초대한다 할지라도 어설프게 프랑스 귀족을 흉내 내서 촌스럽고 이상하다는 느낌을 주었다. 오히려 여행자들에게 깊은 인상을 준 것은 평범한 네덜란드 사람들이었다. 그들은 누구하고나 잘 어울리고 쾌활하며 부지런하고 성실했다. 이른 아침 여행자가 가장 먼저 보는 광경은 앞코가 뾰족한 나막신을 신은 여자들이 돌로 포장된 길을 열심히 닦는 모습이었다. 낮에는 거리 음악가의 연주를 들으며 줄타기 곡예나 인형극도 볼 수 있었다.[89]

암스테르담 사람들은 무엇보다도 자선 활동에 앞장섰다. 극장은 수입의 절반을 빈민 구제에 내놓았고, 거리의 악사들조차도 수입의 3분의 1을 가난한 사람들에게 주었다. 개인 주택의 문밖에는 대부분 자선 헌금함이 놓여 있어서 집주인은 언제나 양심껏 돈을 넣어두었다. 이 상자는 매달 시 담당관이 수거해 갔다.[90]

네덜란드는 수준 높은 수공업으로도 유명했는데, 나라 곳곳에 위치한 공방에서는 세계 곳곳에서 수입한 갖가지 재료로 고급 물건을 만들어 수출했다.[91] 그런 기술과 근면성에 더해 영리에 밝은 네덜란드인의 습성은 영국인들에게 깊은 인상을 주었다. 영국과의 긴밀한 교역으로 인해 네덜란드에는 여행자들에게 친숙한 느낌을 주는 영국화된 구역들도 많았다. 네덜란드는 점차 파리, 이탈리아와 더불어 영국인들이 즐겨 방문하는 제3의 장소가 되었다.

18세기 초 네덜란드에서 제작된 여행용 면도기 세트 값비싼 재료와 화려한 장식은 이 면도기가 실용적 목적뿐만 아니라 장식품으로도 사용될 수 있었음을 보여준다.

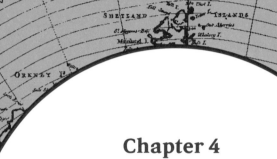

Chapter 4

상류계층
만들기

THE
GRAND TOUR。

"미덕을 몸에 익히지 못했다면
하다못해 그 시늉이라도 내라."

윌리엄 셰익스피어

상류계층의 필수 조건

옷차림

르네상스 시대는 흔히 '무대theatre의 시대'라고 불린다. 마치 무대에서 연극을 하듯이 사람들 앞에서 보여주는 언행이 매우 중요했던 시대라는 말이다. 궁정 문화로 표방되는 바로크 시대에는 그런 경향이 더욱 강해져서 남에게 보이는 모습이 실제 모습보다 훨씬 중요하게 여겨졌다. 그래서 외모를 가꾸는 일에 그 어느 때보다 많은 의미와 중요성을 부여했다. 그랜드 투어를 떠나는 영국 젊은이들에게도 단정하고 고급스러운 옷차림을 하라는 훈계가 끊이지 않았다. 때때로 바람직한 옷차림에 대한 세세한 기준도 제시되었다.

너무 앞서가는 새로운 패션을 발명하면 안 된다. 혹은 이미 유행하는 옷에 장식을 더하면 안 된다. 예를 들어 리본을 한 개 다는 것이 유행인데 스무 개를 단다거나, 깃털 한 개로 장식하는 것이 유행인데 다섯 개나 여섯 개를 꽂는다면 미친 사람으로 보일 것이다. …… 하지만 더 중요한 것은 유행과 너무 동떨어져서는 안 된다는 사실이다. 다른 사람들이 모두 넓고 길게 내려오는 칼라를 달 때 혼자만 좁고 짧은 것을 달거나 낮은 모자가 유행할 때 높은 모자를 쓰는 것은 삼가야 한다. …… 이렇게 옷차림에서도 중용을 지키는 것이 최선이자 가장 현명한 것이다. 자기만의 방식을 고집하는 것을 피해야 한다. 옷차림이란 무시무시한 폭군과 같아서 바보가 되어서는 안 되지만 일반적으로 통용되는 어리석음은 따를 수밖에 없다.[1]

하지만 중용을 지키기란 말처럼 쉬운 일이 아니다. 프랑스에 도착한 여행자들은 세련된 사교계에 어울리는 옷을 갖추어야 했다. 그것은 필수적이면서도 부담스러운 통과의례였다. 스코틀랜드 출신인 천재 건축가 로버트 애덤은 파리에 도착한 후 당시 그곳의 유행이 어떤지를 어머니에게 상세히 적어 보냈다.

머리: 프랑스식으로 흰색 파우더를 잔뜩 뒤집어쓴다.

몸: 두 가지 색깔의 벨벳이 들어간 정장을 갖춰 입는데, 테두리에는 흰색 새틴이 둘러져 있어야 한다.

다리: 자수가 덧대어진 흰색 실크 스타킹을 신는다.

발: 빨간색 굽이 달린 마리퀸Mariquin 펌프스를 신는다. 구두에는 다이아몬드처럼 빛나는 보석 버클을 단다.

몸 주변: 금으로 만든 손잡이에 흰색과 금색의 매듭이 달린 칼을 찬다.

가슴과 손목: 브뤼셀 레이스로 장식한다.

목: 보석이 한 개 박힌 리본을 맨다.

이렇게 갖춰 입은 애덤은 "제가 이렇게 변신한 모습을 잠시라도 보여드린다면 뭐라고 하실지 생각만 해도 웃음이 터집니다"라고 썼다.[2]

위대한 사상가 존 로크는 무척이나 옷을 좋아해서 다른 지출은 줄여도

옷에는 돈을 아끼지 않았다. 꼼꼼하게 작성된 로크의 금전출납부에는 프랑스 여행에서 신발을 사고, 셔츠를 맞출 리넨을 구입하고, 양복에 달 녹색 리본과 실크 스타킹과 모닝 가운 등을 사느라 돈이 얼마나 들어갔는지 자세히 남아 있다. 1677년 그가 몽펠리에에서 파리로 돌아왔을 때는 돈이 한 푼도 남아 있지 않아 한동안 고생을 했다. 당시 지도하던 학생의 아버지가 대도시에 걸맞은 옷차림을 하라고 보조금을 따로 보내주었지만 파리의 유행을 좇느라 너무 많은 지출을 해버렸다. 그는 벨벳과 새틴으로 새 양복을 맞추고 유행하는 가발을 주문했을 뿐 아니라 비버 모자까지 샀던 것이다.[3]

패션은 여성 여행자들에게도 새로이 습득하고 정복해야 할 일종의 숙제였다. 옷차림은 자신의 취향과 신분을 드러내는 표지였기 때문이다. 귀부인들은 파리에 도착하자마자 카탈로그를 주

웨이스트코트 1730년대 영국 또는 프랑스에서 만들어진 것이다. 웨이스트코트의 화려한 자수 무늬로 부와 신분을 드러냈다.

문해 프랑스 궁정 패션을 모방한 드레스를 구입했다. 카탈로그에는 당시 파리 멋쟁이들 사이에서 인기를 끌던 다양한 드레스가 그려져 있고 드레스마다 이국적인 이름이 붙어 있었다. 시르카시아 스타일circassienne, 캅카스 북서 지방 스타일, 레반트풍levantine, 지중해 동부 연안 스타일, 술탄풍sultane, 오스만튀르크 왕비 스타일, 폴로네즈polonaise, 폴란드식 프록코트, 크리올풍creole, 서인도 제도 스타일 등이 그것이다. 좀 더 전통적인 귀족풍 드레스라 해도 유행에 맞추어 결정해야

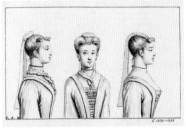

버나드 렌즈 3세가 그린 〈궁정, 오페라, 극장, 공원 등에 어울리는 머리 모양 소묘〉 머리 모양은 상류층의 에티켓에서 매우 중요했다.

할 것이 많았다. 리본의 위치, 레이스를 늘어뜨리는 법, 자수의 모양, 커프스의 소재 등이 유행에 따라 달라졌다. 특히 치마 밑에 받쳐 입은 페티코트가 드러나도록 가운 앞쪽을 커튼 젖히듯이 여느냐 마느냐와 같은 것도 항상 유심히 살펴서 유행에 뒤처지지 않아야 했다.[4]

당시 유럽의 상류사회, 특히 궁정에서는 남자도 '유행 동물'이라고 불릴 만했다. 역사상 가장 유명한 남색가이자 용감한 군인이었던 루이 14세의 동생 오를레앙 공작Philippe, Duke of Orleans, 1640~1701은 손꼽히는 패션 리더였다. 그는 심지어 전장에 나갈 때조차 연지와 분을 바르고 속눈썹을 붙였으며 리본과 다이아몬드로 온몸을 장식했다. 그는 가발이 찌그러질까 봐 모자를 쓰지 않았고 햇볕에 얼굴이 타는 것을 날아오는 포탄만큼이나 걱정했다. 일부 남자들은 굽이 6인치(약 15센티미터)에 달하는 구두를 신었고 손을 보드랍게 유지하기 위해 털가죽 토시를 들고 다녔다. 그들은 향수에 몸을 담그다시피 했으며, 여름에는 양산까지 썼다.[5]

일부 여행자들은 프랑스식 패션이 과도하고 심지어 우스꽝스럽다고 생각했다. 토비아스 스몰렛은 경멸조로 이렇게 말했다.

프랑스 사람들은 머리 모양에 터무니없이 집착한다. 아마 먼 조상에게서 물려받은 것이 아닌가 싶다. 최초의 프랑스 왕은 긴 머리로 스스로를 구별했는데, 이 나라 사람들은 그것을 필수 불가결한 장식으로 여기는 것이 분명하다. 프랑스 사람에게는 머리 모양을 바꾸는 것보다 종교를 바꾸는 일이 더 쉬울 것이다.[6]

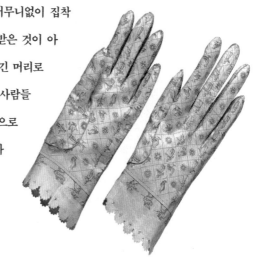

의사 출신답게 스몰렛은 가발의 부작용에도 관심을 보였다. 그는 무엇보다도 프랑스인들이 무거운 가발 때문에 만성두통을 앓을 것이라고 걱정했다. 그런 우스꽝스러운

1800년경 에스파냐에서 만든 것으로 추정되는 장갑 프린트로 장식된 새끼 염소 가죽 장갑은 1790년대부터 1820년대까지 유행했다.

겉치레는 심지어 하층민 사이에도 퍼져 있었다. 퐁뇌프에서 일하는 구두닦이도 머리를 늘어뜨리고 있었고, 심지어 노새에 거름을 싣고 가는 농부조차 많은 머리를 하고 있었던 것이다.[7]

가발은 매우 비쌌으며 불편하고 덥고 간지러웠다. 이렇게 사치스러운 복장은 원래 자신은 육체노동에 종사할 필요가 없음을 보여주기 위한 것이다. 과시의 필요성이 편안함을 앞섰던 것이다. 가발은 모양에 따라 백bag, 자루 모양, 밥bob, 단발 가발, 캠페인campaign, 여행용 가발, 그리즐grizzle, 회색 가발, 라밀리즈ramillies, 군대풍 가발, 콜리플라워cauliflower, 양배추 모양, 브라운 타이brown tie, 갈색 가발, 라이딩 밥riding bob, 승마용 단발 가발 등 종류가 다양했다. 가발을 관

가발 손질 가발은 양복이나 드레스와 더불어 파리에 들렀을 때 꼭 맞춰야 할 아이템이었다. 가발 가게 뒤편에서는 어린 소녀들이 온종일 머리카락과 깃털을 매만지며 창백한 얼굴로 일했다.

리하는 데도 품이 많이 들었다. 일주일에 한 번은 가발 가게로 보내서 뜨거운 롤러로 다시 매만졌다. 1700년경부터는 머리 위에 매일 흰색 파우더를 뿌리는 것이 유행했다. 주로 밀가루를 뿌렸기 때문에 밀의 작황이 나빴던 1770년대에는 굶주린 사람들이 귀족들의 행태에 분노해 폭동을 일으키기도 했다.[8]

여행자들은 프랑스 궁정에서 '페인트'라고 알려진 백연을 얼굴과 목과 가슴에 바른 귀부인들을 만났다. 백연을 너무 두껍게 발라 시간이 지나면 갈라지고 회색으로 변하기도 했다. 백연 중독으로 치아를 잃거나 사망한 사람도 있었다. 하얗게 분칠한 얼굴에 가짜 사마귀, 즉 무슈mouche를 붙이는 것도 유행했다. 이 애교점은 별이나 초승달, 심지어 사륜마차까지 다양한 모양을 띠고 있었다. 어떤 사람은 애교점을 너무 많이 붙여서 얼굴이 파리떼에 뒤덮인 것처럼 보였을 정도다. 여자뿐만 아니라 남자도 애교점을 붙였다. 이것을 어디에 붙이느냐에 따라 그날의 기분이나 개성을 드러낼 수 있었다. 턱에 붙이면 얌전하다는 뜻이었고 파렴치하거나 뻔뻔한 인상을 주고자 할 때는 코에 붙였으며 이마 한가운데 붙인 점은 위풍당당함을 나타냈다. 하트 모양을 오른쪽 뺨에 붙이면 기혼자라는 뜻이었고, 왼쪽 뺨에 붙이면 약혼 상태라는 뜻이었다. 심지어 애교점은 정치적 성향을 드러내기도 했다. 영국 궁정에서 왼쪽 뺨에 붙이면 휘그당, 오른쪽 뺨에 붙이면 토리당을 나타냈다.[9]

고국에 있는 부모들은 자식이 사치스러운 파리에서 유행의 노예가 될까 봐 걱정이 많았다. 반면에 자식이 파리의 유행을 따라가지 못할까 봐 전전긍긍한 사람도 있었다. 체스터필드 경Philip Dormer Stanhope, Lord Chesterfield, 1694~1773이 바로 그런 사람이었다. 그는 프랑스 문화를 높이 평가해서 영국과 프랑스가 전쟁을 하던 시절에도 셰익스피어보다 볼테르를 칭찬하는 등 친프랑스적 언사로 스파이라는 의심까지 받았다. 그런 체스터필드 경은 아들이 출세를 위해 반드시 프랑스식 옷차림과 매너를 갖추어야 한다고 확신했다. 그래서 그랜드 투어에 나선 아들에게 다이아몬드 버클까지 손수 챙겨 보내주었다.

다이아몬드 버클이 잘 도착했다니 다행이다. 반드시 그것을 발 위에 가지런하게 달고 스타킹에 덮이지 않게 하렴. 나는 네가 멋만 부리는 사람이 되는 것을 바라지는 않지만 칠칠맞지 못한 옷차림을 하는 것보다는 멋쟁이가 되는 편이 낫다고 생각한다. 내 나이에는 옷차림으로 큰 이익을 기대할 수 없기 때문에 나는 내 옷차림에는 크게 신경 쓰지 않지만 다른 사람 옷차림에는 신경이 쓰인다.[10]

나중에 이런 멋쟁이들은 '마카로니Macaroni'라고 불리게 된다.

외국어

오늘날의 어학연수와 마찬가지로 그랜드 투어의 첫 번째 목적은 외국어를 익히는 것이었다. 가장 중요한 외국어는 유럽 전역에서 상류층의 언어로 통용되던 프랑스어였다. 지금까지도 영미권에서는 대화에 프랑스어를 한두 마디 섞어 쓰는 것이 수준 높은 교육을 받았고 교양이 풍부하다는 증거로 받아들여진다. 이탈리아에 머무는 동안 초급 수준의 이탈리아어를 배우는 여행자도 많았다. 하지만 독일에서는 체류 기간에 상관없이 언어를 배우려는 노력을 거의 하지 않았다. 그랜드 투어가 가장 성행한 18세기에 영국을 통치한 왕가가 독일 출신이었음을 감안한다면 독일어에 대한 냉담한 반응은 지나칠 징도였다.

프랑스 출신으로 평생 고위층의 가정 교사와 동행 교사를 두루 거쳤던 장 게이야르는 언어마다 발음하는 방식에 어떤 차이가 있는지를 정리해주었다. 영어는 보통 이 사이로 발음하지만(T 다음에 오는 H를 발음할 때는 혀가 이 사이에 위치한다) 프랑스어는 혀로 휘파람을 불듯이 발음해야 한다. 그리고 이탈리아어는 입술로 발음하고 독일어는 목으로 발성하며 네덜란드어는 코를 사용해야 한다는 것이었다.[11]

프랑스어 연마가 중요했던 만큼 여행을 떠난 학생들은 반드시 프랑스어를 배워야 한다는 스트레스를 받았다. 17세기에 널리 읽힌《해외여행 지침》의 저자 제임스 하웰은 "프랑스어는 글자와 발음 사이에 큰 차이가 있어서 배우다가 좌절하기 쉽다"고 말했을 정도였다. 그는 프랑스의 시골 마을에 머무는 영국 학생들이 가장 빨리 언어를 익힐 수 있는 방법을 넌지시 알려주기도 했다.

동네에 사는 외로운 노파와 이야기를 나누는 것은 프랑스어를 익히는 데 매우 유용한 방법이다. 별로 할 일이 없을 때는 노파와 수다를 떨면 무척 도움이 된다. 왜냐하면 노파들은 그 지역의 독특한 사투리를 구사할 뿐만 아니라 그 동네에서 일어나는 온갖 소식을 다 알고 있어서 학생들이 지칠 때까지 쉬지 않고 떠들기 때문이다. 만약 학생이 가끔씩 영국 장갑이나 칼, 리본 등 소소한 선물을 한다면 좋은 관계를 맺으며 즐거운 대화를 계속할 수 있다. 학생들은 이런 물건들을 미리 준비하는 것이 좋다.[12]

그런데 하웰은 너무 어린 학생이 지나치게 열정적으로 프랑스어를 익히려는 세태가 썩 마음에 들지는 않았던 모양이다.

조숙한 학생들은 프랑스어를 과장해서 발음한다. 프랑스 사람처럼 말하려고 지나치게 애쓰기 때문이다. 그러다 보니 혀짤배기소리를 하고, 나이답지 않게 거드름을 피우면서 입을 뒤틀고 입술을 힘주어 잡아당긴다. 그렇게 하면 미친 사람이나 우스꽝스러운 존재로 보인다. 본토 프랑스 사람처럼 발음하거나 이렇게 억지스러운 행동 없이 지적이고 풍부하면서도 적합한 프랑스어를 구사하는 것은 더 성숙한 뒤에 하도록 하라.[13]

프랑스어는 영국 사람들의 귀에는 지나치게 멋을 부리는 것처럼 느껴졌다. 특히 신분이 낮은 사람들이 궁정에서나 어울릴 법한 대화를 나누는 것에 거부감을 느꼈다. 조지프 애디슨은 상점 주인이나 구두 수선공마저 아침에 이웃 사람을 만나면 "이렇게 만나게 되어 무한한 영광이로소이다"라고 격식을 차려 말한다고 비웃었다.[14]

그랜드 투어가 사회적 관행으로 무르익어가면서 젊은이들은 놀기에 바빠 외국어 연마를 게을리하게 되었다. 메리 워틀리 몬터규는 영국에서 온 젊은이들이 "이탈리아어를 하나도 알아듣지 못해 로마 귀부인들과 어울릴 수 없는 경우 내 아파트에서 저녁 시간을 보낼 수밖에 없고, 그래서 내 거실은 언제나 꽉 차 있다"[15]고 불평했다. 더 큰 문제는 그들이 어린 나이에 유학을 떠나온 탓에 영어마저도 제대로 구사하지 못한다는 점이었다. 몬터규는 이렇게 한탄했다.

지난 5개월간 소년들과 동행 교사들의 입에서 나오는 우리말을 듣다 보니 훌륭한 발음의 영어를 듣고 싶어 견딜 수가 없을 지경이다. 여기 카니발에 온 이들은 강이 범람하듯 내게 쳐들어와서는 내 아파트를 자기들의 피난처로 만들어버렸는데, 그들 가운데 많은 부류가 유모가 가르쳐준 언어에 대해 불가침적인 충성을 보이고 있다.[16]

매너와 대화술

근대 초 영국에서 진정한 지배계층의 일원이 되기 위해서는 재력과 공직 타이틀 그리고 상류층의 교양이 필요했다. 그랜드 투어를 떠난 젊은이들은 프랑스어 같은 외국어뿐 아니라 해외 문물에 대한 직접적인 경험과 대륙의 세련된 매너를 습득해야 했다. 체스터필드 경은 아들에게 이런 편지를 보냈다.

타고난 장점과 교양은 너를 어느 자리에나 올라갈 수 있게 해줄 것이다. 지식은 사람을 소개하게 하고, 교양은 최고의 사람들에게 귀염을 받게 해준다. 내가 자주 말했듯이 정중함과 교양이야말로 다른 모든 자질과 재능을 장식하는 데 절대적으로 필요한 것이다. …… 교양 없는 학자는 현학자에 불과하고, 교양 없는 철학자는 냉소가일 뿐이며, 교양 없는 군인은 짐승이다.[17]

유학을 통해 얻은 진정한 세련미는 대화나 매너에서 자연스럽게 드러나는 것이 바람직했다. 외국물에 젖은 옷차림이나 과도한 제스처는 오히려 천박하게 여겨졌고, 금기시되었다.

그랜드 투어가 유행할 무렵, 유럽에는 새로운 남성상이 등장했다. '근엄하고 은근한 이탈리아식 남성'에서 벗어나 좀 더 가벼운 기사 같은 남성, 즉 '프랑스식 남성'이 새로운 남성상의 기준으로 떠올랐다. 이 멋진 남성은 무엇보다 외적으로 우아함이 드러나고 승마, 펜싱, 춤에 능하며 상류층 여성을 유혹하는 기술을 갖춘 사람이다. 여성을 유혹하는 부분을 제외하면 나머지는 여행자들이 아카데미에서 습득할 수 있는 것들이었다.

많은 사람이 우아한 매너를 갖추기 위해 가장 필요한 과목으로 춤을 꼽았다. 무도회에 필요하다기보다는 사교 모임에서 필요한 우아한 몸가짐을 가르쳐주었기 때문이다. 학생은 반드시 좋은 교사를 찾아서 어떻게 해야 가장 우아하게 방을 드나들 수 있는지, 머리와 손과 발을 움직일 수 있는지, 자신을 소개할 수 있는지를 배워야만 했다. 그다음으로 필요한 것은 펜싱이었다. 펜싱은 당시 상류사회에서 필수적인 운동이었다. 승마 학교나 아카데미의 오후 수업에서 멋지게 말을 타는 법도 배워야 했다.[18]

아카데미에서 가르치기 힘든 과목은 대화술이었다. 세련된 대화술은 상류사회의 구성원이라는 것을 드러내는 핵심적인 요소지만 아직 어린 학생이 낯선 이국에서 매끄럽게 대화를 이끌어가기란 사실상 어려운 일이었다. 게이야르는 이 문제에 대해 매우 실질적인 조언을 했다. 여행지에서 친구를 사귈 때는 먼저 열등한 부류를 만나 편안하게 관습과 매너 등에 익숙해진 뒤 차차 상대방의 수준을 높여가라는 것이다. 그렇게 하면 계층별로 어떤 대화가 이루어지는지를 분명하게 구별할 수 있었다.[19]

고급스러운 대화에 가장 필요한 것은 풍부한 지식이다. 그래서 젊은이들에게 대화술과 관련된 독서와 글쓰기가 권장되었다. 구체적인 대화의 기술을 요약하면 이렇다.

- 논쟁하지 마라. 특히 종교같이 민감한 사안에 대해서는 말을 아껴야 한다.
- 상대방의 말을 많이 듣고 스스로는 적게 말해라.
- 자랑을 해서는 안 되지만 자학적인 발언도 하지 마라.
- 한 가지 주제만 계속 이야기하는 인간은 마치 전염병 같은 존재다.[20]

절대로 물어봐서는 안 되는 것들도 있었다. 사람들 앞에서 '그 사람이 누구지? 어느 나라 사람이지? 이름이 뭐지? 종교는 뭐지?' 같은 질문은 금기시되었다. 천박함의 지표로, 대답할 가치도 없는 질문으로 여겨졌다.[21]

대화 자세 역시 중요했다. 사교 모임에서 대화를 나누면서 절대로 해서는 안 될 행동은 다음과 같았다. 당시 기준으로 이런 몸짓은 하층민의 것으로 여겨졌다.

혼잣말, 잘 안 들릴 정도로 작게 중얼거리기, 침 뱉기, 고개 끄덕거리기, 손가락

질하기, 팔꿈치를 괴고 몸을 기대기, 다리 꼬기, 갑작스럽게 혹은 너무 자주 눈알 돌리기, 따분한 표정 짓기, 눈 감고 있기, 말할 때 바닥 쳐다보기, 눈살 찌푸리기, 입술을 내밀거나 괴상한 표정 짓기.[22]

사교 모임의 경우 식탁에서 많은 대화가 이루어졌다. 그래서 식탁 예절이야말로 "신사와 광대를 분명하게 구별"하고 좋은 교육을 받았는지를 판가름하는 가장 강력한 증거로 여겨졌다. 상류층 사람들이 꼭 숙지해야 하는 식탁 예절로는 다음과 같은 것들이 있었다.

손에 기름기가 묻지 않게 해라. 프랑스 식탁에서 포크는 기름진 음식을 손에 묻히지 않게 하는 매우 훌륭한 발명품이다. 손을 뻗쳐서 음식을 집는 일은 다른 사람들보다 적게 하는 것이 좋다. 남이 음식을 건네주면 반드시 감사 인사를 하고, 숟가락으로 음식을 덜 경우에는 숟가락을 깨끗하게 닦아서 그 숟가락이 자기 입에 들어갔던 티를 없애야 한다.[23]

프랑스는 다른 나라와 달리 여자와의 대화나 교류가 허용되는 특별한 곳이었다. 교육적 효과라는 측면에서 볼 때 남녀의 동등한 교제는 젊은이들에게 큰 도움이 된다고 생각되었다. 여자들을 기쁘게 하고 싶은 남자의 욕구를 통해 젊은 남자들의 옷차림, 대화술, 행동을 최상으로 끌어올릴 수 있었고 동시에 남자에게 필요한 자신감까지 얻을 수 있었기 때문이다.[24] 체스터필드 경은 아들에게 이렇게 말했다.

저녁에는 네가 관심을 가질 만한 멋진 여자들과 만나도록 해라. 그것은 분명히

가치가 있다. 그들과 만나면 너의 매너를 가다듬을 수 있고, 상대에게 주의를 기울이고 존경을 보이는 습관을 기르게 되며, 결국 남자들과 교류할 때도 도움이 된단다.[25]

체스터필드 경의 《아들에게 주는 편지Letters To His Son》는 그가 죽은 다음 해인 1774년 세상에 첫선을 보였다. 이 책은 출간되자마자 역사적으로 가장 인기 있고 영향력 있는 처세서로 꼽히게 된다. 편지를 썼던 대상은 체스터필드 경이 헤이그 대사였던 시절 프랑스 출신의 가정 교사와 외도해서 낳은 외아들 필립이다. 아들의 자리를 부탁했을 때 국왕 조지 2세가 '쓸모없는 서출'이라고 말했듯이 부적절한 관계에서 태어난 사생아다. 하지만 체스터필드 경은 이 아들을 너무나도 사랑해 무려 30년 동안이나 인생에 대한 조언을 써 보냈다. 불행하게도 아들 필립은 36세에 갑자기 요절해 아버지에게 큰 슬픔을 안겨준다. 그런데 뜻밖에도 체스터필드 경은 아들이 9년 전에 자기 몰래 결혼해 자식을 둘이나 두었다는 사실을 알게 되었다. 그는 74세의 노구를 이끌고 프랑스로 건너가 며느리와 두 손자를 찾아냈다. 그리고 죽을 때까지 5년간 손자들에게 '사랑하는 손자들아'로 시작되는 편지를 보냈다.[26]

체스터필드 경은 아들 필립을 그랜드 투어에 보내놓고 깨알 같은 조언들을 적어 보냈다. 즉각적인 답장을 기대했지만 답장이 없거나 늦어져 노심초사했다. 그래서 "지난번 편지 이후 우체부가 여덟 번이나 다녀갔는데도 편지가 없었다"면서 "나는 너와 하트(동행 교사) 씨가 살아 있는지조차 알 수 없다. 그리고 실제로 나는 네가 죽었다고 생각했다"[27]라고 협박조로 말하기도 했다. 편지를 받는 아들로서는 늘 감시당하는 것 같고 지나친 잔소리로

들릴 수도 있었을 것이다. 하지만 그 내용
은 오늘날까지도 사회생활에 도움이
되는 매우 유용한 조언으로 가득
하다. 1746년 체스터필드 경이
보낸 편지에는 대화술의 기본
과 함께 반드시 피해야 할 행동
들이 들어 있다.

체스터필드 경의 초상화.

> 흔히 없는 것처럼 보이는 사람, 즉
> 존재감이 없는 사람은 약하거나 아픈
> 사람이다. 하지만 그는 분명히 사람들과 어
> 울리지 못하는 사람으로 결국 관직도 제대
> 로 수행할 수 없다. 어제까지 친하게 지냈
> 던 사람도 오늘은 모르는 것처럼 행동한다. 사람들과의 대화에도 끼지 않는다. 그
> 런데 가끔씩 마치 꿈에서 깨어난 것처럼 대화에 끼어들어 제 이야기만 늘어놓기
> 도 한다. …… 그렇게 딴 세상에서 온 것처럼 행동할 권리가 있는 사람은 아이작
> 뉴턴 경과 존 로크 씨를 비롯해 아마 대여섯 명 정도밖에 없을 것이다. 그들은 탐
> 구해야 할 중요한 질문에 몰두하기 때문에 그래도 된다. 하지만 젊은이 그리고
> 출세를 꿈꾸는 이라면 그런 여유를 부리면 안 된다. …… 아무리 모인 사람들이
> 천박하다 할지라도 그들과 함께 있을 때는 무심한 듯 보여서는 안 된다.[28]

한마디로 겉도는 사람이 되지 말라는 충고다. 여기서 더욱 중요한 사실
은 그런 태도가 남을 경멸하는 것처럼 보일 수 있고, 그래서 결국 친구들이

그를 쫓아낼지도 모른다는 사실이다. 체스터필드 경은 "경멸만큼 참을 수 없고 용서할 수 없는 것은 없다. 모욕은 육체의 상처보다 아물기 힘들다"[29]고 강조했다.

경멸의 반대편에는 상대방을 기쁘게 해주는 말, 즉 칭찬과 아부가 있다. 칭찬과 아부 같은 대화의 기술은 르네상스 시대에 폭발적으로 증가했다. 중세의 견고한 신분제 사회가 흔들리면서 아부를 통해 출세하는 사람들이 많아졌기 때문이다. 중세에도 조신朝臣을 위한 지침서가 있었지만 주로 눈에 띄지 않게 몸을 숨기는 방법과 같은 궁정 생활의 규범을 나열하는 것들이었다. 하지만 르네상스 시대부터 궁정 문학은 어떻게 아부를 할 것인가에 대한 내용으로 가득 차게 된다. 이 분야에서 대표적 저서로 꼽히는 카스틸리오네Baldassare Castiglione, 1478~1529의 《궁정인Il Cortegiano》(1518)은 군주를 기쁘게 하는 일을 조신의 최대 역할로 삼고 있다. 그래서 훌륭한 조신이라면 아부도 우아하게 할 수 있어야 했다. 여기서 중요한 것은 아부가 특별한 재주처럼 보여서도 안 되고 미리 계획한 것처럼 보여서도 안 되며 마음에서 자연스럽게 우러나온 것처럼 보여야 한다는 점이다.[30]

궁정 문화가 상류층 문화의 본보기가 되었던 18세기에도 아부는 중요한 위치를 차지했다. 한마디로 궁정은 거대한 아부의 사슬이었다. 사실 아부는 칭찬과 아첨 사이의 아슬아슬한 경계선에 놓여 있는 것이지만 칭찬은 악을 제거할 수 있는 미덕이라고 생각되었던 반면, 아첨은 진심 없이 사리사욕을 채우기 위한 악덕으로 간주되었다. 그 때문에 아부는 매우 정교한 기술이 필요했다. 게이야르는 보통 사람의 눈에는 칭찬과 아첨이 같아 보이지만 사실 매우 다르다고 강조했다. 칭찬은 상대가 왕이건 백성이건 자신과 관계를 맺고 있는 사람이 그럴 만한 사람이라는 느낌을 주기 때문에 때때로

매우 필요한 기술이라는 것이다.[31]

이 문제와 관련해 체스터필드 경은 오늘날까지도 널리 회자되는 명언을 남겼다. "상대방을 기쁘게 해주는 기술은 매우 필요하며, 네가 대접받고 싶은 대로 남을 대접하라"라는 말이 그것이다.[32] 남녀를 불문하고 어떤 사람에게서 애정이나 우정을 이끌어내려면 그 사람의 두드러진 장점을 발견하라는 충고가 덧붙여졌다. 사람은 누구나 자신의 자질을 의심하는 동시에 정당한 평가를 받고 싶어 하기 때문에 그런 점을 파고들 수만 있다면 아부는 진정한 출세의 수단이 될 수 있었다. 체스터필드 경은 역사 속의 예를 들어가며 아들에게 이렇게 설명한다.

> 프랑스 절대왕정이 전성기였던 루이 13세 시대에 재상이 된 리슐리외 추기경은 뛰어난 정치인이었는데, 여느 사람들처럼 최고의 시인이 되고 싶은 허영심에 몸부림쳤다. 그는 위대한 시인의 명성을 부러워했다. …… 따라서 눈치 빠른 아부꾼들은 국정을 처리하는 그의 능력은 그다지 추어주지 않았다. 대신 그들은 추기경이 진정으로 원하는 아부를 들려주었다. 즉, 재상으로서 대단히 뛰어날 뿐 아니라 시인으로서도 탁월하다고 추어준 것이다. 사실 리슐리외는 스스로가 탁월한 정치인임을 자부하고 있었지만, 시인으로서의 재능은 의심하고 있던 터였다.[33]

체스터필드 경은 궁정에서 왕과 대화를 나누는 요령에 대해서도 조언했다. 하인과 말하듯이 마음을 편하게 가지며, 절대 당황해서는 안 된다. 하지만 시선 하나에, 말 한마디에, 행동 하나에 최고의 경의를 담아야 하고 결코 초조해 보여서는 안 된다. 무슨 일을 하든지 침착하고 무심한 척해야 하고 아부하는 순간에도 태평한 척하라는 것이다. 이것은 카스틸리오네가 최

풍자화가 헨리 윌리엄 번버리의 그림 교사와 하인을 동반한 순진한 젊은 영국인 여행자가 체스터필드 경의 《아들에게 주는 편지》를 손에 들고 프랑스 시골의 여관에 도착했다.

고의 아부 기술이라고 정의한 '스프레차투라sprezzatura, 냉담함이나 초연함'와 일맥상통한다. 한마디로 아부를 하려거든 우아하게 하라는 말이다.[34]

이렇게 보석 같은 조언을 쏟아부은 그 아들은 얼마나 훌륭하게 자랐을까? 체스터필드 경은 친구인 찰스 윌리엄스Charles Williams, 1708~1759에게 외국에 머무는 아들을 만나봐 달라고 부탁했다. 아들을 만나고 돌아온 윌리엄스 경은 머뭇거린 끝에 필립이 지식은 많이 늘었으나 대화술, 매너, 태도 등은 아직 부족하다고 말해주었다. 불같이 화가 난 체스터필드 경은 아들에게 편지를 보내 조목조목 지적했다. 친구들과 함께 있으면서도 아무 말 없이

그랜드 투어

어울리지 않고, 연회장에서 자기소개를 하는 모습도 어색하기 그지없으며, 식탁에서 끊임없이 나이프며 포크, 냅킨과 빵을 떨어뜨린 일은 그 나이에는 용서받지 못할 일이라고 혼을 냈다. 여러 사람이 있는 자리에서 그렇게 산만하고 겉도는 사람이야말로 최악이기 때문에 자신은 아들이 나아졌다는 이야기를 들을 때까지는 발을 뻗고 잠을 잘 수 없다고 썼다.[35]

사실 필립은 체스터필드 경과는 영 딴판인, 매력이라고는 찾아볼 수 없는 인물이었다. 아버지는 훤칠한 키에 우아하고 달변이었지만 아들은 땅딸막하고 볼품없으며 눌변이어서 인기가 없었다. 아버지의 세세한 조언과 해외에서 쌓은 경험에도 불구하고 소심하고 사교성 없는 아들의 성격은 크게 변하지 않았다. 아버지의 도움으로 겨우 의회에 입문한 첫날 그는 자신을 소개하기 위해 일어섰다가 입이 얼어붙는 바람에 주저앉을 정도였다.[36] 교육이 늘 투자한 만큼 효과가 있는 것은 아니라는 사실을 보여준 대표적 사례가 아닐 수 없다.

꼭 만나야 할 사람들

연줄과 소개장

그랜드 투어에 나선 젊은이들에게는 방문국의 실질적 지배세력을 파악하는 일이 매우 중요한 과제로 주어졌다. 자신의 인맥을 쌓을 뿐만 아니라 궁극적으로 영국의 국익에 기여하기 위해서였다. 그랜드 투어의 여행자들은 소개장을 받아서 그 나라 왕족과 최고 귀족, 유명인 들을 방문하곤 했다. 여행 지침서는 그랜드 투어에 나선 젊은이들에게 유럽 대륙의 대도시에 도착하면 반드시 그곳에 있는 영국 대사를 만나고, 만약 대사가 자리에 없다면 그 지역에서 가장 중요한 영국 인사를 만나라고 당부했다. 그리고 프랑스를 여행하는 여행자들은 반드시 지사intendant라고 불리는 해당 지역의 관리에게 인사를 가라고 권유했다. 단지 정중함을 표현하는 것뿐 아니라 그들이 실질적으로 여행자를 보호해줄 수 있는 사람들이라는 이유에서였다.[37] 유럽의 대도시에 상주하던 영국 영사관의 직원들은 여행자들이 유력 인사를 만날 수 있도록 도움을 주었다. 이런 기회를 통해 그 지역의 상류사회에 자연스럽게 소개될 수 있었기 때문이다.[38]

영국에서부터 소개장을 들고 오곤 했지만 현지에서 그때마다 소개장을 받는 경우도 있었다. 소개장 '배달 사고'가 날 경우 난감한 상황이 벌어지기도 했다. 애덤 스미스는 프랑스에서 데이비드 흄David Hume, 1711~1776에게 나급한 편지를 띄웠다. 자신이 데려온 학생의 보호자가 프랑스 공작을 만날 수 있게 소개장을 보내주겠다고 분명히 말했는데, 아무 소식이 없었기 때문이다. "이곳에는 친척도, 아는 사람도 하나 없습니다. (소개장 없이) 아무 데도 갈 수가 없어 방에 갇혀 있다시피 합니다"라고 하소연했다. 스미스는 학생의 보호자와 친분이 있는 흄에게 대신 소개장을 보내달라고 간청했다.[39]

좋은 인상을 준 여행자는 다음 행선지에서 필요한 소개장을 그곳의 유력인사들로부터 받을 수 있었다. 떠난 뒤에도 언제나 나쁜 평판이 전해질 수 있기에, 항상 떠날 무렵에는 친분이 있는 사람들에게 작별을 고하고, 특히 빚이 있다면 반드시 청산하라는 당부가 곁들여졌다. "정직한 사람은 코담배처럼 썩은 냄새를 결코 뒤에 남기지 않는다. 한 도시를 떠날 때는 그곳에 다시 왔을 때 환영받을 수 있게 하라"는 충고였다.[40]

나라마다 필요한 소개장 개수가 달랐는데, 가장 간단한 곳은 독일이었다. 토머스 뉴전트는 "독일에서는 소개장 한 장이면 받아들여지는 데 문제 없다"며 다른 나라에서는 그런 경우를 찾아볼 수 없다고 말했다.[41] 사실 프 랑스는 훨씬 복잡해서 다양한 소개장이 필요했다. 높은 사람을 만나려면 일 종의 '신원 보증' 절차가 더 많이 요구되었던 셈이다. 이탈리아에서는 더 많 은 소개장이 요구되었다. 분열되었던 탓에 지배세력이 다르고 관습도 달랐 기 때문이다. 그래서 들르는 도시마다 소개장을 최대한 많이 받아두라는 충 고가 끊이지 않았다.[42]

궁정을 방문하는 일은 사실 매우 중요한 숙제였다. 궁정은 상류층이 몸 에 익혀야 할 우아함을 직접 체험할 수 있는 최고의 학교이자 유럽 정세를 한눈에 파악할 수 있는 중심지였다. 그중에도 프랑스 궁정은 가장 중요한 곳이었다. 정치적 야망이 큰 영국 귀족 자제들은 돌아오는 여정에 파리 체 류 기간을 최소 6개월로 잡았을 정도였다. 한번 맺은 인간관계를 더욱 확실 히 다져두기 위해서였다. 체스터필드 경은 궁정에서는 모든 연줄이 중요하 다고 강조했다. 궁정이라는 곳은 국왕부터 침실 하녀나 계단 뒤의 시종에 이르기까지 모든 사람이 연결되어 있고, 그들이 어떤 식으로든 영향력을 끼 칠 수 있었기 때문이다. 그래서 "군주에게까지 올라가려면 절대로 이 거대 한 사슬을 무시해서는 안 된다"고 충고했다.[43]

궁정이나 최고 귀족 가문에서는 당대의 유명한 문필가나 지식인을 초 대해 이야기를 듣는 것을 중요하게 여겼다. 17세기 중반 영국 지성 가운데 프랑스에서 가장 높은 명망을 누리던 사람은 데이비드 흄이다. 하지만 그는 살롱이나 사교계의 초대를 그렇게 즐기지는 않았던 것 같다. 파리에서 그는 "나는 가끔씩 에든버러 포커클럽의 소박함과 투박함이 정말 그립다. …… 이런 우울한 심정을 고쳐주고, 상쾌함을 가져다줄 텐데"[44]라고 썼다.

시암의 사절단이 루이 14세를 알현하는 모습 당시 프랑스 궁정은 유행을 선도하고 유럽의 정세를 이끄는 가장 중요한 곳이었다.

비슷한 시기에 동행 교사로 프랑스를 여행하던 애덤 스미스는 흄보다 덜 유명했다. 그는 여기저기서 초대를 받던 흄에게 애정 어린 충고를 적어 보냈다. 아무리 유명한 지식인이나 문필가일지라도, 결국 귀족과는 차별적인 신분이라는 것이다. 프랑스 귀족의 초대는 그들의 과시욕에서 비롯한 것일 뿐, 그들과 진정한 교류를 나눌 수는 없다는 아픈 지적이었다.

당신에게 함께 지내자고 하는 대공이나 귀부인 들이 진심 어린 애정에서 그런 제안을 한다고 생각하지 말기를 바랍니다. 그들은 단지 자기들의 저택에 유명한 사람을 둠으로써 허영심을 만족시키고자 할 뿐입니다. 결국 당신은 곧 하트퍼드 경 Lord Hertford의 가족과 나누었던 정중하고도 믿음 어린 애정을 그리워하게 될 것입니다. 그 점을 깊이 명심하기 바랍니다.[45]

그랜드 투어

아예 그런 갈등조차 필요 없었던 지성도 있다. 1675년 프랑스 땅에 발을 디딘 로크는 이미 43세였지만 신분적 제한 때문에 높은 사람들을 거의 만나지 못했다. 문필가로서 아직 이력을 쌓지 못한 상태여서 살롱에도 초대받지 못했고, 진짜 귀족과 만날 기회도 전혀 얻지 못했다. 1689년《관용에 관한 서한A Letter Concerning Toleration》으로 유명해진 로크가 만약《통치론 Two Treatises of Government》,《인간 지성에 관한 시론An Essay Concerning Human Understanding》등이 출판된 1690년 이후에 프랑스를 찾았다면 최소한 그의 존재가 족적도 없이 지워지는 일은 없었을 것이다.[46]

계몽시대에는 여행 중 유명한 문필가나 지식인을 만나는 일이 크게 유행했다. 특별한 지식을 갖춘 사람이 있다면 일부러 시간을 내고 돈을 지불해서라도 배우라는 지침이 하달되었다. 독일의 한 여행 지침서는 "여행을 할 때 산과 바다를 보지 말고 중요한 사람들과 함께하라. 공부하는 학생들은 도시를 여행할 때마다 학자들에게 질문하고 그들을 찾아가 그들의 말을 경청하고 본받으려고 노력해야 한다"[47]고 강조했다. 라이프니츠는 암스테르담에서 스피노자Baruch Spinoza, 1632~1677와 대화를 나누었고, 런던에서는 왕립학회 회원들과 토론을 했다. 볼테르는 영국에서 수많은 지성과 교류했고, 바이마르에 온 사람들은 괴테와 실러Johann Christoph Friedrich von Schiller, 1759~1805를 방문하고자 했다.[48]

스코틀랜드 출신의 작가 지망생이었던 제임스 보즈웰은 1764년 스위스의 뇌샤텔 근처에 있던 루소를 찾아갔다. 사전에 자신의 방문을 알렸지만 은둔 중이던 루소가 방문객을 맞지 않는다는 소식을 접하게 되었다. 보즈웰은 프랑스어로 대담하기 그지없는 편지를 루소에게 썼다.

젊은 제임스 보즈웰.

저는 유서 깊은 가문 출신의 스코틀랜드 신사입니다. 이제 제 지위를 아시겠지요. 저는 스물네 살입니다. 이제 제 나이도 아셨습니다. 16개월 전 영국을 떠나올 당시만 해도 저는 섬나라 촌놈에다 프랑스어는 거의 한마디도 모르는 놈이었습니다. 그 후 네덜란드와 독일을 보았고 아직 프랑스에는 가보지 못했습니다. 그러므로 제 프랑스어에 문제가 있다 해도 용서해주시기 바랍니다. 저는 저 자신을 발전시키고자 하는 진지한 바람으로 여행을 하고 있고, 여기 귀하를 보고자 하는 희망으로 와 있습니다. …… 저는 귀하에게 드리고 싶은 말이 많습니다. 비록 아직 어리지만 귀하를 놀라게 할 만한 다양한 경험을 했습니다. 저는《신 엘로이즈La Nouvelle Heloise》의 저자(인 귀하)에게 꼭 상담을 청해야 할 중대하고도 미묘한 상황에 처해 있습니다. 그러므로 제발, 감히 들어갈 자격이 있다고 말하는 제게 문을 열어주십시오. 다른 사람과는 다른 이 이방인에게 믿음을 가져주십시오. 결코 후회하지 않으실 것입니다. 하지만 반드시 혼자 만나고 싶습니다.[49]

루소는 이렇게 뻔뻔스럽기까지 한 편지를 받고는 보즈웰을 내칠 수 없겠다며 짧은 승낙의 카드를 보냈다. 하지만 자신의 건강 상태를 고려해 "방문을 짧게 끝내달라"고 덧붙였다. 보즈웰은 한껏 멋을 부리고 루소를 방문했다. 두 사람은 음악, 사랑, 우울증에 대한 이야기를 나누었다. 1년 후 루소는 영국을 방문해 흄의 집에 머물게 된다. 이때의 인연으로 보즈웰은 루소의 정부 마리-테레즈 르바쇠Marie-Therese Levasseur, 1721~1801를 영국으로 데려가는 일을 맡았던 것으로 알려진다. 보즈웰은 루소와의 만남을 자랑스러운 필치로 상세하게 일기에 남겼다.

볼테르 만나기

루소를 만난 보즈웰은 이번에는 볼테르를 만나러 떠났다. 볼테르는 18세기에 유럽을 여행한 영국인들이 꼭 만나고 싶어 했던 인물이다. 탁월한 저술 감각으로 많은 돈을 벌어들였던 볼테르는 그 돈으로 유럽 여러 곳에 집을 구입했다. 1758년에는 스위스 제네바에서 4마일(약 6.5킬로미터) 떨어진 페르네이에 영지를 사서 아예 들어앉았다. 그곳은 프랑스식의 사회적 자유와 제네바의 정치적 자유를 모두 누릴 수 있는 곳으로, 곧 자유사상가와 문학에 관심 있는 사람들, 귀족 정치가들의 순례지가 되었다. 볼테르 스스로 '유럽 여관 주인'이라고 칭했을 정도로 많은 이가 그를 찾아왔다.[50] 벨기에의 리뉴 공, 유명한 연애꾼인 자코모 카사노바Giacomo Casanova, 1725~1798, 디드로Denis Diderot, 1713~1784, 달랑베르Jean Le Rond d'Alembert, 1717~1783, 에드워드 기번 등 많은 사람이 '페르네이의 영주'인 볼테르를 방문했다.

하지만 모든 방문객이 볼테르를 만날 수 있었던 것은 아니었다. 어떤 이는 마치 동물원을 구경하듯이 문밖에서 엿보다 떠날 수밖에 없었는데, 그런 구경꾼이 50명이 넘을 때도 있었다. 하지만 미리 정중하게 부탁하면 안을 구경할 수 있었다. 볼테르는 특히 영국인에게는 집이며 정원을 둘러볼 수 있게 친절을 베풀었다. 심지어 식사를 함께하고, 집 안에서 펼쳐지는 연극이나 다른 공연을 관람한 행운도 있었다. 그 가운데 볼테르의 집을 두 번이나 방문하고 심지어 두 번째 방문에서는 하룻밤 묵기까지 한 사람이 바로 보즈웰이다.[51]

보즈웰은 스코틀랜드 명문가의 자제이자 네덜란드 귀족의 후예라서 프리드리히 2세를 비롯한 유럽의 왕족들을 만날 수 있었다. 그렇다고 일반적인 그랜드 투어리스트처럼 사교적인 방문에 그친 것은 아니었다. 그는 천성적으로 유명 인사를 만나는 것을 매우 좋아했다. 영국에서는 애덤 스미스의 수업을 청강했고 흄을 만났으며 소설가 로렌스 스턴, 화가 조슈아 레이놀즈 Joshoua Reynolds, 1723~1792, 배우 데이비드 개릭 등을 만나러 다녔다. 1763년 새뮤얼 존슨 박사를 만난 뒤로는 그에게 감화되어 죽을 때까지 교류했다. 박사를 수행하며 스코틀랜드를 여행한 뒤《헤브리디스 여행 일기Journal of a Tour to the Hebrides》를 펴냈는가 하면, 그 인연을 바탕으로 전기문학의 걸작으로 평가받는《새뮤얼 존슨의 생애The Life of Samuel Johnson》를 집필했다.

보즈웰은 시시콜콜한 것까지 빠짐없이 적어두는 기록벽의 소유자였다. 그래서 생전에는 상종 못할 인간으로 취급되기도 했다. 사담을 기록해서 출간했으니 스캔들이 될 수밖에 없었다. 그런데 그의 기록벽 덕분에 당시 볼테르가 어떤 모습을 하고 있었는지, 두 사람의 만남이 어땠는지를 상세히 알 수 있다. 보즈웰이 볼테르의 집을 방문했을 때 집에는 살림을 맡아 하던 조카딸과 시종 두세 명이 시중을 들고 있었고, 방문객이 열두 명 있었다. 볼테르는 푸른색 셔츠와 나이트가운을 입고 있었고, 세 갈래로 땋은 가발을 쓰고 있었다. 해골처럼 마른 데다 이는 다 빠졌지만 긴 코와 젊음이 번득이는 눈을 갖고 있었다.[52]

보즈웰이 볼테르에게 아직도 영어를 쓰냐고 묻자 볼테르는 "영어는 이

사이로 혀를 넣어서 발음해야 하는데, 나는 이가 없어서 영어를 하지 않는다"고 답변했다.[53] 하지만 결국 볼테르는 영어로 이야기를 시작했고, 두 사람은 잉글랜드와 스코틀랜드에 대해 많은 이야기를 나누었다.

보즈웰 영어를 잘하시는군요.

볼테르 오! 교구 목사가 라틴어 몇 마디 지껄이는 정도지요. 조지프 애디슨은 위대한 천재더군요. 그의 작품에는 그 사람의 캐릭터가 빛나요. 클라크 박사Dr. Samuel Clarke[54]는 난해한 사람이었어요. 아주 자부심이 강한 성직자였죠. 모든 것을 다 입증해보일 수 있다고 생각했어요. 그것을 의심하면 미친 사람 취급했지요.

보즈웰 존슨 박사는 가장 전통적인 사람입니다. 하지만 높은 학식을 지녔습니다. 천재이면서도 고귀합니다.

볼테르 그렇다면 그는 개군요. 미신적인 개. 고귀한 사람은 결코 미신적이지 않습니다.

보즈웰 그는 프로이센 왕이 마치 당신의 시종처럼 글을 썼다고 하던데요.

볼테르 그 사람 감각 있네. 당신은 로마에 가서 늙은 참칭왕The Old Pretender[55]을 만날 건가요?

보즈웰 아니요! 그것은 중대한 반역 행위입니다.

볼테르 당신네 왕에게 절대 말하지 않겠다고 약속하리다. 절대 배신하지 않을게요. 당신은 지독한 편견쟁이를 볼 겁니다. 불쌍한 인간이지요.

보즈웰 그 아들[56]이 더 심합니다. 매일같이 술을 마시고 여자를 발로 차는데, 그 사람이야말로 발로 걷어차여야 합니다.[57]

볼테르는 널리 알려진 친영파 인사였다. 그는 1726년 영국을 방문해 조너선 스위프트Jonathan Swift, 1667~1745, 알렉산더 포프Alexander Pope, 1688~1744 등 많은 지성인을 만났고, 메리 워틀리 몬터규와도 교류를 쌓아 이후 편지를 주고받았다. 1730년 과거 애인이었던 유명한 여배우 아드리엔 르쿠브뢰르Adrienne Lecouvreur, 1692~1730가 죽었을 때 그녀가 배우였다는 이유만으로 기독교식 장례를 거절당하자 분노에 찬 볼테르는 프랑스를 신랄하게 공격했다. "영국에서라면 그녀는 다른 여배우들과 마찬가지로 웨스트민스터 사원에 묻힐 것"이라면서 말이다. 그에 따르면 "런던은 누구나 재능이 있으면 위대한 인물로 취급받는 곳"이었다.[58]

귀국 후 처신

엘리트로 보이는 법

여행자들은 영국으로 돌아오기 전에 마지막으로 파리에서 긴 여정을 마무리하곤 했다. 힘든 여행에 지친 몸을 쉬고, 최신 유행의 옷을 맞추고, 최고 선생을 고용해 그동안 갈고닦은 펜싱, 승마, 춤 등의 기술을 완성하기도 했다. 연회, 여흥, 사냥, 연극, 각종 공연을 섭렵하는 것도 영국에 돌아가서 엘리트로 행세하는 데 필요한 경험이었다. 그랜드 투어의 성공 여부는 귀국 길에 들른 파리에서의 처신으로 판단되곤 했다. 앞에서도 언급했지만 파리에서 살롱 등의 모임에 참석하는 것은 그전에 만났던 사람들과의 관계를 다지는 데 더 큰 의미가 있었다. 그런 인맥은 영국에 돌아가 상류사회에 데뷔했을 때 효과 만점의 소개장 역할을 하게 된다.

여행을 마친 여행자는 자신이 크게 변했다고 생각하곤 했다. 하지만 다른 사람들은 특별히 그 차이를 눈치채지 못하는 경우가 다반사였다. 그래서 자신의 특별한 경험을 드러낼 수 있는 다양한 전략을 구사해야 했다. 만약 사교 모임에서 처음 보는 사람들과 어울리게 되었다면 피렌체 피티 가문의 소장품이나 이탈리아 화가의 청구액 같은 화제를 꺼내 여행 경험이 있는 사람을 추려낼 수 있었다. 그들의 수준을 평가하기 위해서는 유명한 오페라 가수부터 궁정의 왕족 부인에 이르기까지 다양한 사람을 언급하면서 그들이 어디쯤 속해 있는지를 알아낼 수도 있었다.[59]

하지만 당시 영국인 대부분은 대륙 문화에 대한 편견으로 가득 차 있었다. 그 편견은 '그곳'에 다녀온 이들에게도 덧씌워지기 마련이었다. 고향 밖으로 나가본 적이 없는 결벽증적인 사람들에게 정교한 테이블 매너나 와인 감별법, 잘 재단된 프랑스 코트나 몸에 꼭 맞는 베네치아식 조끼는 별로 인상적인 것이 못 되었다. 토머스 내시Thomas Nashe, 1567~1601는 그 세태를 이렇게 풍자했다.

말쑥한 잭은 디에프까지밖에 못 가봤는데, 이상한 표정으로 겨자 단지를 젓거나 무슈 몽고 드 마우스트랩처럼 영어를 치아 사이로 발음한다. 요즘 고귀한 사람들 사이에서 악당을 칭하는 제일 분명한 말은 그 사람이 이탈리아에 다녀왔다고 하는 것이다.[60]

종종 여행 지침서는 귀국 후의 처신에 대한 지침도 포함하고 있었다. 아예 그 문제를 다룬 책을 펴낸 사람도 있었다. 장 게이야르의 《여행 후 고향에서의 정착에 대하여A Discourse concerning a Private Settlement at Home after

Travel》(1682)가 그것이다. 내용을 살펴보면 일단 유학을 마친 젊은이가 집에 돌아와 정착하는 데 가장 필요한 것은 자신이 어느 부류에 속하는지를 살펴서 그에 맞는 방법을 찾는 것이라고 했다. 자신을 지원해주고 물려줄 재산이 있는 부모의 말을 잘 따라야 하지만, 그렇지 않다면 진실하고 현명한 친구 한두 명을 찾아 상의한 뒤에 장래를 설계해야 한다는 것이었다.[61]

귀국한 젊은이는 일단 런던에 머물며 좋은 옷을 차려입고 친지를 방문했다. 찾아가는 대상에도 순서가 있어서 특히 신망이 두텁고 고귀한 인사를 우선적으로 찾아갔다. 그들에게 자신이 유능하다는 인상을 심어주고, 만약 그들이 궁정에 연줄이 있다면 자신을 왕에게 소개하게 하는 것이 가장 중요한 과제였다. 시골에 영지가 있는 젊은이는 그렇게 런던에서 며칠을 보낸 후 서둘러 집으로 돌아가는 것이 바람직한 행동이었다.

고향에 도착하면 가장 먼저 자신의 재산에 대해 정확하고도 확실한 정보를 파악하고, 그것을 어떻게 지키고 늘릴 것인가를 궁리했다. 만약에 빚이 있다면 갚을 수 있는 한도 내에서 최대한 갚고, 그 후 쓸 수 있는 생활비가 얼마인지도 헤아렸다. 즉, 여행에서 돌아온 젊은이에게 주어진 긴급하고도 중요한 과제는 자기가 처한 경제적·사회적 상황과 분수를 정확하게 파악하는 것이었다. 그런 다음 공직으로 진출할지 아니면 조용히 시골 영지에서 살지를 선택했다.[62]

그랜드 투어 여행자들 대부분은 미성년인 상태로 떠났다가 성년이 되어 돌아왔다. 여행의 여운이 가시기도 전에 바로 독립적인 사회인의 역할을 해내야 했던 것이다. 그것은 꽤 오랜 시간 고향을 떠나 있어서 국내 사정이며 성년의 역할을 잘 모르는 젊은이들에게는 당황스러운 일이었다. 게이야르는 사회의 그런 냉혹한 단면을 지적한다. 흔히 사람들은 누군가에 대해 판단할 때 그 사람 자체보다는 그 사람에 대한 기대치를 기준으로 한다면서 사람들의 평가에 너무 크게 상처받지 말라고 말했다.[63]

여행을 통해 온갖 사람을 만나본 이들은 다른 처지에 놓인 사람들을 더 잘 이해할 거라는 기대를 받았다. 그렇기 때문에 제대로 여행을 했다면 자신의 영지와 그곳 사람들을 사랑하고 손님에게 친절하며 소작인들의 형편을 이해해주고 가난한 이들을 최대한 고용할 터였다. 나아가 분쟁이 일어나도 먼저 화해를 청하는 것이 진정한 상류계급의 모습이라 기대되었다. 게이야르는 특히 싸움에 말려들지 말고 늘 친구를 조심하라고 강조했다. 돈을 빌려줄 때는 언제나 돌려받지 못할 것을 생각하고, 마찬가지 맥락에서 소송이나 재판을 즐겨 하지 말라고 충고했다. 사람을 지치게 하는 재판에 매달리기보다는 차라리 손해를 보는 편이 장기적으로 낫다는 이유 때문이었다.[64]

보통 사람들의 눈에는 생경하게 보였을지라도 외국어를 구사하는 것은 분명히 상류계급의 표지였다. 게이야르는 기회가 있을 때마다 여행에서 습득한 외국어를 사용하라고 권했다. 외국어를 구사하는 것이 젠틀맨의 기본 소양이자 정치나 공직에 종사하는 사람의 필수 덕목이라면서 말이다.[65]

그랜드 투어가 제공한 교양 교육의 틀은 상류계급 전반에 널리 전파되었다. 나아가 고향을 떠날 시간과 재력이 없는 소부르주아 계급이 귀족 흉내를 낼 수 있는 프로그램으로 자리 잡게 되었다. 지금도 마찬가지지만 이 방면의 선구자는 어학 교사들이다. 그들뿐 아니라 펜싱, 승마, 춤 교사들도 이미 포화 상태였던 파리나 빈을 떠나 모스크바, 부다페스트, 에든버러, 스톡홀름까지 진출해 소부르주아 계급을 상대로 예법을 가르쳤다.[66]

그들만의 리그, 클럽

여행에서 맺은 인간관계는 영국에 돌아와서도 계속 이어져 상류층의 인맥을 두텁게 했고, 일종의 클럽이 형성되었다. 여행지에서 클럽을 만들거나 회원으로 참여하는 이들도 있었다. 로마에 머물 당시 괴테는 '아르카디아'라는 클럽의 목자로 영입하겠다는 제의를 받았다. 1690년 이탈리아 시문학이 조악해졌다고 비판하는 사람들이 만든 클럽이었다. 회원들은 로마의 성벽 밖으로 나가 전원적인 풍광 속에서 고상한 고대의 감각과 고귀한 토스카나派의 감성을 되살리려고 했다. 그럴 때면 회원 하나가 감격에 넘쳐 "여기 우리의 아르카디아가 있다"라고 외치곤 했다.[67]

괴테는 입회 행사가 어떻게 진행되었는지를 상세하게 기록해놓았다. 우선 그는 훌륭한 건물의 곁방에서 고위 성직자에게 소개되었다. 곧 그가 자신의 보증인이자 대부가 될 사람임을 알게 되었다. 그다음 큰 방으로 가서 회원들을 만났는데, 그곳에서 입회식이 치러졌다. 개회 선언 후, 시와 산문 낭독에 이어 연설이 있고, 증서를 전달받음으로써 가입이 승인되었다. 대부와 괴테는 함께 일어나 여러 차례 절을 했고 대부가 능란한 연설로 화답했다.[68]

18세기 초·중반 제네바 지역의 아카데미는 프로테스탄트 영국인들에게 인기가 있어서 많은 영국인 과학자가 제네바에 머물렀다. 여기서 중심 멤버는 윌리엄 윈덤과 그의 동행 교사 벤저민 스틸링플리트Benjamin Stillingfleet, 1702~1771, 리처드 앨드워스Richard Aldworth, 1717~1793, 해딘턴 경 Thomas Hamilton, 7th Earl of Hadinton, 1721~1794, 스코틀랜드의 젊은 귀족 조지 베일리George Baillie, 1723~1797와 그의 동행 교사 존 윌리엄슨John Williamson 목사, 벤저민 테이트Benjamain Tate와 그의 동행 교사 토머스 댐피어Thomas Dampier, 1713~1777, 그리고 로버트 프라이스Robert Price, 1717~1761 등이었다.

1690~1700년경 런던의 커피하우스 커피하우스는 일반적으로 남자들만 들어갈 수 있는 공간이었고, 18세기 영국에 수많은 클럽이 만들어지는 토대가 되었다.

그들은 매일 저녁식사 후에 만나서 나중에 '제네바의 휴게실Our Common Room in Geneva'로 불릴 일종의 클럽을 만들었다. 이 모임은 종종 공공장소에서 연극이나 팬터마임을 공연하여 경건하기 그지없는 제네바 시민들을 놀라게 했다. 여자 역할은 나중에 브리스톨 경이 될 어린 조지 허비George Hervey, 2nd Earl of Bristol, 1721~1775가 맡았고, 음악과 무대는 로마에서 그림을 공부한 프라이스가, 기술감독은 스틸링플리트가 맡았다.[69]

사실 18세기는 클럽의 시대였다. 영국에서 클럽이 생겨난 데는 커피하우스의 역할이 컸다. 커피하우스는 떠들썩한 술집이나 의사당 혹은 증권거래소와는 또 다른 공간이었다. 특정한 커피하우스에 같은 정치이념 혹은 관심사를 가진 사람들이 모이면서 얼마 후 회원제로 운영되기 시작한다. 20세기 학자들에게 '공론장Public Sphere'이라고 불리는 이 공간은 "계몽운동의 공화국들"[70]이었다. 신사들은 가정에서 벗어나 이곳에서 술을 마시고 정치가에 대한 뒷공론이나 음담패설을 늘어놓으며 우정을 쌓아갔다.

영국에는 수많은 클럽이 존재했다. 가장 유명한 클럽으로는 휘그당 사람들이 은밀하게 정세를 토론했던 '키트캣 클럽Kit-Cat Club'이 있다. 이 클럽은 50명 정도로 구성되었고 회원 대다수가 귀족이었던 것으로 알려져 있다. 수상 로버트 월폴과 작가 조지프 애디슨도 회원이었다. 이 클럽은 정치색이 농후했던 탓에 회원들이 아주 신중하게 처신해서 아직도 많은 부분이 베일에 가려 있다. 심지어 키트캣이라는 이름마저도 정확하게 어디서 유래한 것인지 의견이 분분하다. 창립 회원 가운데 크리스토퍼(혹은 키트) 캣이라는 페이스트리 요리사가 있었고, 키트캣은 그가 만든 유명한 양고기 파이의 이름이었다는 추측이 돌 뿐이다.

다른 클럽들은 대부분 정치색이 그리 강하지 않았다. 진탕 술을 마시고 담배를 피우며 노는 '티타이어 화요일Tityre Tuesday' 같은 클럽은 아주 흔했고, '스코틀랜드 거지의 축복Scotish Beggar's Benison'은 낮은 계급의 청년들이 거리를 누비며 기물을 때려 부수는 모임이었다. '파산한 상인 클럽Broken Shopkeeper's Club'은 '황폐한 딕의 술집'에서 만나 채권자들을 욕하고 지방 행정관에게 저주를 퍼부으며 술을 마셨다. 음주가무를 모토로 삼는 클럽과는 반대로 풍속을 정화할 목적으로 만들어진 클럽도 생겨나기 시작했다. '타워 햄릿Tower Hamlets'의 회원들은 자기가 살고 있는 지역의 창녀 집을 단속하고 다녔다.[71] 물론 학술적인 클럽도 있었다. 애덤 스미스는 런던에 돌아온 1773년 조슈아 레이놀즈가 존슨 박사를 위해 만든 공부 클럽에 가입했다.

그 밖에 그랜드 투어를 다녀온 사람들이 만든 클럽들이 생겨났다. 그 가운데 하나는 역사상 가장 악명을 떨친 '헬파이어 클럽Hell-fire Club'이었다. 이 클럽은 매춘부를 동원한 질탕한 술판, 온갖 신성모독적인 행동, 엽기적인 입회식 등 당시 사회에서 받아들이기 힘들 만큼 극단적인 일을 저질러 많은 비판을 받았다. 당시 영국 사람들은 이 클럽이 마치 프랜차이즈처럼 영국 도처에 존재한다고 생각했다. 특히 버킹엄셔의 버려진 수도원에서 수도사 복장을 하고 파티를 벌이면서 악마를 모시는 의식을 했다는 메드메넘 수도원Abbey of Medmenham 사건이 일어나자 헬파이어 클럽은 악마성의 대명사가 되었다. 더욱이 이 클럽 회원 중 웨일스 공, 장관, 상원의원 등 영국 최고위층 인사가 포함돼 있음이 밝혀지면서 사회적 충격은 더 컸다. 당시 영국에서는 이런 충격적인 일들이 악덕으로 가득한 대륙의 영향 탓이라고 생각하는 사람들이 많았다. 실제로 그런 클럽 회원 가운데는 프랜시스 대시우드Francis Dashwood, 15th Baron le Despencer, 1708~1781와 샌드위치 백작John Montagu, 4th Earl of Sandwich, 1718~1792처럼 요란하게 그랜드 투어를 다녀온 사람들이 있었다.[72]

대시우드는 18세인 1726년에 프랑스를 처음 방문했다. 준남작 작위를 받은 뒤 다시 대륙으로 건너간 그는 알프스를 넘어 이탈리아로 향했다. 널리 알려진 여행 지침서의 저자 뉴전트가 수행했다. 1733년에는 상트페테르부르크에 있는 러시아 왕실의 특명 전권공사 포브스 경James Forbes, 15th Lord Forbes, 1689~1761을 따라나섰는가 하면, 1738년에는 그리스와 오스만튀르크를 여행하고 돌아오는 길에 이탈리아에 들러 1741년까지 머물렀다. 특히 마지막 여행은 방탕하고 엽기적인 행위로 점철되어 다른 영국인 여행자들이 같은 나라 사람인 것을 부끄러워하며 피해 다녔을 정도였다.

프랜시스 대시우드(왼쪽)와 샌드위치 백작(오른쪽).

대시우드는 예술적 취향에서도 신성모독적인 독특함을 지녔던 인물이다. 그는 유명한 화가 윌리엄 호가스William Hogarth, 1697~1764에게 자신의 초상을 주문하면서 사제의 모습을 한 자신이 다리를 벌린 비너스 형태의 고미술품을 숭배하는 장면을 그리게 했다. 조지 냅턴George Knapton, 1698~1778이 그린 또 다른 초상화에서는 성 프란체스코의 모습으로 분장하고 고대 사랑의 여신상 앞에서 기도하는 모습을 한 채 커다란 포도주잔을 들고 있다. 미사 때 사용하는 포도주잔 위에는 "성모마리아에게"라는 구절이 쓰여 있다.[73] 이런 대시우드에게 얄미운 행실로 만만찮은 미움을 사고 있던 샌드위치 백작이 찾아왔다.[74] 지중해와 유럽을 돌고 막 귀국한 샌드위치 백작은 여행의 추억을 함께 나누고 싶어 했다.

의기투합한 두 사람은 오스만튀르크와 이탈리아 여행 경험자를 회원으로 하는 두 개의 모임을 만들었다. 오스만튀르크에 가본 적이 있는 사람들을 대상으로 한 '디반 클럽Divan Club(디반은 오스만튀르크 궁정의 어전 회의를 뜻함)'과 이탈리아에 가본 적이 있는 사람들을 대상으로 한 '딜레탕티 회Society of Dilettanti'가 그것이었다. 일반적인 그랜드 투어와 직접적인 관련이 있는 것은 1732년에 만들어진 딜레탕티 회다. 이 클럽은 우정을 나누고 술을 마시며 여행에 대한 추억과 관심을 공유했다. 회원들은 이국적인 옷차림을 하고 모임을 가졌는가 하면, 베네치아의 가면무도회를 재연하기도 했다. 자주색 토가 차림의 회장은 진홍색 벨벳이 씌워진 마호가니 팔걸이의자에 앉았다. 비서는 마키아벨리처럼 차려입었고, 의전장은 진홍색 태피터로 만든 주름 가운에다 헝가리 모자를 쓰고 톨레도 칼을 찼다. 바쿠스 무덤Bacchus Tomb 모형을 만들어 투표함으로 사용하기도 했다.[75]

오늘날 모임에서 공식 행사 때 기념으로 단체 사진을 찍는다면 당시 클럽들은 회원들의 초상화를 그렸다. 런던의 국립초상화박물관은 유력한 정치가를 많이 배출해낸 키트캣 클럽 회원들의 초상화를 많이 소장하고 있다. 딜레탕티 회 회원들도 초상화를 즐겨 그렸는데, 유명한 화가이자 이 클럽의 회원인 조슈아 레이놀즈는 1779년 딜레탕티 회의 성격을 단적으로 보여주는 한 쌍의 초상화를 남겼다. 한쪽 초상화에 그려진 다른 클럽 회원들이 18세기 귀족의 일반적 옷차림이었던 반면, 다른 초상화에 그려진 딜레탕티 회 회원들은 고대 로마인, 베네치아인, 튀르크인의 복식을 갖추고 있다.[76]

이국적 문화를 숭배하는 특성 때문에 딜레탕티 회는 동성애자와 공화주의자의 은신처라는 혐의를 받기도 했다. 이 클럽의 회원이 되지 못했던 호러스 월폴은 딜레탕티 회를 "총각들이 술이나 먹는 클럽"이라고 비하하면서 "회원이 될 수 있는 기준은 이탈리아에 다녀올 것, 그보다 더 중요한 것은 술에 절어 있을 것"[77]이라고 말했다. 하지만 딜레탕티 회는 이탈리아에서 돌아온 방탕아들이 근황을 주고받던 모임에서 벗어나 점차 미술품과 유적에 대한 취향을 발전시키면서 영국 예술사에 매우 큰 역할을 하게 되었다. 그것은 회원들의 세대교체로 이루어낸 결과였다.

헤르쿨라네움의 발굴을 보고한 제임스 그레이James Gray, 2nd Baronet, 1708~1773를 비롯해 귀족 중 최초로 고대의 유적을 탐험하기 위해 그리스와 중동 지역으로 떠났던 베스버러 경William Ponsonby, 2nd Earl of Bessborough, 1704~1793, 외교관의 지위를 이용해 열심히 골동품을 반입했던 홀더니스 경Robert Darcy, 4th Earl of Holderness, 1718~1778, 베네치아 공사로 레반트, 그리스, 이집트, 오스만튀르크, 크리미아 등지를 다녀온 후 그 경험을 바탕으로 풍성한 옛것 수집 카탈로그를 만들어낸 리처드 워슬리Richard Worsley, 1751~1805 등이 분위기를 주도했다. 조지 보몬트George Howland Beaumont, 7th Baronet, 1753~1827는 시인 윌리엄 워즈워스William Wordsworth, 1770~1850를 후원하는 한편, 자신이 수집한 수많은 그림을 기증해 영국내셔널갤러리 National Gallery의 기초를 닦았다. 그 밖에 유명한 수집가들이[78] 모은 화병, 동전, 메달, 브론즈, 드로잉, 페인팅이 영국박물관British Museum의 주요 전시품을 이루게 된다.[79]

딜레탕티 회는 오스만튀르크, 트로이, 아티카, 모레나 등지의 고고학 탐사에 쓸 수 있도록 2,000파운드의 기금을 마련했는가 하면, 미술가들이 그리스와 소아시아의 고대 유적지로 스케치 여행을 떠날 수 있게 비용을 지원했다. 18세기에 미술 전문 서적이 출판될 수 있도록 중요한 재정적 지원을 아끼지 않았던 사람들도 바로 이들이다. 비록 실패로 끝나기는 했지만 이탈리아 오페라를 영국에 도입하려 했고, 예술가들이 실제로 보면서 도움을 받

조슈아 레이놀즈(왼쪽)가 그린 〈딜레탕티 회〉(오른쪽).

을 수 있도록 런던에 그리스-로마의 모조 조각상들을 한데 모아놓은 미술관을 만들려고도 했다.

1750년대에 영국의 화가 연합회가 화가들을 위한 전문학교를 설립하는 데 도움을 요청하자 딜레탕티 회는 팔을 걷어붙였다. 그 결과 1768년 레이놀즈를 초대 원장으로 하는 왕립미술원Royal Academy of Arts이 설립되었다. 그런데 왕립미술원 설립에는 조건이 붙어 있었다. 운영진의 절반이 딜레탕티 회 회원이어야 하고, 의사 결정의 캐스팅보트를 쥔 회장도 반드시 딜레탕티 회 출신이어야 한다는 것이었다. 이 조건은 당시 미술계가 부유한 귀족들의 손아귀에 있었다는 사실을 분명하게 보여준다.[80]

Chapter 5

예술과
쇼핑

THE
GRAND TOUR。

"미적 감각이 소멸했을 때
모든 예술작품은 사멸하고 만다."
요한 볼프강 폰 괴테

교양과 미적 감각의 척도, 감식안

조파니의 〈우피치의 트리부나〉

〈우피치의 트리부나The Tribuna of the Uffizi〉(1772~1778)는 요한 조파니 Johan Zoffany, 1733~1810의 작품이다. 독일 태생인 조파니는 로마에서 아고스 티노 마수치Agostino Masucci, 1691~1758에게 사사한 후 영국으로 건너가 평생 영국 화단에서 활동했다. 연극무대의 미술감독으로 명성을 얻은 뒤 곧 조지 3세와 그의 부인 샬럿 등 왕실의 총애를 얻었다. 1772년 조파니는 왕비로부 터 흥미로운 제안을 받게 된다. 왕과 왕비는 자신들이 한 번도 직접 가보지 못했던 피렌체 우피치의 갤러리를 그림으로라도 보고 싶어 했다. 그 명을 받은 조파니는 그해 여름 당시로서는 매우 후한 300파운드의 연봉을 받고 피렌체로 향했다.

1581년 완공된 우피치는 오늘날 박물관의 시원이라 불린다. 원래 사무 실Uffizi 용도로 지어졌지만 건물 4층에 있는 'ㄷ' 자 모양의 회랑에는 메디 치 가문의 방대한 소장품을 진열해두었다. 그 회랑을 지칭하던 '갈레리아 galleria'라는 명칭에서 오늘날의 '갤러리gallery'라는 말이 생겨났다. 갈레리아 에 있는 여러 방에는 고대와 당대의 예술품, 무기, 도자기, 메달, 지도, 수학 도구 등 수많은 값진 물건이 품목별로 진열되어 있었다.[1]

진귀한 물건을 수집하는 일은 고대부터 있었다. 중세 유럽에도 큰 교회에는 보석으로 장식된 성물과 기독교 유물을 모아놓는 보물실을 두었다. 하지만 세속적 차원에서 수집에 열을 올리고 수집품을 전시해 최대의 효과를 꾀했던 사람들은 르네상스 시대 도시국가를 중심으로 새롭게 등장한 지배자들이다. 특히 메디치 가문처럼 신흥 상인 출신으로 지배자로서의 정통성이 취약했던 가문들은 미적 동기보다는 사회적 지위와 정치적 영향력을 위해 예술을 후원하고 열성적으로 미술품을 구입했다. 그리하여 진귀한 보물과 예술품을 모아놓는 스투디올로studiolo, 서재라는 뜻가 등장하게 되었다.[2]

트리부나는 우피치의 갈레리아 안에 있는 작은 스투디올로다. 서재와 귀중품을 진열하는 캐비닛을 합친 것이라고 보면 된다. 팔각형 방의 벽과 창, 돔 모두가 보석으로 장식되어 있고, 벽면은 붉은 융단으로 덮여 있다. 천장을 지탱하던 골조도 금으로 도금했고, 창문은 푸른색으로 칠해져 있었다. 이 붉은색, 푸른색, 금색의 조화는 메디치가를 상징하는 것이다. 벽에는 당대 유럽에서 최고라 할 만한 걸작들이 빽빽이 들어차 있고, 사이사이의 선반이나 벽감에는 보석을 포함한 온갖 진기한 물건이 가득했다. 아버지의 수집품을 물려받은 프란체스코 1세Francesco I de'Medici, 1541~1587, 재위 1574~1587가 베키오궁에 따로 갖고 있던 자신의 스투디올로를 우피치의 트리부나와 통합하면서 수집 품목이 더 다양해지고 규모도 확장되었다.[3]

조지 3세의 가족이 1788년 왕립미술원의 전시회가 열린 서머싯 하우스를 방문하는 모습이 그려진 부채. 안토니오 포지가 제작하고, 피에트로 안토니오 마르티니가 상아 살을 조각했다.

그랜드 투어

늘 불평을 달고 살던 독설가 토비아스 스몰렛마저도 "만약 내가 피렌체에 산다면 이 갤러리를 매일 돌아볼 수 있는 승낙을 받고 싶다"[4]고 썼을 정도로 트리부나는 사람의 눈을 호사시키는 곳이었다. 스몰렛은 그곳에서 조각상, 흉상, 회화, 메달, 상감세공을 한 테이블, 보석으로 장식한 캐비닛, 온갖 보석으로 만든 장신구, 고대 무기, 군사적 용도의 기계 등을 직접 보았다. "혼란스러울 정도로 진기한 것들이 쌓여 있는" 이 박물관에서 그는 마치 동화의 나라에 온 것처럼 홀린 느낌을 받았다고 고백했다.[5] 스몰렛이 트리부나에서 가장 좋아했던 그림은 바로 조파니의 그림 중심에 놓인 티치아노 Vecellio Tiziano, 1488~1576의 〈우르비노의 비너스〉였다.

티치아노의 비너스는 형언할 수 없을 만큼 표현이 달콤하고 색채가 부드럽다. 이 방(트리부나)에는 300점의 작품이 있다고 하는데, 대부분이 최고 거장들의 작품이고 특히 라파엘로의 작품이 많다. 그것은 그 생애를 따라 세 시기로 나뉜다.[6]

〈우피치의 트리부나〉에는 지금 우리에게도 익숙한, 그리고 당시 영국에서도 널리 회자되었을 라파엘로, 루벤스, 홀바인, 렘브란트, 미켈란젤로의 유명한 명화들이 빽빽하게 걸려 있다. 그런데 사실 조파니는 후원자에게 이런 명화들을 한눈에 보여주기 위해 대대적인 재배열 등 모종의 작전을 감행했다. 심지어 더 많은 명화를 보여주기 위해 원래 트리부나에 없었던 그림들도 공수해 걸었다. 피티궁에 걸려 있던 라파엘로의 〈옥좌의 성모〉 등 일곱 점의 작품이 트리부나로 옮겨졌다. 이 작업은 메디치가의 호의와 당시 피렌체에 머물던 조지 쿠퍼George, 3rd Earl Cowper, 1738~1789나 호러스 만 같은 영국 귀족들의 도움이 없었다면 불가능했다. 이에 대한 보답으로 조파니

요한 조파니의 〈우피치의 트리부나〉 왕비의 의뢰로 그려진 이 그림은 트리부나를 찾은 영국의 차세대
지배층들을 담은 집단 초상화라 할 수 있다.

는 만과 쿠퍼의 모습을 그림에 그려 넣었다.

그림을 감상하고 있는 사람들은 당시 그곳을 찾았던 영국인들로 외교관, 수집가, 수학을 위한 여행자 등 당시 영국 최고 가문 출신의 유명 인사들이었다. 1772년부터 6년에 걸쳐 그림이 완성되는 동안 피렌체를 찾았던 수많은 명문가 자제는 자신도 그림에 들어가기를 간절히 바랐다. 왕비가 주문했으니 왕궁의 중요한 장소에 걸릴 것이 분명한 이 그림에 자신이 포함된다는 것은 정치적 열망이 있던 사람들로서는 놓칠 수 없는 영광스러운 기회였다. 조파니는 그들의 구애에 응하는 척하다가 그 여행자가 떠나면 곧 다른 사람의 얼굴로 바꿔 그렸다.

이 그림이 완성되자 그 안에 포함되지 못했던 호러스 월폴은 "여행하는 소년들 떼거지가 북적거리는데, 누군지도 모르며 알 필요도 없다"고 폄하했다. 누군지 모른다는 말은 물론 거짓말이다. 그림에 들어가고도 불만이 있는 사람도 있었다. 이 그림이 완성되는 데 큰 도움을 주었던 만은 왕실에 걸릴 그림인 만큼 좀 더 점잖은 분위기를 띠기를 바랐던 것 같다. 그는 "그림의 주축이 되는 벌거벗은 비너스는 젊은이들이나 좋아하지 왕비는 별로 좋아하지 않으실 것"이라고 불퉁거렸다.[7]

이 그림은 그랜드 투어의 성격을 보여주는 핵심적인 증명사진이자 단체사진의 성격을 띤다. 미술사적으로는 18~19세기에 영국에서 유행했던 '컨버세이션 피스conversation piece'의 전형이다. 가족이나 친구들의 단란한 모임을 그려내는 컨버세이션 피스는 집단 초상화 역할을 했다. 따라서 〈우피치의 트리부나〉는 피렌체에 모인 여행자 집단, 특히 그 그림에 들어갈 만한 특별한 사람들의 집단 초상화로 볼 수 있다.

그뿐만이 아니다. 영국 왕비는 화가를 먼 이탈리아로 보내서 최고의 예술과 권력이 결합된 바로 이 공간을 그리게 했다. 그곳에 그려진 사람은 이 탈리아인이 아닌 영국인, 그것도 향후 영국을 이끌어갈 젊은 세대의 핵심들이었다. 그래서 이 그림은 영국인이 트리부나를 '점령'한 것처럼 보일 수도 있고, 그런 의미에서 지독하게 제국주의적이지 않을 수 없다.

영국인 여행자들이 구경하고, 만지고, 토론하는 대상은 수집가가 열정적으로 모아놓은 명화들로, 유럽의 역사가 녹아 있는 빼어난 예술품들이다. 이 그림은 예술품, 수집, 여행자라는 삼박자가 만나는 지점을 정확하게 포착하고 있다. 그리고 그 중심에는 18세기의 문화 사조이자 문화 권력이 될 '감식안'의 발달이 있었다.

고급문화와 세련된 취향

메디치 가문이 예술품을 수집하고 트리부나를 만들었던 이유는 르네상스 시대에 예술품 수집이 특별히 존경받았기 때문이다. 그것은 단지 세속적인 권력뿐 아니라 교양과 미적 감각까지 지니고 있다는 증거나 다름없었다. 또한 그랜드 투어를 떠난 젊은이들이 배우고 싶어 하고, 고향으로 가져가고 싶어 하는 능력이었다. 그런 능력을 갖춘 사람은 비르투오소virtuoso라고 불렸다. 미덕virtue에서 유래한 이 말은 예술이나 도덕에 상당히 특별한 지식을 가진 사람을 뜻하며, 나중에는 특별한 분야에 전문적인 지식을 가진 사람이라는 의미로 확대되어 쓰였다.

고대부터 그림이나 조각에 대한 숭배나 아름다움에 대한 논설은 늘 존재해왔다. 하지만 유럽 문화에서 회화, 조각과 더불어 연극, 음악, 문학 등이 '예술'이라는 집합적인 정체성을 부여받은 것은 17세기 말에서 18세기 초의 일이다. 오늘날 우리에게 익숙한 '고급문화high culture'는 18세기에 발명

집단 초상화의 전형 1750년경 폼페오 바토니가 로마의 고대 유적을 배경으로 '영국 귀족 감식가들' 을 그린 컨버세이션 피스다.

된 것이나 마찬가지다.[8] 여기서 고급과 저급을 구별하는 인간의 판단 능력 을 두고 철학자들의 진지한 논의가 펼쳐졌다. 임마누엘 칸트Immanuel Kant, 1724~1804의《판단력 비판Kritik der Urteilskraft》은 인간 본성의 한 부분으로서 미를 판단하는 능력, 즉 취향taste을 다룬 대표적인 논고다. 체스터필드 경은 그랜드 투어를 떠난 아들에게 고급 취향을 기를 것을 당부했다.

너는 이제 예술과 무기 양쪽에서 한때 너무나 유명했던 나라로 여행하게 된다. 그렇기 때문에 오늘날 그것이 얼마나 쇠퇴했든 간에 여전히 주의 깊게 보아야 한 다. 과거와 현재를 비교해서 살펴보고, 그것의 흥기와 쇠퇴를 가져온 이유를 생

각해보아야 한다. 흔히 우리 젊은이들이 그러하듯이 쓰윽 훑고 지나가지 말고 제대로 그리고 정치적 함의를 살펴보아라. …… 고대와 현대의 최고 예술가들의 작품을 신중하게 살펴봄으로써 회화, 조각, 건축에 대한 취향을 기르려무나. 그것이 교양 교육이고, 그런 것에 대한 진정한 취향과 지식이 진짜 상류층을 만드는 것이다.[9]

그런데 왜 갑자기 이런 고급문화나 취향이라는 것이 생겨났을까? 먼저 학문 전반에서 예술 분야에 대한 구조조정이 일어났기 때문이다. 17세기에 과학혁명이 일어나면서 과학science과 예술arts이 분리되기 시작했다. 그 이전에는 오늘날의 문과나 이과같이 학문을 나누는 분명한 기준이 없었고, 과학 scientia이라는 말은 모든 체계적인 지적 활동을 의미했다. 하지만 베이컨, 데카르트 같은 자연철학자들이 근대 과학을 창시하면서 '과학'의 의미가 현재 우리가 사용하는 것과 비슷한 분명한 성격을 띠게 되었다.[10] 그것은 논증이 가능하고 누가 실험하든 똑같은 결과를 얻을 수 있는 '객관적'인 것을 일컫게 된다.

광범위한 학문 영역에서 '과학'이 먼저 독립해나가면서 예술 분야는 독자적인 의미와 접근 방법, 효용에 대해 새로운 정의가 필요했다. 이로써 정교한 예술론이 나타나고 고급 예술에 대한 기준이 생긴 것은 당연한 결과였다. 1790년 아치볼드 앨리슨Archibald Alison, 1757~1839의 《취향의 본질과 원칙에 관한 시론Essays on the Nature and Principles of Taste》에 나오는 "예술품은 상상력에 호소하는 작품을 말한다. 그리고 그것이 주는 즐거움은 바로 '상상의 즐거움'이다. 그 목적은 취향을 만들어내는 것이다"라는 문장은 당시의 분위기를 잘 전해준다.[11]

유럽 최고의 보석 컬렉션을 자랑하는 드레스덴의 녹색 금고 회화, 조각, 메달, 판화, 책, 필사본, 가구와 장식품을 포함해 거대한 미술 컬렉션을 보유하고자 하는 유럽 상류층의 고급문화에 대한 열망은 이후 공공 박물관의 설립으로 이어졌다.

또 다른 이유도 있다. 과거에는 예술 작품을 향유할 수 있는 사람이 왕이나 귀족, 고급 성직자 등 지극히 제한적이었다. 하지만 상업의 발달로 재산을 축적한 사람들이 많아지고, 대도시의 커피하우스나 클럽에서 예술에 대한 이야기를 나누는 사람들이 늘어났다. 예술이 훨씬 넓은 대상에게 개방되기 시작한 것이다. 데이비드 흄과 애덤 스미스는 각각 다른 목소리로 근대적인 문명화를 설명하면서도 교역과 경제 발달이 궁극적으로 세련된 매너를 만들고 고급 취향을 배태한다고 주장했다. 여기서 요즘에도 흔히 들을 수 있는 말인, '예술의 수준이야말로 한 나라가 얼마나 문명화되었는가를 보여주는 지표'라는 주장이 나오게 되었다.[12]

고급문화는 사람과 부가 집중된 곳을 중심으로 나타나는 현상이다. 지금도 그렇듯이 당시에도 런던, 파리, 나폴리, 암스테르담, 로마, 마드리드, 리스본, 빈 같은 대도시에 고급문화가 두드러지게 나타났다. 중세 유럽에서 대도시나 수도는 군주가 사는 곳 혹은 교역의 중심지를 일컫는 것이었지만 이때부터 대도시란 곧 문화의 중심지를 일컫는 것이 되었다. 대도시의 극장과 박물관, 예술품 중개상과 서점은 도시의 성격과 가치를 드러내는 새로운 명소로 자리 잡게 되었다.[13]

이런 움직임은 국제적인 예술품 교역을 부채질했다. 18세기 중반에 로마의 화상은 런던은 물론이고 더블린, 브뤼셀, 상트페테르부르크에까지 성모마리아상을 보냈다. 피렌체의 예술품 중개상들은 르네상스 거장이 그린 유화를 파리나 영국에 있는 귀족의 영지로 실어 보냈다. 예술 분야에서 국제적인 스타들이 나온 것도 같은 맥락이다. 이탈리아의 유명한 오페라 가수가 유럽을 순회하며 공연했고, 이 국제적인 스타의 얼굴을 한 번도 보지 못한 사람들까지도 선술집에서 그의 이력과 스캔들을 줄줄 꿰었다.[14]

이제 예술에 대한 취향, 즉 감식안은 새로운 시대에 필수 불가결한 사회적 지표로서 세련된 취향이야말로 지배계급의 기준이 되었다. 영국의 조지프 애디슨이 말하는 '사교적인 사람sociable man'이나 볼테르의 '사교계인 Le Mondain'은 예술, 문학, 음악에 대해 말할 수 있고, 기분 좋은 대화를 통해 자신의 세련됨을 뽐낼 수 있는 사람을 일컫는 말로 통용되었다. 예술품뿐만 아니라 여자까지도 '감식'의 대상으로 삼았던 카사노바는 자신의 탁월한 감식안을 요리에 빗대어 이렇게 자랑했다.

나는 고급스러운 맛을 지닌 음식들을 좋아했다. 실력 있는 나폴리 요리사가 만든 마카로니나 에스파냐 요리사의 오그리오포트리아다ogliopotriada를 좋아했다. 나는 뉴펀들랜드 대구의 쫀쫀한 살, 연기로 살살 훈제한 사냥감들, 치즈가 들어간 음식들처럼 막 모양을 갖추기 시작한 작은 존재들이 내보이는 완벽함을 사랑했다. 나는 여자들에게서 내가 좋아하는 그윽하고 감미로운 향기를 발견할 수 있었다. 이 무슨 퇴폐적인 취미인가! 그것들을 어찌 낯을 붉히지 않고 감히 인식한다고 말할 수 있는가! 나는 이런 사람들의 비난에 웃어버리고 만다. 왜냐하면 나는 감식력 덕택에 다른 이들보다 훨씬 행복하다고 믿기 때문이다. 내 감식력은 기쁨을 더 민감하게 느끼는 예민한 촉수를 나에게 선사했다.[15]

감식안 기르기

진정한 상류계급이 되려면 감식안을 지녀야 했다. 그것은 타고나기보다는 학습되는 것이었다. 그랜드 투어에 나선 젊은이들은 좋은 것과 나쁜 것, 우수한 것과 열등한 것을 구별하고 회화, 조각, 드로잉, 메달, 보석에 이르는 고미술품에 대해 지적인 대화를 하는 능력을 배워야 했다. 장 게이야르는 메달을 공부하는 이유와 방법에 대해 이렇게 말했다.

메달을 공부하는 목적은 즐겁고 호기심을 충족시켜줄 뿐만 아니라 역사를 이해하는 데 도움이 되기 때문이다. 메달을 공부하면서 우리는 역사가들이 침묵했던 역사상의 정밀한 부분을 이해하게 되고, 메달에 담긴 의미를 분석하면서 작가들이 행한 실수를 발견하기도 한다. 메달은 오래 보존되지 못하는 회화보다 훨씬 나으며, 위대한 이들의 실제 모습이나 행동, 삶을 제대로 표현하지 못하는 조각보다 낫다. 메달은 회화와 조각의 좋은 부분을 모두 가지고 있으며 특히 장인이 만든 것은 역사를 가장 확실하게 보여준다.

메달은 금, 은, 코린트 청동 혹은 동 같은 다양한 재료로 만들어졌고, 특히 놋쇠 메달의 경우 크기가 다양했다. 이탈리아에서 가장 큰 것은 메달리오니Medaglioni, 중간 것은 메자네Mezzane라 부르고, 그 밖에 작은 크기의 메달이 있다. 이것들은 로마나 그리스의 것으로, 로마인의 것은 가족이나 황제, 그리스는 도시의 모양을 띠고 있다. 이 가운데 역사적으로 가장 중요하고 호기심을 채우는 데 가장 값진 것은 왕이나 위인의 것이다. …… 때로 사람들은 메달에 대해 한 시간 동안이나 이야기할 수 있다. 물론 메달 공부와 수집은 돈과 약간의 기술, 그리고 시간이 필요한 일이다.[16]

사회적으로 감식안이 중요해지면서 미술품을 평가하고 감정하는 전문가connoisseur가 나타나게 되었다. 이 감정가들이 르네상스 시기의 비르투오소와 다른 점은 취향에 과학을 더한 정교한 평가를 내린다는 사실이다. 그전에는 단순히 경이롭다거나 아름답다거나 호기심을 자극하는 것들이 예술품을 보는 기준이었다면 이제 일종의 감정 매뉴얼에 근거한 신랄한 평가가 이루어졌다. 나아가 예술품이나 수집품에도 등급이 매겨지기 시작했다. 맨 꼭대기에는 취향과 더불어 고대의 탁월한 감각을 일깨우는 회화와 조각, 판화와 소묘, 메달과 보석이 놓이게 된다. 맨 아래에는 17세기까지도 각광을 받은 조개껍데기나 화석 같은 진귀한 것들과 수공예품이 자리 잡았다.[17]

아예 일목요연하게 미술품을 개괄하는 책도 나왔다. 18세기에 그랜드 투어를 떠난 젊은이들은 조너선 리처드슨 부자Jonathan Richardson Senior and Junior가 쓴《이탈리아의 조각상, 부조와 회화An Account of Some of the Statues, Bas-reliefs, Drawings, and Pictures in Italy》(1722)를 손에 들고 다니곤 했다. 이 책

은 원래 떠나기 전부터 차근차근 읽어야 할 필독서로 꼽혔는데, '여행 전에 집에서 배울 수 있는 만큼 배우고 가서 직접 보라'는 모토 때문이었다.[18] 이 책은 아들이 직접 이탈리아를 돌면서 써온 것에 아버지가 내용을 덧붙였다. 저지대 지방에서부터 파리, 이탈리아 여러 도시의 궁성, 귀족의 집, 아카데미 등이 소장한 예술품 카탈로그와 설명, 자신의 감상평, 나름의 미술 이론이 실려 있다. 고대 유물 목록과 예술가별 카탈로그도 있어서 작품을 한눈에 파악할 수 있게 구성되었다. 예를 들어 로마의 보르게세궁에 걸린 라파엘로의 스승 페루지노Pietro Perugino, 1450~1523의 그림에 대한 설명은 이런 식이다.

> 피에트로 페루지노[19]가 그린 성모, 성 프란체스코, 성 히에로니무스의 전신화는 각각 실물 크기로 그려져 있다. 나의 아버지는 성모의 머리 부분을 펜으로 스케치한 그림을 갖고 있는데, 라파엘로가 젊은 시절에 그린 것으로 알려져 있다. 라파엘로의 장려함은 늙은 스승의 장점 대부분을 가려버린다. 페루지노는 이 그림들에서 간결하거나 건조하거나 하는 그의 장점들을 발휘하지 않고 있다. 하지만 표현력은 라파엘로와 견주어 손색이 없다.[20]

리처드슨 부자는 미술품을 평가할 때 도덕적이고 지적인 가치를 높이 사고자 했다. 그래서 항상 티치아노보다 라파엘로에게 더 큰 점수를 주었다. 티치아노의 그림은 단지 감각을 즐겁게 해줄 뿐이지만 라파엘로의 그림은 정신을 고양한다고 생각했기 때문이다. 이렇게 역사적이고 문학적인 차원에서 그림을 설명하는 이 책은 오늘날에 읽어보아도 매우 재미있고 유용한 안내서다. 또한 당시에도 누가 그렸는지에 대한 진위 논란이 많았다는 점도 흥미로운 대목이다. 보르게세궁의 다른 방에 걸려 있는 집단 초상화[21]에 대해 리처드슨은 이렇게 말했다.

> 보르지아 추기경Cardinal Borgia과 마키아벨리 초상화는 라파엘로가 그린 것으로 알려졌지만, 내 생각에는 티치아노의 작품 같다. 실물 크기의 상반신으로, 서 있는 모습이다. 마키아벨리는 추기경을 지긋이 바라보고 있다. 나의 아버지는 자친토 브랜디Giacinto Brandi, 1621~1691가 그린 마키아벨리 두상 소묘를 가지고 있는데, 그는 티치아노의 영향을 받았다는 평가를 들어왔다. 그런데 (그것과 비교해볼 때) 자세는 다르지만 얼굴 모습이 같다.[22]

실제 이 그림의 주인공은 보르지아 가문의 일족도 마키아벨리도 아닌 것으로 밝혀졌다. 그리고 오늘날 이 그림을 그린 화가 역시 라파엘로도 티치아노도 아닌 세바스티아노 델 피옴보Sebastiano del Piombo, ?1485~1547로 알려져 있다.

여행자들은 로마처럼 볼거리가 많은 곳에서는 '옛것 연구가'를 고용해서 역사적 유물과 예술품에 대해 배우기도 했다. 18세기 초에는 마크 파커Mark Parker, 1698~1775와 제임스 러셀James Russell, 1720~1763이 널리 알려진 가이드였다. 시간이 흐르면서 '고대 문화유적 답사'라고 불릴 만한 프로그램이 나오게 되었는데, 가장 인기 있었던 것은 제임스 바이어스James Byres, 1734~1817가 인솔하는 6주짜리 프로그램이었다. 곧 그의 라이벌인 콜린 모리슨Colin Morison, 1732~1810이 비슷한 프로그램을 들고 나왔다.[23]

로마에서 활동했던 예술 가이드 가운데 가장 유명한 사람은 요한 요아힘 빈켈만이었다. 독일 작센주 태생인 빈켈만은 어린 시절부터 고대의 문헌

〈라오콘〉 빈켈만은 이 조각상
을 '고귀한 단순성과 조용한 숭
고함'이라는 말로 극찬했다.

에 관심이 많았다. 그는 그 지역 공작의 개인 도서관장으로 일하면서 고대
그리스 작품에 매료되었다. 그가 1755년에 출간한《회화와 조각 예술에서
고대의 작품을 모방하는 것에 관한 생각》은 바로크 문화에 식상해 있던 유
럽에 일대 센세이션을 일으켰다. 같은 해 빈켈만은 고대 유적을 직접 보고
자 로마로 떠났고, 그곳에서 본 유물들을 정리해 고전주의의 이론적 경전이
될《고대 미술사Geschichte der Kunst des Alterthums》(1764)를 펴내게 된다. 빈켈
만은 그리스 조각의 아름다움을 매우 높이 평가했는데, 특히 그가 헬레니즘
시대의 조각상 〈라오콘〉을 묘사한 '고귀한 단순성과 조용한 숭고함'이라는
개념은 예술계를 강타할 모토가 되었다.

빈켈만은 1755년에서 1768년까지 로마 바티칸 도서관에서 일하며 추기경의 개인 컬렉션을 감독하는 한편 고급 예술 가이드로 맹활약했다. 1764년 빈켈만은 묘하게 어울리지 않는 한 쌍의 손님을 맞았다. 영국에서 온 존 윌크스와 그의 정부 거트루드 코라디니Gertrude Corradini였다. 윌크스는 영국 역사상 가장 급진적인 정치인으로 기억된다. 그는 자신이 창간한 주간지 〈노스 브리턴North Briton〉에서 국왕 조지 3세와 당시의 정부를 신랄하게 비판했는가 하면, 하원의원이면서도 자기 당의 이익보다는 민중 편에 서서 런던 시민으로부터 열광적인 지지를 받았다. 그가 불경죄로 구금되었을 때 시민들의 격렬한 항의로 결국 석방되기도 했다. 하지만 곧 왕을 지지하는 다른 인사와 결투를 치르다가 배에 심각한 총상을 입었고, 의회에 출석하지 못해 하원에서 제명당한 뒤 파리로 망명했다.[24]

파리에서 윌크스는 디드로에게 형제라 불리며 환영받았는가 하면, 살롱을 누비며 유쾌한 인사로 대접받았다. 거기서 윌크스는 쿠르티잔 코라디니를 만났다. 그는 그녀를 유명한 〈메디치가의 비너스〉에 비유했을 정도로 그녀의 매력에 푹 빠졌다. 이 커플은 카니발을 보러 로마로 떠났고, 거기서 빈켈만을 섭외해 예술 수업을 받고자 했던 것이다. 윌크스는 빈켈만이 '탁월한 취향과 제대로 된 지식'을 가진 사람이라는 인상을 받았다. 하지만 빈켈만이 너무 열성적으로 설명하느라 사랑에 빠진 두 남녀가 유적 뒤로 몇 분씩 사라져도 전혀 눈치채지 못했다면서 재미있어 했다.[25] 하지만 얼마 되지 않아 윌크스는 그 아름다운 쿠르티잔에게 버림받았고 파리의 변덕스러운 사교계에서도 냉랭한 대접을 받게 된다.

빈켈만으로서는 이런 여행자들이 좋게 보였을 리가 없다. 볼티모어 경 Frederick Calvert, 6th Lord of Baltimore, 1731~1771을 안내한 뒤 빈켈만은 친구에게 이런 편지를 보냈다.

그 사람은 자기 머릿속에 든 게 너무 많다고 생각하고 있어. 신이 그 머리의 3분의 1을 돼지고기 편육으로 만들었다면 훨씬 나았을 텐데. 그는 세상의 모든 것에 싫증이 나 있어서 보르게세궁을 10분 만에 나왔어. …… 베드로 성당과 〈벨베데레의 아폴로〉(조각상) 말고는 아무것도 좋아하지 않아. …… 결국 나는 그 사람을 참을 수 없을 지경이 되어서 더는 못하겠다고 말하고 말았어. 그는 메릴랜드 식민지 소유주로 연간 3만 파운드를 벌어들이는데도 인생을 어떻게 즐겨야 하는지 전혀 몰라. 예쁜 영국 여자들이 수행하는데도 오직 남자 동료들만 쳐다봐. 아마 짝을 만나기가 어려울 것 같아.[26]

빈켈만은 "모든 신사는 이곳에 광대로 왔다가 당나귀가 되어 되돌아간다. 이런 사람들에게 정보나 가르침은 필요가 없다"[27]고 탄식했다.

감식안을 가진 사람이란 아름다운 대상이 불러일으키는 감정을 잘 표현하는 사람을 말한다. 예술품에 대한 자기만의 감상과 비판을 뽐낼 수 있는 사람이 그 시대가 요구하는 진정한 교양인이었다. 빈켈만이 실망했듯이 여행자들 가운데 열심히 배우려는 진지한 사람은 많지 않았고, 그들이 제대로 된 감식안을 갖는 일은 쉽지 않았다. 어떤 공작은 "누구나 단지를 손끝으로 두드리며 거기 그려진 그림이 시시하다고 말할 수는 있지만, 붓질의 기교에 대해 토론하거나 좋은 컬렉션을 판단할 수 있는 사람은 별로 없다"고 말했다.[28]

물론 열심히 자신의 감식안을 뽐낸 사람도 있었다. 스몰렛은 로마에서 미켈란젤로의 조각상 〈피에타〉를 보고 불만을 표시했다. 그리스도의 몸체가 마치 폐결핵으로 죽은 것처럼 너무 수척하게 묘사되어 있다는 이유였다. 게다가 여자의 무릎에 누워 있는 남자를 묘사하는 디자인과 형태가 섬세하지 못하다고 비판했다. 그리스도가 너무 "삭막하게 벌거벗은 채" 누워 있다는 것도 불만의 핵심이었다.[29] 하지만 그는 라파엘로의 〈아테네 학당〉에 대해서는 비교적 후하게 평가했다. 오랫동안 습기에 시달렸을 텐데도 그림은 여전히 아름답다는 것이다. 그는 특히 수학자의 증명을 듣는 네 소년의 모습이 경탄스러울 만큼 다양한 표현력을 드러내고 있다고 호평했다. 그는 자신이 알고 있는 모든 고전 지식을 동원해 으쓱거리며 이런 감상평을 내놓았다.

아마도 라파엘로는 세상에서 가장 도덕적인 화가일 것이다. 그 어느 누구도 얼굴, 태도, 몸짓에 담긴 감정을 그토록 행복하게 표현할 수 없다. 하지만 그는 거대한 열정을 분출하거나 숭고함에 도달하기에는 너무 냉정함을 유지하고 있다. 베르길리우스의 평정심은 갖고 있지만 호메로스의 불꽃이 부족하다.[30]

살아 있는 카메라, 화가와 그림

초상화와 풍경화

여행자들 사이에서는 이탈리아에서 자신의 초상화를 제작하는 일이 크게 유행했다. 그리스-로마 유적, 르네상스와 바로크 시대의 거장이 남긴 수많은 그림 앞에서 영국인들은 문화적 열등감을 느낄 수밖에 없었다. 찬란한 예술적 전통이 숨 쉬는 곳에서 자신의 초상화를 그리는 일이야말로 그 문화의 일원이 되는 가장 확실한 방법이었을 것이다. 그리고 그 초상화는 고국에 돌아갔을 때 현관이나 서재에 걸려 외국에서 공부하고 왔음을 증명하는 멋들어진 이력서 역할을 할 터였다.

그랜드 투어리스트의 초상화 프란체스코 트레비사니가 그린 에드워드 개스코인 경의 초상화로, 배경에 고대 유적을 집어넣는 그랜드 투어 초상화의 전형이 나타난다.

여행자들은 특히 고대 유적을 배경으로 자신의 초상화를 그리고 싶어 했다. 이런 그림들이 나타난 중심지는 로마였다. 폼페오 바토니Pompeo Batoni, 1708~1787, 로살바 카리에라Rosalba Carriera, 1673~1757, 자크 루이 다비드Jacques-Louis David, 1748~1825, 바르톨로메오 나자리Bartholomeo Nazari, 1693~1758, 도메니코 두프라Domenico Dupra, 1689~1770, 마수치, 안톤 라파엘 멩스Anton Raphael Mengs, 1728~1779, 프란체스코 트레비사니Francesco Trevisani, 1656~1746 같은 화가들에 의해 많은 작품이 생산되었다. 18세기 초반 가장 인기 있던 사람은 마수치와 트레비사니였고, 후반에는 바토니와 멩스가 그 자리를 차지했다.

바토니는 특히 인기가 높았다. 그는 평생 265점의 초상화를 그렸는데, 200점 정도가 영국인이었다고 한다.[31] 바토니는 영국인 여행자들이 원하는 것을 정확하게 알고 있었다. 그는 우아한 포즈를 취하고 있는 주인공을 중심에 두고 고대 로마의 건축물과 유물을 주변에 채워 넣었다. 시간이 지나면서 이 초상화들에는 개가 등장하기도 한다. 충성심의 상징인 개와 함께 그린 초상화는 자신이 봉사할 국가나 왕실 혹은 조직에 충성심이 강하다는 점을 은유적으로 표현했다.

아직 카메라가 없던 시절이었기에 여행자들은 자신이 본 풍광을 화폭에 담기를 원했다. 그것은 기록이자 추억으로서 같은 경험을 한 사람들에게는 동질감을 불러일으킬 것이고, 가보지 못한 사람들에게는 자랑스럽게 설명해줄 수 있는 대화의 물꼬가 될 것이었다. 당시 여행자들은 상상의 풍경화인 가프리치오carpriccio를 좋아했다. 이런 그림은 실재와 상상의 경계에 있는 것으로, 개선문, 콜로세움, 부러진 원주, 부조 등을 한 장의 그림에 모아놓은 것이다. 여러 장의 그림을 사는 것보다 한 장의 그림으로 주요한 유적 모두를 볼 수 있기에 경제적이기도 했다. 한편으로는 도시 경관을 비교적 사실적으로 그린 풍경화인 베두타veduta도 발달했다. 베두타 양식으로 그린 그림 중에는 특히 이국적인 풍광이 펼쳐지는 베네치아 그림이 큰 인기를 누렸다. 여기서 그랜드 투어리스트들에게 풍경화의 대명사나 마찬가지였던 '카날레토Canaletto'라는 화가가 등장한다.

카날레토의 본명은 조반니 안토니오 카날Giovanni Antonio Canal, 1697~1768이다. 화가였던 아버지 베르나르도 카날Bernardo Canal, 1664~1744과 구별하기 위해 '작은 카날'이란 뜻의 카날레토라는 별명으로 불리게 되었다. 카날레토는 아버지를 도와 연극 무대에 그림 그리는 일을 하다가 풍경

카날레토가 그린 베네치아의 풍경 1727년경에 그린 〈남쪽에서 본 리알토 다리〉이다. 베네치아의 풍경을 사실적으로 묘사한 카날레토의 그림은 영국인 여행자들에게 큰 인기를 얻었다.

화가로 전업했다. 그러다가 여행자들을 대상으로 하는 베네치아 풍경이 인기 있다는 것을 알게 되었다. 1720년대 말 카날레토는 베네치아에서 은행업과 무역업을 하던 영국인 사업가 조지프 스미스Joseph Smith, 1682~1770를 만나게 된다. 그림, 책, 보석 수집에도 열성적이었던 스미스는 카날레토가 죽을 때까지 관계를 유지하며 그의 중개상 역할을 했다.

영국인 여행자들을 위한 그림, 여행자들이 집에 가져가고 싶어 하는 베네치아 풍경을 그리면서 카날레토의 화풍은 확 바뀌었다. 밝은 햇살에 가지런히 정비된 운하, 울긋불긋 선명한 건물, 베네치아가 자랑하던 곤돌라 경주나 '바다와의 결혼식' 같은 스펙터클한 이벤트가 그림에 들어가기 시작했다. 마치 사진을 찍은 것 같은 정교한 그의 그림은 여행자들에게 경탄을 불러일으켰고 곧 수많은 모방작이 나오기도 했다. 하지만 정작 이탈리아에서 화가로서 그의 명성은 그리 높지 못했다. 당시 지배적인 화풍과 다른 데다가 돈맛에 길들여져 여행자의 입맛에 맞춘 그림만 그리는 사람이라는 인식이 팽배했기 때문이다. 카날레토의 그림을 영국인들이 몽땅 사 가는 바람에 이탈리아에서 거의 볼 수 없다는 것도 또 다른 이유였다.

1740년 오스트리아 왕위 계승 전쟁이 발발하자 여행자의 발길이 조금 뜸해졌고, 그림을 운송하는 일도 위험해졌다. 몇 년 뒤 카날레토는 자신의 그림을 사랑해준 후원자들의 고국인 영국으로 향했다. 런던에서 카날레토는 템스강이며 런던의 주요 건축물을 담은 풍경화들을 그렸고 시골 영지와 대저택을 그려달라는 주문자들의 요구에 응하기도 했다. 하지만 카날레토의 영국 생활은 그리 행복하지 못했다. 나이 들면서 그림 그리는 기술이 쇠퇴하기도 했고 그의 그림이 너무 기계적이고 비슷비슷하다는 비판도 일어났다. 결국 어떤 비평가가 런던에 있는 카날레토는 진짜 카날레토가 아니라고 주장했다. 궁지에 몰린 카날레토는 공개적으로 그림을 그리는 이벤트까지 벌였지만 그의 인기는 식어갔다.

1755년 카날레토는 고향으로 돌아가 자신만의 화풍을 되찾는 작업을 했다. 영국인들은 런던에 머물던 카날레토에게는 싸늘했지만, 그가 그린 베네치아 그림을 여전히 사랑했다. 영국 국왕 조지 3세는 스미스가 소장하고 있던 카날레토의 그림까지 몽땅 사들여 결국 영국 왕실은 카날레토의 회화 53점과 소묘 140점을 소유하기에 이르렀다. 지금까지도 영국의 대저택이나 화랑에서는 거의 빠짐없이 카날레토의 그림을 만날 수 있다.

이탈리아로 간 영국 화가들

어떤 여행자는 자기가 좋아한 그림의 복제품을 주문하기도 했다. 그림 주문은 대부분 이탈리아에 집중되어 있었고, 런던에는 이런 그림들을 취급하는 중고 미술품 시장이 형성되었다. 그곳에서는 18세기에 영국으로 들여온 다량의 네덜란드 그림들도 거래되었다. 영국인 여행자들은 프랑스 그림보다 이탈리아 그림을 더 선호했고, 당대보다는 오래전에 그려진 그림을 더 높이 평가하는 경향을 보였다. 조각도 회화만큼이나 중요한 수집품이어서 회화보다 오히려 조각품을 영국에 들여오는 일이 더 많았다고 한다.

그림 복제를 맡은 화가 중에는 영국에서 이탈리아로 건너온 사람들도 상당수 있었다. 애초에 권력의 정점에 있던 부유한 사람들이 떠났던 그랜드 투어에 점차 상인, 예술가 등 다양한 계층의 사람들이 동참했기 때문이다. 화가들은 그림 공부를 위해 유럽 각지로 긴 여행을 떠났는데, 대다수가 이탈리아를 목적지로 삼았다.[32] 특히 1768년 왕립미술원이 설립된 이후로 화가들의 이탈리아 여행이 급증했다. 초대 원장을 맡았던 조슈아 레이놀즈가 자신의 이탈리아 유학을 자주 거론하면서 젊은 세대들에게 그랜드 투어를 권장했기 때문이기도 했다. 레이놀즈는 '로마 상Roman Prize'을 도입해 형편이 어려운 화가들에게 재정적 도움을 주자고도 주장했다.

화가의 그랜드 투어는 귀족 자제들의 여정과는 달랐다. 각자 취향에 따라 집중적으로 보고자 하는 것들이 달랐기 때문이다. 제임스 배리James Barry, 1741~1806처럼 주로 조각에 관심을 보이는가 하면, 존 로버트 커즌스John Robert Cozens, 1752~1797처럼 풍경화를 그리기 위해 아름다운 자연 경관을 찾아다닌 사람도 있었다.[33] 그런 상황에서 자의 반 타의 반으로 해외에 오랫동안 체류하는 화가들이 생겨났다. 제이컵 모어Jacob More, 1740~1793나 제임스 더노James Durno, 1745~1795처럼 죽을 때까지 이탈리아에 눌러앉은 화가도 있었다. 로마의 스페인 광장Piazza di Spagna 근처에는 영국 화가들이 모여 사는 삭은 커뮤니티가 생겨났다.

귀족의 그랜드 투어에 화가가 처음부터 동행하는 경우도 있었다. 런던에 머물던 프랑스 화가 루이 구피Louis Goupy, 1674~1747는 벌링턴 백작을 따라 대륙을 여행하면서 그를 위해 수많은 풍경화를 그렸다. 수채화가 윌리엄 파스William Pars, 1742~1782와 커즌스도 귀족의 알프스 여행에 동행하며 풍경화를 그렸다.[34] 조지 로버트슨George Robertson, 1724~1788 역시 윌리엄 벡퍼드William Beckford of Somerley, 1744~1799를 따라 대륙을 두루두루 여행하며 풍경을 그려냈다. 여정을 시각적으로 기록한 이런 화가들은 오늘날의 기준으로 보면 '살아 있는 카메라'인 셈이었다.

해외에 머물던 영국 화가들에게 무시할 수 없는 큰 수입원은 영국인 여행자를 위해 거장의 그림을 복제하는 일이었다. 후원자를 구하기 어려운 무명 화가들로서는 영국보다 오히려 이탈리아에서 부유한 영국인 후원자를

이탈리아 로마의 스페인 광장을 담은 판화 그곳에 에스파냐 대사관이 있었기 때문에 스페인 광장이라 불리게 되었다. 18세기에는 이 광장 근처에 영국 출신 화가들이 모여 살았다.

만날 가능성이 훨씬 높았다. 하지만 엄밀하게 말해 후원자의 요청에 따라 그림을 복제하는 일은 고상한 일도 화가 본연의 일도 아니었다. 레이놀즈는 동료 화가 배리에게 이런 편지를 보냈다.

로마에 있는 동안 나는 그들(영국인 여행자들)에게 고용되어 일한 적이 거의 없다네. 나는 항상 그런 일들이 지나친 시간 낭비라고 생각했지. 로마에 간 학생이 여행 온 젠트리들이 늘 집안 장식용으로 가져가는 그림이나 베끼는 것은 유익하게 시간을 보내는 일과는 거리가 멀지. 나는 누구든 넓은 안목을 가진 사람이라면 그가 로마에 있는 동안 다시는 누릴 수 없는 그 이점을 잃느니 차라리 빵과 물로 연명하라고 할 것이네.[35]

하지만 화가들 대부분이 형편이 어려워 후원자를 갈구하던 상황이었기에 왕립미술원장인 레이놀즈의 이런 비판은 그가 물정을 모르거나 자의식만 내세우는 사람이라는 인상을 줄 수도 있었다. 레이놀즈는 26세이던 1749년에 여행을 결심했는데, 그때 그는 이미 영국 화단에 초상화가로서 입지를 확실히 다진 뒤였다. 운 좋게도 가족에게 여행 경비를 받을 수 있었고 후원자인 귀족에게서도 이탈리아까지 배편을 제공받았다. 화가 대부분이 로마나 피렌체, 베네치아에 체재하면서 이탈리아 작가의 도제로 들어갔지만, 레이놀즈는 그런 과정을 거치지 않았다.

레이놀즈는 16세기 이후 이탈리아 미술이 쇠퇴하고 있다는 인상을 받았다. 그래서 그는 "이탈리아인들은 끊임없이 퇴보하고 있는 듯하다. 미켈란젤로의 시대에서 카를로 마라티Carlo Maratti, 1625~1713의 시대로, 그때부터 이 비속함의 시대로, 지금 그들은 침몰하고 있다"고 주장했다.[36] 이제 쇠퇴하는 이탈리아 미술을 딛고 영국 미술의 중흥을 꾀할 때가 왔다는 발언이었다.[37] 그런데 이때 이탈리아 미술에는 영국인 여행자들을 대상으로 한 새로운 분야가 생겨났다. 이탈리아 작가 피에르 레오네 게치Pier Leone Ghezzi, 1674~1755가 인물의 특징을 부드럽게 묘사한 캐리커처를 유행시킨 것이다. 여행자들을 위해 명화를 복제하는 일을 지독하게 싫어했던 레이놀즈도 캐리커처 주문은 받아들였다.

악명 높은 중개상과 가짜 예술품

해외에 체류하던 화가들은 때때로 여행객이나 고국의 부유한 후원자를 위해 예술품 중개업자 역할을 맡기도 했다. 또한 '실패한 화가들'은 그림 그리는 일보다 여행자의 가이드 역할에 주력했다. 이들은 로마의 스페인 광장에 있는 영국식 커피하우스에 모여 손님을 기다렸다. 그러다 운 좋게 부유한 영국인 여행객을 만나면 로마를 안내하고 예술품 구매를 주선했다. 그들은 영국인 고객뿐만 아니라 이탈리아 화가나 화상에게서도 수수료를 챙겼다. 존 파커John Parker, ?~1765, 콜린 모리슨, 제임스 바이어스 같은 이들이 로마에서 중개상으로 명성을 떨쳤다.[38]

중개상들은 언제든지 사기 칠 준비가 되어 있었다. 로마에 머물던 괴테는 어느 모임에서 한 백작이 위조 보석을 구입한 일로 화제의 중심이 되는 광경을 보았다. 그는 "그처럼 고결하고 부유한 예술 애호가가 항상 믿을 만한 사람하고만 거래할 수 없는"[39] 세태에 분개했다. 실제로 당시 유행하던 여행기에는 로마에 도착하자마자 짐을 풀기도 전에 옛것 연구가며 미술품 중개상 들이 물밀듯 방문하던 광경이 자주 묘사되어 있다. 중개상들은 초심자가 모조품을 진품으로 믿게 할 만큼 현란한 말재주를 갖고 있었고,[40] 많은 귀족이 그들의 먹잇감이 되었다. 그들은 라파엘로, 미켈란젤로, 티치아노의 모조품을 엄청난 값에 팔았다.

스몰렛은 이탈리아에서 영국 젊은이들을 상대로 예술품 사기를 치는 사람들 가운데 상당수가 같은 고국 출신이라는 사실에 개탄했다. 스몰렛이 보기에 영국인이 다른 나라 사람들보다 사기를 당할 가능성이 훨씬 높은 데는 다 이유가 있었다.

젊은 영국 젠틀맨들은 펑펑 써댈 돈이 많다고 여겨진다. 그래서 그들에게 훨씬 더 많은 덫을 놓는 것이다. 그들은 자신들이 더 부유하다는 평에 우쭐해져서 그

로마 스페인 광장에 도착한 젊은 영국인 여행자 그림 왼쪽에는 호객 행위를 하는 화상들과 그림을 감정하는 수상쩍은 전문가가 그려져 있다.

것을 확인하려는 듯 온갖 불필요한 비용을 지출하게 된다. 그런데 더 위험한 것은 그들이 이탈리아에 도착하자마자 그림, 음악, 조각, 건축에 감식가가 되려는 야심에 사로잡힌다는 것이다. 이런 기회를 놓칠 리 없는 이곳의 기회주의자들은 바로 그 약점을 노리고 아첨을 늘어놓는다.[41]

그런 악덕 중개상 가운데 가장 유명한 사람은 토머스 젠킨스Thomas Jenkins, 1722~1798였다. 웨일스 출신의 별 볼일 없는 화가였던 그는 1750년 경 풍경화가 리처드 윌슨Richard Wilson, 1714~1782과 함께 이탈리아로 건너간 뒤 로마에 정착했다. 원래 그는 그림 그리는 일보다 장사에 더 뛰어난 사람이었다. 낯선 이국에서 바가지를 쓰지 않을까 걱정하는 영국 사람들은 당

영국 풍자화가 제임스 길레이의 〈예술품 감정가〉 길레이는 전문가를 자처하는 예술품 감정가들을 매우 혐오했다. 특히 유명 화가의 작품을 베끼기로 유명한 윌리엄 베일리를 싫어했다. 베일리는 그랜드 투어리스트들이 대륙에서 가져온 물건들을 감정했는데 실상 이 물건의 대부분은 가짜였다. 베일리 같은 감정가들은 때때로 이런 위작들을 교묘하게 보수한 뒤 되팔아 많은 돈을 벌었다.

연히 고국 출신의 중개인을 더 믿기 마련이다. 젠킨스는 이런 정서를 백분 이용했다. 그는 뛰어난 말솜씨로 자신을 예술에 대해 진정한 경외심이 있는 예술가로 포장했고, 영국인 여행자들은 그의 진정성을 믿고 물건을 사들였다. 젠킨스가 추천하는 예술품이라면 그들은 당장 수중에 돈이 없더라도 너도나도 사고자 했다. 이때 젠킨스는 돈을 빌려주어 물건을 구입하게 한 뒤 이자까지 쳐서 돈을 받아냄으로써 이중으로 이익을 취했다.[42]

젠킨스는 런던으로 그림을 수출하기도 하고, 초상화를 그리고 싶어 하는 귀족 자제들에게 화가를 주선하기도 했다. 특히 로마시대 조각과 골동품은 그의 전문 분야로 그는 '유물 복원'이라 불려도 손색이 없을 만큼 뛰어난 기술을 갖고 있었다. 즉, 지천으로 널린 고대 조각상의 파편을 가져다가 나머지 부분을 만들어 붙여서 완전한 형태의 유물인 것처럼 꾸며내는가 하면, 니코틴 얼룩을 입혀 오래된 물건처럼 만들어냈다.

게다가 뭔가 석연찮은 이유로 1770년 교황 클레멘스 14세가 특면장을 내리면서 젠킨스는 이탈리아의 수많은 유물과 예술품을 취급할 수 있는 공식적인 자격을 얻게 되었다. 많은 물건을 확보하게 된 젠킨스에게 부유한 후원자들이 몰려들었다. 괴테도 로마에서 젠킨스를 여러 차례 만났다. 젠킨스는 귀족의 사교 모임마다 빠짐없이 모습을 드러냈고, 괴테 또한 젠킨스의 가게를 즐겨 방문했다. 1787년 젠킨스의 집에 초대받은 괴테는 그 저택의 규모에 큰 감명을 받았다.

> **부유한 영국인 화성 젠킨스 씨기 카스텔간돌포의 웅장한 저택에 살고 있는데, 그 집에서 친구들 모두 쾌적한 방, 유쾌한 모임을 위한 홀, 기분 좋게 거닐 수 있는 회랑을 제공받을 수 있었다.[43]**

사교계의 중심인물이 된 젠킨스는 영국 정부를 위해 비공식적 스파이로 활동했다. 스파이라는 직책은 젠킨스가 취하는 폭리에 대해 상당 부분 면죄부를 주는 것이었다. 한 영국인 여행자는 로마로 출발하기도 전에 피렌체에서부터 젠킨스의 명성을 들었다면서 "지난겨울 그는 영국인들에게 적어도 5,000파운드 상당의 그림과 조각 들을 팔았는데, 그 가운데 4,000파운드가 그의 주머니로 들어갔다는 사실을 알 만한 사람은 다 안다"고 말했다.[44] 또 다른 여행자는 모두가 젠킨스의 악행을 알고 있지만, 그의 "더할 나위 없는 뻔뻔함이 명예로운 스파이 직책과 합쳐지는 바람에 영국인 여행자

들에게 추천할 수밖에 없는 사람이 되어버렸다"고 불만을 토로했다.[45]

1798년 나폴레옹의 프랑스군이 로마를 점령하자 젠킨스는 모아둔 보석을 싸들고 영국으로 도망쳤으나 곧 죽고 말았다. 오늘날 북부 유럽의 박물관에서 쉽게 찾아볼 수 있는 이탈리아 회화나 조각은 사실 그랜드 투어 중에 사들인 것이 많다. 하지만 박물관에 걸릴 만한 걸작이 아닌, 형편없는 작품이나 심지어 가짜가 훨씬 더 많았다. 젠킨스가 수출한 조각상들은 현재 영국의 박물관과 대저택에서 쉽게 찾아볼 수 있다.

최고의 엔터테인먼트, 오페라

1645년 6월 어느 날 존 에벌린은 베네치아에서 오페라를 관람한 후 자신의 일기에 이렇게 썼다.

오늘 밤 브루스 경과 나는 숙소 근처를 산책한 뒤 오페라 구경을 갔다. 희극과 그 밖의 극들이 상연되었는데, 성악가와 연주가 모두 대단히 훌륭했고 무대 배경 역시 정교하면서도 다양한 예술적 풍취를 보여주었다. 공중을 날아다니는 기구와 그 밖의 기발한 장치들, 이 모두는 인간의 머리로 고안해낼 수 있는 가장 위대하고도 값진 발명품이었다.[46]

대륙 여행에서 영국인 여행자들에게 가장 흥미진진한 구경거리 중 하나는 오페라였다. 이탈리아어로 '작품'이라는 뜻을 가진 오페라는 고대 그리스 비극, 연극, 춤, 극장의 볼거리, 전원극 등의 온갖 요소가 한데 섞인 당시 최고의 엔터테인먼트였다. 1600년경에 처음 등장한 오페라는 왕족과 귀족의 사적 행사를 통해 형태를 갖추어나갔다. 1620년대에 로마가 오페라의 중심지로 자리를 잡았고, 1637년 베네치아에서 최초의 공공 오페라하우스인 테아트로 산 카시아노Teatro San Cassiano가 문을 열면서 새로운 전기를 맞았다. 종교와 사회적 관습으로부터 비교적 자유로웠던 베네치아에서는 크리스마스 다음 날부터 사순절 전날까지 계속되는 카니발 기간에 모여든 관광객이 오페라 극장의 주 수입원이 되었다.[47]

특히 영국인 여행자들이 오페라에 큰 관심을 보였다. 흔히 그랜드 투어의 영향이 주로 미술 분야에 집중되는 경향이 있지만, 당시 영국 사람들에게 대륙의 음악은 미술 못지않게 큰 인상을 주었다. 예술품은 과거에 속한 것이지만 음악은 당대 이탈리아의 산물이었다.[48] 여행 온 젊은이들은 오페라와 궁정의 음악회뿐만 아니라 집시의 공연이나 도시 곳곳에서 들을 수 있는 길거리 음악에도 감동을 받곤 했다. 음악에 열성적인 일부 영국인들은 체류하는 동안 현지에서 음악 레슨을 받기도 했다.[49] 여행자들은 볼로냐, 밀라노, 나폴리, 로마, 베네치아 등 오페라로 유명한 도시에 도착하자마자 오페라하우스로 달려갔고, 특별한 공연을 보기 위해 여행 일정을 변경하기도 했다.

1734년 리처드 포코크Richard Pococke, 1704~1765는 로마에서 처음 오페라를 본 뒤 감동받아 베네치아에서도 오페라를 보러 갔지만 그곳의 오페라에는 실망했다. 그는 실망감을 만회하기 위해 비첸차로 또 오페라를 보러 갔다. 매사에 불평꾼이었던 스몰렛은 피렌체의 오페라가 봐줄 만하다고 생각했으면서도 이탈리아인들이 특별히 음악적 성향이 강하거나 음감이 더 발달한 것 같지는 않다고 썼다.[50]

앙투안 바토의 〈음악 파티〉(1718년경) 튀일리궁 입구에서 열린 길거리 음악회를 묘사한 것이다. 궁정의 음악회와 오페라뿐만 아니라 집시나 길거리 음악가들의 공연도 여행 온 젊은이들을 감동시켰다.

동행 교사로 여행에 참여한 토머스 브랜드Thomas Brand, 1751~1814는 오페라를 매우 좋아해 자세한 감상을 남겼다. 그는 1783년 토리노에서 오페라를 보고는 시즌이 끝나 큰 공연은 없고 기껏 오페라 부파opera buffa, 이탈리아 희극 오페라밖에 없다며 실망했다. 축제 기간에는 3,200석 규모의 오페라하우스가 열리고, 때때로 피에몬테 지방의 기수를 태운 말 70마리가 실제로 무대에 등장하기도 했다.

카리냐노 극장에 들어갔다. 런던의 오페라하우스만 한 크기의 작은 극장이다.

1608년 무렵 베로나 원형극장의 모습 《코리엣의 여행기》에 실려 있다.

우리는 오페라가 막 시작되려는 시점에 들어가서 두 막을 보았다. 첫 번째 것
은 치마로사Domenico Cimarosa, 1749~1801의 〈자금이 딸리는 흥행사Giannina e
Bernardone〉로, 참으로 아름다웠다. 여자 주인공은 최고로 달콤한 목소리와 정확
한 억양을 지니고 있었다. 리파리니Lipparini는 모리기Morigi보다 훨씬 목소리가
좋고 훨씬 더 익살스러웠다. 테너는 그저 그랬고, 오케스트라는 좋았다. 치마로
사의 음악은 매우 듣기 좋았지만 독창성은 별로 없는 것 같았다.[51]

브랜드는 당시 유명한 테너 자코모 다비데Giacomo Davide, 1750~1830의
공연을 볼로냐에서 처음 보았고 몇 년 후 피렌체에서 다시 보았다. 두 번째
에는 그 테너가 프랑스 물을 좀 먹더니 느글느글해졌다고 불평을 늘어놓았

그랜드 투어

다. 하지만 같은 해 리보르노에서 다비데의 공연을 본 존 파커John Parker, 2nd Lord Boringdon, 1772~1840는 큰 감명을 받았다.[52]

오페라하우스는 사람들이 모이는 사교의 장이라는 측면에서도 매우 인기가 있었다. 1778년 필립 요크Philip Yorke, 1743~1804는 "베네치아의 오페라하우스가 그곳 사람들을 다 만날 수 있는 유일한 장소"라고 말했다. 1739년 베네치아에 머물던 메리 워틀리 몬터규는 "현재 이곳에서는 내가 유일한 여성이기 때문에 마치 이 세상에 단 하나뿐인 것처럼 구애를 받는다"고 말하며 그 증거로 오페라하우스의 박스석 이야기를 꺼낸다. 각국 대사들은 오페라하우스의 박스석을 갖고 있는데, 자신이 그 모든 좌석의 열쇠를 갖고 있을 뿐만 아니라 원하는 사람에게 그것을 내줄 권한도 있었다. 사교의 중심지인 오페라하우스의 박스석을 사용할 수 있다는 것은 곧 베네치아에서 최고의 대접을 받고 있다는 증거였다.[53]

만남의 장소였던 당시 오페라하우스는 오늘날 공연장만큼이나 시끄럽고 어수선했다. 청중은 아리아를 따라 부르고, 손수건이나 꽃을 던지고, 마음에 드는 성악가가 나오면 괴성을 질렀다.[54] 인사를 나눌 때 악수를 금기시하던 나폴리에서는 공연 내내 사람들이 돌아다니며 키스하는 소리를 들을 수 있었다. 스몰렛은 이탈리아 사람들이 음악에 집중하지 않는다는 사실에 놀랐다.[55] 어떤 여행자는 새 오페라가 선보이는 첫날 공연에나 사람들이 조금 조용해지지만 그래봤자 시끄럽게 대화가 오가는 것은 마찬가지라고 투덜거렸다.[56]

오페라에 내재된 드라마나 볼거리도 중요했지만, 그보다 더 관객들을 불러 모았던 것은 바로 오페라 스타들이었다. 오페라가 발달하면서 가수들은 커리어를 위해 베네치아 같은 오페라의 중심지로 모여들었다. 흥행사들은 국제적으로 유명한 디바(오페라 스타)를 서로 데려오려고 경쟁했고, 열띤 홍보로 새로운 스타를 탄생시켰다. 이른바 '스타 시스템'이 시작된 것이다. 그런 가수들은 출연료만으로도 수입이 당시 가장 잘나가던 작곡가보다 여섯 배나 많았다.[57]

오페라 가수는 그랜드 투어를 떠난 젊은이들에게는 연모의 대상이었다. 당시 디바에 대한 열광은 대단했다. 비첸차를 방문한 괴테도 오페라를 보러 갔는데, 마침 그 오페라에 당시 대단한 인기를 누리던 프리마돈나가 출연했다. 괴테는 그 여가수의 아주 자연스러운 태도, 애교스러운 몸매, 아름다운 목소리, 호감 가는 얼굴, 그리고 품위 넘치는 몸짓에 감탄했다. 다만 팔 동작이 조금만 더 우아했으면 좋았을 것이라고 아쉬워했지만 말이다. 하지만 사실 괴테의 불만은 오페라하우스에 프리마돈나를 보며 흥분해서 야단법석을 떠는 '새들'이 너무 많다는 것이었다. 그는 다시는 그곳에 가지 않겠다고 다짐했는데, 그 이유는 자신이 한 마리 '새'로 전락한 느낌을 갖지 않기 위해서였다.[58]

카스트라토castrato도 여가수만큼 큰 인기를 누렸다. 로마에서는 여자가 무대에 오르는 것이 금지되어 있었으므로 여자 역할은 거세한 남자 가수인 카스트라토들이 맡았다. 카스트라토는 16세기 중반부터 교회 음악의 높은 성부를 담당했다. 17세기가 되자 카스트라토는 로마 외의 지역에서도 오페라 무대에서 노래를 부르기 시작했는데, 여자보다는 남자 역할을 맡는 것이 일반적이었다. 17세기 유럽 대륙에서 가장 큰 명성을 떨치던 카스트라토는 파리넬리Farinelli, 1705~1782(원래 이름은 카를로 마리아 미켈란젤로 니콜라 브로스키)다. 파리넬리는 나폴리에서 자라고 훈련받았다. 나폴리는 군주와 후원자들의 지지로 풍부한 음악적 토양을 갖추고 있었다. 나폴리에는 음악 교육기관인 콘서바토리오conservatorio가 네 곳 있었는데, 고아와 가난한 소년을 대상으로 음악을 전문적으로 가르치는 교육기관으로 성장했다. 파리넬리는 바로 그곳 출신으로 곧 국제적 슈퍼스타가 되어 전 유럽을 누비게 된다. 그랜드 투어를 통해 유럽 음악사를 정리했던 찰스 버니의 글은 파리넬리가 얼마나 대단한 스타성을 지닌 인물이었는지 잘 설명해준다.

> 파리넬리가 나폴리를 떠나 로마로 갔을 때 그의 나이 열일곱이었다. 매일 밤 로마에서는 오페라 상연 중에 파리넬리와 유명한 트럼펫 주자 간에 일종의 기 싸움이 벌어졌다. 처음에는 우호적으로 장난삼아 시작된 듯했으나 관객들이 그 모습에 흥미를 갖자 다른 양상을 띠게 되었다. 예컨대 폐활량이 얼마나 대단한지 보여주기 위해 각자가 한 음씩 올리면서 찬란하게 빛나는 힘 있는 소리로 서로를 이기려고 했다. 그런 다음 두 사람은 함께 3도 차이로 트릴 연주를 하면서 누가 더 오래 버티는지 겨루었다. 관객들이 열렬히 이 대결을 환영하는 동안 두 연주자는 지쳐가는 것처럼 보였다. 실제로 트럼펫 연주자는 완전히 힘을 소진해 포기했고, 상대방도 자기만큼 기운이 없을 것으로 보고 이 경쟁은 무승부가 될 것이라 생각했다. 바로 그때 파리넬리가 환하게 미소를 지으며 지금까지는 단지 장난에 불과하다는 것을 보여준다. …… 마침내 관객의 열렬한 환호와 갈채로 이벤트는 막을 내렸다. 파리넬리가 당대의 모든 카스트라토 위에 우뚝 솟아 최고의 지위를 유지하게 된 것은 이때부터로 추정된다.[59]

영국인 여행자들은 '그 유명한 파리넬리의 오페라를 보러' 가곤 했다. 파리넬리는 1734년부터 한동안 런던에서 귀족 오페라단 소속으로 활동했다. 그가 은퇴한 뒤에도 그를 기억하는 영국인들은 유럽을 여행하면서 파리

파리넬리 가장 유명한 카스트라토인 파리넬리의 초상화로, 1750년경에 그려졌다.

넬리를 방문했다. 고위 관료를 역임했던 치체스터 백작Thomas Pelham, 1st Earl of Chichester, 1728~1805은 1777년 볼로냐에서 늙은 파리넬리를 방문해 이야기를 나누었다.

　반면 오페라를 좋아하지 않거나 불편해하는 여행자도 있었다. 1730년 로마에서 오페라를 보았던 윌리엄 쿠퍼William, 2nd Earl Cowper, 1709~1764는 너무 언짢은 광경이라며 머리를 절레절레 흔들었다. 남자가 여자 옷을 입고 여자처럼 노래하는 것이 기괴하다고 생각했기 때문이다. 특히 귀족이 아닌 평민 출신으로 그랜드 투어에 나섰던 여행자들은 더더욱 보수적이어서 오페라에 대해 대놓고 혐오감을 드러내기도 했다. 그런 전반적인 정서가 영국에 오페라가 도입되는 것을 지연시켰다.

딜레탕티 회를 비롯해 많은 사람이 영국에 오페라를 들여오려고 했다. 런던에 이탈리아 오페라가 본격적으로 보급되기 시작한 것은 1711년 헨델 Georg Friedrich Händel, 1685~1759의 〈리날도Rinaldo〉가 상연되고 나서였다.[60] 헨델은 열악한 영국의 오페라 환경 속에서도 30년 동안 35편의 오페라를 무대에 올렸다. 하지만 대중의 반응은 무관심 혹은 반감 일색이었다. 영국의 군주와 대중은 원래 있던 극음악 장르를 더 좋아했고 노래로 말하는 오페라보다는 말로 진행되는 연극을 더 선호했다.[61]

영어로 만들어져 인기를 끈 오페라 형식으로는 발라드 오페라ballad opera가 있었는데, 군데군데 선율이 들어간 대사로 이루어진 것이다. 이 장르는 1728년 존 게이John Gay, 1685~1732가 대본을 쓴 〈거지 오페라The Beggar's Opera〉의 엄청난 성공에 힘입어 1730년대에는 그 인기가 절정에 달한다. 〈거지 오페라〉는 고대 영웅적 전통과 고상한 오페라의 정서를 당대 도시문화에 접목한 것으로 도둑, 매춘부 그리고 그들이 저지르는 범죄를 통해 런던 사회를 풍자했다. 흥미로운 점은 이 작품에 때때로 오페라의 관습을 조롱하기 위해 시와 음악을 일부러 부조화스럽게 병치해 웃음을 이끌어내는 장치가 있다는 것이다.[62] 영국에 본격적으로 자생적인 오페라가 생겨난 것은 1891년 아서 설리번Arthur Sullivan, 1842~1900의 그랜드 오페라 〈아이반호Ivanhoe〉가 나타난 뒤였다.[63]

하지만 대륙에서의 경험은 영국 음악계에 큰 영향을 미치게 된다. 찰스 버니는 그랜드 투어를 통해 서양음악사에 길이 남을 《버니 박사의 유럽 음악 여행Dr. Burney's Musical Tours in Europe》과 《음악사History of Music》(1776~1789)를 출판했다. 878개의 트렁크를 가지고 영국으로 돌아온 벌링턴 백작은 이탈리아의 바이올리니스트와 첼리스트도 함께 데려왔다. 의원으로 활약한 존 벅워스John Buckworth, 1700~1758는 엄청나게 많은 악보를 모아 영국으로 가져갔고, 1766년 로마에서 성대한 야외 음악회를 열었던 멋쟁이 신사 피터 벡퍼드Peter Beckford, 1740~1811는 고향 도싯으로 돌아갈 때 이탈리아 출신의 피아노 연주자를 데려갔다. 그 연주자는 당시 불과 14세였던 천재 피아니스트이자 작곡가로, 1781년 모차르트Wolfgang Amadeus Mozart, 1756~1791와 피아노 경연을 벌이게 될 무치오 클레멘티Muzio Clementi, 1752~1832였다.

여행의 흔적, 기념품

그랜드 투어는 대륙의 진기한 물건들이 영국으로 들어오는 중요한 통로 역할을 했다. 여행자들에게 쇼핑의 중심지는 파리, 로마, 암스테르담이었다. 파리는 패션의 중심지였기 때문에 젊은이들은 파리에 비교적 오래 머물면서 옷과 가발을 맞추었다. 화려한 자수가 놓인 천도 꼭 사야 하는 물건이었다. 고급 벨벳과 실크, 다마스크 천은 상자에 넣어 영국으로 보냈다. 그런 비싼 천은 옷을 만들거나 집 안을 장식하는 데 쓰였다. 황금으로 된 코담배통, 홍옥수와 마노로 만든 도장, 금박으로 치장한 대리석 시계, 다이아몬드가 박힌 회중시계, 세브르 자기 같은 화려하고 세련된 사치품도 파리에서 사야 하는 물품이었다. 파리는 여행자들이 이탈리아 다음으로 미술품을 많이 구입하는 곳이었다. 《젠틀맨의 가이드》를 비롯한 안내서들은 파리에서 살 만한 쇼핑 목록을 자세히 안내하고 있다.

만약 금으로 만든 코담배통이나 시계, 여성용 장신구 같은 값비싼 소품을 사려고

한다면 가장 좋은 방법은 자박 호텔Hotel de Jabac에 가는 것이다. 그곳에서는 제대로 안내받을 수 있다. 모든 물건에 가격표가 붙어 있고, 상품의 질도 최상급이다. 심지어 당신이 그 장신구를 한동안 가지고 있었다 할지라도 물건에 흠집만 나지 않았다면 반품이 가능해 다른 물건으로 바꾸거나 돈을 다 돌려받을 수 있다. 그곳의 물건은 결코 싸지는 않지만 분명히 품질은 보증할 만하다.[64]

1644년 파리를 방문한 에벌린은 시테섬에 있던 기념품 가게에 대해 언급한다. 사람들은 그곳을 '노아의 방주'라고 불렀는데, 사치품과 실용품 모두를 갖추고 있을 뿐만 아니라 17세기 '호기심의 방Cabinet of Curiosity'에서 볼 수 있는 오만 가지 특이하고 이국적인 물건들을 갖추고 있었기 때문이다. 조개껍데기, 상아, 이국적 약초, 말린 물고기, 진귀한 곤충, 새, 그림, 심지어 그런 것들을 진열해둘 수 있는 캐비닛까지 팔았다.[65] 완벽한 셰익스피어 전집을 살 수 있는 곳도 파리였다. 존 로더John Lauder라는 여행가는 거금 8파운드를 들여 검열되지 않은 라블레Francois Rabelais, 1483~1553의 작품을 산 뒤 매우 만족스러워했다.[66]

18세기에는 시계상 피종Pigeon의 가게가 유명했다. 그곳에서는 금으로 만든 천구가 에나멜로 된 우주를 배경으로 빙빙 도는 희한한 시계를 팔았다.[67] 호러스 월폴은 파리에서 친구에게 줄 선물로 도자기와 사탕을 샀고, 호화스럽기 그지없는 여행을 했던 벌링턴 백작의 기념품에는 하프시코드 두 개, 비올라 한 개, 은으로 만든 디저트 스푼 세트, 그림을 닦는 스펀지와 장갑 여러 켤레도 포함되어 있었다.[68] 말년에 파리 여행을 한 근엄하고 쫀쫀한 존슨 박사도 쇼핑의 유혹에서 벗어나지 못했다. 그는 책은 물론이고 스타킹 두 켤레, 모자, 가발, 코담배통, 가위 세 개를 샀다. 코담배통은 지인을

여행 기념품 1661~1665년경에 만든 것으로 추정되는 '받침대가 있는 캐비닛'(왼쪽)이다. 서랍에는 작은 귀중품들을 넣어두어 캐비닛 자체가 작은 '호기심의 방'과 같았다. 보석으로 장식하거나 금으로 만든 코담배통(오른쪽)도 기념품으로 사랑받았다.

위한 선물로, 무엇에 쓰는 것인지 모르지만 그저 예뻐서 샀다고 존슨 박사는 기록했다.[69]

영국인들은 이탈리아에서 집중적으로 미술품을 구입했다. 최고급 회화부터 수채화, 데생, 석판화 컬렉션에 이르기까지 다양한 미술품을 사들였다. 하지만 도시마다 특화된 물건들도 있었다. 제노바의 벨벳, 베네치아의 실크, 무라노의 유리 제품, 볼로냐의 소시지, 나폴리 왕실 인쇄소에서 출간한 폼페이 관련 최신 서적, 나폴리의 카포디몬테Capodimonte 자기, 밀라노의 수정, 브레시아의 화기fire-arms, 레조넬에밀리아의 장난감 등은 놓칠 수 없는 것들이었다.[70]

이탈리아를 방문한 여행자라면 고대 미술품을 가지고 돌아가는 것이 당연시되었다. 그런 수요에 부응해 투기꾼들은 스파이와 제보자를 고용해 궁정, 수도원, 수녀원 등을 샅샅이 뒤졌는가 하면, 시골 곳곳을 파헤쳐 대리석이며 청동 조각을 찾아냈다.[71] 헤르쿨라네움 발굴은 이런 열풍을 부채질했다. 이탈리아에서 괴테와 친교를 맺었던 독일 출신의 부유한 예술 애호가 프리스 백작Joseph Johann, Graf von Fries, 1765~1788은 파리스 혹은 미트라를 형상화한 아름다운 입상 하나를 구입했다. 그것은 모래 채취장에서 발견된 것으로, 그 가치를 알아본 사람들이 달려드는 바람에 백작이 위험에 처하기도 했다. 그렇지만 골동품 수집에 재미를 붙인 백작은 땡볕 아래 여기저기 발굴까지 하러 다니다 결국 병에 걸려 심하게 고생했다.[72]

로마에 머물던 괴테 역시 고대의 흔적을 고국으로 가져가고픈 열망에 사로잡혔다. 괴테는 나폴리의 콜롬브라노 궁전의 뜰 벽감에 오랫동안 세워져 있었던 작은 뮤즈 상을 사지 않겠느냐는 은밀한 제안을 받았다. 그 조각상은 나폴리에서 배로 운반되어 왔고, 흥분한 괴테는 담숨에 부두까지 달려갔다. 괴테는 "그것이 이렇게 우리 곁에 오리라고는 꿈에도 생각지 못했다"고 썼다.[73] 하지만 "그렇게 순수하고 잘 보존된 고대 유물에 손을 대는 것은 부도덕한 일이기 때문에" 괴테는 결국 그 조각상을 포기했다. 물론 바이마르까지 운송이 번거롭고 파손의 위험이 크다는 점도 큰 이유였다.[74] 결국 그는 조각상 대신 보석 모조품을 사는 데서 만족감을 찾았다.

최상의 고대 보석 모조품을 200개 수집해놓은 것이 있어서 제가 사들였습니다. …… 이것들은 기막히게 아름답고 정교한 까닭에, 로마에서 이보다 더 값진 것을 구하기는 어려울 것입니다. 제가 조그만 배를 타고 돌아갈 때 좋은 것을 얼마나 많이 가지고 가게 될지요![75]

로마의 필수 기념품, 동판화 피라네시가 그린 로마의 콘스탄티누스 개선문과 콜로세움의 모습을 판화로 제작한 것이다. 피라네시의 그림은 그랜드 투어리스트들이 꼭 사들고 오던 기념품 중 하나였다.

이탈리아에서 여행자들에게 가장 사랑받은 기념품은 조반니 바티스타 피라네시Giovanni Battista Piranesi, 1720~1778의 동판화였다. 건물을 낭만적이고 극적으로 묘사한 그의 판화는 여행자들이 살롱이나 서재에 걸어두고 여행을 추억하기에 좋은 물건이었다.[76] 사실 피라네시는 악명 높은 미술품 중개상 젠킨스와 1750년대부터 함께 일한 사업 파트너였다. 그러니 젠킨스의 고객이라면 누구나 피라네시의 작품을 사게 되었다. 고대 미술품 복원과 복제에 발군의 실력을 발휘했던 젠킨스의 배후에서 피라네시가 어떤 역할을 했는지 사뭇 궁금해진다.

여행을 마무리하면서 마지막 쇼핑을 하는 곳은 암스테르담이었다. 이 곳에서 꼭 사야 할 물건도 있었고, 영국으로 운송하기도 쉬웠다. 특히 암스테르담은 보석, 타일, 지도, 광학유리, 정밀 기계로 유명했는데, 어떤 여행자들은 튤립 구근도 꼭 사야 한다고 생각했다. 책을 좋아하는 젊은이라면 파리와 프랑크푸르트에 이어 암스테르담도 들러야 하는 곳이었다. 암스테르담에는 영국 서적을 인쇄하는 인쇄소가 있었기 때문에 희귀하거나 값비싼 책을 손쉽게 구할 수 있었다.[77]

Chapter 6

여행의
동반자들

THE
GRAND TOUR。

"지혜로운 자와 동행하면 지혜를 얻고,
미련한 자와 사귀면 해를 받느니라."

<잠언> 13장 20절

그랜드 투어의 또 다른 주인공, 동행 교사

동행 교사의 기원

그랜드 투어의 특징 가운데 하나는 교사가 여행 전체를 책임지고 어린 청년의 여행에 동행한다는 점이다. 이미 17세기 초부터 교사의 동행은 권장 사항이 되기 시작한다. 프랜시스 베이컨은 젊은이가 "선생이나 근엄한 하인과 함께 여행한다면 바람직하다"라고 말했고,[1] 존 로크는 7세에서 14세 혹은 16세까지의 학생은 교사의 동행이 바람직하다며 구체적인 연령대를 제시하기도 했다.[2] '그랜드 투어'라는 용어를 처음 사용한 리처드 라셀스는 자녀를 해외로 유학 보낼 때 부모가 가장 신경 써야 할 일이 바로 좋은 동행 교사를 구하는 것이라고 강조했다.[3]

나중에 동행 교사는 '베어 리더bear-leader'라는 별명을 얻게 된다. 조련사가 입마개를 쓴 곰을 데리고 유럽 도시를 돌아다니며 공연을 하던 것에 빗댄 말로, 천방지축인 학생을 끌고 여기저기 조련하며 여행했다는 풍자다. 그런 조련사 가운데는 우리에게 익숙한 지성들도 있었다. 토머스 홉스Thomas Hobbes, 1588~1679, 존 로크, 애덤 스미스를 비롯해 고전을 동원한 여행기로 유명한 조지프 애디슨, 역사학자 윌리엄 콕스, 《팔미라의 유적 The Ruins of Palmyra》을 쓴 로버트 우드Robert Wood, 1717~1771, 저명한 역사학자 애덤 퍼거슨Adam Ferguson, 1723~1816, 계관시인 윌리엄 화이트헤드William

Whitehead, 1715~1785 등 영국 문학계와 사상계에 큰 영향을 끼친 많은 인물이 동행 교사로서의 이력을 지녔다.[4]

유럽에는 어떤 일이든 정당성을 찾기 위해 성경이나 고대 그리스-로마 역사를 갖다 붙이는 관습이 있다. 동행 교사가 필요하다는 주장도 마찬가지여서 역사나 신화 속의 인물이 동행 교사의 시원으로 동원되었다. 동행 교사는 대천사 라파엘에 비유되었는데, 라파엘이 눈먼 아버지를 위해 길을 떠난 어린 토비아Tobias의 여정에 동행해 그를 무사히 집으로 이끌어주었다는 일화 때문이다.[5]

실존 인물 가운데 동행 교사의 원조는 아리스토텔레스다. 알렉산드로스의 스승 아리스토텔레스는 대왕의 원정에까지 동행해 교육과 자문을 담당했다. 그래서 알렉산드로스가 위대한 통치자가 될 수 있었던 것은 궁정 뿐 아니라 전장에까지 동행하며 조언을 아끼지 않았던 아리스토텔레스 덕 분이라는 주장이 많이 나왔다. 또한 동행 교사로서의 경험은 교사 자신에게 도 매우 좋은 영향을 끼친다고 여겨졌다. 장 게이야르[6]는 디오게네스에 비 해 아리스토텔레스가 훨씬 위대한 철학자였던 이유를 그의 동행 교사 경력 에서 찾았다. 궁정에 살면 절대로 철학자가 될 수 없다고 생각했던 디오게 네스와는 달리 아리스토텔레스는 철학자이자 궁정인으로서 바깥세상에 나 가보았기 때문에 알렉산드로스에게 비단 학문만 아니라 삶의 지혜와 통치 의 기술을 가르칠 수 있었다는 것이다.[7]

갖춰야 할 자질들

동행 교사는 가정 교사와 마찬가지로 개인적으로 고용되는 교사였다. 그들은 보통 어린 학생에게 기본적인 교양 교육을 시킬 수 있을 만한 대학 교육을 받은 사람들이었다.[8] 하지만 일반 가정 교사와 달리 동행 교사는 해 외로 학생을 데리고 나가야 했기에 훨씬 까다로운 조건들이 따라붙었다.

동행 교사에게 요구되는 최고의 조건은 해외여행 경험이다. 해외에 나 가본 사람만이 행선지와 체류에 대해 분명한 지침을 제시할 수 있고 여행 을 총괄할 수 있기 때문이었다.[9] 여행 지침서며 교육서의 저자들은 "여행 경 험이 없는 교사에게는 절대로 아들을 맡기지 말라"고 경고했고, 누구에게나 첫 번째 경험이 필요한 것이므로 만약 그 교사를 꼭 쓰고 싶다면 그에게 다 른 목적으로라도 여행을 다녀오게 하거나 자기 비용을 들여서라도 먼저 여 행을 하게 하라고 강력하게 권고했다.[10]

하지만 입맛에 딱 맞는 사람을 구하기 어려운 판국에 해외여행 경험까지 요구하는 것은 무리였다. 홉스처럼 특정 집안의 대를 이어 동행 교사를 맡아주지 않는 이상 이 분야의 전문가는 구하기도 힘들고 몸값도 비쌌다. 그래서 차선책으로 내건 조건이 있었는데, 그것은 다름 아닌 외국어 실력이었다. 해외여행에서 동행 교사가 실질적인 통역의 역할을 해야 했기 때문이다. 여기서 가장 중요한 외국어는 프랑스어지만 다른 외국어도 구사할 수 있어야 했다. 1758년에 출간된 익명의 팸플릿 〈동행 교사Bear-Leaders〉는 동행 교사의 외국어 능력에 대해 이렇게 주문한다.

언어에 대해 말하면, 널리 쓰이면서 유럽 궁정에서 사교어로 통용되는 프랑스어는 학식 있고 재치 있는 외국인 수준으로 완벽하게 구사해야 한다. 하지만 그들 가운데 대화를 할 수 없는 사람을 위해서 동행 교사가 라틴어를 잘 구사한다면(분명히 그는 그럴 것이다) 지적 교류의 모든 장애물을 없앨 수 있을 것이다. ……이탈리아어는 반드시 알고 있어야 한다. 첫째로 유럽의 모든 주요 도시에서 상연되는 공연에 이탈리아어가 사용되기 때문이고, 둘째로 알프스 건너편으로 여행할 계획이 있는 사람에게는 절대적으로 그 언어가 필요하기 때문이다. ……그리스어 역시 맛보기 정도는(물론 완벽하게 안다 해도 나쁠 것은 없지만) 알고 있으면 좋다. 왜냐하면 모든 고상한 학문의 용어가 다 그리스어에서 나왔기 때문이다.[11]

외국어 실력이 동행 교사의 자질에서 결정적인 요소였기 때문에 언어나 현지 사정에 밝은 대륙 출신의 외국인 동행 교사들에게 많은 기회가 돌아갔다. 18세기가 흘러가면서 이 분야에 종사하는 외국인들이 폭발적으로 늘어났지만 여전히 외국인 동행 교사보다는 되도록 자국인을 고용할 것이 권장되었다. 무엇보다도 외국인은 믿을 수 없다는 사회 전반의 배타적 인식 때문이었다. 특히 스위스인은 외국인 동행 교사의 대명사로 여겨질 만큼 많은 수가 일하고 있었는데, 영국 언론은 그들을 "종종 시종valet에서 동행 교사 자리로 올라간"[12] 사람으로 비하하곤 했다. 그들은 태생 자체가 영국 출신 동행 교사들보다 비천할 뿐만 아니라 자기 나라 말과 약간의 라틴어를 무기로 한껏 이익을 추구하는 무뢰한이라는 것이었다.[13]

당시 여행기나 교육서에서는 외국인 동행 교사 탓에 벌어진 끔찍한 사례를 심심치 않게 찾아볼 수 있다. 스위스 출신의 동행 교사가 학생을 외국에 데려가 언어 교육은 잘 시켰지만 영국에 대한 충성심은 모두 잃어버리게 했다거나, 외국인 동행 교사가 학생을 데리고 대륙으로 건너간 뒤 여행비를 도박으로 탕진하고는 학생을 자신의 고향 집에 가두어두었다는 일화들이 그것이다. 심지어 어린 학생을 방탕한 여자와 맺어주거나 심지어 부모의 동의 없이 프랑스에서 결혼시켜버린 황당한 사건 등도 생생하게 묘사되어 있다. 학부모에게는 이런 이야기들은 끔찍한 악몽처럼 들렸을 것이다.[14]

매너 또한 동행 교사의 외국어 실력만큼이나 중시되었다. 동행 교사는 "젠틀맨gentleman으로 태어났을 뿐만 아니라 젠틀한 사람gentle man으로 양육된 자여야 한다"는 주장이 강력하게 제기된 것도 이 때문이다.[15] 실제로 학생은 가장 가까이 있는 교사로부터 배우기 때문에 교사의 매너는 매우 중요했으며, 매너가 좋은 교사는 해외의 궁정이나 상류사회에 학생을 소개하는 데 더 유리했다. 다른 동행 교사 선배는 "잦은 궁정 출입으로 세련된 매너와 언변을 갖추어 은근한 암시를 할 줄 아는 사람"[16]이 가장 적절하다고 조언했다.

1777년 어느 기사에 따르면 체스터필드 경은 아들의 동행 교사로 월터 하트Walter Harte, 1709~1774를 선택해 "세상을 놀라게 했다"고 한다. 성직자이자 옥스퍼드 펨브로크 칼리지 교수였던 하트는 1746년부터 4년 동안 체스터필드 경의 아들 필립을 데리고 유럽을 돌았다. 이 기사는 그가 "대학 생활에 익숙해진 사람으로, 성격이나 언행이 어린 제자에게 우아함을 가르치기에는 적합하지 않았다"[17]고 평가했다. 덧붙여 요절한 필립의 정치적 실패와 숨겨진 사생활 그리고 매력 없는 언행이 교사를 잘못 만난 탓이라는 암시까지 던지고 있다. 어찌 보면 인신공격에 가까울 정도로 하트의 촌스러움을 비판하는 이 기사는 당시 영국 사회에 이상적인 동행 교사 상이 있었다는 사실과 함께 체스터필드 가문 정도에 기대되던 동행 교사의 요건이 얼마나 까다로웠는지 잘 말해준다.

같은 맥락에서 잘생긴 동행 교사는 두루 잘 받아들여진다는 '후광 효과'가 강조되기도 했다. 나아가 교사 자신이 좋은 취향을 가지고 있어야 학생을 더 잘 꾸며주고, 학생에게 좋은 영향을 미친다는 이야기도 상식에 가까운 것이었다.[18] 라셀스는 동행 교사의 조건을 나열하면서 "단지 덕성vertuous뿐 아니라 감식안이 있는 자virtuoso여야 한다"고 못 박았다.[19] 이 외에도 동행 교사가 동물 생태학이나 일반적인 의학 지식을 갖추고 있으면 더욱 바람직하다는 의견이 더해졌다. "영국인의 체질을 잘 모르는 시골 푸주한의 희생물이 되지 않기 위해서"[20]였다. 로크는 프랑스에서 동행 교사로 활동할 당시 아직 사교계에 널리 알려지지 않았기 때문에 의사로서의 활동을 통해 그나마 동행 교사로 선택될 수 있었다.[21]

매너라는 차원에서 볼 때 절대로 선택하지 말아야 할 사람도 있었다. 어떤 팸플릿은 절대로 성직자를 동행 교사로 선택해서는 안 된다고 충고한다. 성직자는 다음과 같은 특성이 있기 때문이었다.

- 몸에 완전히 달라붙어서 절대 씻어낼 수 없는 학자 티가 난다.
- 일반적으로 행동거지가 우스꽝스럽다. 매너가 부족하고 세련된 생활양식에 관해 무지하다. 그래서 끊임없는 조롱의 대상이 된다.
- 지나치게 신중한 척해서 누구에게나 있는 약점이나 열정을 인정하지 못한다. 따라서 학생에게서 부끄러움과 혐오, 나아가 미움을 불러일으킬 수 있다. 그래서 권위적인 동행 교사는 건전하고 우정 어린 조언으로 얼마든지 피해갈 수 있는 사악한 결과를 스스로 초래하여 많은 사람에게 피해를 준다.
- 성스러운 직업에 몸담고 있어 패기가 없다. 그래서 주님을 모독하는 버릇없는 외국인이 학생을 모욕할 때 보호해주지 못한다.

동행 교사의 의무

가정 교사와 마찬가지로 동행 교사도 여행을 하면서 기초적인 교양 과정을 직접 가르쳤다. 교과는 언어, 수학, 역사, 지리, 과학 등이다. 동시에 제자의 도덕과 종교를 감독하는 역할을 수행했다. 따라서 교사는 학생에게 모범이 될 수 있는 삶의 궤적과 올바른 행동거지를 갖추어야 했다. 사실 몇 년 동안 꼭 붙어 다니면서 학생을 감독하는 일은 결코 쉽지 않았다. 온갖 유혹이 기다리는 이국땅에서 10대 청소년에게 올바른 도덕관을 심어주는 일은 그야말로 엄청난 인내와 노련한 교육적 기술을 필요로 했다.

그랜드 투어에서 수행할 도덕 교육은 크게 두 가지였다. 첫째 신앙 차원에서 종교적인 충성심, 특히 프로테스탄트적 원칙에 대한 믿음과 그에 입각한 행동을 지도하는 일이다. 둘째 도박, 음주, 성적 기행 등 여행지에서 경험할 수 있는 온갖 악덕으로부터 학생을 보호하는 것이다. 특히 그랜드 투어 자체가 방탕의 온상으로 악명을 떨치던 이탈리아를 궁극의 목적지로 삼왔기에 해외여행을 앞둔 학생에게는 고국에서부터 "유혹에 저항하는 법을 먼저 가르쳐야 한다"고 강조되기도 했다.

동행 교사는 학생이 날마다 기도하고 최소한 성경을 두 장씩은 읽도록 감독해야 했다. 학생이 여가 시간에 다양한 책을 읽도록 독려하는 동시에 책의 종류를 검열하는 것도 중요한 일이었다. 가톨릭적인 정서가 스며 있는 책에는 절대 접근하지 못하게 하고, 당시 유럽 대륙에서 유행하던 '로망스Romances'라는 장르의 책은 지나친 열정을 내세워 아직 어린 독자의 감성을 자극한다는 이유로 학생 손에 들어가지 않게 주의해야 했다. 동행 교사는 낯선 환경과 다양한 정보에 노출된 학생들이 스스로 중심을 잡을 수 있도록 적극 지도해야 했는데, 심지어 학생이 혼자 지내는 시간을 반드시 확보해주는 것도 하나의 의무였다.[22]

당시 교육서나 여행 지침서에서 한목소리로 강조하는 중요한 내용은 학생이 질 나쁜 친구를 멀리하게 하라는 것이다.[23] 로크는 "어울리는 무리에 대해 더 논하기보다는 당장이라도 펜을 집어던지고 싶은 심정"[24]이라고까지 말했다. 집에 가두어두고 교육하자니 편협한 세계관에 갇힐 위험이 있고, 해외로 보내자니 "어딜 가나 성행하는 무례함과 악덕에 물드는 것을 어떻게 막는단 말인가?" 하는 딜레마 때문이었다.[25] 따라서 좋은 친구를 사귀게 하는 것, 즉 학생에게 나쁜 친구들이 가져다줄 악영향을 미리 경고하고, 어울릴 집단을 선별하고, 친구들과의 만남을 끊임없이 통제하는 것이 동행 교사의 매우 중요한 임무였다.

여행 경비의 지출을 책임진 사람도 동행 교사다. 그들은 학생에게 돈을 낭비하지 않는 법도 가르쳐야 했다. 원칙적으로 동행 교사는 여행 경비의 지출을 모두 책임지고 있었지만, 온전히 경제권을 휘두르는 입장은 아니었

영국인 여행자들에게 만남의 장소가 된 루브르 조지 크룩생크가 그린 이 삽화에서 드러나듯이 여행
자들은 루브르에 전시된 그림보다는 사람을 만나는 일에 더 관심이 있었다.

다. 동행 교사는 정기적으로 학생의 부모에게 지출 내역을 상세하게 보고하
는 것은 물론, 예상외의 지출이 발생했을 경우 자신의 돈으로 미리 지불하
고 그 돈을 돌려받기 위해 구구절절 편지를 써야 했다.[26]

프랑스나 이탈리아 등지에서 수개월 이상 머물 경우 동행 교사는 펜싱,
승마, 춤 등을 지도할 교사를 현지에서 직접 고용했다. 자신에게 고결한 도
덕성이 요구되었던 것과 마찬가지로 현지 교사들의 인격을 정확하게 파악
하고 감독해야 했다. 현지 교사를 채용할 때 고려해야 할 분명한 기준도 있
었다.

첫째, 가르치는 분야에 탁월해야 한다. 선생 자신이 춤이나 승마에 능하기보다는 가르치는 기술이 뛰어나야 한다.

둘째, 꾸준하고 정확해야 한다. 수업을 빼먹지 않아야 할 뿐만 아니라 시간을 정확하게 지키는 사람이어야 한다.

셋째, 학생에게 예의 바르고 학생을 존중하는 태도를 지녀야 한다. 호통을 치거나 고압적이지 않아야 한다. 그렇지 않으면 그 사람만 미운 것이 아니라 승마나 펜싱 자체가 싫어지게 된다.[27]

유럽 대륙을 여행하면서 호의를 입은 지인들에게 그때그때 감사 인사를 챙기는 것도 동행 교사의 역할이었다.[28] 이뿐만 아니라 학생이 부모에게 편지를 쓰게 하는 것도 교사의 몫이었다.[29] 교사 자신도 정기적으로 학생의 부모에게 편지를 보내 학생의 학문적 성취와 생활 태도, 기타 동정을 보고해야 했다. 어린 허버트 경George Augustus Herbert, 11th Earl of Pembroke, 1759~1827을 데리고 여행했던 케임브리지 출신의 역사가 윌리엄 콕스는 학부형인 펨브로크 백작Henry Herbert, 10th Earl of Pembroke, 1734~1794에게 '무슨 요일 몇 시에 무엇을 가르쳤는지 일일이 보고할 것'을 지시받았다. 그는 1년에 두 번씩 치과 의사를 찾아가야 했고 매일 아침식사 전에 카밀레 차를 마셨고 매달 2일에는 머리를 다듬어야 했다. 학생은 매달 1, 10, 20일에 자신의 행적을 보고해야 했다.[30]

교사의 권위와 말 안 듣는 학생

로크는 "가정 교사가 만약 자신이 아버지 대신이라고 생각하며 학생을 돌본다면 자신의 일이 매우 쉽다는 것을 깨달을 것이다"라고 말한 적이 있다.[31] 학부모도 마찬가지로 학생이 교사를 아버지처럼 여기게 해야 한다고 당부했다.

> 그렇게 된다면 당신은 아주 빠른 시간 안에 아들이 지식과 양육 모든 면에서 상상한 것보다 훨씬 능란해진 것을 알게 될 것이다. 하지만 결코 당신의 동의나 지시 없이 아들을 때리게 해서는 안 된다. …… 하지만 교사가 막대기를 휘두를 권리는 없다는 사실은 숨김으로써 교사가 학생에 대한 권위를 유지하게 해라. 그러기 위해서 당신 스스로가 그에게 커다란 존경심을 갖고 있다는 것을 보여주고 가족 모두 그렇게 해야 한다.[32]

우리에게 매우 익숙한 군사부일체君師父一體라는 말처럼 교사, 즉 스승을 부모 같은 존재로 생각하라는 말이 당시 영국에서도 널리 쓰였다는 이야기다. 체스터필드 경도 아들에게 동행 교사는 젊은 시절의 "지원자이자 친구이자 안내자로 아버지와 마찬가지"라고 말했다.[33] 대니얼 디포Daniel Defoe, 1659~1731 역시 이상적인 교사와 학생의 관계에서는 "학생이 교사를 언제나 아버지라고 불렀다"고 말했다.[34] 더욱이 부모가 곁에 없는 해외에서는 동행 교사가 온전히 아버지 역할을 해야 했다. 게이야르는 동행 교사들을 향해 "출발하는 순간 모든 조언을 담당하는 입장에 놓이는 것을 공개적으로 선언하는 셈"이라고 말했다.[35]

하지만 이것은 일종의 이상일 뿐, 현실은 그렇지 않았다. 무엇보다도 학생과 혈연적 고리가 없던 이들에게 '아버지'와 같은 권위란 임시 모방물에 지나지 않았다. 어설프게 아버지처럼 엄하게 굴거나 학부모와는 다른 방식을 강요할 경우 그 위험은 매우 컸다. 게이야르는 동행 교사에게 "아버지와 아들 사이를 갈라놓지 않도록 극도로 조심해야 한다"고 조언한다. 왜냐하면 "그들 사이의 본능적인 애정은 결국 살아나기 마련"이기 때문이었다.[36] 이는 혈연관계가 그 어떤 인간관계보다 결속력이 강하다는 말로, 결국 교사가 아버지를 대치할 수 없다는 사실을 인정하는 것이다.

아들을 맡겨놓은 아버지로서는 아들이 잠시나마 자기보다 동행 교사에게 더 애착을 보일까 봐 걱정하기도 했던 모양이다. 앞서 아버지와 동행 교사를 동일시하라고 아들에게 당부했던 체스터필드 경은 다른 편지에서는 "온전하고도 유용한 지식"을 성취하는 데 "내 지시가 첫째이고, 그다음이 하트 씨, 그리고 마지막이 너 자신"이라며 확실한 서열을 매김으로써 동행 교사가 자기 아래임을 분명히 했다.[37]

결정적으로 신분적 차이는 교사가 아버지와 같은 권위를 행사할 수 없게 만드는 중요한 걸림돌이었다. 동행 교사는 '존경할 만한 집안 출신'이었지만 자신이 가르치는 학생보다 사회적 신분이 우월한 경우는 거의 없었다.[38] 한 동행 교사의 일대기를 다룬 1783년의 신문 기사는 그를 풍족하지는 않지만 하인으로 전락하지 않을 만큼의 재산은 있는 집안 출신으로 묘사한다.[39] 게다가 동행 교사는 때때로 수행원, 즉 '동행하는 하인'으로 분류되었다. 제임스 하웰의 여행 지침서는 해외 유학을 떠나는 학생에게 "하인에 대해 말하면, 동행 교사만 영국인을 뽑고 나머지는 모두 외국인을 고용하라"고 조언하며 "각자에게 1년에 50파운드 이상을 지불하지 말라"고 당부한다.[40]

평생 성공적인 동행 교사로서 자부심에 차 있던 게이야르조차 해외로 나가는 사람들을 분류하면서 "하인 신분으로 따라가는 사람들"군에 동행 교사를 포함시켰다.[41] 게이야르는 교육이 얼마나 중요한지, 제대로 교육하지

탁월한 동행 교사들 (왼쪽부터) 동행 교사로 활동했던 토머스 홉스, 존 로크, 애덤 퍼거슨.

않을 경우 학생이 얼마나 나쁜 지배계급이 될 수 있는지를 역설하다가도 "하지만 결국 그는 엄청나게 잘살 것이다. 왜냐하면 그는 귀족이며 고귀한 가문 출신이니까. 그는 자신이 얼마나 잘났고 얼마나 좋은 혈통을 지니고 있는지 자랑하겠지. 결국 그는 다른 사람들에 비해 위대해 보일 것이다"[42] 라고 한숨을 쉰다. 이는 신분사회에서 성패란 결국 교육이 성취할 수 있는 모든 가능성을 넘어선 '태생'에 달려 있다는 쓰디쓴 현실에 절망하는 자조로 들린다.

실제로 동행 교사가 학생의 인격과 학업 성취의 공을 차지하는 경우는 극히 드물었다. 동행 교사는 모든 방법을 동원해서 불미스러운 사건을 막아야 하지만 그래도 사고가 났을 때는 "모든 책임을 지는" 것이 원칙이었다.[43] 학생의 무절제한 행동이나 학습 부진은 온전히 교사의 무능력으로 연결되었다.

무능력한 교사가 많았던 것도 사실이다. 함량 미달의 동행 교사가 많아진 것은 일차적으로는 수급의 문제였다. 17~18세기에 활동한 동행 교사의 정확한 수를 파악하는 것은 불가능하지만 18세기 초반 매년 최소한 500~600명의 영국인이 그랜드 투어를 떠났고, 그 가운데 최소 3분의 1이 동행 교사였다고 추정하면 엄청나게 많은 동행 교사가 활동했음을 알 수 있다.[44] 따라서 탁월한 동행 교사에 대한 수요는 많았겠지만 충분한 공급이 이루어질 수는 없었을 것이다.

무능한 동행 교사가 많아진 데는 보수를 아끼려는 부모들의 이기심도 한몫했다. 당시 문헌에는 좋은 교사에게 비용을 아끼지 말라는 말이 끊임없이 나온다. 라셀스는 젊은 귀족 자제의 교육을 옷을 갖추어 입는 것에 비유하면서 동행 교사야말로 피부에 가장 먼저 닿는 셔츠와 같은 존재이므로 최상의 리넨, 즉 최고의 교사를 구해야 한다고 강조한다.[45] 로크 역시 좋은 교사를 구하기 위해 비용을 아끼지 말라고 당부한 바 있다.[46] 하지만 동행 교사를 고를 때 어떤 부모들에게는 "저렴함이 가장 우선시되는 자질"이 되곤 했다.[47] 그래서 결국 흥정 끝에 "가장 싼 사람"을 고르고,[48] 여행 지침서가 강조하는 동행 교사의 조건과 실제로 해외에서 만나게 되는 동행 교사들의 모습 사이에는 간극이 존재할 수밖에 없었다.

1766년 파리에 있던 존 윌크스는 "우리나라 대학에 갇혀 있다가 발탁되어 나온 동행 교사들은 너무 자질이 부족해서 학생이 해외 유학을 통해 배워야 할 것들을 지도하지 못하고 오히려 다른 나라의 부적절한 사상이나 잘못을 흡수하게 하는 데 일조한다"[49]고 한탄했다. 심지어 "지적인 외국인들은 우리 학생이 의심할 바 없이 훌륭한 동행 교사와 함께 있을 경우 크게 놀라기까지 했다"[50]는 이야기도 나왔다.

결국 동행 교사는 사람들 사이에 희화화되거나 조롱당하는 캐릭터로 널리 알려지게 되었다.[51] 호러스 월폴은 피렌체의 화랑이나 로마 거리를 몰려다니는 학생과 동행 교사 무리를 보며 이렇게 썼다.

피렌체 사람들이나 영국 소년들보다 더 황당한 동물이 있으니 바로 동행 교사들이다. 그들은 물건값을 깎느라 속임수를 쓰고, 언제나 상처받은 자존심을 안고 있다. 왜냐하면 자신들의 자존심이 결코 충족될 수 없다는 사실을 알기 때문이다. 그들은 학생을 가르치기 위해 바깥세상에 파견되었으면서도 세상에 대해서는 학생들보다 훨씬 무지한 채로 남아 있다가 오히려 편견만 더 커진다. 그들은 그 편견을 자기 학생에게 주입한 채 고국으로 돌아가게 된다.[52]

당시 그랜드 투어를 풍자하는 그림에는 근엄하고도 침울한 표정을 한 동행 교사의 모습이 자주 등장한다. 하지만 동행 교사의 입장에서 보면 학생이 공부는 안 하고 술을 마시고 돌아다녀서 늘 노심초사했는가 하면, 씀씀이가 큰 부잣집 도련님이 자기에게 알리지 않고 물건을 사들이거나 도박빚을 지는 바람에 난처해지곤 했다. 여행 경비가 교사에게 직접 전달되지 않고 학생에게 전달된 경우에도 문제가 발생했다. 로크는 1677년 프랑스에서 학부모가 보낸 거금 631파운드가 학생 손에 들어가는 바람에 몇 달 동안이나 애를 먹었다. 학생은 선생을 골탕 먹이기 위해 그 돈을 주지 않고 시간을 끌었고 결국 로크는 학부모에게 여러 차례 편지로 호소한 뒤에야 돈을 받을 수 있었다.[53]

어린 더비 경을 수행한 동행 교사 포브스 씨Mr. Forbes는 신사 가문 출신으로 훌륭한 성품을 갖추고 있었다. 하지만 거친 학생을 다루기에는 너무 유순한 성격을 지닌 것이 불행의 시작이었다. 파리에서 학생은 질 나쁜 영국인들과 어울렸다. 그 가운데 어떤 의사의 아들이 최악이었다. 포브스 씨가 훈계를 하자 학생이 그를 주먹으로 때렸다. 더비 경은 곁에 그냥 서 있을 뿐이었다. 교사는 참을성 있게 그 사건을 넘겼지만, 이번에는 학생이 프랑스 건달들과 어울리기 시작했다. 결국 포브스 씨는 동행 교사의 직분을 벗어던졌다. 학생의 아버지는 유순한 포브스 씨 대신 대령 출신의 거친 사람을 동행 교사로 보냈다. 별로 정직하지 않다는 평판을 듣던 그는 "나는 오직 학생을 통제하기 위해 온 것이니 학생을 통제하기만 하면 된다"라고 말했다.[54]

유명한 동행 교사들

동행 교사가 얻은 것

뛰어난 학자의 자질을 지녔던 일부 동행 교사들에게 그랜드 투어는 일생일대의 값진 기회였다. 세 차례에 걸쳐 그랜드 투어를 한 것으로 알려진 홉스가 그 좋은 예다. 그는 이탈리아에서 갈릴레오Galileo Galilei, 1564~1642를 만났고 다른 유명한 과학자들과도 교류하면서 자신의 학문 세계를 한층 심화시켰다. 스미스도 파리에서 루소, 케네F. Quesnay, 1694~1774, 튀르고A. R. J. Turgot, 1727~1781, 볼테르 등 이른바 프랑스 유물론자들과 친교를 맺어 자신의 이론을 더욱 세련되게 다듬었다.[55]

인생의 새로운 전기를 개척하기 위해 해외로 나간 사람도 있었다. 글래스고 출신의 성공한 외과의 존 무어John Moore, 1729~1802는 스무 살 남짓의 나이에 도제식 수련과 대학 교육을 모두 성공적으로 끝내고 의사가 되었다. 파리 유학까지 다녀와 시립병원을 책임졌고 개인적으로도 단골 환자가

해밀턴 공작(가운데)과 무어
박사와 무어 박사의 아들 존.

넘쳐났다. 하지만 그에게는 글래스고 대학의 교수가 되고 싶은 열망이 있었
다. 여러 번 후보에 올랐지만 폐쇄적인 대학 사회는 번번이 그를 받아들이
지 않았다. 무어는 인생에 환멸을 느끼고 나아가 대학이 문화적 권력을 쥐
고 있던 글래스고라는 도시 자체를 혐오하기에 이르렀다. 그때 스코틀랜드
의 유력 가문인 해밀턴 공작Douglas Hamilton, 8th Duke of Hamilton, 1756~1799
이 동행 교사직을 제의했다. 무어 박사는 자신의 열한 살짜리 아들까지 데
리고 당시 열여섯 살이던 공작을 수행해 대륙으로 향했다.[56]

상처받은 자존심을 회복해주기라도 하듯이 2년여의 여행은 무어 박사에게 귀하고도 색다른 경험을 제공했다. 지체 높은 귀족과 동행한 탓에 프리드리히 2세를 비롯해 볼테르에 이르기까지 당대의 유명 인사들을 만날 기회를 얻었다. 무어 박사는 자신이 보고 들은 것을 기록하면서 자신에게 또 다른 재능이 있음을 발견한다. 다름 아닌 문학적 재능이었다. 그는 영국에 돌아와서 바로 《이탈리아 사회와 관습에 대한 견해A View of Society and Manners in Italy》(1779)를 출판했고, 곧이어 프랑스, 스위스, 독일을 다룬 후속편을 냈다. 나라마다 독특한 관습과 사람들에 대한 생생한 묘사로 가득한 이 책들이 연달아 히트를 치자 무어 박사는 아예 의사 생활을 그만두었다. 런던으로 가서 문학 모임에 가입하고 본격적으로 작가의 길을 걷기 시작한 것이다. 프랑스혁명이 발발하자 파리로 건너가 사람들과 인터뷰를 하고 《프랑스혁명의 원인과 진행에 대한 견해A View of the Causes and Progress of the French Revolution》(1795)를 펴냈다.[57]

하지만 동행 교사를 자원한 대부분의 사람들에게 동행 교사 자리는 심오한 학문의 세계를 경험할 기회라기보다는 출세를 위한 관문 혹은 밥벌이 수단이었다. 후원제가 아직도 강력한 사회적 기제로 작용하던 당시 영국에서 영향력 있는 가문의 동행 교사 자리는 출세 지향적인 젊은이들에게 일종의 '인턴십'과도 같은 것이었다. 2~3년의 여행이 끝나고 그들이 어떤 직책에 등용될 수 있는지가 결국 자신이 가르쳤던 학생과의 관계에 의해 결정되곤 했기 때문이다. "처음에는 동행 교사가 별로 필요하지 않다고 생각했던 학생도 여행에서 돌아온 뒤에도 동행 교사와 함께 지내며 더 큰 일을 위한 조언자 혹은 다른 용도로 그를 기용하는 경우도 있다"[58]는 말은 이런 상황을 대변한다.

홉스는 대학을 졸업하자마자 가정 교사로 들어간 캐번디시 가문에 평생 취업한 셈이었다. 그는 1610년 가정 교사로 가르치던 학생의 동행 교사로 처음 해외에 나갔고, 나중에 다시 그 학생의 아들을 데리고 그랜드 투어에 나섰다. 홉스와는 달리 대부분의 동행 교사는 일회성으로 고용되어 그에 따른 연봉을 협상할 수 있었다. 몬터규 드레이크Montague G. Drake, 1692~1728의 동행 교사는 1710년부터 시작된 3년간의 여행에 대해 용돈 800파운드에 연봉 1,800파운드를 요구했다. 폐결핵을 앓고 있던 로크는 친구와 함께 건강을 회복하고자 몽펠리에에 머물다가 현지에서 동행 교사 제의를 받았던 사례다. 결국 로크는 존 뱅크스John Banks라는 런던의 부유한 직물업자의 아들을 데리고 프랑스 여행을 했다.

대학에 몸담고 있던 많은 학자가 교수직을 그만두면서까지 동행 교사로 전업하기도 했다. 그 이유는 대부분 보수 때문이었다. 1712년 케임브리지 대학의 토머스 호바트Thomas Hobart, ?~1728 교수는 토머스 코크Thomas Coke, 1st Earl of Leicester, 1697~1759를 수행하기 위해 3년간 대학을 휴직했는데, 결과적으로 거의 6년이 지난 다음에야 복직할 수 있었다. 1759년 윌리엄 루엣William Rouet, 1714~?은 호프 경Lord Hope의 동행 교사직을 위해 글래스고 대학의 교회사 과장 자리를 사임했다.

18세기 영국에서 애덤 스미스의 라이벌로 여겨졌던 뛰어난 학자 애덤 퍼거슨은 여러 차례 동행 교사직을 맡았는데, 그 일을 수락한 계기가 온전히 경제적인 이유 때문이라고 밝혔다. 즉, 과거에는 연봉 300파운드를 받았으나 최근 상황이 좋지 않아 실제로는 100파운드 정도의 수입밖에 없다면서 연간 200파운드의 고정 수입이 있으면 형편이 훨씬 좋아지기 때문에 그 일을 맡았다는 것이다. 퍼거슨은 그랜드 투어에 대한 보수로 연봉 400파운드와 평생 연 200파운드의 연금을 약속받았다.[59] 애덤 스미스도 마찬가지로 교수직을 버리고 동행 교사를 택했던 인물이다.

애덤 스미스와 《국부론》

스미스는 스코틀랜드의 공업 도시인 커콜디에서 관세 검사관의 유복자로 태어났다. 14세인 1737년 글래스고 대학에 입학해 1740년 졸업한 뒤, 글래스고 대학의 장학생 자격으로 옥스퍼드 벨리올 칼리지에 입학해 6년간 수학했다. 1751년 모교인 글래스고 대학에 초빙되어 12년간 봉직하며 자연신학, 윤리학, 법학, 국가의 부를 위한 정책 등의 강좌를 열었다. 그의 강의는 유명했고 1759년 《도덕 감정론The Theory of Moral Sentiments》의 성공으로 명성을 얻었다.[60]

1763년 스미스는 어린 버클루 공작Henry Scott, 3rd Duke of Buccleuch, 1746~1812을 데리고 유럽 여행을 해달라는 요청을 받게 된다. 여행 중 연봉 300파운드와 여행 이후 종신연금 연 300파운드를 보장받았는데, 이는 그가 당시 대학에서 벌어들이던 수입의 두 배 정도의 액수였다. 1763년 11월 그는 학과장직을 사임하겠다고 통보했으나, 정작 사임이 결정된 것은 해를 넘긴 1764년 2월이었다. 그때 스미스는 이미 파리에 가 있었다. 스미스 일행은 파리에 도착하고 열흘 후에 툴루즈로 떠났고, 거기서 공작의 동생인 휴 캠벨 스콧Hew Campbell Scott, 1747~1766을 만났다.

역사상 가장 위대한 학자 중 한 명이지만 스미스에 대한 기록은 생각보다 많지 않다. 그가 죽을 때 모든 기록을 불태워버리라는 지시를 했기 때문이다. 특히 그의 동행 교사로서의 행적은 잘 알려져 있지 않고 당시 그가 주고받은 편지가 남아 있을 뿐이다. 그것으로 유추해볼 때 스미스는 동행 교사직을 따분해하고 힘들어했던 것 같다. 툴루즈에 도착한 지 몇 달 안 되어 데이비드 흄에게 보낸 편지에 "글래스고의 삶은 지금 이곳의 삶과 비교해볼 때 참으로 즐겁고 방탕한 것이었습니다. 나는 시간을 때우기 위해 책을 쓰기 시작했습니다"[61]라고 적었다. 그 책이 바로 유명한 《국부론》[62]이다.

애덤 스미스.

오늘날 고전주의 경제학을 성립한 정전이자 산업자본주의의 교과서가 된 이 책에는 사실 스미스의 개인적 경험이 많이 녹아 있다. 특히 교육에 관한 부분이 많다. '교사들의 보수는 옛날에는 훨씬 좋았다'는 단원에는 아테네의 우수한 교사들에게 통상 많은 보수가 지급되고 있었던 사실이 길게 묘사되어 있다. 수사학자 이소크라테스는 한 강의에서 "1,000마이너, 즉 3,333파운드 6실링 8펜스"를 받았다고 한다. 이소크라테스뿐만 아니라 고르기아스, 플라톤, 아리스토텔레스 같은 교사들은 매우 후한 보수를 받아 심지어 사치스러운 생활을 했다는 것이다. 하지만 그 후 교사가 많아지면서 경쟁으로 인해 교사들의 노동 가치와 인격에 대한 칭찬도 끌어내려졌다고 스미스는 분석한다.[63]

당시 영국에서 교사는 대학처럼 공공기금과 기부금 등에 의해 운영되는 기관을 통해 배출되었다. 자비 부담이 적기 때문에 교육비 자체는 적게 들어가지만, 결과적으로 공공비용으로 양성되는 교사가 많아지면서 전체적인 교사의 보수가 줄어드는 결과가 나타났다. 스미스는 그런 체제가 교육자 집단을 투자 비용이 적은 대신 경쟁력이 떨어지는 직업군으로 만들어버리고, 결과적으로 교육의 질을 떨어뜨린 것이라고 지적했다. 그는 "탁월한 교사의 통상 보수는 법률가 또는 의사의 통상 보수와는 비교도 되지 않는다"라고 노골적으로 말하면서 법률가나 의사라는 직업군에는 자비로 교육받은 사람들이 몰려 있기 때문이라고 주장했다. 반면 '학자와 거지 a scholar and a beggar'는 거의 같은 말로, 과거 대학교 총장들이 종종 학생들에게 구걸 면허장을 내주었다며 스스로의 몸값을 떨어뜨린 교육계의 궤적을 비판했다.[64]

하지만 그는 동시에 게으르고 방만한 교사들에 대해서도 불만을 표시했다. 영국에서 법조계는 야심을 달성하는 방도지만 백만장자의 자제 가운데 이 직업으로 성공한 자가 없다는 것은 그들이 그만큼 노력하지 않는다는 의미라고 말한다. 마찬가지로 공교육기관의 교사는 통제를 덜 받기 때문에 근면하지 않고 의무를 등한시하며 부패했다고 비판한다. 그럼에도 불구하고 학교 졸업장이 사회생활에 요구되면서 공교육기관의 교사들이 사교육 교사들보다 특권을 누리고 있다는 것이다. 스미스가 보기에 공교육기관의 규율은 학생의 편익보다는 교사의 이익과 안일을 위해 고안된 것으로, 어떠한 경우에도 교사의 위엄을 유지하고 학생의 반발을 막도록 강제하는 것이었다. 그리하여 옥스퍼드나 케임브리지 대학의 교수들이 능력과 상관없이 수입을 보장받게 되었다는 것이다.[65]

스미스의 삶의 궤적을 염두에 두고 《국부론》을 읽어보면 그가 교육을 직업으로 삼은 사람, 즉 생계형 교육자로서 지녔던 고민이 선명하게 드러난다. 스미스는 인쇄술이 발명되기 이전에는 문필가가 보수를 얻을 수 있는 유일한 업무가 교육이어서 교사의 업이 명예롭고 유용할 수 있었다고 말한다. 하지만 인쇄술로 인해 빵을 위해 글을 쓰는 문필가가 따로 생겨나면서 그들이 교육이라는 큰 시장에서 교사와 경쟁하게 되었고, 그 때문에 교사는 향후 훨씬 더 적은 보수를 받게 될 것이라고 예견했다.[66] 스미스가 대학 교수직을 버리고, 책을 출판해 명성을 얻고, 동행 교사로 활약한 뒤 공직으로 전업한 이유를 알 수 있을 것 같은 대목이다.

스미스는 동행 교사의 일을 즐기지는 않았지만 열심히 수행하려고 노력했다. 프랑스 남부를 두루 돌아본 뒤 학생이 프랑스인들과도 곧잘 어울리는 등 변화가 일어났다고 기뻐하기도 했다. 이제 남은 시간을 평화롭고 만족스러울 뿐만 아니라 즐겁게 보낼 수 있을 것이라면서 말이다.[67] 그런데 1766년 10월 공작의 동생 휴가 갑자기 고열로 죽고 말았다. 스미스는 이 슬픈 상황과 뒷수습 과정을 정중하고도 자세하게 학부모에게 보고했다. 그 편지에는 이런 뜻밖의 상황에 발을 동동 구를 수밖에 없는 동행 교사 스미스의 심경이 생생하게 드러나 있다.[68] 결국 스미스 일행은 그랜드 투어를 접고 본국으로 돌아와야 했다.

귀국 후 스미스는 집필에 집중해 1776년 《국부론》을 출판했다. 동행 교사직을 또 맡아달라는 제의를 거절하고 버클루 공작의 주선으로 일종의 공직을 맡게 되었다. 스미스는 그 일을 수락함과 동시에 자신에게 제공되는 연금을 중지해달라고 공작에게 요청했으나 공작은 계속 연금을 주었다. 그 상황에 대해 스미스는 자신이 맡은 일이 쉽고 명예로울 뿐만 아니라 "생활 면에서도 충분히 혜택을 받아서 현재는 내가 기대할 수 있는 최고 수준으로 풍족하다"고 기뻐하는 기록을 남겼다.[69]

또 다른 여행의 주체, 하인

이상적인 하인의 조건

동행 교사 말고도 여행에 동반한 사람이 있었으니 바로 하인들이다. 흔히 하인이라고 불리는 직종 안에는 집안일을 맡는 사람, 말을 돌보고 마차를 부리는 사람, 몸시중을 드는 사람 등 다양한 사람들이 있다. 귀족이나 부유한 젠틀맨의 자제는 보통 동행 교사, 한두 명의 하인과 함께 여행했다. 벌링턴 백작처럼 회계사와 화가 들까지 여행에 동반한 예외도 있었지만 말이다. 그랜드 투어의 방법론을 세운 레오폴트 베르히톨트는 여행에 동반할 이상적인 하인의 조건에 대해 이렇게 말했다.

> 프랑스어를 할 줄 알아야 하고, 빨리 쓰되 읽을 수 있게 글씨를 쓸 수 있어야 한다. 외과술을 조금 알아야 하고, 주인이 사고를 당했을 경우에 피를 잘 뽑아야 한다. 젠틀맨이라면 그런 유용한 하인을 자기 사람으로 오래 데리고 있어야 하는데, 그를 위해서는 아버지가 아들을 대하듯 보살펴주고, 고향으로 돌아갔을 때 평생 일자리를 주겠다는 약속을 해야 한다.[70]

하지만 대부분의 하인은 외국어를 할 줄 몰랐다. 1739년 한 여행자는 파리에서 "불쌍한 로렌스는 벌써 언어를 배우는 데 절망하고 있으며, 며칠 전에는 자기가 별로 도움이 되지 않아 부끄럽다고 말했다"는 기록을 남겨놓았다.[71] 그래서 그는 아예 프랑스 현지에서 하인을 한 명 더 고용했다. 제임스 보즈웰은 독일 지역을 여행하면서 야코프라는 이름의 하인을 구했다. 어느 날 마차가 물에 빠지는 사고가 나자 야코프가 나무를 구해 와서 축축한 강바닥에 깔아 마차와 주인을 구해냈다. 그 일을 계기로 보즈웰은 그에 대해 매우 만족하게 되었다.

그는 서사시에 나올 만큼이나 창의적이면서도 실행력이 좋다. 술도 마시지 않고 기독교적 원칙을 지키며 심지어 너그러운 성품까지 갖추고 있다. 그는 주인을 위해 싸울 것이며 자기가 좋아하는 여자가 아니라면 돈을 위해서 결혼하지 않을 사람이다.[72]

그렇게 마음에 드는 하인을 만나면 다른 나라에까지 데려가기도 하고 심지어 고국에까지 데려오는 경우도 있었다. 19세기에 그랜드 투어에 나섰던 미래의 영국 수상 디즈레일리Benjamin Disraeli, 1804~1881는 말타섬에서 티타Tita라는 별명을 가진 베네치아 대생의 조반니 바티스타 팔시에리Giovanni Battista Falcieri라는 남자를 만났다. 그는 시인 바이런이 이탈리아를 여행할 당시 하인으로 일했으며 그를 전담하는 곤돌라 사공이기도 했다. 바이런을 보호하느라 두세 사람을 칼로 찌른 적도 있고 바이런의 임종을 지키기도 했는데 어느덧 몰락해 말타섬으로 흘러들어온 것이다. 디즈레일리는 결국 티타를 영국에 데려오기로 결심했다. 아버지가 뭐라고 할지 몹시 걱정했으나 위대한 시인의 곁을 지켰던 티타를 디즈레일리 가문은 따뜻하게 받아들였다. 결국 그는 여생을 디즈레일리 곁에서 보내게 되었다.[73]

대륙에서 고용한 하인들 대부분은 빼질거린다는 평이 일반적이었다. 의사소통이 원활하지 않아서 상황이 더 나빠지기도 했다. 1792년 파리에 도착한 메리 울스턴크래프트는 프랑스 하녀를 구했는데, 그녀 때문에 울화가 치미는 일이 여러 번 있었다. 하녀는 자신이 영국 기숙학교를 다녀서 영

1713년 레스터 백작의 그랜드 투어에 따라나선 시종이 쓴 금전출납부 펜싱, 그림, 수학, 프랑스어를 가르친 현지 교사들의 급료를 비롯해 신발 버클, 동행 교사의 가발, 머리장식을 보관하기 위한 검은 실크 가방 등의 지출 내역이 적혀 있다.

어를 잘한다고 주장했지만 울스턴크래프트가 시키는 일을 하나도 처리하지 못했다. 울스턴크래프트는 친구에게 "인간적인 배려 차원에서 그녀의 무지를 덮어주어야 한다는 사실이 더 힘들다"고 하소연을 적어 보냈다.[74]

사실 어떤 문제들은 영국의 주인과 하인 관계가 대륙의 그것과 달랐기 때문에 생겨난 것이다. 영국에서는 하인에게 상대적으로 후한 급료와 환경을 제공하는 대신 주인과의 인간적 유대나 따스함은 별로 찾아볼 수 없었다. 하지만 대륙에서는 하인들이 주인 식구들을 스스럼없이 대했는데, 그것이 영국인 여행자들에게는 충격으로 다가왔다.[75] 영국인들은 프랑스에 도착하자마자 영국에서는 경박하다고 여겨질 만큼 애교 넘치고 활기찬 하인들을 만났다. 유럽 대륙의 남쪽으로 내려갈수록 주인과 하인 사이는 더 거리낌이 없었다.

여행은 어찌 보면 특수 상황이기 때문에 관습적인 주인과 하인의 관계를 침식하기도 하고, 때로는 관계를 새로이 정립하는 기회가 되기도 했다. 1768년 칼레에서 파리로 가는 길에 윌리엄 드레이크William Drake, 1724~1788는 하인을 마차 안에 태울 수밖에 없는 상황에 맞닥뜨렸다.[76] 엄격한 주인으로서는 난감한 상황이었지만 그런 일은 여행에서 종종 일어나기 마련이었다. 주인은 상황에 맞추어 마음가짐을 달리할 수밖에 없었다.

진짜 골치 아픈 경우는 영국에서 데려간 하인이었다. 주인의 입장에서 보면 영국에서 데려간 하인은 해고하기 어렵고, 돌려보내는 절차도 복잡했을 뿐만 아니라 돌려보낸 뒤에도 자신의 체면이 구겨질 위험이 있었다. 한편 하인의 입장에서도 여행은 평범한 다른 하인들의 일상보다 훨씬 더 고생스러운 것이었다. 가뜩이나 불편하고 위험한 여행에서 하인들이 주인보다 더 고생했을 것은 뻔하다. 1743년 발렌시아에 도착한 어느 여행자 일행은 식량이 하나도 없는 것을 뒤늦게 알아차렸다. 하인들이 아침에 운 좋게 어린 토끼 한 마리를 구해 와서 주인을 위해 요리했지만, 정작 자신들 몫은 상한 달걀 몇 개뿐이었다.[77] 여관에서도 하인들에게는 아예 침대가 제공되지 않는 경우가 흔했다. 새로운 문물을 보러 나선 주인과는 달리 낯선 문화에 전혀 적응하지 못하는 하인도 있었다. 그런 하인들은 불평을 하거나 영국으로 돌려보내줄 것을 요구했다. 바이런은 하인을 데리고 다니는 고충에 대해 이렇게 썼다.

쇠고기와 맥주가 나오면 끊임없이 계속되는 탄식, 외국의 모든 것에 대해 편협
하기 그지없는 바보 같은 불만들, 어떤 언어든지 몇 마디조차 배우지 못하는 절
대적인 무능함은 영국 하인들의 특성으로, 그들은 그저 짐이 될 뿐이다. 확언컨
대 그들은 나보다 훨씬 더 편안하게 있으려 하고, 못 먹는 음식이 너무 많고, 못
마시는 와인도 너무 많고, 누울 수 없는 침대도 너무 많다. 말부리에 걸린다거나
차가 떨어지는 등 뭔가 시키면 그 순간을 피해갈 수 있는 재앙의 목록도 너무 길
다. 그런 것은 보는 사람에게는 웃을 수 있는 소재가 되겠지만 주인에게는 끝까
지 불편함을 주는 원천이다.[78]

메리 워틀리 몬터규는 다른 이유 때문에 속을 썩었다. 몬터규는 영국
에서 메리와 윌리엄이라는 하인을 데리고 대륙으로 출발했는데, 베네치아
에 도착한 뒤 메리의 배가 불러오기 시작했다. 하녀의 임신을 동네 사람들
은 이미 다 알고 있었는데 자기만 모르고 있던 상황이라서 더욱 불쾌했다.
몬터규가 하녀를 추궁하자 하녀는 사실 윌리엄과 영국에서부터 이미 결혼
했던 사이라고 털어놓았다. 몬터규는 배신감에 치를 떨면서 하녀의 출산
을 '바보 같은 짓'이라고 기록했다. 하지만 그들은 결국 아이를 둘이나 낳
았다.

제노바에 머물던 몬터규는 전쟁이 발발하자 1741년 제네바로 옮겨가
기로 결정한다. 이번에는 메리와 윌리엄이 알프스를 넘지 않겠다고 선언했
다. 이미 그 전해부터 두 하인은 여주인에게 아주 못되게 굴면서 영국으로
보내주기만을 바라고 있던 차였다. 이 문제로 너무 속이 상했던 몬터규는
남편에게 편지로 하소연했다.

저는 소크라테스와 같은 심정으로 그들의 건방짐을 견뎌냈습니다. 최소한 나를 강탈하거나 죽이지는 않을 사람들을 곁에 두고자 하는 심정 때문에 수많은 커다 란 잘못들을 덮어주었던 것입니다. 그런데 항구에 네덜란드 배가 들어와서 뱃삯 을 싸게 부르자 제게 한마디 상의 없이 덜컥 타겠다고 합니다. 간단하게 말씀드 리면, 저는 할 만큼 했습니다. 윌리엄으로 말하자면 대신할 사람을 쉽게 찾을 수 있습니다. 하지만 아프거나 다른 사고가 났을 때 의지할 영국인 하녀가 없다는 것은 매우 난처한 일입니다.[79]

결국 몬터규는 남편에게 영국에서 데리고 있던 다른 하녀를 보내달라 고 요청했고, 그 하녀와 제네바에서 만나기로 했다. 그런데 어찌 된 일인지 메리와 윌리엄이 '자신들의 어리석음을 뉘우치고' 용서를 구해오는 것이 아 니가 결국 영국에 하녀를 보내지 말라고 부랴부랴 진길을 보내고서 셋은 알프스를 넘어 제네바에 도착했다.[80] 하지만 두 하인은 그 후로도 끊임없이 영국으로 돌아가고 싶어 했고 결국 1746년 여주인에게 고향 요크셔로 돌아 가겠다고 통보했다.

이때쯤에는 몬터규도 해외에서 영국 하인을 두는 것은 거의 불가능하 다며, 영국인 가운데 여행 중에 하인과 헤어지지 않은 사람을 본 적이 없다 고 말할 정도로 상황에 단련되어 있었다.[81] 그래서 이번에는 다소 온건한 어 조로, 과거보다 비용이 많이 올라서 프랑스에서 영국까지 가는 비용이 만만 치 않을 것이라고 말했다. 그러자 윌리엄은 "프랑스에서 영주가 되느니 차 라리 런던의 굴뚝 청소부로 살고 싶다"고 대꾸했다. 그러면서 고향의 공기 를 쐬어야만 건강이 회복될 것 같다고 말했다. 그들은 두 번째 아기를 낳은 뒤 다시는 아기를 낳지 않겠다고 약속한 상태였는데, 사실은 여주인 모르게

세 번째 아기를 임신하고 있었다.

두 하인이 영국으로 돌아간 뒤에도 몬터규는 이국에서 자꾸 바뀌는 하인들 때문에 골치를 썩어야만 했다. 게다가 몬터규 밑에서 일하던 하인들은 마치 약속이나 한 것처럼 계속 자기들끼리 결혼하고 아기를 낳았다. 몬터규는 "그들이 또 결혼했고, 하녀는 배가 산처럼 불렀어요. 합리적인 존재들로 이루어진 작은 가족을 꾸리는 것은 불가능하다는 사실을 알게 되네요"라고 불평했다.[82]

하인의 목소리

동행한 하인이 기록을 남긴 경우는 매우 드물지만 예외적으로 일기를 남긴 하인도 있었다. 1776년 코트 듀스Court Dewes, ?~1793를 수행해 프랑스와 이탈리아를 여행한 시종 에드먼드 듀스Edmund Dewes와 존 호킨스John Hawkins를 따라 1788년 이탈리아를 여행한 제임스 토번James Thoburn 같은 이들이 바로 그런 사람이다.[83] 듀스는 집에 도착한 뒤 "결국 집은 집이다. 나는 아직도 다른 어느 나라보다 이 옛 영국이 더 달콤하고 더 덕스러운 곳이라고 생각한다"라고 썼다.[84]

하인으로 남기에는 너무 아까울 정도로 능력 있는 사람도 있었다. 신분은 낮지만 총명하고 야심 찬 젊은이가 외국어를 배우고 넓은 세상을 보려고 해외로 따라가는 경우가 가끔 있었다. 배너스터 메이너드Banaster, 3rd Baron Maynard, 1642~1718는 아직 10대이던 1660년 동행 교사와 하인 한 명을 대동하고 대륙으로 떠났다. 이때 수행한 하인 로버트 무디Robert Moody가 그런 경우였다. 이 일행 가운데 동행 교사나 주인은 전혀 기록을 남기지 않은 반면 무디는 어느 시점부터인가 그 여정을 기록하기 시작했다. 돌아와서 20년 가까이 지난 1681년에는 그 기록을 모아 정성스럽게 손글씨로 다시 정리하고 펜으로 정교한 그림들까지 덧붙여 《고귀한 배너스터 메이너드의 여행》을 엮어냈다.[85]

충성스러운 무디는 여행 기록을 통해 주인 가문의 탁월성을 드러내려고 했다. 그래서 일반적인 여정이나 시시콜콜한 여행의 에피소드는 대폭 생략하고, 1660년 파리에서 루이 14세와 마리 테레즈의 결혼식에 초대받은 일 같은 폼 나는 이야기들을 매우 상세하게 묘사했다. 그는 스스로를 초보적인 교육만 받은, 세련되지 못한 사람으로 표현하면서 대조적으로 주인이 궁정에서 얼마나 멋지게 자신의 매력을 뽐냈는지, 그래서

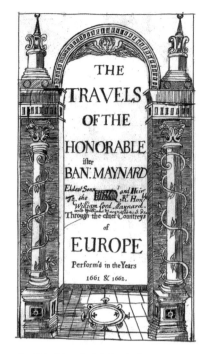

《고귀한 배너스터 메이너드의 여행》 표지
로버트 무디가 직접 손글씨로 쓰고 그림을 그려 엮은 여행기다.

많은 왕족과 귀족, 고위 성직자에게 얼마나 감명을 주었는지 강조했다. 이 기록의 곳곳에는 찰스 2세에게 주인이 발탁되기를 바라는 무디의 간절한 마음이 배어 있다. 그들이 여행을 떠났을 때는 찰스 2세가 복권되기 직전으로 무디는 그 사실을 염두에 두면서 아주 조심스럽게 메이너드 가문이 원래 왕당파적 성향이 강했다는 암시를 하기도 한다. 이 문헌은 사실 여행기라기보다는 주인의 미래를 위해 사용될 수 있는 이력서 같은 것이었다.[86] 흥미롭게도 이 기록에는 여행을 성공적으로 마치기까지 자신의 공이 얼마나 컸는

지를 열거하는 대목도 있다. 프랑크푸르트를 떠나 마인츠에 도착했을 때 그는 주인과 동행 교사가 돈이 떨어져 난감한 상황이라는 것을 알게 되었다. 그는 망설임 없이 바로 자신의 바지 허리춤을 칼로 찢고 그 안에서 금화 열여덟 개를 꺼내 주인에게 건넸다. 파리에 머물 때 이런 경우에 대비해 아껴둔 비상금이었다면서 "그 금화와 주인에게 남은 돈을 합쳐 우리는 무사히 네덜란드까지 올 수 있었다"[87]고 생색을 낸다. 여행을 마무리하는 부분에서는 더욱 노골적으로 자신의 고생담을 챙겨 써 넣었다.

> **빠뜨릴 수 없는 한 가지는 다음과 같다. 주인 나리가 로마에서 출발할 때 특별한 친구가 예쁜 개 한 마리를 선물했다. 쥐색의 이 개는 부드럽고 깨끗하며, 긴 귀와 구부러진 코를 가지고 있었다. 주인 나리는 나에게 이 개를 돌보게 하시며 나중에 주인 나리의 어머니께 선물하기로 결정하셨다. 솔직하게 말하면 나는 그 개를 돌보느라 정말 고생을 많이 했다. 게다가 거북도 세 마리나 있었다. 그 녀석들을 로마에서 베네치아로 데려가고, 베네치아에서 피렌체로, 피렌체에서 다시 베네치아로, 마지막으로 독일을 거쳐 이 유명한 도시 암스테르담까지 데려왔다. 전에 말했듯이, 그 예쁜 개는 주인 나리의 어머니인 레이디 메이너드께 선물하기로 되어 있었기 때문에 나는 더 특별히 조심스럽게 다룰 수밖에 없었다.[88]**

이 문헌은 자세한 주해까지 달려 세간에 회자되었다. 무디의 주인은 좋은 집안 출신의 여자와 결혼도 하고, 자식도 여럿 낳고, 다음 대까지 작위도 이어갔다. 하지만 여행기까지 엮어내면서 주인의 정치적 성공을 바랐던 하인의 소망과는 달리 뚜렷한 정치적 커리어를 만들지 못하고 역사 속으로 사라졌다.[89]

주인의 입장에서 보았을 때 '꿈의 하인'이라고 부를 만한 무디는 어떻게 되었을까? 사실 이 문헌을 작성할 때 무디가 아직도 메이너드 가문에서 일하고 있었는지조차 불분명하다. 무디가 정말 오로지 충성심 때문에 이 글을 썼는지도 모르지만, 글의 내용이나 당시의 관행으로 미루어볼 때 이 기록을 통해 일자리를 얻고자 했을 수도 있고, 다른 큰 선물을 기대했을 수도 있다. 하지만 무디의 행방에 대해 아무런 흔적을 찾을 수 없고 심지어 주인이 이 문헌을 보았는지, 받아들였는지, 아니면 불쾌해했는지조차 알 수가 없다. 역사는 늘 승자의 기록이었다고 하지만 하인이 남긴 이 드문 기록에서조차 그 후일담을 들을 수 없는 것이 안타깝다.

Chapter 7

코스모폴리턴으로
거듭나기

"어디를 떠돌든 우리는 인류와
이어지는 고리로 연결되어 있다."

알렉산더 킹레이크

불만이 있으면 떠나라

여행은 다른 문화와의 만남을 통해 자신을 돌아보게 하는 계기가 된다. 그것은 해외에 나가보니 우리와 다르더라, 혹은 그들도 비슷하더라 하는 두 가지 양상으로 나타나곤 한다. 영국인들에게 그랜드 투어는 다른 나라를 직접 봄으로써 영국인으로서의 특성을 분명하게 인식하고 애국심을 키우는 계기가 되었다. 동시에 다른 나라 사람들도 자신들과 마찬가지로 비슷한 사람들이고 공통된 문화를 가지고 있다는 생각도 싹트게 했다. 코즈모폴리터니즘cosmopolitanism이라고 불리는 범세계주의적인 생각이 나타난 것이다. 하지만 18세기 맥락에서 코즈모폴리터니즘은 지구 전체를 포괄하는 개념이라기보다는 유럽만을 아우르는 제한적인 것이었고, 그런 통합된 유럽에 대한 생각 뒤에는 문명화된 유럽과 야만적인 비유럽이라는 또 다른 구별 짓기가 놓여 있었다.

어떤 학자들은 영국인들이 여행자의 대명사가 될 정도로 열심히 대륙으로 떠난 이유가 바로 열등감 때문이라고 보았다. 섬나라라는 지리적인 조건과 로마제국의 변경에 살고 있다는 열등감이 이탈리아에 대한 동경으로 나타났다는 것이다.[1] 그런 열등감에서 출발했지만 여행을 하면서 사실은 자기 나라가 훨씬 더 선진적이라는 것을 깨닫게 된다면 여행의 효과는 배가될 것이었다.

오늘날 우리나라 여행자들이 해외에서 한국 물건을 발견하면 무척이나 반가워하는 것처럼 18세기 영국인 여행자들은 외국에서 '런던 스타일'이라고 불리는 코담배통을 보거나 '메이드 인 잉글랜드Made in England'라는 상표가 붙은 물건을 보면 무척 기뻐하며 사곤 했다. 외국까지 와서 자기 나라 물건을 사는 것은 애국심과 자긍심을 확인하는 과정이었다. 나중에 의회에 진출하고 고위 공직자가 된 헨리 파머슨Henry, 2nd Viscount Palmerson, 1739~1802은 1764년 그랜드 투어를 마치고 이렇게 말했다. "여행이 가져다주는 하나의 장점은 다른 나라를 보고 그곳 사람들을 만나서 비교해보기 전까지는 절대로 정확하게 알 수 없는 우리나라의 우수한 가치에 대해 확신하게 된다는 것이다."[2]

그렇기 때문에 그랜드 투어는 영국 역사의 특성이라고 알려지는 '영국 예외주의British exceptionalism'를 오히려 더 키워나갔던 면이 있다. 예외주의란 어떤 나라가 독특한 기원과 역사 발전 과정을 가졌고, 다른 나라와는 다른 정치제도와 문화를 지닌 특별한 나라라는 인식이다. 영국은 최초로 산업화를 이루었고 의회민주주의가 발달했으며 가장 큰 제국을 이룩했다. 영국인들은 어디에서건 영국인으로서의 자의식이 강했다. 자신들은 다른 나라 사람들과 다르다고 생각했던 것이다. 그렇게 뻐기고 다녔는데도 18세기 후반 대륙에서 영국인들이 대체로 인기가 있었다는 것은 사실 놀라운 일이었다. 1766년 이탈리아로 여행을 떠난 새뮤얼 샤프는 이런 말을 했다.

이탈리아인들은 영국인에게 최고로 정중하게 대해줍니다. 프랑스인에게는 그렇게 호의적이지 않습니다. 이곳의 귀족들이 손님을 위해 식탁을 비워두는 일은 많

프랑스의 만찬 영국의 삽화가 토머스 롤런드슨은 열여섯 살에 처음 파리에 간 이래 정기적으로 대륙을 방문했다. 이 그림은 프랑스에 머물 당시 집주인이 베푼 만찬장의 장면을 묘사한 것이다. 특히 즐거운 식사 장면과 더불어 세련되지 못한 하인들에 대한 풍자가 두드러진다.

지 않지만 고귀한 태생이나 소개장을 가진 영국인은 반드시 초대해서 그에 걸맞은 최고위층과 어울리게 해줍니다.[3]

그런데 이렇게 영국인에게 친절한 이유가 영국인이 '큰 고객'이기 때문일 뿐이라는 냉정한 평가도 있다. "영국인들이 쓰는 어마어마한 돈이 자기 나라에 가져올 혜택을 잘 인지하고 있기 때문"이라는 말이다. 여행자들은 로마의 행정관이나 심지어 교황조차도 로마를 풍요롭게 해주는 영국인에게 고마움을 표시하는 것을 몇 번이나 들었다고 보고하기도 했다.[4]

오랫동안 영국과 적대적 관계였던 프랑스에서도 영국인 여행자는 환영받는 손님이었다. 18세기 파리와 그 근교의 저택에는 살롱의 한쪽에 영국인 방문객을 위한 특별한 코너와 함께 차 끓이는 도구가 준비되어 있을 정도였다. 대체로 그런 저택들의 상당수는 정기적으로 도박판이 벌어지는 곳이었다. 도박은 18세기 유럽 상류사회의 주요 특징 가운데 하나였고, 프랑스의 많은 부유층은 영국인들을 '물주'인 도박 친구로서 환대했다. 파리뿐만 아니라 벨기에의 스파와 아헨 부근도 도박으로 유명했는데, 그곳에서 빼놓을 수 없는 고객 또한 영국인이었다. 영국인 손님을 기다리는 경향은 19세기에도 계속되어 1834년 영국 소설가 앤서니 트롤럽Anthony Trollope, 1815~1882은 이런 말을 했다.

> 유럽 지역 대부분에서 사람들은 섭을 수 있는 예쁘고 견고한 가방을 들고 지갑이 두둑하며 매끈하게 면도한 영국인들을 농부가 수확을 기다리듯, 어부가 청어와 고등어를 기다리듯 정기적으로 기다렸다.[5]

영국인들에게 자부심을 주었던 것이 비단 경제력만은 아니다. 계몽주의 시대에 영국을 방문한 유럽 인사들은 영국의 사회 분위기에 대해 호의적인 평가를 내리곤 했고, 그것이 영국인의 자긍심을 한없이 부추겼다. 영토의 구석구석까지 정규 역마차가 다니고 좋은 도로망이 갖춰진 번영하는 나라라는 면에서 영국은 다른 유럽 사람들에게 모방의 대상이었다. 그렇기 때문에 영국을 방문한 외국인들은 특히 기술적 진보와 근대성의 징후에 관심을 보였다. 러시아의 표트르 1세가 템스강에 선박술을 보러 왔을 때부터 이미 그런 경향이 두드러지기 시작했다. 이후 그리니치, 잉글랜드 은행, 웨스

트민스터 다리 등 실용적인 건물들도 큰 관심을 끌었다.[6]

《마농 레스코Manon Lescaut》로 널리 알려진 프랑스 작가 프레보Abbe Prevost, 1697~1763는 영국에 꽤 오래 체류하면서 프랑스인들이 영국을 이해하지 못한다며 불만을 토로했다. 영국이 '위험한 바다로 인해 대륙과 분리되어 있어서' 프랑스인들은 색슨 시대부터 내란에 이르기까지 잔인한 역사만을 피상적으로 알고 있으며, 영국에 대해 잘못된 편견을 많이 갖고 있다고 비판했다. 그는 영국의 문화적 우수성을 알리기 위해 영국 최고의 문학을 프랑스에 소개하려고 했다.[7]

프레보를 능가하는 대표적인 친영파 인사는 볼테르다. 그는 1726년 영국을 방문한 뒤《철학서간Lettres philosophiques》(1734)에서 존 로크와 뉴턴의 철학, 의회와 상업이 주도하는 영국 시민사회의 의미를 프랑스에 알렸다.[8] 그는 영국이야말로 지식인 집단이 세계 어디에서도 누리지 못하는 지위를 누리고 있는 곳이라며 감격했다. 뉴턴의 장례식에서 고관대작들이 서로 관을 들겠다고 경쟁했던 일화와 시인, 화가, 과학자가 왕과 나란히 웨스트민스터 사원에 묻혀 있는 사례를 들어가며 입에 침이 마르도록 영국의 선진성을 예찬했다.[9]

볼테르가 언급했던 '평등성'은 특히 계몽주의자들에게 큰 감명을 주었다. 영국에 가본 적도 없고, 친영파 인사도 아니었던 디드로조차 "영국에서는 철학자가 존경받고 공직에도 진출하며 왕과 함께 묻힌다. 영국이 어느 면에서 (우리보다) 못한가?"라고 되물었다.[10] 독일 사람들도 마찬가지로 이 문제에 관한 한, 영국이 우월하다고 칭찬하기에 바빴다. 독일의 역사가 요한 빌헬름 폰 아르헨홀츠Johann Wilhelm von Archenholz, 1743~1812는 영국의 유명한 배우 데이비드 개릭의 장례식을 묘사하면서 개릭이 평화롭게 은퇴했

영국 배우 데이비드 개릭 조슈아 레이놀즈가 그린 벤 존슨의 희극 〈십인십색〉에서 카이틀리 역을 맡은 개릭의 모습이다. 개릭은 영국의 평등성을 상징하는 인물로 유럽 대륙에서 널리 회자되었다.

다면 아마 의회에 진출했을 것이라 말하고 "도대체 우리 독일의 배우들은 언제 그런 명예를 누릴 것인가?"라고 한탄했다.[11]

외국인들이 감명받은 영국의 특성 중 하나는 이미 전설처럼 회자되고 있던 언론의 자유였다. 17세기 후반부터 영국에서는 국가의 검열제도를 놓고 의회에서 격론이 벌어졌다. 진정한 자유를 얻기 위한 언론의 끊임없는 투쟁은 외국인의 눈에 가히 혁명적이라 할 만했다. 그뿐만 아니라 외국의 지식인들은 영국 언론이 정치에 대해 가차 없이 신랄하게 다루고 정치인의 면면을 샅샅이 파헤친다는 사실에도 충격을 받았다. 1770년대부터 영국 신문은 의회에서 의원들이 논쟁하던 내용을 고스란히 실었는가 하면, 출판계는 주요 정치인들의 일생이며 회고록, 심지어 초상화까지 찍어내고 있었다. 정치인이 그야말로 '공인'으로서 그 사회의 공적인 재산이 되어가고 있었던

것이다.[12]

이런 분위기에서 영국인 여행자라면 무조건적인 호의를 보이는 외국인도 나타났다. 러시아 사람들은 유럽의 도시에서 만난 거칠고 방탕한 영국 소년들마저도 멋지다고 생각하곤 했다.[13] 괴테는 베네치아의 한 극장에서 공연 중인 연극 〈이탈리아의 영국인〉을 보러 갔다. 이유는 영국인에 대한 호기심 때문이었다.

이탈리아에 많은 영국인이 살기 때문에 그들의 관습에 관심을 갖는 것이 아주 자연스러운 일이다. 나는 이 기회에 이탈리아 사람들에게 환대받는 이 부유한 영국인들을 그들이 어떻게 생각하는지 알 수 있을 것으로 기대했다. 하지만 그 연극에서는 영국인의 성향에 대해서는 흔적도 찾을 수 없었다. 정말 형편없게도 그 연극은 이탈리아식의 관능적 상투어로 아주 저속한 것만 다룰 뿐이었다.[14]

로마에서 괴테는 토머스 젠킨스의 가게에서 일하는 젊은 밀라노 출신 여인에게 호감을 느꼈는데, 그녀는 괴테에게 영어를 가르쳐달라고 말했다. 가게 주인과 자기 오빠, 그리고 다른 사람들이 자주 영어로 대화를 주고받는 모습에 질투 비슷한 감정을 갖게 된다면서 말이다. 괴테는 즉석에서 영자신문을 펼쳐 들고 영어를 가르쳐주었다.[15] 독일인 괴테는 영어를 배우고 싶다는 그 여인의 바람에 아무런 거부감이 없었고 게다가 독일어를 가르치겠다는 생각은 눈곱만큼도 하지 않았다. 그만큼 영국인과 영어는 따라 하고 싶은 대상이었다.

그렇기 때문에 영국 안에서는 불만 있는 사람은 외국에 나가보라는 말까지 나왔다. 그래야 스스로가 얼마나 행복한지를 알게 된다는 것이었다.

코크 경John Boyle, 5th Earl of Cork and 5th Earl of Orrery, 1707~1762은 이렇게 말했다.

> 만약 제대로 알고 자기들이 더할 나위 없는 행복을 누리고 있다는 것을 확신한다면 영국인들은 정말로 행복한 사람들이다. 그들을 해외에 나가보게 하라. 나가서 패션을 보기보다 국가를 보게 하라. 온갖 종류의 와인을 시음하기보다는 다양한 정부를 보게 하라. 레이스나 벨벳보다는 법과 정치를 비교하게 하라. 그런 뒤 그들은 영국이야말로 이 하늘 아래 어떤 나라보다 더 큰 자유와 정의, 행복을 누리고 있음을 알고 귀국하게 될 것이다.[16]

굳어진 스테레오타입, 각 국의 국민성 비교

근대적인 국민국가가 등장하기 훨씬 전부터 유럽에는 지역별로 민족적 특성이 있다는 생각이 존재해왔다. 그중 영국 사람들은 '섬나라 근성insularity'이라고 불리는 독특한 특성이 있다고 여겨졌다. 섬나라에 살고 있어 고립되어 있다 보니 편협하고 배타적이며 거만한 품성을 지니게 되었다는 것이다. 그 결과 영국인들은 외국의 것에 대해 편견을 가지고 외국인을 배려하지 않는 외국인 혐오증xenophobia이 강하다는 인식이 나타났다. 18세기가 되면 영국인의 외국인 혐오증은 유럽 전역에서 기정사실화되는 추세였다.[17]

실제로 많은 영국인이 단지 영국 것이 아니라는 이유로 아주 사소한 것까지도 트집을 잡기 일쑤였다. 보통 여행자들은 대부분의 시간을 "우리가 만나는 모든 것을 비웃고, 고향에 두고 온 모든 것과 모든 사람을 칭찬하며 보냈다"고 자평했을 정도였다.[18] 여행자들이 경멸했던 외국 문화는 상당 부분이 종교적인 뉘앙스를 띠고 있었다. 영국은 16세기 초 수장령을 선포하며 로마와 단절했다. 교황이 아닌 영국 왕을 교회의 우두머리로 천명한 것이다. 그때부터 영국은 프랑스나 이탈리아, 에스파냐 등 가톨릭 국가를 적국으로 간주하기 시작했다. 그런 문화적 토양 속에서 자란 여행자들 대부분은 가톨릭 국가가 전제적이고 미신으로 가득 찬, 악덕의 소굴이라는 편견을 지니고 대륙으로 떠났다. 그래서 외국의 열등성을 곧 가톨릭의 종교적 특성과 결부했던 것이다.

많은 여행자가 대놓고 가톨릭 관습을 비웃었다. 가톨릭 의식이 터무니없이 가식적으로 느껴졌기 때문이다. 세속적인 성직자와 기적을 믿는 사람들, 그리고 풍족한 교회와 가난한 사람들이 극명하게 대비되었다. 이탈리아를 방문한 영국 정치가 윌리엄 브롬리William Bromley, 1663~1732는 동네 사람들은 참혹하리만치 가난한데, 교회 안에는 진주와 다이아몬드가 주렁주렁 달린 비단 조끼를 입은 사람들만 있다며 분개했다. 그리하여 "가톨릭의 말도 안 되는 미신을 폭로해야겠다는 생각이 용솟음쳤다"고 썼다.[19] 여행자들은 이탈리아의 축제를 보기 위해 여행 일정을 짰으면서도 막상 축제의 엄청난 규모를 보며 벌어진 입을 다물지 못했다. 그런 종교 의식을 우상숭배라며 비난하는 사람도 있었다.

1788년 제임스 브로그덴James Brogden, 1765~1845은 루이 16세와 왕비 마리 앙트와네트가 참석한 미사를 보러 베르사유에 갔다. 그가 보기에 프랑스 왕실의 미사는 더는 종교 행사가 아니었다.

실을 감는 로마 여인과 짐을 나르는 로마 짐꾼 어느 인쇄물에 실린 그림으로 특정 나라나 계급에 속한 사람의 전형을 보여준다.

나는 이처럼 종교를 조롱하는 의식을 결코 본 적이 없다. 우선 이 교회의 질서가 소총을 든 군인들에 의해 유지되고 있다는 것을 밝혀야겠다. 왕이 들어오면 넘치는 북소리와 함께 경례를 한다. 미사는 매우 짧았다. 그래서 그것이 미사라는 것을 몰랐다면 나는 아마도 음악회라고 생각했을 것이다. 하지만 왕이나 그의 두 동생은 별로 신경 쓰지 않는 것 같았다.[20]

그런데 거꾸로 보면 영국인들은 지나치게 근엄해서 심지어 암울한 분위기를 풍길 정도였다. 그들은 사교 모임에서도 말이 없어서 분위기를 망치곤 했다. 동행 교사로 활약한 존 무어는 파리에서 있었던 에피소드 하나를 들려준다. 유달리 쾌활한 프랑스 공작의 집에서 파티가 열렸고 공작은 손님으로 온 영국 귀족에게 계속 말을 걸었다. 와인, 여자, 말, 정치, 종교에 이르기까지 수많은 화두를 던졌지만 영국인은 별말이 없었다. 결국 공작은 노래를 부르며 영국 귀족에게 함께 부르자고 했으나 실패했다. 이번에는 '그의 옷과 개, 그리고 영국에 대한 수천 가지의 이야기'를 했지만 영국 귀족은 계속 침묵을 지키다가 오페라를 본다며 나가버렸다. 공작은 그가 나가자마자 "정말 저 양반은 침묵의 제왕이로군!"이라고 말했다.[21]

　파리의 사교계는 영국의 유명 인사들을 언제나 환대했지만 그런 자리에서 그들이 빛나는 존재였다는 이야기는 별로 찾아볼 수 없다. 프랑스에서 이름을 날렸던 에드먼드 버크Edmund Burke, 1729~1797, 에드워드 기번, 심지어 데이비드 흄까지도 말이다. 16세기 말 프랑스 궁정을 사로잡았던 필립 시드니의 시대는 가고 근엄하고 재미없는 영국인의 시대가 도래한 셈이었다. 그들의 대화술에 문제가 있었을지도 모른다는 추측까지 나돌았지만, 전반적인 국민성 탓이라는 의견이 지배적이었다.[22] 게다가 18세기 말에는 영국에 대중적 애국주의가 대두하면서 영국을 의인화한 인물 존 불John Bull이 나라를 상징하는 캐릭터로 떠올랐다.[23] 그는 풍요로운 영국인의 이미지를 나타내듯 뚱뚱한 체격에 무뚝뚝하고 정직하고 용감하고 자유를 사랑하는 인물로 그려졌다. 그런데 존 불은 언제나 엄숙하게 서서 근엄하게 쏘아볼 준비가 되어 있었던 반면, 격렬한 신체 활동이나 흥겨운 댄스와는 전혀 어울리지 않는 인물이었다.[24]

　그러다 보니 영국 사람들은 놀 때마저 엄숙하다는 생각이 널리 퍼졌다. "그들의 오락이란 실제로는 세상에서 가장 우울한 행사"라는 말이 나왔는가 하면 심지어 활기차고 즐거워야 할 댄스마저도 영국인들이 참여하면 무겁고 어두운 시간이 되기 일쑤였다. 1820년대 브라이턴을 방문한 독일 왕자 헤르만 폰 퓌클러 무스카우Hermann von Pückler-Muskau, 1785~1871는 영국식 댄스를 보고 경악을 금치 못했다.

> **머리끝에서 발끝까지 까마귀처럼 검게 차려입은 무리가 장갑까지 끼고, 단 한 점의 활기도 즐거움도 없이 우울하게 춤을 추고 있다. 당신이 느낄 유일한 감흥이란 이 불쌍한 사람들이 견뎌내야 할 불필요한 피로에 대한 동정뿐이다.**[25]

과묵하고 엄숙한 영국인들이 보기에 프랑스인은 너무 말이 많았다. 영국에서는 식탁에서 대화를 나눌 때 바로 옆 사람에게만 들릴 정도로 목소리를 낮추는 것이 상례였다. 오히려 대화는 식후에 하는 것이었다. 하지만 프랑스에서 식사 시간은 마치 대화의 기술을 자랑하는 자리처럼 보였다. 특히 프랑스에서는 영국과 달리 남녀의 대화가 자연스러웠는데, 그 친밀함에 감동한 사람들이 있었는가 하면, 당황스러워하거나 심지어 충격을 받은 여행자도 있었다. 프랑스 여자는 남자와 마찬가지로 욕설과 저주, 심지어 '여자의 입에서 절대로 나올 수 없는' 저속한 말을 거리낌 없이 내뱉었기 때문이다.[26]

영국에서는 신체에 대한 이야기가 사회적으로 금기시되어 그런 이야기를 하는 사람은 저급한 사람으로 여겨졌다. 하지만 영국에 온 볼테르가 거리낌 없이 자기 병에 대해 떠들어대는 바람에 주변 사람들이 당혹스러워했다. 이 문제에 대해 프랑스인의 입장을 들어보면 오히려 영국인들이 항상 쓸데없이 점잖은 척한다는 것이었다. 어떤 프랑스인은 "만약 다리를 발이라고 불러야 하고, 젖가슴을 흉부라고 표현해야 하고, 배를 위라고 말해야 한다면 의사가 어떻게 여자 환자와 병세에 대해 제대로 소통하겠는가?"라고

그랜드 투어

되물었다.[27]

비단 대화의 주제만이 아니었다. 영국인들은 공공장소에서 거리낌 없이 치마를 걷어 올리고 가터를 다시 묶는 프랑스 여자들의 모습에 충격을 받았다. 프랑스 여자의 무릎은 영국 여자의 팔꿈치와 마찬가지라면서 말이다.[28] 사방이 트인 곳에서 대소변을 보는 모습은 더 말할 나위가 없었다. 19세기에 들어서며 프랑스에서도 그런 모습이 많이 사라졌는데, 영국인 여행자들은 그런 변화가 영국의 영향을 받은 것이라며 뿌듯해했다.[29]

여행 지침서나 여행기에서는 프랑스인에 대한 영국인의 편견이 거침 없이 드러나는 부분을 쉽게 찾아볼 수 있다. 토머스 뉴전트의 《그랜드 투어》에는 프랑스인이 "불같고, 참을성 없고, 변덕스럽고, 침착하지 못한 성질을 가졌다"고 쓰여 있는가 하면, 도박 중독자들이어서 그들에게 환심을 사는 유일한 방법은 함께 도박을 하는 것이라고도 쓰여 있다.[30] 불결함과 악취도 프랑스인의 특징으로 묘사되었다. 프랑스의 역마차는 "덥고 비좁은 데다 최악의 고통인 마늘 내 나는 입 냄새"로 가득 찬 곳이라는 불평이 이어졌고, 프랑스인이 개를 안고 다니는 관습도 영국인 여행자들에게는 불만이었다. 어떤 영국인은 "프랑스인 말고 누가 개를 안고 다니겠는가? 그들은 아마도 개 다음에는 말을 마차 안으로 끌어들일 것이다"라고 비아냥거렸다.[31] 사치와 성적인 방종도 프랑스인에게 덧씌워진 특성이었다. 토비아스 스몰렛은 이렇게 말했다.

우정의 표현으로 프랑스인을 가정에 초대하면 결국 남는 것은 (당신 아내가 예쁠 경우) 그가 (당신의) 아내와 사랑을 나누게 될 거라는 사실이다. 만약 그게 아니면 여동생이나 딸 혹은 조카에게 그런 짓을 할 것이다.[32]

프랑스인에 대한 인식이 엿보이는 풍자화

(위) 크룩섕크가 그린 것으로, 생드니의 카타콤을 방문한 영국인 여행자들을 익살꾼이 놀라게 하고 있다.

(아래) 프랑스 지방도로 변의 모습을 그린 롤런드슨의 그림으로, 여행자들이 가득한 승합마차가 지나
는 길에 거지들이 몰려들고 있다.

그런데 성적으로 문란하기로는 이탈리아가 프랑스보다 더한 악명을 떨치고 있었다. 이탈리아는 동성애를 비롯해 당시 '변태적'이라고 알려진 갖가지 성관계로 유명했다. 이탈리아 여자들은 섹스를 매우 밝히고 이탈리아 남자들은 포주 노릇을 한다는 인식도 있었다. 이탈리아에서는 기혼 여성이 사교 모임에 젊은 애인을 동반하는 치치스베이십cicisbeiship이라는 관습이 있었다. 이 관습은 기혼 여성의 불륜을 부채질했다. 그랜드 투어에 나선 젊은 이들은 종종 애인으로 초대받았고, 심지어 그것을 기대하거나 매우 즐기기도 했다.[33] 이 관습은 애정 없는 정략결혼이 만연한 탓에 가문의 대가 끊기는 것을 막기 위해 고안되었다고 한다. 스몰렛은 치치스베이십이 결과적으로 이탈리아인을 질투심 많은 족속으로 만들었다고 분석했다. 자신은 치치스베오chichisbeo로 초대되어 "이탈리아 왈가닥의 참을 수 없는 변덕과 위험한 분노에 노출되느니" 차라리 평생 갤리선의 노를 젓는 노예로 살겠다고 다짐했다.[34]

사실 근엄한 영국인들의 기준에서 보면 이탈리아 사람들은 불같은 성격을 지녔으며 질투의 화신이었다. 게다가 믿을 수 없는 사람들이라는 편견이 지배적이었다.

그들에게 가장 지배적인 열정이란 질투와 복수다. 그들은 자주 아무 이유 없이 질투를 하고 조금이라도 의심스러우면 분노를 폭발한다. 쉽게 화내고, 달래기란 매우 어렵다. 가끔 타협하는 것처럼 행동하지만 그것은 더 완벽한 복수를 위한 꼼수다. 그들은 위장의 최고수이고 의심이 많으며 자기들과 대화하는 사람들의 외모와 몸짓을 유심히 살펴본다. 겉으로 보기에는 정중하고 친절한 것 같지만 그들의 공손함은 종종 아첨과 술책이 섞인 것이다. 그들은 쾌락과 게으름에 너무

중독되어 있고 사랑에 관한 한 놀랄 만큼 격렬하다.[35]

영국인들은 전반적으로 이탈리아인들이 더럽고 열등한 족속이라고 깔보는 경향이 있었다. 바이런과 함께 여행하던 시인 셸리는 "상상하기조차 어렵겠지만 고상한 계층의 젊은 여자가 실제로 먹는 것은 마늘이다!"라고 경악했는가 하면, "말할 나위 없이 세상에서 제일 멋진 영국 여성"과 비교해 이탈리아 시골 여자들은 너무 더럽고 햇볕에 그을렸으며 너무 많은 노동을 한다고 생각했다. 밀라노에서 셸리는 "이 불쌍한 자들은 멍청하고 쪼글쪼글한 노예처럼 보인다"라고 말하기도 했다.[36]

한편 영국인들이 네덜란드 사람들에게 지닌 생각은 이중적이었다. 부지런하고 상업적인 감각이 발달되었다고 칭찬하는 한편, 너무 돈만 밝힌다고 생각했나. 그들의 모도는 '명예기 이니라 이익'이고 '돈 많은 사람이 더 나은 사람'이라는 것이 사회적 분위기라는 것이다.[37] 게다가 영국 사람들로서는 이해하기 힘든 모순적인 면이 많았다. 네덜란드 사람들은 너무 많이 먹고 마시는 것에 비해 대륙의 어느 나라 사람들보다 오히려 열정이 적고 냉담하다는 것이었다. 지나치게 수수한 옷차림을 고수하는 한편, 여자들에게도 바지를 허락하는 이상한 나라라고 말하기도 했다. 어떤 영국인은 청결에 대한 네덜란드 사람들의 광적인 집착을 불편해했다. 오렌지 껍질이라도 거리에 떨어져 있으면 지나가는 사람들이 깜짝 놀라는가 하면, 위층으로 올라갈 때 신발을 벗는 관습이 있었다. 또한 먼지 한 점 없는 집으로 손님을 들이기 전에 부츠를 닦을 매트와 함께 짚으로 만든 슬리퍼를 제공했다. 심지어 소의 꼬리를 외양간 천장에 묶어놓는 등 유난을 떤다는 것이었다.[38]

네덜란드 사람들에 대한 최악의 스테레오타입은 생김새에 대한 이야기였다. 뉴전트는 네덜란드 사람들이 일반적으로 큰 키에, 단단한 몸집을 가졌지만 남녀 할 것 없이 어디서도 볼 수 없는 역겨운 몸매를 가졌으며, 심지어 몸매라고 할 것도 없다고 혹평했다. 움직임도 몸매만큼이나 우스꽝스러워서 무겁고 어색한 그 모습이 멀리서도 네덜란드인을 한눈에 알아보게 한다는 것이었다.[39] 어떤 여행자들은 심지어 네덜란드인을 '무례한 두 발 동물 uncouth bipeds'이라고 표현했다. 그들은 '눈은 마치 굴 같고 안색은 활기가 없다'면서 그 이유로 네덜란드가 한때 물에 잠겨 있어서 조상들이 물고기처럼 살았던 탓이라는 황당한 주장까지 펼쳤다.[40]

국가별 스테레오타입은 18세기 초반에 가장 심하게 나타났다. 이때 유럽 대부분의 지역에서 근대적 형태의 국가가 발달했기 때문이다. 국가가 만들어지면서 다른 나라 사람들과 자기 국민이 어떻게 다른가를 비교한 국민의 특성, 즉 국민적 정체성이 나타나게 되었다. 오늘날의 시각에서 보면 황당하기 그지없는 내용이 많지만, 당시 유럽에서 각 나라의 국민적 특성이라는 것은 심각하게 받아들여진 주제여서 18세기 학자들은 국가별 '관습과 매너'를 진지하게 탐구했다. 계몽사상가들도 마찬가지여서 루소는 영국인은 오만하고, 프랑스인은 허영심이 많다는 말을 남겼다.[41] 어떤 여행 안내서는 나라별 국민성을 정리한 표를 제공해 여행에 참조할 수 있는 '지침'을 주려고 했다.[42]

이런 분위기 속에서 나라마다 배워야 할 것과 배우지 말아야 할 것이 정리되기도 했다. 리처드 라셀스는 여행을 떠나는 젊은이들에게 이렇게 충고했다.

〈표〉 어느 여행 안내서에서 정리한 각국의 국민성

애정	외모
프랑스인은 아무 데서나 사랑을 한다. 에스파냐인은 능숙하다. 이탈리아인은 사랑하는 법을 안다. 독일인은 사랑하는 법을 모른다.	프랑스인은 남자답게 생겼다. 에스파냐인은 그저 그렇다. 이탈리아인은 별 특징이 없다. 독일인은 크다.
행동	**옷차림**
프랑스인은 조심스럽다. 에스파냐인은 권위적이다. 이탈리아인은 애교스럽다. 독일인은 광대 같다.	프랑스인은 변덕스럽게 계속 갈아입는다. 에스파냐인은 점잖다. 이탈리아인은 거지 같다. 독일인은 봐줄 수가 없다.
대화	**게임**
프랑스인은 활기차다. 에스파냐인은 분쟁를 일으킨다. 이탈리아인은 호응한다. 독일인은 불쾌하다.	프랑스인은 뭐든지 다 해본다. 에스파냐인은 재미없는 게임을 재미있게 바꾼다. 이탈리아인은 하다가 화를 낸다. 독일인은 때때로 속아 넘어간다.
자긍심	**법**
프랑스인은 아무거나 칭찬한다. 에스파냐인은 자신만 칭찬한다. 이탈리아인은 마땅히 존중받아야 할 것을 무시한다. 독일인은 자랑할 줄 모른다.	프랑스는 좋은 법이 있으나 아무도 지키지 않는다. 에스파냐는 훌륭한 법이 있고 매우 엄히 준수한다. 이탈리아는 좋은 법이 있으나 지키게 할 방도가 없다. 독일은 법이 있기는 하나 그저 그런 법이다.

프랑스에서는 멋진 자신감은 배우되, 무례한 대담성은 배우지 말고, 어떻게 좋은 표정으로 방에 들어가는가는 배우되, 그들이 가끔 그렇듯이 노크도 없이 남의 방에 달려 들어가는 것은 배우지 말고, 인사하는 법과 우아한 걸음에 필요한 멋진 춤은 배우되, 그들 가운데 많은 이가 그렇듯이 걸으면서 춤을 추어서는 안 된다.

그들처럼 멋지게 옷 입는 법은 배우되, 미친 것 같은 허풍선이 옷차림은 배우면 안 된다. 펜싱을 배우되, 그들보다 더 빨리 칼을 칼집에 넣기를 바란다. 그들의 개방성과 고상한 우아함을 배우되, 그들처럼 모든 여자에게 멋진 청년이 되기를 바라지는 않는다.[43]

그런데 미워하면서 닮는다고 했던가, 아니면 부러워서 싫은 척했던 것일까. 이 모든 가치는 사실 양가적이다. 여행은 자기도 모르는 사이에 다른 나라의 관습을 서서히 받아들이게 되는 계기다. 존 무어는 영국인들의 이런 태도를 날카롭게 지적하는 말을 남겼다. 다른 나라를 여행할 때 세상 어느 곳보다도 영국을 선호하며 현지의 관습과 매너를 조롱해서 외국인들을 놀라게 했던 영국인들이 막상 고국에 돌아오면 즉각적으로 외국 매너를 받아들이고 죽을 때까지 영국적인 모든 것에 불평을 계속한다는 것이었다.[44] 프랑스에 대해 "의심할 바 없이 진정으로 우스꽝스러운 관습을 지닌 나라"라고 비웃었던 스몰렛도 어떤 면에서 프랑스인이 영국인을 지배한다는 사실을 부인할 수는 없다고 수긍했다.

패션에서 우리는 그들의 원숭이로, 즉 그들을 따라하는 것으로 생각된다. 사실 우리는 프랑스 양복장이, 망토 만드는 사람, 이발사 등 장사치들의 노예다. ······ 런던의 공공장소에 나타난 프랑스인은 그냥 평범한 자기 나라 옷을 입어도 영국인들에게 경탄의 대상이 된다. 우리도 당당하게 그래야 하는데, 막상 그 나라에 가면 그럴 용기가 없다.[45]

시간이 흐르고 영국인 여행자가 많아지면서 유럽 대륙에서는 영국인에 대한 호감이 감소하고, 그들을 좀 더 객관적으로 보는 움직임이 나타났다. 프랑스 사람들은 영국인이 언제나 시간에 쫓기고 여유가 없는 **빡빡한 사람들**이라고 평가했다. "길을 떠나느라 너무 조급한 나머지 조금이라도 지체될 라치면 돈을 두고 가는 한이 있어도 남아서 찾으려고 하지 않는다"[46]는 것이다. 스탕달Marie Henri Beyle Stendhal, 1783~1842은 《적과 흑》에서 주인공 쥘리앵 소렐의 입을 빌려 "영국 땅을 밟으면 인간의 재치나 지능이 그 가치의 25퍼센트를 잃고 만다"라고 조롱하기도 했다.[47] 영국은 지성의 시대를 지나 이미 물질을 숭배하는 시대로 갔다는 이야기가 나오기 시작했다. 독일인들도 이제 영국에서는 오히려 독일에서보다 지적인 모임을 찾아보기 힘들어졌다고 말하기 시작했다.[48]

이전에는 귀족이나 아주 부유한 젠트리들이 주로 여행을 했지만 18세기 후반부터는 좀 더 상범한 세층이 여행에 동참했다. 그러면서 영국인 여행자의 화려한 이미지가 퇴색되는 경향도 있었다. 이전에 영국인 여행자란 '무책임한 귀족'을 일컬었는데, 이제는 '속물 존 불'로 바뀌었다는 것이다. 《에든버러 리뷰Edinburgh Review》는 "현재 우리 여행자들은 과거보다 훨씬 낮은 신분들로 이루어진 것이 사실"이라면서 "그들이 과거 외국 여행의 이점을 독점했던 사람들의 성품과 고상함을 유지하기란 불가능하다"라고 썼다. 이런 여행자의 이미지가 국격을 떨어뜨릴 것이라는 우려 섞인 논평이었다.[49] 1820년대가 되자 교황은 여행자들이 성 베드로 성당 주변을 산책로로 사용하지 못하게 하는 성명서를 발표했다. 소란스러운 영국인 여행자들 때문이었다. 스탕달은 나폴리의 박물관이 영국인의 전통적인 저녁식사 시간 전에 문을 닫아야 한다고 주장하기도 했다. 술 취한 영국인들의 행패로 전시품들이 부서질까 봐 두려웠기 때문이다.[50]

18세기 영국의 대표적 시인 알렉산더 포프는 그랜드 투어를 떠나는 소년들에게, "너희들은 유럽을 보지만 유럽 또한 너희들을 보게 된다"고 경고했다.[51] 하지만 그 경고를 귀담아듣는 사람들이 갈수록 줄어든 것 같다. 해외에서 영국인의 이미지는 다음과 같은 말로 함축되곤 했기 때문이다.

육로든 해로든 멀리 가기 위해서, 여관에서 펀치와 차를 마시기 위해서, 다른 나라에 대해 헐뜯기 위해서, 자신을 자랑하기 위해서, 이런 것들을 위해서 영국인 무리는 여행을 한다. 그들을 가르치는 존재는 오직 작은 여행 안내서뿐이다.[52]

코즈모폴리터니즘의 발달

18세기 영국인의 외국인 혐오증이 유럽 전역에 널리 알려지면서 영국 내에서도 자성의 목소리가 일기 시작했다. 새뮤얼 패터슨은 1767년 《다른 여행자》에서 불손하기 그지없는 대륙 여행자들이 런던에 대한 나쁜 인식을 만들어내는 주범이라고 걱정했다.[53] 그런데 이미 17세기부터 교육받은 사람들 사이에서는 여행자에게 다른 문화를 존중하고 코즈모폴리턴적 태도를 갖추라는 충고가 많이 나타나고 있었다. 제임스 하웰은 영국인이 지나치게 자기 나라만 위대하게 여기고 다른 나라를 깔보는 경향이 있으므로 조심하라고 경고했고,[54] 장 게이야르는 여행자라면 국적을 밝히지 말고 "세계인Citizen of the World^"으로 행세하며 자신이 머무는 곳의 관습에 적응하라고 조언했다.[55]

18세기에 들어서면서 이런 주문이 더 늘어났던 것도 사실이다. 체스터필드 경은 아들에게 쓴 편지에서 자신은 가톨릭 국가를 여행할 때마다 교회에서 무릎 꿇는 관행을 거부한 적이 없었다면서 여행을 갔으면 그곳의 관습을 존중하는 융통성을 보여야 한다고 말했다.[56] 비슷한 시기 메리 워틀리 몬터규도 "인류는 어디에서나 똑같다. 체리나 사과처럼 자란 토양과 기후 혹은 문화에 따라 크기, 형태, 색깔이 다르지만 그래도 본질적으로 같은 종이다"[57]라는 철학적인 말을 남기기도 했다.

여행은 영국인 고유의 자긍심을 불러일으키는 동시에 영국인의 우월감을 제거하는 중요한 계기로 작용했다. 낯선 곳에서의 경험은 시야를 넓혀주고 문화적 차이를 긍정적으로 수용하게 하는 측면이 분명히 있기 때문이다. 여행이 거듭되고 여행자가 많아지자 영국인 여행자들 사이에서 외국 문화를 포용하는 움직임이 나타났다. 군주정 국가의 정치체제에 대해 상대주의적 태도를 보이는가 하면, 외국을 혐오하는 이런저런 편견에서 벗어나기 시작했다. 이탈리아 사람들을 더럽고 열등하고 비효율적으로 보았던 영국인들이 여행자가 되어 직접 그 사람들을 만나게 되자 그들을 이해하고 그들의 매력에 빠져들었다. 심지어 이탈리아인들이 생각했던 것보다 오히려 덜 쾌활하고 술에 덜 취해 있다고 실망하는 사람들까지 생겨났다.[58]

나라마다 관습이 다르다는 점을 배우는 것은 매우 중요했다. 점차 외국 문화에 대한 진정한 이해와 상대주의적인 태도가 도덕적 우월성의 지표가 되어갔다. 실제로 대륙에서는 종종 집에 들어가는 방식조차 달랐다. 예를 들면 영국에서는 집에 들어갈 때 주인이 손님보다 먼저 들어가지만, 프랑스에서는 이것이 엄청나게 무례해 보일 수 있었다. 식탁의 상석에 여주인이 앉는 영국과는 달리 프랑스에서는 상석을 가장 귀한 손님에게 내주었다. 심지어 걷는 속도와 보폭도 나라마다 달랐다. 이런 관습의 차이를 알고 현지

그랜드 투어

의 관행에 맞출 줄 아는 사람이 진정한 교양인으로 대접받는 시대가 온 것이다.

18세기 후반이 되면 외국인들 사이에 영국의 외국인 혐오증이 눈에 띄게 줄었다는 증언이 나오기 시작한다. 1791년 영국을 다시 찾은 독일의 여행가이자 자연학자 게오르크 포르스터Georg Forster, 1754~1794는 불과 십수 년 만에 이방인을 대하는 영국 사람들의 태도에 엄청난 변화가 일어나서 놀랐다고 말했다. 30년 동안 영국 사회를 면밀하게 관찰해온 어떤 위그노도 1787년에는 영국인의 태도가 훨씬 개방되었음이 틀림없다고 확신하는 말을 남겼다.[59]

실제로 18세기 유럽 전역에서는 코즈모폴리터니즘이 두드러지게 나타났다. 유력한 가문끼리의 결혼을 통해 외국 태생의 지배자가 많이 등장한 것도 그 이유로 꼽을 수 있다. 영국, 스웨덴, 폴란드의 독일 왕들, 나폴리의 에스파냐 왕, 토스카나의 프랑스 공, 독일 공주 출신인 러시아의 예카테리나 여제 등이 그 예다. 또한 영국의 그랜드 투어리스트는 물론이고 프랑스나 독일 그리고 이탈리아의 지식인은 넓은 세상을 여행하며 많은 사람과 교류했다. 라셀스는 그랜드 투어가 필요한 이유를 이렇게 설명한 바 있다.

여행은 우리 인류를 그전에 보지 못하던 새로운 방식으로 보게 한다. 우리는 원래 하나의 뿌리에서 나왔으며, 서로 닮아 있다. 따라서 이렇게 다양한 사람들과의 관계를 보기 위해서라도 태어나서 한 번쯤은 다른 나라에 가봐야 한다.[60]

사회 전반에서 '유럽'이라는 어휘가 보편적으로 쓰이기 시작한 것도 이때부터였다. 17세기 후반부터 18세기 초까지 유럽을 하나의 단위로 생각한 인쇄물이 갑자기 많이 출간되기도 했다.《유럽의 소문Europaische Fama》이나《유럽의 지식인들L'Europe Savante》,《유럽의 관청Europaische Staats-cantzley》같은 연속 간행물이 그것이다.[61] 예술적 차원에서도 활발한 교류가 일어나서 유럽이 마치 하나의 무대처럼 생각되었을 정도였다. 프리드리히 2세의 음악 교사였던 요한 요아힘 크반츠Johann Joachim Quantz, 1697~1773는 1752년 이상적인 음악 양식은 모든 민족의 최상의 음악적 특징을 혼합한 것이라고 선언했다. 1785년 무렵에는 이런 혼합 양식이 누구에게나 보편적으로 채택되어 "모든 유럽에는 단 하나의 음악이 있다"라는 비평이 나오기도 했다.[62]

이렇듯 범유럽주의적 세계관이 유행할 수 있었던 데는 계몽주의가 한 몫했다. 유럽에 이성의 힘을 앞세운 새로운 권력체들이 등장하고 국가들이 저마다 존립을 위해 서로를 비교하는 움직임이 나타나는 한편, 일부 계몽주의자들은 통합적인 유럽에 대한 열망과 구상을 구체적으로 표현하기 시작했다. 결국 통합적인 유럽에 대한 관심, 즉 코즈모폴리터니즘이 훗날 유럽연합의 탄생에 영감을 주게 된 것이다. 유럽은 이제 거대한 국가들의 연합체로 여겨졌고, 거기에는 국경을 초월한 시민주권이나 인류애, 힘의 균형 같은 개념들이 자리 잡았다.

몽테스키외Charles Louis de Secondat Montesquieu, 1689~1755는 유럽을 "법, 도덕, 귀족주의, 군주제, 자유"라고 정의하면서 단지 지리적인 개념이 아닌 "고유의 역사와 독특성을 지닌 문화적, 정치적, 지적 통합체"로 정의했다.[63] 루소는 "유럽에는 프랑스인, 독일인, 에스파냐인 심지어 영국인이 없으며 오로지 유럽만이 있다"고 말했다.[64] 그리고 그 하나의 유럽의 시원을 찾으려는 역사가의 작업이 시작될 것이었다.

《로마제국 쇠망사》와 하나의 유럽

"나는 카피톨리노 언덕의 폐허에서 로마제국의 쇠망사를 집필하겠다는 구상을 처음 했다."[65] 서양문명사에서 최고의 역사서 중 하나로 꼽히는 에드워드 기번의《로마제국 쇠망사》는 이렇게 시작되었다.

기번은 병약한 체질이었다.[66] 아홉 살에 어머니를 여의고 웨스트민스터 칼리지에 다니다가 그만두고 혼자 집에서 공부했다. 15세에 옥스퍼드 모들린 칼리지에 입학했지만 14개월 만에 중퇴한다. 로마가톨릭으로 개종했기 때문이다. 당시 영국은 국교회 신자가 아니면 공직에 진출할 수 없었기 때문에 가톨릭으로의 개종은 세속적인 출세를 포기한 셈이나 마찬가지였다. 아버지는 급히 아들을 스위스 로잔으로 보냈다. 로잔에서 그를 돌봐주던 목사에게 감화를 받아 기번은 다시 개신교로 개종한다. 어린 나이에 종교적 번민과 나름의 질곡을 많이 겪었으리라 미루어 짐작할 수 있다. 로잔에서 5년 동안 프랑스어와 라틴어를 완벽하게 익혔고, 고대 그리스어도 어느 정도 배웠다. 한편 볼테르의 클럽에 자주 드나들었는가 하면 클럽 회원들의 개인 저택에서 공연되는 연극을 감상하기도 했다. 이런 교류를 통해 기번은 차츰 계몽사상에 젖어들었다.

1758년 영국으로 돌아온 기번은 몇 년 후 햄프셔 민병대에 들어가 대위로 근무했다. 이후 그는 그 결정이 스스로를 영국인이자 군인으로 만들고 싶었기 때문이라고 밝혔다. 가뜩이나 과묵한 성격에다 어린 나이에 스위스 유학을 다녀온 탓에 고국에서 자신이 이방인처럼 느껴졌다고 고백했다.[67] 그러면서 "군 생활은 지겨웠으나 로마 역사가의 훈련으로는 적당했다"고 덧붙였다. 기번은 1764년 로마를 처음으로 방문했고, 그때《로마제국 쇠망사》

를 쓰기로 결심했다.

왜 하필 로마제국이었을까? 왜 그리스
가 아니었을까? 로마제국 이전에 그리스
가 찬란한 문명을 꽃피웠으니 그리스
역사를 택하는 것이 더 설득력 있어
보일 수도 있다. 기번과 마찬가지로 로
마를 방문해 엄청난 영감을 얻었던 괴
테는 유럽의 코즈모폴리터니즘의 또 다
른 핵심적인 인물이었다. 그에게 고대는
로마보다는 그리스였다. 무엇보다도 빈켈만
의 영향을 받아서였다. 이탈리아 여행을 떠나기

에드워드 기번.

전까지 빈켈만의 지시를 읽지 않았던 괴테는 여
행 중에 빈켈만을 만나면서 그리스와 로마의 예술을 변별하게 되었고, 그리
스 문화를 유럽인뿐만 아니라 전 인류의 이상적 문화로 여기게 되었다.[68]

하지만 정작 빈켈만이나 괴테는 그리스를 방문한 적이 없었다. 그들은
단지 그곳을 '영혼으로 찾아갈 수 있었을' 뿐이다.[69] 19세기에 그리스가 독
립한 이후에야 그곳을 찾는 여행자들이 급격히 늘어나기 시작했다. 결국 그
전까지 모든 길은 로마로 통했던 것이다. 게다가 로마는 그리스 문화를 바
탕으로 세계적인 제국을 이룩해냄으로써 유럽이라는 거대한 틀을 만들어낸
주인공이었다.

《로마제국 쇠망사》를 쓰기까지 기번은 아주 다양한 역사적 주제를 섭
렵했다. 처음 관심을 가진 주제는 신성로마제국 황제였던 카를 5세Karl V,
1500~1558, 재위 1519~1556의 프랑스와 이탈리아 원정이었다. 그 후로 기번은

리처드 1세Richard Ⅰ, 1157~1199, 재위 1189~1199의 십자군전쟁, 흑태자의 역사, 필립 시드니의 일생, 몬트로즈 후작Marquis of Montrose, 1612~1650의 일생에 관심을 가졌다. 그 후에는 스위스의 역사와 자유, 메디치 지배하의 피렌체 공화국의 역사로 주제를 옮겨갔다. 이런 작은 에세이들을 쓰는 동안 기번은 이 모든 것을 아우를 수 있는 대작을 써야겠다는 욕망을 품고 있었다. 하지만 "언제, 어디서, 어떻게, 무엇을" 할지는 정하지 못한 채 로마로 떠났던 것이다.[70]

로마는 기번에게 강렬한 자극제가 되었다. 그는 자서전에 이렇게 썼다.

나는 열광하는 기질의 사람이 아니다. 또 내가 느끼지 않은 열광을 가장하는 것을 무엇보다도 경멸해왔다. 그러나 25년이 흐른 지금, 영원의 도시에 처음 들어섰을 때 내가 느낀 강렬한 감정의 환기는 결코 잊지도 못할 것이고, 표현하지도 못할 것이다.[71]

바로 그 역사적인 언덕에서 기번은 자기가 역사에 대해 가졌던 다양한 관심사를 하나로 아우를 주제를 찾았다. 그것은 다름 아닌 유럽의 뿌리였던 고대 그리스-로마의 역사였다. 18세기는 거대한 통합의 시대였고, 통합적인 유럽에서 모든 국가와 민족은 서로 얽혀 있는 정체성과 역사를 갖고 있었다. 그렇기 때문에 개별적인 나라의 역사만을 탐구해서는 전체적인 줄기를 결코 엮어낼 수 없었다.[72] 개별 국가들의 특성은 거대한 기독교 교회와 유럽이라는 틀 속에서 공통점과 차이점을 발견하면서 서서히 나타날 것이었다.

유럽을 한 덩어리로 보고자 하는 계몽주의 철학자들에게 사실 국민국가는 너무 최근에 생긴, 아직은 덜 익은 현상이었다. 오히려 유럽은 고대부터 르네상스 시대에 이르기까지 이미 오래전부터 있어온 뭉뚱그려진 덩어리로 보아야 한다고 생각했다.[73] 그래서 그런 유럽이 만들어진 지형과 문화, 나아가 기독교의 지배가 성립하는 과정이야말로 당시의 세상을 이해하는 데 가장 기본이 되는 것이었다. 기번은 이렇게 말한다.

> 근래에 들어와 고대 로마의 유적을 알려주는 문화 지도가 옛것 연구가에 의해 상세히 작성되었고, 많은 순례자가 이 지도를 들고 영웅들의 발자취와 로마제국의 유적을 둘러보기 위해 북부 유럽으로 몰려들었다. 이 순례자들 중에서, 그리고 이 문화 지도를 읽는 사람들 중에서 로마제국의 흥망사에 관심을 기울이는 사람이 점점 많아질 것이다. 로마제국의 쇠망사는 인류의 역사 중 가장 장엄할 뿐만 아니라 가장 충격적인 장면이다. 제국의 쇠망을 가져온 여러 요인과 파급효과는 인류 역사에서 가장 흥미로운 사건들과 수없이 연결되어 있다.[74]

게다가 "영국인이라는 호칭과 특성을 자랑스럽게 생각하는"[75] 애국자 기번으로서는 유럽의 역사가 시작되는 순간을 자신의 손으로 쓴다는 것이 남다른 의미가 있었을 것이다. 로마제국의 변방에서 열등감을 가져왔던 영국 역사를 당당히 유럽에 통합할 밑작업을 전담하는 일이었기 때문이다. 이런 면에서 중심부와 주변부를 하나로 아우르는 코즈모폴리터니즘은 더욱 중요한 것이었고, 그 성공적인 전파를 위해서는 다른 민족의 문화를 너그럽게 포용하는 개방성과 관용이 매우 필요했을 것이다. 이런 기번의 생각은 《로마제국 쇠망사》 1권의 제2장 '안토니우스 시대의 내부 번영'에 잘 드러난다.

그랜드 투어

로마제국의 위대함을 평가할 때는 정복 사업의 신속함이나 정복 지역의 범위만을 따져서는 안 된다. 로마제국의 단단한 구조와 힘은 여러 시대에 걸쳐 다져진 지혜로 강화되고 보존되었다. 트라야누스와 두 안토니우스 황제 시대에 제국에 편입된 순종적인 속주들은 법률로 통합되고 이어 예술로 장식되었다. 속주들은 때때로 로마에서 파견된 총독들의 권한 남용 때문에 고통받기도 했지만 일반적인 통치 원칙은 현명하고 간명하면서 혜택을 주는 것이었다. 속주의 주민들은 조상 전래의 종교를 예전처럼 믿는 것이 허용되었고 시민의 명예나 권리 등 민법 분야에서는 차츰 그들의 정복자와 동등한 지위를 누리게 되었다.[76] …… 황제들과 원로원의 종교 정책은 다행스럽게도 현명한 일반 대중의 조언과 미신적인 대중의 습관을 잘 이해하고 허용하는 것이었다. …… 이런 종교적 관용은 상호 인정의 태도를 낳았을 뿐만 아니라 나아가 제국 내의 종교적 일치마저 가져왔다. …… 고대 사회는 이런 온건한 정신을 갖고 있었기 때문에 국가들 사이의 종교적 차이보다는 유사성에 더 주목했다. 그리스인, 로마인, 바바리아인 들은 각자의 제단 앞에서 다른 이름, 다른 예식으로 동일한 신들을 예배하고 있다고 생각했다. 호메로스의 우아한 신화는 다신론적인 고대 세계에 아름답고 규칙적인 형태를 부여했다.[77]

기번은 로마제국의 쇠퇴를 거대함에서 비롯된 자연스럽고 불가피한 일로 보았다. 번영이 쇠퇴의 원리를 무르익게 했다는 것이다. 정복 지역이 확대되면서 파멸의 원인도 증가했다. 그 원인 가운데 기독교의 약진이 큰 부분을 차지했다. 기번의 이런 생각은 다른 역사가들과는 확실하게 차별적인 것이다. 이전의 역사가들은 기독교와 로마제국을 신의 섭리라는 틀 안에서 조화롭게 연결해왔다. 즉, 하느님은 그리스도를 로마제국 이전에도 보낼 수 있었겠지만 제국의 보편적 평화를 이용해 이 종교의 전파를 더욱 쉽게 하려고 제국의 완성을 기다렸다는 것이다. 하지만 기번은 로마제국의 쇠망과 기독교의 발전을 상충하는 힘으로 파악하면서 제도화된 기독교가 로마 사회에 분열을 초래해 결국 로마의 쇠망을 재촉했다고 진단했다.[78] 당시 기번의 주장은 거의 혁명적이었다. 기독교계가 들고일어나 기번을 불경죄로 비판했던 것은 어쩌면 당연한 결과였다.

하지만 《로마제국 쇠망사》는 출간된 순간부터 엄청난 인기를 끌었고 수많은 독자를 매혹했다. 제국이 왜 흥하고 망하는지에 관심이 많았던 미국 독립선언서 작성자 토머스 제퍼슨Thomas Jefferson, 1743~1826도 《로마제국 쇠망사》를 줄을 쳐가며 읽었다고 한다.[79] 독자들이 감동받은 이유는 저마다 다르겠지만, 무엇보다도 코즈모폴리터니즘이 발흥하던 당시 《로마제국 쇠망사》가 시대적 요청에 부응했나는 점을 꼽지 않을 수 없다. 기번은 로마제국이라는 전례를 통해 통합적인 유럽의 기원을 보여주었다. 그뿐만 아니라 기독교라는 새로운 패러다임이 등장하는 원인과 과정을 보여주었다. 기독교 공동체가 흔들리며 통합된 유럽의 새로운 패러다임을 모색하던 계몽주의 시대에 이만큼 설득력 있는 유용한 선례집이 또 있었을까?

새로운 타자, 비유럽

기번은 《로마제국 쇠망사》의 말미에 이렇게 썼다.

추신, 이 기회를 이용해 내가 미처 공지하지 못한 두 가지 어구적 문제를 언급하

고자 한다. 첫째, 알프스, 라인강, 도나우강 '너머'라는 표현을 자주 썼는데, 이는 나 자신이 로마에 있는 것으로, 나중에는 콘스탄티노플에 있는 것으로 가정하고 쓴 것이다.[80]

여기서 기번이 자신을 로마인과 동일시하고 있다는 사실을 부정할 사람은 없을 것이다. 같은 맥락에서 기번은 '너머'라는 표현을 통해 거대한 유럽의 공간적 경계, 제국의 안과 밖을 암암리에 구분해놓고 있다. 그는 《로마제국 쇠망사》가 로마의 중심에서 시작했지만 시간이 흐르면서 더 먼 곳의 역사를 아울러간다고 설명했다. 하지만 헝가리 이민을 다루는 부분에서는 "나는 라인강 너머 헝가리 사람들에 대해 추적할 능력도 의지도 없다"[81]라고 말했다. 로마에서 너무 벗어난 독자들은 제국의 변방에서 돌아서서 곧바로 심장부, 문명 세계를 한눈에 가장 잘 볼 수 있는 곳으로 돌아가라면서 말이다.[82]

기번에게 문명화된 세계란 곧 유럽만을 지칭하는 것이었다. 그 유럽은 기번이 경계 지었던 것처럼 러시아를 제외하고 스칸디나비아반도도 포함하지 않은 작은 유럽이었다. 18세기 백과사전에서는 아직도 모스크바를 아시아로 보는 견해가 지배적이었고, 기독교를 수용하지 않는 군주들은 완전히 유럽에서 축출해야 한다는 주장이 설득력을 얻고 있었다.[83] 그리고 그 바깥에는 유럽과 대비되는, 유럽과는 다른 문화들이 존재할 터였다. 그렇기 때문에 '오리엔탈리즘orientalism'이라고 알려진 구별 짓기의 방식을 18세기 문헌의 이곳저곳에서 흔하게 찾아볼 수 있다. 베를린을 여행하던 제임스 보즈웰은 스위스 신사와 저녁을 먹다가 볼티모어 경이 콘스탄티노플에 하렘을 만들어 오스만튀르크 사람처럼 살고 있다는 이야기를 들었다.[84] 사치스럽고 활기가 충만했던 볼티모어 경이 멜랑콜리를 앓고 약에 의존하게 되었으

며, "이상하고도 야만스러운 삶을 살고 있어서 영국에 전혀 도움이 되지 않는다"는 소문을 듣게 된 것이다.

볼티모어 경은 로마에서 빈켈만에게 가이드를 받으면서 전혀 흥미를 보이지 않아 빈켈만을 격분하게 한 바로 그 사람이다. 스위스인은 보즈웰에게 야만의 나라에서 망가져가는 그를 구해 와야 하지 않겠느냐고 물었다. 이때 보즈웰은 즉각 '황홀한 계획'을 생각하고 몸을 떨었다. 볼티모어 경을 구하러 간다는 핑계로 그곳에 가서 첩을 서른 명쯤 두고 살아보겠다는 것이었다. 이 에피소드는 많은 것을 말해준다. 오스만튀르크는 야만의 땅이고, 그곳에는 이상하고도 무기력한 삶이 있으며, 남자들에게는 하렘으로 상징

오스만튀르크인들의 행렬 익명의 그리스 작가의 그림으로, 오스만튀르크 귀족이 말몰이꾼의 에스코트를 받으며 말을 타고 가는 장면이다. 메리 워틀리 몬터규는 아드리아노플로 향하는 길에 프랑스 대사의 아내와 함께 오스만튀르크 병사들의 호위를 받은 경험에 대해 "그들은 매우 열정적이고 믿음직스럽다. 모든 상황에서 당신을 위해 싸워주는 것을 자신들의 일이라고 생각한다"라고 평가했다. 하지만 몬터규와는 달리 당시 유럽인들은 유럽 바깥 지역 사람들을 호의적인 눈으로 바라보지 않았다.

되는 성적 판타지의 본고장으로 여겨졌다는 사실이다. 유럽을 강인하고 합리적인 남자로, 비유럽을 나약하고 비이성적인 여자로 보는 이분법적인 오리엔탈리즘이 그대로 드러난다.

하지만 그 시대에도 이미 그런 남성 중심적인 오리엔탈리즘의 맹점을 지적한 사람이 있었다. 메리 워틀리 몬터규는 대사인 남편과 함께 1716년부터 2년 동안 오스만튀르크에 머물렀다. 당시의 편지들은 《대사관 편지 Turkish Embassy Letters》라는 책으로 엮어 사후에 출판되었다. 그 책에는 이 특별한 여성에게만 허락되었던 매우 진귀한 경험들, 즉 공중목욕탕이며 하렘에 대한 생생한 묘사, 술탄의 총비와의 인터뷰 같은 독특한 이야기가 풍부해서 출판되자마자 큰 인기를 누렸다.

그런데 정작 흥미로운 것은 몬터규가 오스만튀르크의 모습을 다른 여행기들과는 전혀 다르게 그려내고 있다는 사실이다. 흔히 '동양'에 덧씌워 놓은 이미지인 압제에 신음하는 낙후된 곳이 아닌, 활기차고 오히려 영국보다 선진적인 모습으로 묘사한 것이다. 특히 압권은 억압받는 오스만튀르크 여자의 표상으로 인식되어온 베일이나 하렘을 여자의 입장에서 전혀 다르게 해석하는 대목이다. 몬터규가 보기에 베일은 오히려 오스만튀르크 여자들에게 '가면 속에서 완전히 자유로울 수 있는 권리를 부여하는' 장치였다.[85]

몬터규는 "오스만튀르크에는 음악이 없고 귀청을 찢는 소리뿐이라는 이야기는 거리 음악만 들어본 인간들이나 하는 이야기"[86]라고 일축하면서 무작정 유럽을 문명화된 곳으로, 오스만튀르크를 야만스러운 곳으로 치부하는 세태를 비판했다.

당신은 아마도 이 기록이 자기도 모르는 일을 떠벌리기 좋아하는 보통 여행기 작가들이 당신을 즐겁게 해주었던 내용과 매우 다르다는 사실에 놀랄지

오스만튀르크 여인 익명의 그리스 작가가 그린 부유한 오스만튀르크 여인이다. 하지만 그림의 주인공을 오스만튀르크 여자로 볼 수는 없을 것이다. 왜냐하면 작가는 베일을 벗은 오스만튀르크 여자를 본 적이 없을 테니 말이다.

도 모릅니다. 기독교인이 고귀한 사람의 집에 출입할 수 있는 것 자체가 매우 이례적인 일인 데다 특히 하렘은 언제나 금지된 구역입니다. 그래서 그들은 잘 보이지도 않는 바깥만 보고 떠들 수밖에 없었던 것입니다.[87]

몬터규가 목욕탕과 하렘에 대해 자세한 기록을 남길 수 있었던 것은 그녀가 고귀한 신분이었기 때문이기도 하지만 무엇보다도 여자였기에 가능했다. 남자들이 상상으로나 그려본 공간을 직접 가보고 정확하게 묘사할 수 있는 특권, 그리고 여자 여행자의 시각으로 편견을 바로잡고자 하는 시도는 남성 중심적인 오리엔탈리즘의 서사에 균열을 만들어낸다. 하지만 그런 목소리는 20세기 말 포스트모더니즘이 도래한 뒤에야 제대로 들려질 것이었다.

그랜드 투어가 무르익으면서 전통적인 루트를 벗어나 유럽의 '변방'으로 향하는 사람들이 나타났다. 18세기 후반부터 19세기 초반까지 진취적인 일부 여행자들은 스칸디나비아, 러시아, 그리스처럼 최소한 어느 정도는 유럽이라고 볼 수 있는 곳으로 떠났다. 그런 여행은 그랜드 투어처럼 과거를 보는 것이 아니라 당대의 세계를 이해하려는 목적을 띠고 있었다. 프랑스혁명, 제국주의적 팽창, 인류의 다양성에 대한 철학적이고 과학적인 의문들이 이제 과거의 유산뿐만 아니라 동시대의 세계까지 탐구할 것을 촉구했다. 독일의 자연연구가 페터 지몬 팔라스Peter Simon Pallas, 1741~1811가 러시아 동부와 남동부, 그리고 중국 국경 지역을 탐사하고 저술한 《러시아 제국 속주 여행Reise durch verschiedene Provinzen des Russischen Reichs》은 과학 탐험의 시대를 열어준 책이다.[88]

새로운 목적지를 향한 이런 여행에는 시대적 요청뿐만 아니라 개인적인 이유도 중요한 모티브로 작용했다. 영국 수상이 된 디즈레일리는 스무

오스만튀르크의 남자 목욕탕 메리 워틀리 몬터규는 아드리아노플과 콘스탄티노플에 있는 여자 목욕탕을 방문한 바 있다. 그녀는 "목욕탕에 창문은 없으나 천장에 난 창문으로 빛이 충분히 늘어온다"고 말했다. 이 그림에도 빛이 들어오는 수많은 둥근 창문이 천장에 나 있다.

살에 소설가로서 이른 성공을 거둔 뒤 갑자기 우울증에 빠졌다. 그는 여행을 통해 자신을 추스르기로 결심했다. 하지만 남들이 가는 프랑스나 이탈리아가 아닌 에스파냐, 지중해, 그리스, 오스만튀르크를 거쳐 예루살렘을 참배하기로 결심했다. 유대인으로서 자신의 선조가 최초로 등장해 오랫동안 살았던 지역을 둘러보며 스스로를 돌아보기로 한 것이다. 디즈레일리는 "유대인으로 태어난 것은 커다란 장애인 동시에 또 하나의 힘"이라고 생각했다.[89]

이 새로운 여행을 떠난 사람들 가운데 주목할 만한 인물이 에드워드 대니얼 클라크Edward Daniel Clark, 1769~1822다. 케임브리지 출신인 클라크는

1790년대 귀족 자제들을 데리고 여러 차례 그랜드 투어를 다녀왔다. 1798년 또 다른 동행 교사직을 제안받자 그는 모험에 가까운 제안을 내놓았다. 케임브리지에 교수 자리를 주선해달라는 것과 여행을 총괄할 권한을 달라는 것이었다.[90] 그는 그동안 가보지 못했던 땅을 밟아보겠다는 야심을 품고 기존 여행지에서 벗어난 완전히 새로운 여정을 계획했다. 스칸디나비아반도, 북극, 러시아, 타타르 지방, 예루살렘, 북부 아프리카, 그리스를 돌아보는 2년 반짜리 여행이었다.

1779년 예정에 없던 두 사람이 여행단에 합류했다. 《인구론An Essay on the Principle of Population》을 쓴 토머스 맬서스Thomas Robert Malthus, 1766~1834와 나중에 클라크와 맬서스의 전기를 쓴 윌리엄 오터William Otter, 1768~1840였다. 이들은 넓은 땅을 섭렵하며 새로운 것을 많이 보았고 수많은 것을 기록했다. 집으로 돌아올 때는 귀한 문헌 보따리를 비롯해 동전, 보석, 조각상, 자연사 관련 유물 등 엄청난 짐이 따라왔다. 케임브리지 대학은 그 수집품들을 모아 전시했고, 나중에 그것은 비교문화 연구가 학문적으로 자리 잡는 데 큰 도움을 주었다. 맬서스의 인구론에 스웨덴, 노르웨이, 러시아, 그리고 나폴리의 인구 상태가 들어간 것도 여행의 결과다.[91]

클라크는 자신의 경험을 《1810~1823년 유럽, 아시아, 아프리카 여러 나라 여행Travels in Various Countries of Europe, Asia, and Africa, London, 1810~1823》이라는 책으로 펴냈다. 그는 책의 내용을 북쪽 변경, 동쪽 변경, 남쪽 변경으로 구분함으로써 이 여행이 유럽 대륙의 '변방'을 답사하는 것이었음을 분명하게 드러냈다. 따라서 책에서 언급하는 나라들은 유럽과 영향을 주고받는 일종의 완충 지대로서 완전히 유럽으로 볼 수 없는 곳이었던 셈이다. 클라크가 보기에 스칸디나비아는 프랑스와는 다른 모델을 지닌, 대안적인 계몽주의의 가능성을 보여주는 곳이었다. 하지만 한때 계몽의 첨단을 달렸던 그곳은 벌써 문화적 쇠퇴를 겪고 있었다. 러시아에 대해서는 '아시아적 야만성Asiatic barbarity'이 남아 있어서 계몽된 군주가 있고 사회 개혁의 의지가 있지만, 유럽의 절반 정도밖에 문명화되지 않은 곳이라고 평가했다. 그리스는 현재보다 과거에 더 관심을 두는 곳이라고 판단했다. 그리스에서 클라크는 하인리히 슐리만의 발굴에 앞서 세계 최초로 고대 트로이의 정확한 위치를 파악해내기도 했다.

이렇게 변경 지역을 특징 지어가는 과정은 '이방 효과foreign effect'를 만들어냈다. 그런데 그것을 통해 거꾸로 통합적 공동체로서 유럽만의 특성이 자연스럽게 도출되었다.[92] 즉, 비유럽적인 곳에 대한 묘사를 통해 '유럽성 Europeaness'이 무엇인지를 찾아냈던 것이다. 클라크의 여행은 더 넓은 세상을 보며 보편성을 찾아내기보다는 아직은 차이점에 더 주목했다는 것을 보여준다. 그렇기 때문에 결과적으로 이 시대 유럽의 범세계주의, 즉 코즈모폴리터니즘은 유럽 중심주의나 마찬가지였다는 것을 증명한 셈이었다. 유럽이 세계 보편이 되리라는 기대는 역설적이게도 유럽 대륙이 특별하다는 인식에 기초한 것이었다.[93]

유럽의 코즈모폴리터니즘은 공간적 구획뿐만 아니라 시간적 틀 속에 놓여 있는 것이었다. 유럽의 지식인들 사이에는 유럽이야말로 가장 진보된 시대를 살고 있다는 공통의 신념이 있었다. 동시대지만 러시아나 스칸디나비아, 그리스 같은 곳은 아직도 과거에 머물러 있다는 말이다. 그 와중에 더 먼 곳으로 떠나는 사람들이 나타났다. 그런 유럽인들은 그 낯선 공간에 비유럽보다도 훨씬 더 먼 과거인, '원시'라는 시간적 개념을 부여하게 된다.

게오르크 포르스터는 세계 여행으로 유명해졌고, 카르스텐 니부어

Carsten Niebuhr, 1733~1815는 아라비아를 탐험했으며, 알렉산더 폰 훔볼트 Alexander von Humboldt, 1769~1859는 아메리카 대륙을 여행하면서 지리와 동 식물에 대해 광범위한 조사를 했다.[94] 1766년부터 1769년까지 계속된 루 이 앙투안 드 부갱빌Louis Antoine de Bougainville, 1729~1811의 탐험으로 남태평 양의 섬들이 세상에 널리 알려지게 되었다. 세계 곳곳을 누볐던 제임스 쿡 James Cook, 1728~1779, 일명 캡틴 쿡의 타이티섬 방문은 유럽 지식인들에게 인간의 손길이 닿지 않은 신비의 섬 타이티에 대한 환상을 부추겼다. 시인 들은 원시림과 순박한 사람들을 노래했고, 화가들은 그곳까지 가서 그림을 그렸다. 독일의 서정시인 마티아스 클라우디우스Matthias Claudius, 1740~1815 는 오타하이티(타이티)의 꿈을 시로 옮겼고, 베토벤Ludwig van Beethoven, 1770~1827은 곡을 붙였다.[95]

훗날 그런 곳들은 뭉뚱그려 '열대tropical zone'라는 이름으로 불리게 된 다. 유럽인들은 이제 자기들이 살고 있는 곳과는 전혀 다른 동식물이 자라 는 곳, 문명화된 유럽과는 전혀 다른 풍토와 감각을 지닌 곳으로 '열대'를 발명한 것이다.[96]

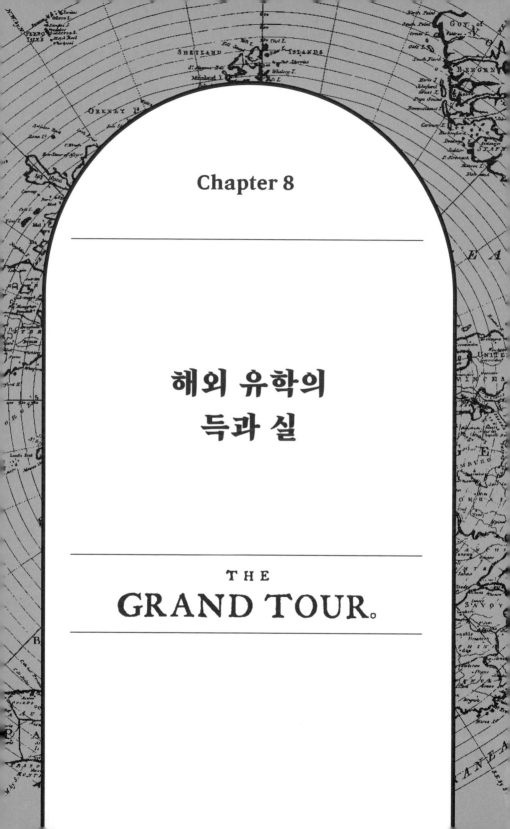

Chapter 8

해외 유학의
득과 실

THE
GRAND TOUR。

"쾌락은 우리를 자기 자신에게서 떼어놓지만
여행은 스스로에게 자신을 다시 끌고 가는 하나의 고행이다."

알베르 카뮈

그랜드 투어는 효과 없는 낭비일 뿐

왜 가야 하는가

큰 비용과 위험을 감수하면서까지 감행했던 그랜드 투어의 효과에 대해서는 이미 16세기부터 극단적으로 양분된 견해가 존재했다.[1] 16세기 후반 영국의 재상으로 여왕의 오른팔이었던 윌리엄 세실William Cecil, 1520~1598은 큰아들 토머스 세실Thomas Cecil, 1542~1623을 대륙으로 떠나보내면서 "결국은 테니스 코트를 지키는 일밖에 할 수 없는 방탕한 족속"이 될지 모른다는 우려를 표명했다.[2]

가장 영향력 있었던 비판은 조지프 홀의 《어디로 가시나이까?Quo Vadis?》(1617)였다.[3] 《어디로 가시나이까?》는 가톨릭 국가들의 여행에 따른 위험과 종교적 폐해를 강조하며 극단적인 국수주의를 드러낸 책이다. 반反가톨릭주의야말로 헨리 8세가 수장령을 선포한 순간부터 영국이 표방해온 기치였다. 그렇기 때문에 영국에도 좋은 대학과 스승이 있는데 굳이 외국에 나가서 새로운 환상을 좇는 것은 유럽대륙의 문화에 대한 "불필요한 열등감 때문"[4]이라는 것이었다.

하지만 그랜드 투어 옹호자들은 여행에 따른 위험보다 여행자가 얻게 될 이득을 더 강조했다. 장 게이야르는 먼저 그랜드 투어에 반대하는 사람들을 두 부류로 분류했다. 한 부류는 무작정 해외 유학에 반대하는 사람들

윌리엄 터너가 1833년에 그린 베네치아 풍경 영국 최고의 화가로 자리매김하고 있던 터너에게 이 탈리아 여행은 새로운 전기를 가져다주었다. 이전에 그는 무겁고 어두운 분위기의 그림을 그렸으나 1819년 베네치아에 도착한 이후부터는 보다 밝은 색채를 사용하기 시작했다.

로 주로 질투심 때문이고, 또 다른 부류는 여행에 따른 위험 때문에 반대하는 사람들로 자식을 지나치게 걱정하는 어머니들을 예로 들었다. 하지만 그는 그런 반대를 무릅쓰고라도 자신의 존재에 대해 깊이 성찰하기 위해서는 환경을 바꿔보아야 한다고 주장했다. 그 주장에 부응이라도 하듯이 많은 사람이 여행을 통해 새롭게 태어났다고 느꼈다. 1786년 괴테는 "내가 로마 땅을 밟은 그날이야말로 나의 제2의 탄생일이자 진정한 삶이 시작된 날이라고 생각한다"[5]라고 썼다.

또 다른 옹호자는 바깥세상을 여행하면서 겪는 고생이 소년의 성장에 꼭 필요하며 집 안에서의 교육이 오히려 위험하다고 지적했다. 과잉보호하는 어머니야말로 학생에게 가장 큰 위험 요소라는 것이었다.[6] 집에만 있어도 위험하기는 마찬가지라는 주장도 나왔다. "타일이 머리로 떨어지거나, 난롯가 앞에 앉아 있을 때 굴뚝이 주저앉는 등의 위험은 언제든지 있다"면서 말이다.[7] 자식이 대륙 문화에 젖어 일탈할까 봐 우려하는 부모를 향해 자식을 집에 붙잡아두더라도 담배나 파티를 즐기고, 여우 사냥이나 경마장에 갈 것이므로 결국 타락할 놈은 언제 어디서든 타락할 것이라고 주장하는 논설도 나타났다.[8]

그랜드 투어는 본질적으로 여행과 교육을 결합해 사춘기 소년들의 비행을 막고 올바른 성장을 도모하려는 기획이다. 하지만 그런 의도를 전면적으로 부정하는 비판도 나타났다. 남자의 삶이라는 측면에서 볼 때 여행의 시기가 결코 바람직하지 않다는 지적이었다. 성인이 되기 전인 어린 청년이 부모의 울타리에서 벗어나면 곧 온갖 유혹에 노출될 것이 분명하다는 우려였다. 그랜드 투어리스트의 평균 연령은 18세쯤으로 알려진다. 따라서 16세 이전에 떠난 학생도 있고, 20세가 넘어 떠난 학생도 있었다. 토머스 코크는 15세에, 데번셔 백작William Cavendish, 3rd Earl of Devonshire, 1617~1684은 14세, '보일의 법칙'으로 널리 알려진 로버트 보일Robert Boyle, 1627~1691은 겨우 11세에 여행을 떠났다.[9]

언어 교육은 어린 시절에 이루어지는 것이 좋기 때문에 일찍 해외에 내보내야 한다는 의견과 그렇지 않다는 의견이 팽팽하게 맞섰다. 게이야르는 어려야 한다고 주장했다. 하지만 언어 교육 이외에도 일찍 해외에 내보내야 할 다른 이유도 충분했다. 어려야만 사악함을 빨리 뿌리 뽑고, 교정이 가능하다. 또한 어릴 때일수록 교사의 말을 잘 들어서 외국어든 운동이든 배울 수

있다. 절대로 20세가 넘으면 곤란하다는 것이 그의 소신이었다.[10]

하지만 다른 사람들은 20세가 넘어, 혹은 24세 이상이 되어서 여행을 가는 것이 더 낫다는 의견을 내놓기도 했다. 해밀턴 공작의 동행 교사로 11세인 자기 아들까지 데리고 여행을 했던 존 무어는 20세 이전에 가면 안 된다고 생각했다.[11] 애덤 스미스도 "너무 이른 나이에 여행을 보내는 것은 어리석기 짝이 없는 생각"이라고 주장했다.[12] 새뮤얼 존슨 박사도 이 주장을 지지하면서 24세 이전에는 집에서 공부하는 것이 해외 유학보다 낫다고 보았다. 에드워드 기번 역시 여행자들이 "너무 어렸을 때 떠나서 무언가 대단한 발언을 할 수가 없다. 그리고 내 생각에 그들은 남자의 일생에서 가장 귀중한 시간을 잃어버리는 것 같다"고 말했다.[13]

1764년 리처드 허드Richard Hurd, 1720~1808는 《외국 여행 활용법에 관한 대화Dialogues on the Uses of Foreign Travel》라는 책을 펴냈다. 이 책은 대륙 여행을 지지하는 섀프츠베리 백작Anthony Ashley Cooper, 3rd Earl of Shaftesbury, 1671~1713과 반대하는 존 로크 사이의 가상 대화를 엮은 것으로 여행 찬반론자들의 입장이 집약적으로 드러나 있다.[14]

섀프츠베리 해외여행은 청년의 자유주의적인 삶과 태도를 세련되게 다듬어준다. 또한 인간관계를 배우고 세상에 대한 대화를 나눌 수 있도록 해준다. 그렇기 때문에 청년들은 앞으로도 이 여행을 계속할 것이다.

로크 해외에서 내가 본 것은 오로지 짓궂은 장난뿐이었다. 여행은 미래의 통치자가 자기 나라를 이해하는 데 도움이 되지 않는다. 그에게는 우선 지성과 도덕적인 틀이 필요하다. 외국 여행은 시간 낭비이며 정중함을 배우는 것은 건전한 상식이나 도덕을 배운다는 의미가 아니다.

그런데 논쟁에서 제기된 많은 내용은 해외 유학뿐만 아니라 영국 내 교육에서도 논란이 되어온 문제들의 연장선에 있었다. 공교육이냐 사교육이냐, 학생들은 왜 버릇이 없고 가톨릭 문화에 현혹되는가, 혹은 엘리트는 왜 방종한 문화를 추구하는가 등의 문제였다.[15] 그런 민감한 국내의 사안들이 해외 유학이라는 사안에 덧입혀져 뜨거운 논쟁을 불러일으켰다. 그렇다면 여기서 해외 유학에서 주로 나타났던 문제들을 추려보자.

피상적 경험과 학습

직접 그랜드 투어에 동참했던 애덤 스미스는 유학의 효과에 대해 회의적이었다. 소년들이 나아지기는커녕 오히려 더 나빠져서 돌아온다고 말했다.[16]

17세 또는 18세에 해외에 나가 21세에 귀국한다면 출발 당시보다 서너 살을 더 먹은 것이다. 이 나이 때는 3~4년간 상당한 진보를 하지 않는다면 참으로 난처하다. 이 여행 중에 젊은이들은 일반적으로 한두 가지 외국어를 어느 정도는 배울 것이다. 그러나 이 정도의 지식으로는 외국어를 정확하게 말하거나 쓸 수 없다. 반면 그가 국내에 있었더라면 그렇게 단기간에 그렇게 오만하고 부정직하며 방탕하게 변하지는 못했을 것이다. 이런 변화로 그들은 학문이나 실무에 착실히 종사할 수가 없게 되는 것이 보통이다. 그런 젊은 나이에 여행을 하면서 인생의 가장 귀중한 세월을 부모와 친척의 감독과 통제가 미치지 않는 먼 곳에서 가장 보잘것없는 방탕에 소비함으로써 그 이전에 받은 교육에 의해 그에게 자리 잡으려 했던 모든 유용한 습관마저 거의 없어지는 것이다.[17]

실제로 많은 사람이 그랜드 투어에서 눈에 띄게 배우는 것이 없다고 생각했다. 특히 그랜드 투어에서 가장 중요하게 여겨진 외국어마저도 그 성취도가 낮다는 데 실망했다. 말년에야 해외에 나갈 수 있었던 존슨 박사는 젊은 시절 외국에 다녀온 젊은이들을 부러워했지만, 막상 그들을 직접 대면한바 그들이 의사소통 능력이 부족해 자신들의 특권적 경험을 제대로 써먹지 못한다고 비판했다. 그들은 정확하게 기억하거나 아는 것이 없었다. 존슨 박사는 "딱 한 번 자신이 본 것에 대해 제대로 말하는 것을 들었는데, 그것은 이집트 피라미드에 있는 왕뱀에 대한 것이었다"면서 한심해할 정도였다. 대륙 곳곳을 누비고 왔다고 거들먹거리는 사람을 보며 존슨 박사는 "그랬다면 무언가 새롭고 기이한 것을 말해줘야지, 그렇게 말없이 앉아서 입술만 달싹거리면 되나"라고 조용히 비웃기까지 했다.[18]

여행자 대부분은 가이드북에 나오는 것 이상을 보려고 하지도 않았고, 본다 해도 쓱 훑어보는 정도였다.[19] 나이 지긋한 지식인들 사이에는 여행을 다녀온 젊은이들의 경험이 천박하기 이를 데 없다는 탄식이 터져 나왔다. 메리 워틀리 몬터규의 이야기를 들어보자.

소년들은 오직 자기들이 만난 최고의 와인이나 제일 예쁜 여자들만 기억하고 동행 교사들은 (그 가운데 가장 학식 높은 자들에 대해서만 말하면) 오직 위치와 거리 혹은 조각상이나 건축물에 대해서만 언급한다. …… 3년간 유럽을 도는 여행(그들은 투어라고 부른다) 후에 사람들은 자기들이 그저 훑고 지나간 나라의 관습, 정치, 영토 간의 이해관계에 대해 정확한 평가를 내릴 수 있는 자격이 있다고 생각한다.[20]

그랜드 투어

무려 22년간이나 유럽 대륙에 체류했던 몬터규는 수많은 그랜드 투어리스트를 만났고, 그들의 대모 역할을 맡기도 했다. 그런데 전반적으로 그랜드 투어리스트에 대한 몬터규의 시각은 매우 부정적이었다. 그녀는 "그들이 파라오 궁전의 개구리와 이만큼이나 내게 고통을 주고 있다"[21]면서 그랜드 투어리스트와 동행 교사를 "최악의 손님"[22]으로 여겼다.

> (내가 관찰한 바로는) 그들이 해외에서 하는 짓이란 새 옷을 사 입고 미심쩍은 커피하우스에서 얼쩡대며 자기들끼리만 노는 일이다. 그리고 평생 기억할 만한 오페라 여가수의 시중을 드는 여자들을 정복한 후에 잉글랜드로 돌아가 사람과 관습에 대해 대단한 판단력이 있는 척하는 것이다. 그들을 볼 때마다 나는 애국심이 너무 강하게 불타오르며 그들을 타고난 최고의 얼간이로 보게 된다. 그리고 솔직하게 말하면, 바보(동행 교사)와 작은 주인(그랜드 투어리스트)의 혼합은 매우 이상한 종류의 짐승을 만들어낸다.[23]

몬터규를 실망시킨 것은 일차적으로는 그랜드 투어리스트의 행동거지였다. 해외에 나와 흥청망청 시간을 보내는 젊은이들에게 신뢰감이 가지 않았던 몬터규는 가끔 그들 편에 고국으로 선물을 보내려다가도 곧 "믿을 만한 사람이 없다"라면서 포기하곤 했다.[24] 가끔씩 듬직해 보이는 젊은이를 만나면 "이런 젊은이들이 돌아갈 때쯤에는 얼마나 타락해 있을지 모르겠다"[25]며 한숨을 쉬었다.

몬터규가 보기에 "외국을 평범한 수준에서라도 제대로 이해하려면 매우 긴 체류와 부지런한 탐구, 그리고 훌륭한 고찰"[26]이 필수적이었다. 하지만 그랜드 투어리스트들은 마치 자신의 의지와는 상관없이 그저 통과의례

'바보 같은 철새' 긴 여행을 마치고 돌아온 아들의 사치스러운 옷차림을 보는 아버지의 표정이 마뜩잖다 바로 뒤를 따르는 시종은 프랑스에서 산 마부용 부츠를 신고 있다.

를 거치듯 외국을 '거쳐 가는 사람'처럼 행동했다. 토비아스 스몰렛도 그랜드 투어에 나선 젊은이들을 '바보 같은 철새'라고 불렀다. 그들은 자기 털이 뽑히도록 내버려두는 멍청이들로, 영국에 돌아와서는 외국 습관의 제물인 '마카로니'가 된다고 비난했다.[27]

겉멋 든 마카로니의 등장

18세기의 정기간행물에는 종종 그랜드 투어를 조롱하는 전형적인 세 캐릭터가 등장했다. 수선스럽고 게으른 하인과 거만하고 편견 가득한 교사, 그리고 버릇없는 젊은 젠틀맨이다. 여행에서 돌아온 영국인들에게는 '마카로니'라는 별명이 붙었다. 마카로니는 1990년대 한국에서 유행했던 '압구정 오렌지족'과 비슷한 뉘앙스를 지닌 말이었다. 이 별명은 1770년 《옥스퍼드 매거진Oxford Magazine》에 실린 논설을 통해 공식적으로 알려지게 되었다.

최근에 남자도 여자도 아닌 중성의 이상한 동물이 우리 사이에 나타났다. 그것은 마카로니라고 불린다. 무슨 소린지도 모르고 지껄이고, 웃기지도 않는데 웃고, 밥맛도 없이 먹고, 운동하지 않으면서도 말을 타고, 마음이 없이 여자를 산다.[28]

마카로니라는 말은 베어 리더와 함께 호러스 월폴이 1764년 친구에게 보낸 편지에서 처음 사용한 것으로 알려진다.[29] 그런데 1766년에 발간된 스몰렛의 여행기에도 나타나는 것으로 보아 당시 세간에 널리 회자되고 있었던 것 같다. 영국에서 마카로니는 원래 여행자가 이탈리아에서 처음으로 맛보게 되는 음식이라는 의미가 있었다. 그러다가 그랜드 투어와 연관되어 이탈리아나 프랑스의 악덕에 물들고 겉멋만 든 젊은이를 지칭하게 되었다. 마카로니의 특성 가운데 가장 중요한 것은 '계집애 같은 취향'이었다. 여성적인 취향은 특히 옷차림에서 두드러지게 나타났다. 솟아오른 가발 위에 작은 모자, 아주 딱 맞는 코트, 커다란 단추들, 단춧구멍에는 작은 꽃다발을 꽂고, 구두에는 엄청나게 큰 버클을 달았다. 여기에 파라솔과 방한용 토시가 덧붙여지기도 했다. 이런 여성적인 꾸밈새는 동성애와 직접적으로 관련된 것이라는 의심도 팽배했다.

마카로니는 사회적으로 중요한 이야깃거리, 풍자 대상, 나아가 토론 주제가 되었다. 1773년 런던의 극장가에서는 〈마카로니〉라는 연극까지 상연될 정도였다.[30] 사람들은 '마카로니 클럽'에 대해서도 이야기했다. 구불거리는 긴 머리를 하고 킹스 스트리트나 세인트 제임스 스퀘어 근처를 출몰하는 해외 유학파 젊은이들을 일컫는 말이었다. 그들은 오페라가 공연될 때는 오페라글라스를 손에 들고 빠짐없이 떼거리로 나타나 존재감을 드러내곤 했다. 영국에서 오페라를 둘러싼 논란이 일어난 데는 오페라와 마카로니를 연결시키는 분위기도 한몫했을 것이다. 특히 이탈리아 오페라 수입을 둘러싼 비판 속에는 영국 문화를 버리고 해외의 것을 좋아하는 귀족들의 취향에 대한 혐오가 짙게 깔려 있었다. 오페라 비판의 선두에 섰던 애덤 워커Adam Walker, 1732~1821는 오페라가 "비이성적이고, 계집애 같으며, 우리를 노예 상태로 이끌 가능성이 크다"라고 말했다.[31]

국수주의적 관점에서 보면 유학을 마치고 돌아온 이들이 기회가 될 때마다 외국어를 사용하는 것도 못마땅한 일이었다. 사실 그랜드 투어가 유럽 전역으로 퍼져나갔던 18세기 중·후반에는 모든 나라에서 일상 대화에 이탈리아어나 프랑스어를 몇 마디 섞어 쓰는 것이 품위의 상징으로 인식되었다. 그런데 독일이나 러시아의 귀족 계급은 해외 문화에 대한 동경이 영국보다 훨씬 더 심했다. 러시아의 귀족들은 프랑스어로 말하고 프랑스 의상을 걸치고 프랑스 가구에 걸터앉아 프랑스 하인을 거느렸다. 이런 모습은 계급 간 갈등을 부추겼고, 독일에서는 이에 반발한 민족주의 성향의 부르주아 계급이 '게르만적 관습'이라는 문화를 개발하기에 이르렀다.[32]

한편 마카로니들도 고국의 문화에 다시 적응하는 게 쉽지 않았다. 전통적인 영국식 문화가 더 완고하게 지켜지던 시골에서는 갈등이 더 클 수밖에 없었다. 1779년 《위클리 미셀러니》에는 재능도 별로 없고, 공직을 맡을 깜냥도 되지 못하는 평범한 신사에게 과연 그랜드 투어가 무슨 소용일까를 논하는 글이 실렸다. 글의 요지는 이렇다. 부친의 사망 후 유산을 받게 된 학

'마카로니' 건장하고 투박한 시골 대지주가 그랜드 투어를 다녀오고 나서 세련된 척 유난을 떠는 아들을 바라보며 경악하고 있다. 이 젊은 아들의 태도, 옷차림 등은 모두 양성적인 '마카로니'의 모습을 표현하고 있다. 이 그림의 제목은 〈세상에! 이게 내 아들 톰이냐!〉다.

생이 그랜드 투어를 마치고 돌아온다. 시골의 영지에 도착하니 사람들이 몰려들어 환영해주었고, 어린 시절을 보낸 그곳에 다시 오니 몹시 반가웠다. 하지만 그는 곧 그들의 소탈한 매너에 '혐오감'을 느꼈다.

그들의 대화는 내가 끼어들 여지가 없는 주제들이었다. 늙은이들은 민감한 정치 논쟁이나 농사 이야기, 어린 것들은 지난번 여우 사냥이나 여자 꼬시는 시시콜콜한 이야기만 했다. 만약 내가 다른 주제로 대화를 시도하면 그들은 완전히 침묵했다. 그동안 내게는 너무 익숙해진 주제들을 그들은 이해할 수 없었기 때문이다. 만약 내가 가브리엘리나 밍고티(카테리나 가브리엘리와 레지나 밍고티로, 둘 다 유명한 여가수)에 대해 이야기를 꺼내면 그들은 무슨 말을 해야 할지 어쩔 줄 모르고, 내가 〈메디치가의 비너스〉의 균형미에 대해 언급하면 죽은 이의 아름다움을 알아서 뭐 하냐는 대답이 돌아왔다.[33]

당시의 출판물에는 그랜드 투어에서 돌아온 아들과 조우하는 아버지를 그린 삽화도 많이 등장했다. 처음에는 아들을 알아보지 못하다가 "네가 내 아들 톰이 맞냐!"라며 경악하는 아버지 앞에서 하얗게 분칠한 얼굴에 애교점까지 찍은 아들이 하늘 높이 치솟은 가발을 손으로 받치고 있다. 사실 문화적인 갈등은 사회 문제이기 이전에 심각한 집안 문제였던 것이다.

성적 일탈과 성병의 위험

상당수의 젊은 여행자들은 해외에서 매일같이 놀기 일쑤였다. 그랜드 투어는 어찌 보면 음주, 도박, 성적 기행의 합법적 기회이기도 했다. 성적 모험의 장소로 가장 유명했던 곳은 파리와 이탈리아였고, 특히 '유럽의 매음굴'이라고 불리던 베네치아가 악명을 떨쳤다.[34] 그래서인지 그랜드 투어가 한창 유행하던 시기 영국에서 베네치아Venice는 사랑의 신 비너스Venus와 거의 똑같이 발음되었다.[35] 당시 '이탈리아의 악the Italian vice'이라고 일컬어지곤 했던 동성애 역시 이탈리아에서는 흔한 일로 알려져 있었다. 특히 파도바 같은 대학 도시는 폭력과 동성애로 악명을 떨치기도 했다.[36] 《아들에게 주는 충고Advice to a Son》의 저자 프랜시스 오스본Francis Osborne, 1593~1659은 이렇게 말했다.

이탈리아를 여행하는 자는, 특히 어리고 수염이 나지 않은 자는 여자들의 애정만큼이나 남자들의 욕정으로부터 자신을 보호하기 위해 각별히 주의해야 한다.[37]

부모들도 아들을 보내면서 섹스와 관련된 걱정을 하지 않은 것은 아니었다. 어떤 부모는 동행 교사가 밀착 감시해주기를 바랐고, 어떤 부모는 절절한 편지로 끊임없이 종교적 경건을 들먹이며 지조를 지키라고 호소했다. 하지만 일부 부모는 반 포기 상태였다. 심지어 어떤 부모는 미혼이지만 결혼이 불가능한 영국 여배우와 놀아나기보다는 차라리 가톨릭교도이면서 기혼인 이탈리아 백작부인과 사귀는 편이 더 낫다고 생각했다. 더욱이 이탈리아 백작부인은 젊은이가 우아한 연애 스타일을 익히도록 해줄 뿐만 아니라 결혼 후의 잠자리 테크닉도 향상시켜줄 것이라며 위안을 삼았다. 그런 '합리적인' 생각은 아버지의 대를 이어 아들이 그랜드 투어를 떠났던 경우 특히 두드러지게 나타났다. 펨브로크 백작은 이탈리아로 떠난 아들에게 자신이 그곳에서 사귀었던 옛 애인을 소개하는 감상적인 편지를 보내기도 했다.[38]

더 큰 문제는 사춘기를 거치며 자아를 형성해가는 소년들에게 이국에서의 여성 편력이 일종의 성취감과 관련이 있었다는 사실이다. 그들에게는 현지에서 또래 영국인들과 어울릴 때나 돌아와서 친구들과 어울릴 때 대륙의 여자를 '정복'했다는 자랑거리가 필요했다. 이것은 특히 유럽 대륙에 비해 성적 자유나 섹스의 기술이 뒤쳐져 있다고 생각되던 영국 남자들에게는 일종의 숙제와도 같은 것이었다. 그렇기 때문에 젊은이들은 대륙에서 여자와 관계하는 것을 일종의 제국주의적 정복으로, 국가의 수준을 높이는 행위라고까지 여겼다. 그래서 '황태자비와 잤다'든가, 심지어 '집주인의 마누라

를 정복했다'라는 소문이 돌았다.[39]

소문으로만 남았던 관계도 많지만 기록으로 남은 관계도 있다. 기록벽을 타고난 제임스 보즈웰은 자신의 성적 기행을 세세하게 일기에 적었는가 하면, 친구들에게 편지로 자랑하기도 했다. 25세라는 많은 나이에 그랜드 투어에 올랐던 보즈웰은 떠날 당시만 해도 문란한 세상에서 혼자만 근엄한 척하며, 아주 고루한 사고방식을 갖고 있었다고 주장한다. 하지만 여행에서 만난 여자들이 너무 아름다운 데다 매춘부들이 있어서 유혹에 넘어가게 되었다는 것이다. 루소에게 보낸 편지에서 보즈웰은 이탈리아로 들어가는 순간부터 "토리노의 여자들이 너무 아름다우니 한번 넘어가볼까, 그래서 세상이 어떤지도 좀 알고, 그런 여자들도 경멸해볼까 하고 생각했습니다"[40]라고 썼다.

나폴리에서 저는 정말 자유로웠습니다. 마음대로 여자를 쫓아다녔지요. 제 피는 이글이글한 날씨로 들끓어 오르고 열정에 타올랐습니다. 저는 마음껏 누렸어요. 생각이란 거의 없었습니다.[41]

이탈리아에 머무는 동안 결국 보즈웰은 거의 섹스 중독자가 되어 여자를 찾아 헤맸다. 로마에서는 심지어 매일 여자를 사기로 마음먹고 실행에 옮기기도 했다. 2월 20일에는 한 '매력적인 여자'에게 7실링을 쓴 뒤 곧바로 다른 여자들과 어울려 남은 돈을 다 써버렸다. 21, 22일에는 그보다 조금 적은 돈을 지출했다. 그러다가 그는 세 자매가 운영하는 '카세노브'라는 작은 매춘업소의 고객이 되기에 이른다. 보즈웰은 2월 25일 일기에 "나이 든 여자, 말이 거의 없이 했다. 상당히 격렬했다"라고 간단하게 써놓았다. 그의 회계장부에 단지 '괴물'이라고 기록되어 있는, 이 '나이 든 여자'는 5실링짜리였다. 그는 "이제 여기서는 그만해야지"라고 말미에 적어두기도 했다. 3월 18일에 그는 마치 가계부를 쓰듯이 간략하게 "그리고 오페라 가수 등"이라고 써놓고, 그다음 날에는 "그리고 가수 등"이라고 써놓았다. 4월 12일에는 "밤에 새 여자, 일주일 동안 여자 없이 지내야지. 너무 힘들다"라고 해놓고는 결국 5월 22일에 "나는 '카세노브'에 갔다. 세 번째 여자를 골랐다. 이제 그만해야지. 정말이다"라고 써놓았다.[42]

알렉산더 포프의 서사시 〈던시어드The Dunciad〉(1728)에는 그랜드 투어리스트의 일탈을 잘 묘사한 구절이 있다.

내(동행 교사) 손에 이끌려

그는 유럽을 돌아다녔지

기독교의 모든 악을 끌어모으며

모든 궁정을 보고 오페라와 축제에 대한

모든 왕의 고귀한 평가를 들으며

사창가와 궁전을 모두 섭렵하며

온몸을 바쳐 여자들을 밝혔네.[43]

보즈웰보다 훨씬 높은 지위를 누리던 사람들도 스캔들의 주인공이 되곤 했다. 조지 3세의 동생이자 요크 공작이었던 에드워드 오거스터스Edward Augustus, 1739~1767는 1763년에 이탈리아로 떠났다. 당시 25세로, "모든 것을 다 가진, 운도 좋은 놈"이라고 불렸던 그는 여자를 얼마나 밝혔는지 정복한 여자들의 리스트가 돌 정도였다. 요한 요아힘 빈켈만은 그를 두고 "내가 아는 사람 중 최고의 왕족 야수로, 그의 지위나 나라에 걸맞지 않은 행동을 했다"라고 썼다. 어떤 소네트는 "영국 왕의 동생이 온다는 소식에 애인 있는 남자들만 빼고 모두 반겼다"고 비꼬았다. 당시 이탈리아에 머물던 한 귀부인은 어디를 가든 사람들이 그를 미워했다면서 이탈리아 전역에서 그의 행적은 구역질이 날 지경이라고 쓰기도 했다.[44]

영국 귀부인에게는 수치스러운 행각으로 보였지만 남자들 사이에서는 요크 공작이 거의 신처럼 숭앙되었다. 그를 따라 하려는 사람도 적지 않았다. 하지만 지나친 방종은 예상치 못한 결과로 이어졌다. 요크 공작은 곧 모나코에서 원인 모를 병에 걸려 죽고 말았다. 그뿐만 아니라 종종 엄청난 금전적 손실도 뒤따랐다. 프랜시스 위테드Francis Whithed, 1719~1751는 사촌형과 함께 1740년부터 6년 동안 이탈리아에 머물렀다. 그는 피렌체에 있는 동안 정부를 누렸는데, 둘 사이에 딸이 태어났고 결국 그 딸에게 무려 6,000파운드를 내주었다.[45] 그랜드 투어에 반대하는 사람들의 입장에서 볼 때 이 일은 '국가의 부가 빠져나가는' 대표적 사례였다.

때로는 애정 행각이 종교 문제로 번지기도 했다. 폭스 레인Fox Lane이라는 젊은이는 영국인 여행자들에게 큰 인기를 누리던 오페라 가수 카테리나 가브리엘리Caterina Gabrielli, 1730~1796에게 홀딱 빠졌다. 문제는 그가 그녀를 사모한 나머지 로마가톨릭으로 개종까지 했다는 점이었다. 토리노의 특사는 자칫 반역죄로 몰릴 수 있는 이 문제를 해결하느라 골치를 썩었다. 특사는 "그놈을 그냥 빨리 돌려보내는 것이 최선의 해결책이었다. 나는 이 모든 행동을 그냥 매혹과 유치함에서 나온 것으로 생각하기로 했다"며 고개를 절레절레 흔들었다.[46]

무분별한 육체적 탐닉은 대부분 성병이라는 치명적인 대가를 요구했다.

그랜드 투어리스트의 일탈 주세
페 마리아 크레스피가 그린 베네
치아 쿠르티잔의 살롱 모습이다.

보즈웰은 로마에서 성병에 걸렸고, 베네치아에서 또 걸렸다. 그는 루소에게
보낸 편지에서 "로마에서 격전의 상처가 채 아물기도 전에 베네치아에서 새
로운 상처를 입었다"고 에둘러 보고하며 주접을 떨었다.[47] 사실 성병은 18세
기 영국 귀족 사회에서 무척이나 심각한 문제였다. 역사가들은 당시 성병이
인구 문제에 중대한 위기를 초래했다는 데 동의한다. 18세기 상류층 가운데
아예 후손을 보지 못해 가문이 몰락하는 경우도 많았기 때문이다. 그런 결
과를 초래한 원인의 하나로 그랜드 투어를 꼽지 않을 수 없다.[48]

그랜드 투어는 엘리트 교육의 필수 코스

여행자의 특권

여행을 마치고 돌아온 사람들이 여행의 이점에 대해 구구절절하게 늘어놓는 경우는 별로 없었다. 특권을 누린 것이 분명하기에 점잖은 사회에서 드러내놓고 자랑하거나 논설을 쓸 수 없었기 때문이다. 하지만 많은 여행자에게 그랜드 투어는 분명히 즐거운 경험이었고 기대할 만한 효과도 있었다. 최대의 이점은 시야가 넓어져 사회에 잘 적응하고 공직 수행에 필요한 여러 자질을 훈련받았다는 점이다. 다른 나라를 많이 보는 것은 오히려 자국의 한계를 깨닫게 해서 쓸데없는 자국 우월주의의 치료제로도 작용했다. 여기서 그랜드 투어 옹호자 가운데 원조라 할 수 있는 리처드 라셀스가 해외 유학의 효과로 꼽은 내용을 한번 정리해보자.

- 책에서 읽고 배우는 것과 비교가 되지 않게 많이 배울 수 있다.
- 부모의 보호에서 벗어나 고생을 해봐야 성장하게 된다.
- 우물 안에서 자신이 최고로 잘난 줄 알던 사람은 더 넓은 땅에서 훌륭한 사람을 많이 만나봐야 훨씬 겸손해지고, 아랫사람들을 배려할 수 있게 된다.
- 여행을 해야만 여러 언어를 배울 수 있고, 그래야만 다른 나라 사람들과 소통할 수 있다.
- 인류가 하나의 뿌리에서 나와 결국은 모두 친인척이라는 것을 알게 된다.
- 무엇을 수입해야 하고, 어떤 실험을 해야 하며, 어떤 종류의 지식을 증진시켜야 하는지를 알게 되어 국익에 기여할 수 있다.
- 고국에서 들을 수 없는 매우 특별한 이야기들을 들을 수 있으므로 현명한 사

람은 더 현명해지고, 선악을 구별하게 된다. 게다가 그런 이야기들은 평생 자신감을 주고, 늘그막에 추억거리가 된다.

• 다녀와야 사회를 비추는 태양이 될 수 있다.
• 유명한 이들이 이미 다녀왔기 때문이다.

여기서 맨 마지막 이유가 의미심장하다. 라셀스는 많은 위인의 예를 들어가며 이야기를 풀어놓는다. 플라톤, 피타고라스, 아낙사고라스, 아나카르시스 등 고대의 위대한 철학자는 모두 위대한 여행자였다. 그뿐만 아니라 카를 5세와 스웨덴 왕 구스타브 2세 아돌프Gustav II Adolf, 1594~1632, 재위 1611~1632도 위대한 여행자였다. 카를 5세는 영국을 두 번, 프랑스는 네 번이나 다녀왔는가 하면, 독일은 아홉 번, 심지어 아프리카까지 가봤다. 스웨덴 왕은 신분을 숨기고 네덜란드, 프랑스, 이탈리아, 독일에서 훈련받았다. 그래서 그는 다른 나라의 정보에 훤한 것으로 알려졌다.[49] 게이야르 역시 "과거 모든 왕족이 다 했기 때문"에 여행을 해야만 한다고 단정적으로 말한다.[50]

위인과 왕족 들이 다 다녀왔다는 사실이야말로 그랜드 투어를 통해 얻고자 하던 핵심적인 효과가 아니었을까. 유학을 통해 얼마나 배웠는지는 가늠할 수 없지만, 다녀왔다는 것은 분명한 경력으로 남았기 때문이다. 그리고 분명히 그랜드 투어는 사회 엘리트들에게 필수 코스를 밟았다는 자신감을 주었다. 존슨 박사는 "이탈리아에 가보지 않은 사람은 언제나 열등감을 느끼게 된다"고 말한 바 있다. 존슨의 전기를 쓴 보즈웰은 존슨 박사가 여행에서 돌아온 한참 뒤에도 "머릿속에는 아직도 이탈리아 여행이 들어 있었다"라고 기록했다.[51] 여행의 내용과는 관계없이 일종의 통과의례로서, 엘리트의 온전한 정체성을 갖추는 데 필수적이라는 이야기다.

1756년 《월드The World》지에는 아주 흥미로운 논설이 실렸다. 익명의 기고자는 영국이 프랑스와 평화를 유지해야 하는데, 그 이유는 다름 아니라 젊은 귀족들을 계속 그랜드 투어에 보내기 위해서라고 말문을 연다. 그런데 본론에 가서는 만약 대륙행이 그렇게 위험하다면 차라리 젊은이들을 파리 대신 베이징으로 보내자는 주장이 나온다. 그러면 가톨릭에 물들 위험도 없고, 특별히 루트를 고민할 필요도 없는 데다 여러 면에서 나날이 발전하는 중국에서 많은 것을 배워 오리라는 이야기였다. 게다가 프랑스 대신 중국으로 여행자를 보내는 것은 프랑스인들을 '한 방 먹이는 일'이라는 것이었다.[52]

이 기고자는 근간에 유학을 통해 학생들이 새로운 것을 배우기는커녕 신앙심마저 잃고 있다고 개탄했다. 그러면서 도덕적인 자유사상가들이 사상계를 주도하고 있는 현 상황에서는 학생들이 공자의 사상을 배워 오는 것노 좋은 일일 것이라고 제안한다. 공지의 시상은 젊은이들이 분명한 계획을 세울 수 있게 도와줄 것이며 종교적으로도 일종의 공공 예배 형식을 새로 고안하게 할지도 모른다는 것이었다. 시내의 목 좋은 곳에 중국식 사원을 지어서 상류사회 사람들을 모이게 하면 무신앙에 빠지는 것보다는 나을 것이라는 풍자도 곁들여졌다.[53]

그런데 이 논설에서 가장 흥미로운 부분은 따로 있다. 유럽 여행이 하도 유행하니까 이제는 유럽 대륙 따위에 보내는 것은 티도 안 난다는 말이다. 이 기고자는 독자들을 향해 젊은이가 중국 옷을 입고 돌아왔을 때를 상상해보라고 말한다.

그는 시내에서 얼마나 호기심의 대상이 될 것인가! 얼마나 흥미로우며 얼마나 경탄을 받을 것인가! 그가 방에 걸어 들어가는 순간 소파에서 벌떡 일어나는 애인이

나 카드놀이를 멈출 귀족의 미망인이며, 게걸스럽게 그의 이야기를 들으러 오는 모두를 보며 얼마나 대단한 승리감을 느낄 것인가![54]

베이징에 가라고 권고하는 이 논설은 그랜드 투어가 본질적으로는 과시적 소비였다는 사실을 더할 나위 없이 선명하게 드러낸다.

지식과 사상의 전파

그랜드 투어의 효과는 비단 영국에서만 나타난 것이 아니다. 대륙 곳곳을 누비던 엘리트들이 몸에 익히게 된 국제적 문화는 유럽의 귀족 계급이 동질성을 형성하는 근간이 되었다. 유럽의 상류사회는 국제적 차원의 취향, 지식, 교양, 교육 등을 공유했다. 또한 그 과정은 사상의 전파를 용이하게 했고 계몽주의를 범유럽적인 현상으로 만드는 밑거름이 되었다.

그랜드 투어에서 성취해야 할 교육과정 가운데는 지도나 천구 보는 법, 수학과 화학에 대한 지식도 들어 있었다. 만약 여건이 허락된다면 파도바나 몽펠리에 같은 곳에서 의학을 좀 배워야 한다는 권장 사항이 덧붙여졌다. 반드시 의사가 되거나 실제 진료를 위해서가 아니라 '오직 일반적인 이해'를 위해서 말이다.[55] 많은 젊은이가 놀러 다니느라 바빴지만 이런 교육적 원칙에 충실하게 다양한 지적 활동에 몰두한 젊은이도 많았다.

제1대 레스터 백작 토머스 코크는 아마도 가장 충실하게 그랜드 투어의 교육과정을 밟은 여행자였을 것이다. 코크는 15세인 1712년에 케임브리지 출신 동행 교사와 함께 7년에 걸친 그랜드 투어에 나섰다. 그는 토리노의 아카데미에서 공부했고, 토스카나 대공과 친분을 쌓았으며, 이탈리아어를 배우고, 자코모 레오니Giacomo Leoni, 1686~1746라는 건축가에게 건축 이

바토니가 그린 토머스 코크의 초상화
개는 주인을 존경스럽게 올려다보고 있
고 오른쪽 뒤편의 클레오파트라 상도 젊
은이를 경애하듯이 바라보고 있다. 이런
장치들은 주인공 젊은이를 영웅적인 존
재로 부각시킨다.

론을 배웠다. 로마에서는 베네데토 루티Benedetto Luti, 1666~1724라는 화가의
스튜디오에서 미술을 배웠다.

코크는 로마에서 고대와 현대 건축술과 그림을 공부하던 윌리엄 켄트
William Kent, 1685~1748를 만나게 되었다. 두 사람은 벌링턴 백작과 함께 이
탈리아 주요 도시의 건축물을 둘러보는 여행을 떠나기도 했다. 그는 건축뿐
만 아니라 지리와 수학을 배웠고 로마에서는 고대 유적을 변별하는 법을 배
웠으며 제네바, 프랑크푸르트, 피렌체에서는 레오나르도 다 빈치의 작품을
비롯한 수많은 그림과 귀한 고서들을 구입했다. 영국으로 돌아온 코크는 제
1대 레스터 백작이 되었으며, 의회에도 진출해 활발한 활동을 펼쳤다. 그뿐

만 아니라 여행 중에 수집한 물건들로 채워진 자기만의 박물관을 세웠다.[56] 정치적으로 성공했을 뿐만 아니라 진정한 교양인으로 남게 된 것이다.

위대한 사상가나 문필가 가운데 그랜드 투어에 영감을 받아 역사에 기억될 성과물을 내놓은 사례는 너무나 많다. 존 밀턴John Milton, 1608~1674은 1638년부터 2년 동안 이탈리아에 머물렀는데 그 여행은 그의 일생에 지대한 영향을 끼치게 되었다. 그가 자주 방문한 문학회에서 토론했던 내용이 결국 《실낙원Paradise Lost》의 토대가 되었다.[57] 밀턴은 이탈리아 여행을 생애 가장 즐거웠던 추억으로 간직했다. 영국을 방문한 볼테르의 감상은 《영국민에 대한 서간Letters Concerning the English Nation》(1726~1728)으로 나오게 되었다. 몽테스키외도 어릴 때 영국과 저지대 지방을 여행했는데, 그 경험이 《법의 정신De l'esprit des lois》에 큰 영향을 끼쳤다고 알려진다. 영국인들 사이에서 대표적인 여행 지침서가 된 《그랜드 투어》의 저자 토머스 뉴전트는 볼테르의 《보편사: 국가의 관습과 정신Essay on Universal History: The Manners and Spirit of Nations》(1759)과 몽테스키외의 《법의 정신》을 번역한 사람이었다.

로크에게 그랜드 투어는 정치, 경제, 사회, 문화 등 모든 방면에서 그야말로 세계관을 넓히는 공부의 과정이었다. 그는 프랑스의 정치체제에 대한 자세한 고찰을 남겼는가 하면, 재정과 세금제도에 대해서도 큰 관심을 보였다. 그가 보기에 프랑스의 세금제도는 지나치게 불평등한 것이었다. 특히 타이유taille세를 통해 상류층이 농민들을 쥐어짠다며 안타까워했다. 기계에도 관심이 많았던 로크는 비단 직조기·착유기·압착기·무기·비누 제조 과정에서 어떤 기술적 발달이 이루어지고 있는가를 면밀하게 관찰했다. 그는 장 피카르Jean Picard, 1620~1682 같은 천문학자를 비롯해서 콜베르Jean Baptiste Colbert, 1619~1683가 이탈리아에서 초빙해 프랑스 지도를 그리게 한 카시니

Cassini 가문 등 유명한 기술자와 발명가 들을 만나기도 했다. 또한 프랑스 곳곳의 와인 맛을 상세하게 비교했는가 하면, 식물학이나 동물학에도 큰 관심을 보였다.[58]

로크와 비슷한 시기에 유럽을 여행했던 영국인 중에는 식물학자 존 레이John Ray, 1627~1705도 있었다. 그는 1663년부터 3년 동안 유럽 대륙 곳곳을 여행하면서 희귀 식물을 수집하고 그것을 도감으로 만들어 출판하게 된다. 뒷날 그는 '영국 자연사의 아버지'라고 불리게 된다. 이 여행에는 동물학자 프랜시스 월러비Francis Willoughby, 1635~1672, 기계와 수도설비에 관심이 많았던 필립 스키폰Philip Skippon, 1641~1691, 트리니티 칼리지 출신인 레이의 학생 너새니얼 베이컨Nathaniel Bacon, 1647~1676 등이 동행해서 마치 움직이는 왕립학회 같았다.[59] 실제로 여행 도중 유럽의 여러 곳에서 만들어진 '학회'들이 결국 영국 '왕립학회Royal Society'의 결성으로 이어졌다. 그리고 그들이 관심을 가졌던 분야는 그들이 돌아다녔던 지역만큼이나 광범위했다.

괴테도 자연사에 관심이 많았다. 그는 라이프치히 대학 시절부터 할러Albrecht Haller, 1708~1777, 린네, 뷔퐁Georges Louis Leclerc de Buffon, 1707~1788 등을 통해 당시의 박물학에 대해 익히 알고 있었고, 훔볼트Humboldt 형제와 교류하면서 영향을 받아 여행 초기부터 식물지리학에 큰 관심을 보였다. 그는 이탈리아를 여행하면서도 린네가 쓴 책을 들고 다녔는가 하면, "내가 좀더 주의 깊게 주목한 것은 산의 고도가 식물에 영향을 미치는 것 같다는 점이었다. 거기서 나는 새로운 식물들만 발견한 것이 아니라 낯익은 식물들의 형태가 변화한 것도 발견했다"[60]고 쓰기도 했다.

그랜드 투어의 경험이 평생 매달릴 수 있는 귀중한 지적 활동의 계기가 되기도 했다. 조지 셕버러George Shuckburgh, 1751~1804 경은 프랑스와 이탈리아에 머무는 동안 다른 이들처럼 오페라를 보러 다니는 대신 과학 탐사에 몰두했다. 그 결과로 나온 것이 스코틀랜드의 유명한 군사 기술자 윌리엄 로이William Roy, 1726~1790와 함께 쓴 〈바로미터로 산의 높이를 확정하기 위해 사보이에서 행한 관측〉(1777)이라는 보고서였다.[61] 이후 섹버러 경은 정치가로 의회에서 활동하는 한편, 수학자이자 천문학자로서 왕립학회 회원이 되었고 많은 책을 펴냈는가 하면, 개인용 천문대를 세우기도 했다. 달 표면의 섹버러 분화구는 그의 이름을 딴 것이다.

오스만튀르크 대사로 부임한 남편을 따라갔던 메리 워틀리 몬터규는 영국에 최초로 종두법을 도입하게 된다. 흔히 유럽에서 최초로 종두법을 시행한 사람은 에드워드 제너Edward Jenner, 1749~1823로 알려져 있지만, 사실은 그가 종두법을 발표한 1798년보다 무려 80년 전에 몬터규가 영국에서 시행했던 것이다. 몬터규는 천연두로 남동생을 잃었고, 자신도 가까스로 살아나기는 했으나 결국 미모를 잃게 된 탓에 천연두에 대한 두려움이 매우 컸다. 이후 오스만튀르크를 여행하면서 사람들 사이에 종두법이 시행되는 것을 본 몬터규는 나름대로 공부한 뒤 런던으로 돌아와 종두법 캠페인을 펼치기 시작했다. 그녀는 먼저 자신의 아들과 딸에게 접종했고, 1722년에는 캐롤라인 공주의 두 딸에게도 성공적으로 접종할 수 있었다. 그녀는 실명과 익명으로 종두법에 대한 여러 편의 논고를 발표하기도 했다. 하지만 당시 국수주의자들이 보기에 종두법은 너무나 기괴한 '동양적'인 관습이어서 이것의 시행을 둘러싸고 격렬한 논쟁이 벌어졌다. 일부 사람들은 종두법 보급에 나선 몬터규를 '무식한 여자'라고 비판했다. 이후 제너는 천연두보다 훨씬 덜 치명적인 우두를 접종함으로써 부작용을 줄였다. 하지만 제너 역시 보수적인 의료계와 지루한 논쟁을 벌여야 했다.[62]

1세대 페미니스트의 대표라 할 수 있는 메리 울스턴크래프트는 오랫동안 프랑스 여행을 꿈꿨다. 1792년에 출간된 《여성의 권리 옹호》에서 그녀는 여자도 남자와 마찬가지로 영혼과 정신력을 가지고 있으며, 따라서 동일한 인권을 가진다고 주장했다. 그녀는 프랑스혁명기에 소년 교육에 대한 청원서를 제출했던 탈레랑Charles-Maurice de Talleyrand, 1754~1838에게 이 책을 헌정했다.[63] 프랑스혁명의 와중에 파리에 도착한 울스턴크래프트는 진정한 평등은 정치적인 삶뿐만 아니라 경제적인 삶으로도 확대되어야 한다는 사실을 제대로 이해하게 되었다. 혁명을 통해 새롭게 수립될 질서가 결국 탐욕스러운 부르주아를 위한 것이라면 그것은 여성의 입장에서 볼 때 기존의 세습 특권 체제보다 나을 것이 없다는 판단이었다. 울스턴크래프트는 《프랑스혁명의 현재 특성에 대한 편지》에서 이렇게 말한다.[64]

> 만일 이 혁명이 귀족 계급을 완전히 파괴해 부유층 계급에게 자리를 내줄 뿐이라면, 그 변화가 사람들의 도덕을 크게 발전시키거나 부패한 정부를 정화할 것 같지 않아 두려워요. 당신도 알다시피, 프랑스에 오기 전 저는 강한 덕은 문명의 발전으로 생겨난 세련된 태도와 공존할지 모른다고 생각했었지요. 그리고 심지어 발전 과정에서 사람들이 불행에 괴로워하지 않고 고결해지려고 애쓰는 그런 신기원을 고대하기까지 했죠. 하지만 주의 깊게 관찰해본 바에 따르면 황금시대에 대한 전망은 점차 사라져가며 제 시야를 벗어나고 있답니다.[65]

해외에서의 경험은 이처럼 자신의 신념을 뒤흔드는 계기가 되기도 했지만, 더 깊은 성찰과 창작의 날개를 펼 수 있는 새로운 환경을 제공하기도 했다. 로마에서 새롭게 태어났다고 환호했던 괴테는 《이피게니에Iphigenie auf

카페 플로리안 1720년 12월 29일부터 현재까지 영업을 계속하고 있는 카페 플로리안의 내부 모습이다. 베네치아를 방문한 유럽의 지식인과 예술가 들은 이곳에서 지적 자극과 예술적 영감을 얻었다.

Tauris》의 마지막 장을 로마 숙소의 좁은 대리석 책상에서 완성했다.[66] 마찬가지로 고골Nikolai Vasilievich Gogol, 1809~1852은 《죽은 영혼》에 대한 영감을 로마에서 얻었으며, 안데르센Hans Christian Andersen, 1805~1875은 로마의 오래된 '카페 그레코Cafe Greco'에서 훗날 전 세계 어린이들이 사랑하게 될 아름다운 동화를 집필했다.[67] 1760년에 문을 연 카페 그레코에는 괴테와 스탕달 같은 문인을 비롯해 멘델스존Jakob Ludwig Felix Mendelssohn-Bartholdy, 1809~1847, 로시니Gioacchino Antonio Rossini, 1792~1868, 리스트Franz Liszt, 1811~1886 같은 음악가도 단골로 출입했다.

로마에 카페 그레코가 있다면 1638년부터 커피가 판매되기 시작한 베네치아에는 이탈리아 최초의 카페인 '카페 플로리안Cafe Florian'이 있었다. 유럽 곳곳에서 베네치아를 찾아온 지식인들은 그곳에서 열띤 토론을 벌이기도 했고, 한쪽 구석에서는 1760년에 창간된 이탈리아 최초의 신문 〈가제타 베네타Gazzetta Veneta〉의 편집회의가 열리기도 했다. 물론 모든 손님이 고상하지만은 않았다. 카사노바는 그곳에서 도박을 했고, 루소는 창부를 만났다. 하지만 카페 플로리안은 도박과 매춘보다는 훨씬 더 강렬한 지적 자극과 예술적 영감의 장소로 남았다. 바그너Wilhelm Richard Wagner, 1813~1883, 찰스 디킨스Charles Dickens, 1812~1870, 존 러스킨John Ruskin, 1819~1900, 로버트 브라우닝Robert Browning, 1812~1889이 즐겨 찾던 곳이자 토마스 만Thomas Mann, 1875~1955이 《베네치아에서의 죽음Der Tod in Venedig》을 구상한 곳이었다.[68]

영국 건축의 발달

유럽 여행이 가져온 '눈에 보이는' 성과물도 많았다. 그랜드 투어를 통해 사들인 작품과 높아진 안목은 영국의 예술이 풍부해지는 데 크게 기여했다. 특히 많은 건축가가 대륙의 건축 양식을 영국에 도입해 낙후되었던 영국의 건축 수준을 한 단계 높여놓았다.

이 분야의 선구자는 이니고 존스Inigo Jones, 1573~1652였다. 직물업자의 아들로 태어난 존스는 꽤 오랫동안 연극계에 종사했다. 무대를 만들고, 가면극을 연출하고, 회전무대를 도입하는 등 500여 회의 공연을 치렀다. 그런 존스가 건축에 투신한 계기는 비첸차 출신의 건축가 안드레아 팔라디오 때문이었다. 존스는 팔라디오가 사망하고 20년 후 이탈리아를 방문했다가 그의 작품을 보고 홀딱 반해서 집착에 가까운 애정을 갖게 되었다. 팔라디오의 도면을 눈에 띄는 대로 사들이고 이탈리아어를 배웠으며, 심지어 자신의 서명조차도 팔라디오의 서명을 본뜰 정도였다. 영어권 최초로, 그리고 영어권에서 가장 뛰어난 팔라디오 숭배자가 나타난 것이다. 그리고 그의 선례를 따라 유학을 떠난 영국의 거의 모든 건축가는 팔라디오의 건축을 직접 보기 위해 비첸차로 향했다.

팔라디오는 비첸차 인근의 석공 출신으로 안목 있는 귀족의 후원 아래 고급 건축가로 거듭난 사람이다. 그는 기원전 1세기의 로마 건축가 비트루비우스Marcus Vitruvius Pollio를 모델로 삼아 고전적인 이상에 충실한 건물을 짓기 시작했다. 그는 방을 만들 때는 일곱 가지 기본 형태 가운데 하나를 따라야 하고, 식당은 길이가 폭의 두 배가 되어야 한다는 식으로 건축에서 일종의 규범이 될 법칙을 만들어냈다. 기둥의 경우에는 코린트식이 이오니아식보다 항상 더 우위에 있고, 이오니아식이 도리아식보다 더 위에 있다. 왜 그런지는 설명하지 않았지만 그가 만들어놓은 원칙은 존스와 그 후계자들에게 어마어마한 계율이 되었다. 팔라디오는 생애 말기인 1570년에《건축 4서I quattro libri dell'architettura》[69]를 펴냈다. 팔라디오 나름의 건축 원칙과 상세한 설명, 그리고 실용적인 조언이 가득한 이 책은 영국 건축가들에게 성경이나 다름없었다.[70]

심지어 미국의 한적한 마을에도 팔라디오 스타일의 건물이 들어섰다. 1769년 토머스 제퍼슨은 버지니아 산기슭에 직접 집을 짓기 시작했다. 법률가이자 정치가로, 독립선언서를 쓰고 버지니아 대학을 창설한 이 위대한 인물은 동시에 음악가이자 측량가이자 뛰어난 설계사였다. 유럽의 고전 문화에 심취했던 제퍼슨은 존스와 마찬가지로 팔라디오의《건축 4서》에 깊은 감명을 받아 "팔라디오가 성경이다"라고 말했다. 결국 그는 팔라디오의 '빌

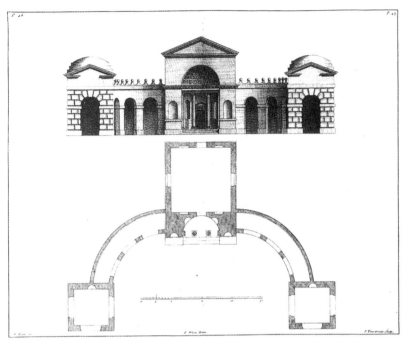

윌리엄 켄트가 설계한 비너스 사원 설계도(위)와 실제 건물의 모습(아래) 버킹엄서 스토에 있는 이 사원은 팔라디오가 사용한 로마식 반원형 노천 건축물을 이니고 존스가 수정한 스타일을 따랐다.

라 카프리Villa Capri'를 본떠서 자신이 꿈꾸던 집을 지었다. 그 집의 이름은 '몬티첼로(이탈리아어로 '작은 언덕'이라는 뜻)'로, 완공까지 무려 40년이 걸렸다.[71] 이후 팔라디오가 설계한 건축물은 서양 곳곳의 유명한 건물의 원형이 되었다. 루브르 박물관, 백악관, 버킹엄 궁전, 뉴욕 공립도서관, 워싱턴에 있는 국립박물관 등 수많은 건물이 복제에 복제를 거듭하게 되었던 것이다.

한편 영국으로 돌아온 존스는 이탈리아 건축을 영국에 소개하기 시작했다. 그는 당대의 로마보다는 고전기의 로마, 그리고 팔라디오의 고전주의 건축을 연구해 영국에 르네상스와 고전주의 건축을 도입했다. 무엇보다 그는 기회가 있을 때마다 팔라디오 스타일의 건물을 지었다. 1616년 그리니치에 퀸스 하우스Queen's House를 설계했고 코번트 가든에 런던 최초의 광장을 설계하기도 했다. 런던 화이트홀 궁전의 방케팅 하우스Banqueting House, 윌트셔주의 윌튼 하우스Wilton House 등도 그의 작품이다. 존스 이후 팔라디오 스타일은 18세기까지 영국의 대표적인 건축 양식이 되었다. 그 특징은 다름 아닌 고전적인 이상, 즉 엄격한 법칙에 대한 집착이었다.[72]

존스 이후로 17세기에 또 다른 두 명의 걸출한 건축가가 나타났으니, 바로 크리스토퍼 렌Christopher Wren, 1632~1723과 존 밴브루John Vanbrugh, 1664~1726다. 이들은 공교롭게도 파리와 연관이 있다. 렌은 뉴턴이 당대 최고 과학자로 꼽을 만큼 뛰어난 자연과학자였다. 런던 대학과 옥스퍼드 대학의 교수를 역임하고 왕립학회의 창단 멤버이기도 했던 렌은 1663년 갑자기 건축으로 방향을 바꾸었다. 그리고 1665년 파리로 떠나 독학으로 건축을 공부했다. 그가 추종했던 사람은 이탈리아의 건축가이자 조각가인 베르니니Giovanni Lorenzo Bernini, 1598~1680였다. 렌이 파리에 도착한 지 얼마 되지 않은 1666년 런던 대화재가 일어나 런던 대부분이 잿더미가 되었다. 렌은

켄싱턴궁의 내부 전경 왕이 사용하던 계단으로 1689년 크리스토퍼 렌이 만들었다. 켄싱턴궁은 1760년까지 가장 선호되던 왕실 거주지였다. 빅토리아 여왕의 출생지이자 유년 시절을 보낸 곳으로 유명하며, 다이애나 전 황태자비가 살던 곳이기도 하다.

그 소식을 듣고 서둘러 귀국했는데, 그의 손에는 이미 새로운 세인트 폴 대성당의 설계도가 들려 있었다. 렌은 1667년부터 런던 시내의 51개 교회와 세인트 폴 대성당을 재건했다. 렌의 디자인은 고전주의를 독창적으로 해석해 영국 건축의 뚜렷한 색깔을 만들어냈다는 평을 들었다.

윈스턴 처칠Winston Leonard Spencer Churchill, 1874~1965이 태어난 곳으로 유명한 블레넘 궁전을 설계한 존 밴브루는 독특한 이력의 소유자였다. 그는 어린 시절부터 휘그당에 동조해 제임스 2세를 폐위하고 윌리엄 3세를 옹립하려는 계획에 가담했다. 헤이그에서 밀정으로 활동하던 밴브루는 영국으로 돌아오는 길에 그만 칼레에서 스파이로 체포되어 무려 4년 반 동안 프랑스 감옥에 갇히게 되었다. 루이 14세에게 청원해 정치범 교환 형식으로 풀려났을 때 그의 나이는 29세였다. 철저한 민주주의 신봉자였던 밴브루는 이때부터 프랑스의 정치체제를 더욱 혐오하게 되었다. 하지만 동시에 밴브루는 프랑스 건축에 매료되기 시작한다.

감옥에서 풀려난 밴브루는 영국으로 귀국하기 전 3개월 동안 프랑스의 건축물을 보러 다녔다. 그것은 "규모, 치장, 풍부함, 취향 그리고 세련미에서 영국과는 비교할 수 없는 것"[73]이었다. 영국으로 돌아온 밴브루는 건축에 전혀 경험이 없으면서도 칼라일 백작의 거대한 성인 캐슬 하워드를 설계해 사람들을 놀라게 했다. 이후 초대 말버러 공작Duke of Marlborough인 존 처칠 John Churchill, 1650~1722의 공적을 기려 앤 여왕이 하사한 블레넘 궁전의 설계를 맡게 된다. 블레넘은 오스트리아에 있는 작은 마을 블렌하임blenheim의 영어식 이름으로, 말버러 공작이 1704년 프랑스와 바이에른 연합군을 대파한 곳이다. 밴브루가 설계한 대규모 컨트리하우스는 바로크 양식의 영향을 받은 것으로, 영국에 짧지만 강렬하게 바로크 건축을 유행시켰다.

존 손과 그랜드 투어 박물관

18세기 그랜드 투어와 건축의 관계를 파고들면 가장 눈에 띄는 인물은 존 손John Soane, 1753~1837이다. 그것은 "18세기 영국 건축가들 중에 손만큼 그랜드 투어가 중요한 역할을 한 사람은 없었다"라는 평가로 압축된다.[74] 런던 중심가 한복판인 링컨스 인 필즈 12번지, 아직도 수많은 여행자가 찾는 존 손 박물관Sir John Soan's Museum은 원래 손의 집이었다. 그는 건축과 미술을 공부하는 후학들을 위해 자신의 집을 박물관으로 꾸며 통째로 기부했다. 그곳은 18세기 건축가의 삶이 고스란히 숨 쉬고 있을 뿐만 아니라 그에게 어마어마한 영감을 주었던 그랜드 투어의 당시 모습을 생생하게 접할 수 있는 귀한 공간으로 남게 되었다.

벽돌공의 아들로 태어난 손은 15세 때부터 건축을 배우기 시작했다.[75] 그를 데리고 있던 건축가 조지 댄스George Dance the younger, 1741~1825는 왕립미술원의 창립 멤버로서 손에게 그곳에 진학할 것을 권유했다. 학구열에 불타던 손은 무료로 공부할 수 있는 그 기회를 잡았다. 재학 중이던 1772년 손은 건축 설계 공모에서 은메달을 받았고, 1776년 다시 금메달을 받음으로써 부상으로 해외 유학을 떠날 수 있게 되었다. 그는 3년간 매년 60파운드의 장학금을 지원받았다. 24세이던 1778년 그랜드 투어를 떠난 손은 너무 감격했던 나머지 이후 평생 자신이 여행을 떠난 3월 18일을 기념했다.

그랜드 투어는 손이 보고 싶었던 고대 건축물을 실제로 볼 수 있는 너무나도 행복한 시간이었다. 더욱이 미래의 고객이 될 귀족들을 만나는 값진 기회도 얻었다. 그는 그곳에서 만난 미래의 후원자들을 따라 이탈리아 곳곳을 여행하며 건축물을 둘러보았다. 그렇게 2년이 흘렀다. 돌아오는 길에 트렁크 밑바닥이 빠지면서 그가 그동안 모았던 책이며 그림, 직접 그린 건물 스케치 들을 잃어버렸다. 소중히 간직했던 은메달과 금메달도 잃어버렸다. 돌아와서는 여행으로 빚더미에 올랐고, 몇 년 동안은 번번이 계약이 파기되면서 절망적인 상황에 놓이기도 했다. 손은 작은 보수공사나 재건축, 심지어 건물 내부의 리모델링까지 닥치는 대로 하면서 힘든 시간을 보냈다.

그런 손에게 이탈리아의 기억은 너무나 소중한 것이었다. 그는 다시는 이탈리아에 갈 수 없었지만 끊임없이 이탈리아 이야기를 했다. 1780년대 중반부터 일거리가 쏟아지고 손은 여러 건물의 설계와 재건축을 담당하게 되었다. 그는 귀족의 시골 대저택을 비롯해 첼시의 왕립병원, 프리메이슨

존 손 박물관 외부(왼쪽)와 내부(오른쪽) 모습 후학들을 위해 존 손이 남긴 박물관에는 그가 그랜드 투어를 했던 당시의 모습이 고스란히 남아있다.

빌딩, 그리고 다른 많은 공공기관의 건축을 담당했다. 왕립미술원의 교수가 되어 학생들에게 이탈리아 건축에 대해 강의하기도 했다. 과거에 비해 상대적으로 많은 수입을 얻게 된 손은 책과 고문서, 고대 조각상과 그림, 건축 관련 자료를 끊임없이 사 모아 자신의 집에 진열하기 시작했다. 집 안 가득 숨이 막힐 정도로 빽빽하게 놓여 있는 예술품은 그가 이탈리아에 대한 열정의 밀도를 반영한다.

　　다른 여행가들도 손처럼 대륙에서 사들인 물건을 채울 수 있는 박물관을 만들곤 했다. 부유한 사람들의 박물관은 새로 지은 저택 안에 크게 자리 잡았다. 저택 주변에는 여행자들이 인상 깊게 보았던 이탈리아 건축물이나 고대의 유적을 모방한 건물들이 들어섰다. 토머스 코크의 홀컴 홀Holkham

천재 건축가 로버트 에덤이 디자인한 가구 1771년에 만들어진 것으로, 매우 화려한 장식이 돋보인다. 중앙의 기둥에 사용된 대리석 조각들은 그랜드 투어리스트들이 맨체스터 공작부인을 위해 대륙에서 선물로 가져온 것이었다.

Hall과 벌링턴 백작의 치즈윅 하우스Chiswick House는 대표적인 팔라디오 스타일 건축물이다.[76] 치즈윅 하우스는 하우스라는 이름이 붙어 있지만 사람이 살기 위한 주택이 아니었다. 그곳은 단지 미술품을 감상하고 음악을 들을 목적으로 지은 멋진 여름 별장으로, 궁궐 같은 규모에 고대적 느낌이 물씬 풍기는 우아한 건물이었다.[77] 헬파이어 클럽의 멤버 프랜시스 대시우드는 버킹엄셔의 거대한 영지인 웨스트 위컴West Wycombe에 이탈리아에서 보았던 멋진 건물들을 복제한 건물들을 짓기도 했다.[78] 그곳은 이탈리아 건축을 주제로 한 테마파크라고 불러도 손색이 없을 정도로, 이탈리아 곳곳을 인공적으로 옮겨놓은 것처럼 보인다. 그런 건축물들은 외국 문화에 대한 그랜드 투어리스트들의 무조건적인 동경과 모방을 투박하리만치 솔직하게 드러낸다.

하지만 모방은 곧 자국의 문화와 섞이고 새로운 형태의 창조를 낳았다. 스코틀랜드 출신의 천재 건축가 로버트 애덤과 그의 형 제임스 애덤James Adam, 1732~1794은 프랑스와 이탈리아 유학 후 영국에 돌아와 수많은 신고전주의 건물을 지었다. 그뿐만 아니라 1750년 루브르에서 감명 깊게 본 것들을 토대로 새로운 가구를 창조해냈는가 하면, 촛대며 접시에 이르기까지 집 안을 장식할 다양한 소품을 디자인했다. 애덤의 디자인에 영감을 받아 매튜 볼턴Matthew Boulton, 1728~1809은 1761년 런던의 소호 지역에 장신구를 대량생산할 수 있는 공방을 만들었다. 프랑스에 비해 훨씬 뒤처졌던 영국의 디자인에 일대 혁신이 일어난 순간이었다.[79]

18세기 중반까지도 영국 저택에는 이탈리아 거장들의 작품들이 주요 벽면을 장식하고 있었다. 영국 화가가 그린 그림은 바람이 들이치고 사람들이 끊임없이 오르내리는 계단 벽에 걸렸다.[80] 그렇게 홀대할 정도로 영국인들은 자신들의 예술을 뒤떨어지고 촌스럽다고 생각했다. 경제 성장에도 무언가 부족했던 그 부분을 채워준 것은 그랜드 투어였다. 여행지에서 본 것을 모방하는 데서 시작했지만 그것을 전유하고 소유하면서 온전한 자기 것으로 발전시켜갈 터였다.

Chapter 9

엘리트 여행에서
대중 관광으로

"세계는 한 권의 책이다. 여행하지 않는 자는
단지 그 책의 한 페이지만을 읽을 뿐이다."

성 아우구스티누스

그랜드 투어의 쇠퇴

대중 관광의 탄생

19세기 중엽 그랜드 투어의 시대는 종말을 맞았다. 그 후로는 관광tourism의 시대가 도래했다고 여겨진다.[1] 그런데 관광은 "그랜드 투어의 빠르고 저렴한 모방물일 뿐"이라는 야박한 평가를 받는다.[2] 폴 퍼셀Paul Fussell 같은 학자는 르네상스 시기에 탐험이 있었고 부르주아 시대에 여행이 있었다면 관광은 프롤레타리아의 시대에 속한다면서 여행을 여러 뭉치로 구별 지으려고 했다.[3]

투어리스트tourist, 관광객이라는 말은 1800년경에 처음 나타났다. 곧이어 1811년 영국에서 발행되는 《스포팅 매거진The Sporting Magazine》에 최초로 '관광'이라는 단어가 등장했다. 그 말을 프랑스 소설가 스탕달이 《여행자의 회상기Memoires d'un touriste》(1838)에 제목으로 쓰면서 관광객이라는 말이 널리 사용되었다.[4] 이때부터 여행과 관광은 다른 것으로 인식되었다. 여행은 크게는 '회귀를 전제로 한 인간의 공간적 이동'으로, 다양한 목적을 지니고 길을 떠나는 행위를 광범하게 지칭한다면, 관광은 '일상권을 떠나 다시 돌아올 것을 목적으로 하는 즐거움을 위한 여행'으로 정의된다. 오롯이 즐거움을 목적으로 한다는 점이 이전에는 볼 수 없던 특징이었다. 매스 투어리즘mass tourism, 대중 관광은 관광이 대중화되어 대량의 관광객이 발생하는 현

루이 레오폴 부아이가 그린 파리 역마차 매표소의 모습 프랑스에는 체계적인 승합마차 시스템이 발달했다. 19세기 초 승합마차는 매일 파리에서 유럽 내 주요 도시를 향해 출발했다. 예를 들어, 안트베르펜(3일 반), 툴루즈(8일), 제네바(6일), 리옹(4일) 등이 대표적인 목적지였다.

상을 일컫는 것이다.[5]

　도대체 언제부터 매스 투어리즘이 시작되었는지에 대해서는 의견이 분분하다. 어떤 이들은 제2차 세계대전 종결 후에야 매스 투어리즘이 시작되었으며 미국과 기타 선진국이 이 새로운 움직임을 주도했다고 주장한다. 특히 1950년대 미국에서 출현하기 시작한 대중 소비사회가 패키지 투어를 발전시켰다고 본다.[6] 하지만 다른 학자들은 1814년 나폴레옹 전쟁이 종결된 후 1815년부터 수많은 영국 관광객이 유럽 대륙으로 몰려들었던 사실을 강조한다. 스튜어트 셈멜Stuart Semmel은 이렇게 말하기도 했다.

프랑스혁명이 18세기 귀족적 그랜드 투어에 조종을 울렸다면 나폴레옹 전쟁의 종결은 근대 매스 투어리즘의 첫 번째 신호탄을 쏘아 올렸다.[7]

　이에 동조하는 학자들은 1815년부터 새로운 유럽 여행이 시작되었으며, 엄청나게 많은 다양한 무리가 유럽 대륙으로 몰려들면서 "마치 영국인에 의한 두 번째 대륙 침공처럼 보이기까지 했다"고 말했다.[8] 실제로 이 현상은 영국인들조차 "프랑스를 방문하려는 광증"[9]이라고 불렸으며, "프랑스의 수도에 여행자를 보내지 않은 가족이 과연 있기나 한가?"[10]라는 물음이 나왔을 정도였다.

　나폴레옹 전쟁 직후 여행자 수가 급증하고, 비교적 다양한 사람이 여행에 참여하게 되었던 것은 사실이다. 하지만 이때의 여행은 중상류층에 제한된 것이었다. 그런데도 1815년을 매스 투어리즘의 시발점으로 보는 이유는 '대중mass'에 대한 명확한 개념 규정이 이루어지지 않았기 때문이다. 대중은 '지위, 계급, 직업, 학력, 재산 등의 사회적 속성을 초월한 불특정 다수로 이루어진 집합체'로, 많은 인원의 집합체라는 수적 개념도 있지만 더 중요하게는 탈계급적 속성을 강조하는 용어다. 따라서 진정한 매스 투어리즘의 시작점은 여행자 수의 폭발적 증가와 더불어 계층적 구분이 획기적으로 폐지되는 19세기 중엽으로 보는 것이 옳다.

이 새로운 조류는 교통수단의 혁명적인 발달과 밀접한 관계가 있다. 1816년 최초의 증기선이 도버와 칼레해협을 건넜고, 1825년 영국에서 최초의 철도가 부설된 이래 곳곳으로 철도망이 퍼져가기 시작했다. 교통 인프라의 발전은 근대적 관광이 발전할 수 있는 기초를 제공했으며 노동생산성의 급격한 향상, 도시화, 중산층의 빠른 성장, 교육 수준의 향상, 자유 시간의 증대와 같은 변화가 여행 수요를 크게 증가시켰다.[11]

최후의 그랜드 투어리스트, 미국인

영화 〈태양은 가득히〉와 그 리메이크판 〈리플리〉로 우리에게 잘 알려진 패트리샤 하이스미스Patricia Highsmith, 1921~1995의 소설 《재능 있는 리플리 씨The Talented Mr. Ripley》(1955)에서 흥미로운 점은 그랜드 투어의 최후 형태를 볼 수 있다는 사실이다. 미국 부호의 아들 리처드 그린리프는 이탈리아 남부에서 그림을 그린다는 명목으로 한량 같은 생활을 한다. 그를 집으로 돌려보내는 사명을 띠고 파견된 가난한 고아 톰 리플리는 그린리프의 삶을 동경한다. 나폴리와 로마, 베네치아를 누비며 펼쳐지는 미국 상류층 자제의 일상은 그야말로 유럽을 놀이터 삼아 유유자적하며 반항심 가득한 청년기를 누리는 것이었다.

미국에서 태어났지만 오랜 시간 유럽에서 생활했던 하이스미스는 20세기 소설에 18세기적 그랜드 투어의 전통을 녹여낸다. 유럽에 도착한 톰이 그린리프를 만나러 가는 여정만 해도 그렇다. 이미 소설에는 비행기가 등장하지만 톰은 고색창연한 그랜드 투어의 루트를 답습한다. 미국에서 프랑스의 셰르부르까지 배를 타고 간 뒤 파리와 알프스를 거쳐 로마, 그리고 나폴리로 향했다.

가난하게 자란 톰에게 유럽 여행은 마치 꿈 같은 기회였다. 톰은 너무나도 파리를 보고 싶어 한다. 18세기 영국의 그랜드 투어리스트들에게 파리가 빼놓을 수 없는 중간 기착지였던 것처럼 톰에게도 파리는 꼭 봐야만 할 곳이다. 이미 볼 만한 여행을 다 해본 부잣집 아들 그린리프는 그런 톰의 열망에 심드렁하게 반응한다. 톰은 기를 쓰고 파리에 다녀온다. 결국 그린리프의 신분을 훔친 톰은 그랜드 투어리스트들이 돌아보았던 이탈리아 곳곳을 돌며 교회, 건물, 예술품을 본다. 그랜드 투어의 빛나는 목적지 중 하나인 베네치아에서는 한동안 집을 얻어 머물기도 한다. 톰은 곤돌라를 타고 현관으로 들어가는 그 집을 빌렸다는 사실을 무척 자랑스럽게 여긴다. 그 여행을 통해 톰은 다른 사람으로 태어난 것처럼 느낀다.[12]

이 소설이 드러내듯이 그랜드 투어의 최후 배턴을 물려받은 사람들은 미국인들이었다. 미국인의 그랜드 투어는 18세기 후반에 시작되어 19세기 중엽에 최고조에 달했다. 1814년부터 1848년까지 3만 명가량의 미국인이 프랑스로 여행을 떠났다. 주인공 대부분은 남부 대농장주의 자제들이었다.[13] 그들은 견문을 넓히고 상류사회의 매너를 익히기 위해 유럽 선배들의 프로그램을 열심히 따라했다. 진짜 유럽인처럼 느끼기 위해 가이드북조차 영국 것을 수입해 썼을 정도였다. 매일 일기를 쓰고, 친지들에게 보고 들은 것을 편지로 보내고, 심지어 자기 고향의 신문에 여행기를 투고했다. 그것은 더 넓은 세계를 인식할 뿐만 아니라 자신에 대한 발견, 특히 대농장주로서의 특권을 확인하는 과정이었다. 부모들은 자식들이 이 여행을 통해 얼마나 세련된 취향을 가지게 되었는가를 열심히 점검하곤 했다.[14]

영국인들과 마찬가지로 대다수의 미국 여행자들은 프랑스의 정치체제에 반감을 가졌다. 어찌 보면 영국인보다 더 진지한 프로테스탄트로서 화려하기 그지없는 가톨릭교회를 부패한 모순덩어리라고 신랄하게 비판하곤 했다. 청교도적 전통 속에서 자란 미국 여행자들이 루브르에 있는 나체 조각상을 보고 충격에 빠진 것은 놀랄 일이 아니었다. 이 여행은 미국인에게 자신들의 민주주의가 훨씬 좋은 것이라는 확신과 함께 프로테스탄트 교리야말로 진정 인간답게 사는 방식을 제시해준다는 자신감을 불러일으켰다. 미국인들은 특히 1830~1840년대 프랑스가 겪고 있던 정치적 격동을 보며 애국심과 안도감으로 가슴을 쓸어내렸다.

나는 내가 떠나왔을 때보다 더 발전된 미국으로 돌아갈 것이다. 다른 나라 사람들이 살고 있는 상황과 비교해볼 때 나는 우리 공화국의 정부 형태가 지금까지 존재해온 다른 어떤 것보다 한없이, 비교할 수 없을 만큼 더 낫다는 것을 확신하며 깊은 감명을 받았다.[15]

그랜드 투어의 진정한 후계자를 자처했던 미국인들은 대여행이 계속 특권층의 전유물로 남기를 바랐다.[16] 하지만 1840년 이후 큰 증기선이 대서양을 오가면서 그런 바람이 이루어질 수 없으리라는 사실이 점점 더 명백해졌다.[17] 증기선은 범선으로 50일 이상 걸리던 항해를 13일로 단축해버렸다.

이 무렵 그랜드 투어의 여행 스케줄은 더욱 정교해진다. 여행자들은 이

증기선의 부흥 증기선은 점차 대형화되며 매스 투어리즘의 선봉에 섰다. 하지만 증기선의 부흥 이면에는 타이태닉호의 침몰 같은 비극적인 사건도 있었다. 사진은 1912년 타이태닉호가 벨파스트항을 출항하는 모습.

른 가을에 길을 떠나서 몇 주 동안 파리와 스위스에 머문 뒤 10월 중순이 되기 전에 알프스를 넘었다. 북부 이탈리아를 돌아본 후 11월을 피렌체에서 보낸 다음 크리스마스는 로마에서 보내는 것이 관례가 되었다. 그 후 따뜻한 남쪽으로 이동해 나폴리에서 겨울을 난 뒤 다시 부활절을 위해 로마로 올라온 다음, 베네치아와 다른 이탈리아 북부 도시들을 돌아보고 늦봄에 다시 알프스를 넘는 것이 상례였다. 11월의 피렌체는 '영국 식민지'라고 불릴 정도로 영국인 여행자들이 들끓었다. '백의의 천사' 플로렌스 나이팅게일Florence Nightingale, 1820~1910도 부모가 피렌체를 여행하던 중에 태어나 플로렌스(피렌체의 영어식 이름)라는 이름을 얻게 되었다. 1840년대가 되면 미국 명문가 출신들이 대거 유입되어 국적을 가리기가 어려워졌다. 여행자들

은 많은 사람에 치이면서 여행을 계속하기보다 자기들끼리 사교적 방문을 즐기면서 겨울을 났다.[18]

영화로도 제작된 바 있는 소설《순수의 시대The Age of Innocence》(1920)는 1870년대 뉴욕 상류층의 위선을 그려낸 작품이다.[19] 그런데 이 소설은 미국 고급문화에서 유럽이라는 곳이 어떤 역할을 하는지를 잘 보여준다. 주인공 뉴랜드 아처는 뉴욕의 변호사이자 상속자다. 메이라는 약혼녀가 있지만 유럽에서 건너온 메이의 사촌 엘렌에게 강렬한 매혹을 느낀다. 엘렌은 미국이 결여하고 있는 문화적 깊이와 구대륙의 신비를 지닌 매력의 총화다. 하지만 결혼은 예정대로 진행되고, 복잡한 뉴욕의 상류사회에 환멸을 느낀 아처와 메이는 유럽으로 긴 신혼여행을 떠난다. 부부가 함께하는 그랜드 투어였다.

뉴욕으로 돌아온 후에도 아처의 마음속에 유럽은 언제나 진정한 이상향이 있다. 그는 유럽의 시적상이 보내온 책을 어루만지며 유럽과 유럽으로 함축된 이루지 못한 사랑을 그리워한다. 26년이 흘러 백발의 남자 주인공은 아들과 함께 다시 파리를 찾는다. 옛 연인이 살고 있는 파리의 아파트 앞에서 주인공은 아들만 들여보내고 자신은 발걸음을 돌린다. 그에게 유럽은 영원히 갖지 못한 어떤 간절한 것인 동시에 과거에 속한 것이 아니었을까?

이 소설의 작가 이디스 워튼Edith Wharton, 1862~1937은 실제로 최후의 그랜드 투어리스트 가운데 한 사람이었다. 미국 출신인 그녀는 유럽에서 자신이 동경해 마지않던 진정한 인간적 소통 방식을 보고는 글을 통해 "아름다움과 전통적인 질서의 배경"인 유럽 자체를 "참을 수 없는 뉴욕의 추악함"과 끊임없이 대비했다.[20] 결국 그녀는 파리에 정착했고, 제1차 세계대전이 발발하자 프랑스를 위한 구호 활동에 활발하게 참여하는 한편 전후방을 오가며 《파이팅 프랑스Fighting France》[21]라는 전시 여행 안내서를 출판하기도 했다. 미국인의 그랜드 투어는 엄청난 무게를 지닌, 18세기 영국인의 그랜드 투어에 가려져 빛을 발하지는 못하지만, 오히려 문학작품 등을 통해 영국인의 그것보다 더 끈질기게 재생산되었다.

토머스 쿡과 세계 최초의 여행사

귀족 계급의 그랜드 투어를 종식한 것은 철도와 증기선의 발달이었다. 그리고 때맞춰 '대중 관광의 아버지'로 불리는 토머스 쿡Thomas Cook, 1808~1892이 나타났다. 영국 중부에서 태어난 쿡은 인쇄업자 출신으로 전도사 및 금주 운동가로 활동했다. 쿡은 당시 노동자들의 음주 습관을 없애기 위해 여행을 하나의 수단으로 활용하기로 마음먹었다. 1841년 6월 5일 쿡은 레스터에서 러프버러까지 12마일(약 19킬로미터)을 달리는 기차를 전세 내어 특별 유람 기차를 운영하기 시작했다. 승객 1인당 왕복 1실링의 요금에 식사가 포함되어 있었다. 최초로 유람 기차가 출발하던 날 570명의 승객이 기차에 올랐다.

기차가 처음 나왔을 때 모든 사람이 무턱대고 반가워한 것은 아니었다. 기차는 시속 20마일(약 32킬로미터) 정도밖에 되지 않았지만, 당시 사람들의 눈에는 거대한 쇳덩어리가 너무 빨리 달리는 것처럼 느껴졌던 것이다. 사고도 꽤 있었고, 기차 여행이 건강에 해롭다는 견해도 있었다. 1862년 영국 의학저널《랜싯The lancet》은 〈기차 여행이 공중 건강에 미치는 영향The Influence of Railway Travelling on Public Health〉이라는 소책자를 발간했다. 의사들은 너무 빠른 속도 때문에 갑작스러운 심장 발작, 간질, 동맥경화 등을 일으킬 수 있다고 경고했다. 그뿐만 아니라 장거리 목적지에 도착해서는 시차며 갑작스러운 기온 변화로 온갖 질병에 걸릴 수 있다고 목소리를 높였다. 초기 기차는 일등칸, 삼등칸을 가리지 않고 난방이 제대로 되지 않았고, 창문 이외에는 환기 시설도 없었다. 실제로 기차 안은 악취가 진동했고 승객은 감기나 열병에 걸리기 쉬웠다.[22]

게다가 1860년대에는 프랑스와 영국의 기차에서 일어난 객실 살인 사건으로 기차에 대한 불안감이 더 커졌다. 1865년 영국 하원에서는 기차 객실이 칸칸이 막혀 있기 때문에 범죄에 이용될 우려가 크다면서 개선 방안을 모색했다.[23] 고귀한 분들 사이에는 기차가 계급적 구별을 없앤다는 점이 불만이었다. 아무리 객실이 등급에 따라 구분되어 있다 할지라도 지체 높은 사람이 가난한 사람과 결국 같은 시간에 같은 기차를 타는 셈이었기 때문이나. 하노버의 신제후는 "나는 구두장이나 양복장이가 나만큼 빨리 여행할 수 있기를 원하지 않는다"며 반발했다.[24]

그 와중에도 기차 여행이 궁극적으로 건강을 증진할 것이라고 홍보했다. 도심을 벗어나 훨씬 쾌적한 환경을 즐길 수 있다는 이유였다. 노동자 계층 가운데 여유 있는 사람들에게는 오염된 시내를 벗어나 기차로 통근할 수 있는 시골로 이사할 것이 권장되기도 했다.[25] 기차 여행은 여행자의 모습도 변화시켰다. 과거 긴 마차 여행을 할 때 여행자는 중무장을 해야만 했다. 두터운 외투와 무릎을 보호할 수 있는 커다란 부츠, 찬바람을 피할 수 있는 두건과 털모자, 그리고 장갑을 착용해야 했다. 하지만 이제 기차를 이용하는 여행객은 먼지가 묻지 않은 신발을 신고 가볍고 우아한 옷차림으로 기차에서 내릴 수 있었다.[26]

쿡은 기차를 타고 많은 사람이 함께 먼 곳에 가보는 경험이 특히 노동자들에게 매우 긍정적인 효과를 가져다줄 것이라고 확신했다. 보통 열 살이면 정규교육이 끝나버리는 사람들에게 무언가를 배울 수 있게 하는 동시에 세상에 대한 호기심을 만족시켜줄 것이라는 이유에서였다. 게다가 쿡은 단체 여행이 같은 계층 사람들의 사회적 결속력을 증진할 것이라고 홍보했는데, 흥미롭게도 그 말이 당시 영국 사회에 늘어나고 있던 독신 여성들에게 큰 호소력을 발휘해 그들을 가장 충성스러운 고객으로 확보하는 데 성공했다.[27]

한껏 고무된 쿡은 여행 사업에 계몽과 사회적 기여라는 신념을 적극적으로 내세웠다. 그는 1851년 런던 하이드파크에 세워진 수정궁에서 대박람회가 열리자 런던까지 가는 패키지여행을 고안했다. 이 여행으로 기술자들은 발달된 기술을 직접 보면서 자신을 향상할 기회를 가질 것이라고 선전했다. 물론 이 박람회에는 계층별로 입장하는 요일이 다르게 정해져 있는 등 차별적인 요소가 남아 있었다. 하지만 결국 누구나 똑같은 것을 구경할 수 있게 된 셈이었다. 1855년 파리 만국박람회가 열리자 마침내 쿡은 외국 여행 사업에 착수했다. 1856년에는 안트베르펜, 브뤼셀, 쾰른, 프랑크푸르트 암마인, 하이델베르크, 스트라스부르, 파리, 사우샘프턴 등지를 기착지로 하는 최초의 대륙 여행이 시작되었다.[28]

철도가 등장하기 전 대륙 여행은 최소 2~3개월이 걸리는 값비싸고 사치스러운 것이었다. 하지만 이제 이 새로운 교통수단은 엄청나게 많은 중하층 사람들을 여행의 장으로 끌어들이게 되었다. 철도가 처음 생겨날 무렵에는 하층민이 여행을 하지 않을 것이라는 판단에서 일등칸과 이등칸만 제공되었지만, 이제는 삼등칸이 점점 더 늘어나면서 1844년에는 하루 한 번 이상 모든 기차가 삼등칸을 제공해야 한다는 법이 통과되기에 이르렀다.[29]

쿡의 사업은 나날이 번창했다. 그는 1865년에 미국 여행 패키지 상품을, 1872년에 최초의 세계 일주 패키지 상품을 만들었다. 1851년부터 관광 여행 안내지 《유람객The Excursionist》을 발행했고, 1878년에는 이를 5개국어로 확대 발행했다. 1888년까지 쿡의 회사는 오스트레일리아에 세 곳, 뉴질랜드의 오클랜드에 한 곳을 비롯해 세계 각국에 60개소 이상의 사무실을 열었고, 1890년에는 325만 장의 여행 티켓을 판매했다.

여행을 조직하는 전문적인 기획자의 등장은 여행 기간과 비용을 획기적으로 절감하는 결과를 가져왔다. 그뿐만 아니라 쿡이 말했듯이 "교육받지 않은 사람과 외국어를 모르는 사람"들에게 외국 여행의 길을 열어주었다.[30] 쿡은 세 가지 원칙 아래 여행을 기획했다. 단순하고 저렴하고 절주하는 등 영국적 미덕을 지킨다는 것이었다. 그는 파리와 스위스로 떠나는 3주짜리 여행 경비가 15~16피운드를 넘지 않도록 세심하게 배려했다.[31] 그 액수는 "집에 머물더라도 그릇된 충동으로 하룻밤에 날려버릴 수 있는 금액"[32]이라는 것이 그의 생각이었다. 사실 당시 영국인의 평균 소득을 고려한다면 해외여행이 오히려 싸게 먹힐 수도 있는 상황이었다.[33]

1860년대 중반 쿡은 더욱 광범한 집단을 대상으로 다양한 패키지여행을 만드는 데 힘을 쏟았다. 집단의 특성에 따라 각각 다른 목적지와 스케줄을 지닌 맞춤형 프로그램이 개발되기 시작한 것이다. 소상인, 사무원, 기술자 들을 위해서는 잉글랜드와 스코틀랜드 여행, 교사와 사업가를 위해서는 대륙 여행이 개발되었고, 비용이 좀 더 많이 드는 이탈리아 여행은 성직자, 의사, 은행원, 고급 기술자, 부유한 상인을 대상으로 한 것이었다.[34]

쿡이 만들어낸 패키지여행과 단체 관광은 오늘날까지 계속되고 있다. 런던에 본사를 둔 '토머스 쿡 앤드 선'사는 국제적인 관광의 선구자로 세계 모든 여행사의 표본이 되었다. 그 뒤를 이어 미국의 아메리칸 익스프레스, 네덜란드의 피르마 리소네 앤드 쫀Firma Lissone & Zoon 그리고 독일 최초의 여행사 카를 리젤Karl Riesel 등이 나타났다.[35]

새로운 가이드북과 바이런 투어

쿡의 혁명적 기획이 성공할 수 있었던 배경에는 여행의 뼈대가 될 내용을 채워줄 정보 인프라의 발달도 있었다. 1820년에 마리아나 스타크Mariana Starke, 1761~1838는 런던의 인쇄업자 존 머리의 의뢰로《대륙 여행Travels on the Continent: Written for the Use and Particular Information of Travellers》이라는 책을 펴냈다. 이 책은 근대 최초의 여행 안내서로, 명승지와 여행 루트에 대한 정확한 소개, 교통편과 숙박에 대한 정보를 담고 있었다. 스타크는 유럽 대륙의 주요 도시에 있는 박물관과 화랑에 소장된 작품을 설명했을 뿐만 아니라 주요 볼거리에 등급을 매기기도 했다.[36] 부록에는 각 도시나 기차역 간의 거리, 우체국, 레스토랑, 상점, 극장, 의사, 환율, 특정 도시에서 구할 수 있는 영어판 책과 신문의 종류, 나라별로 요구하는 특별한 여권에 대한 정보까지 실었다. 이제 로마를 방문한 영국인은 이 책을 통해 이탈리아어 강사나 춤 선생으로 누구를 고용해야 하는지까지도 알 수 있게 되었다.[37]

스타크의 안내서가 성공하는 것을 지켜본 머리의 아들 존 머리 2세는 이런 여행 안내서가 수지맞는 사업 아이템이 될 수 있다고 판단했다. 그는 직접 여행하면서 수집한 정보를 바탕으로 1836년부터《대륙 여행자의 핸드북A Hand-Book for Travellers on the Continent》시리즈를 펴내기 시작했다. 이 책은 빨간 표지 때문에 흔히 '빨간 책Red Book'이라고 불리며 선풍적인 인기를 누렸다. 머지않아 '존 머리'라는 이름은 해외여행 안내서의 대명사가 되었으며, 오늘날 '세계를 간다' 같은 여행 안내서 시리즈의 원형을 제공하게 된다.

이 안내서들은 단순하고 솔직하고 실질적인 여행 정보를 제공했다. 여행지에 대한 구구절절한 묘사를 과감하게 생략한 대신 정확하고 구체적으로 '어디에 가서 무엇을 보아야 하는가'를 콕 짚어주는 식이었다. 사실 이런 식의 서술은 매우 새로운 것이었다. 왜냐하면 그랜드 투어 시대의 안내서들 대부분은 여행이 지닌 도덕적 의미를 설파한 뒤 유럽 주요 도시의 역사나 풍광을 개관하는 전통적인 여행 지침서의 형식을 답습했거나 개인적 감상으로 가득한 낭만주의 시대의《이탈리아에서 온 편지Letters from Italy》같은 종류들이었기 때문이다.

머리의 성공을 지켜본 코블렌츠의 서적상인 카를 베데커Karl Baedeker, 1801~1859는 독일판 '빨간 책'을 발간하기 시작했다. 1권은 '짧은 일정의 여행자를 위한 안내서'라는 부제가 붙은《마인츠에서 쾰른까지 라인 여행》(1839)이다. 베데커의 여행 안내서는 독일어권에서 유명한 여행 책자가 되었으며 오늘날까지도 그 명성을 유지하고 있다.[38]

출판과 여행이 결합되면서 새로운 유행이 만들어졌다. '루소 투어'와 '바이런 투어'로 불리는 여행이 그것이다. 1778년 루소가 사망하자 열혈 팬들은 루소를 그리며 순례를 시작했다. 루소가 은거하며《신 엘로이즈》를 집필한 파리 근교 몽모랑시의 숲에서 감상에 젖거나 그의 유해가 안치되어 있던 에르메농빌 정원에서 포플러 섬(정원 연못에 조성된 인공섬)을 보면서 눈물을 흘리기 위해서였다.[39] 수많은 사람이 남녀의 애절한 사랑을 그린《신 엘

샤를 드 그랭베르가 1815년에 그린 하이델베르크성의 그림을 크리스티안 할덴방이 1817년에 판화로 제작했다. 풍경이 아름다운 하이델베르크는 여행객들이 몰려들면서 몸살을 앓았다.

로이즈》를 손에 들고 그 무대가 되었던 스위스 로잔을 방문했다. 루소 투어는 일반적으로 레만 호수 등 그의 소설에 등장하는 풍광이나 그가 묵었던 장소를 둘러보고 소설의 주인공들이 식사했던 곳에서 음식을 먹어보는 것 등으로 이루어졌다. 일주일 정도 걸리는 여행이었다.[40]

    루소가 불러일으킨 낭만주의 열풍은 자연을 음미하는 픽처레스크의 유행과 맞물려 새로운 목적지를 만들어냈다. 사람들은 그동안 거들떠보지 않았던 '고딕'을 재발견했다. 그리하여 그들은 낡은 중세 도시, 무너진 성과 성벽, 교회와 공동묘지, 어두컴컴한 동굴에 애정 어린 눈길을 주게 되었다. 영국인들은 월터 스콧Walter Scott, 1771~1832의 책을 읽은 후 줄지어 스코틀랜드로 떠났다.[41] 예전부터 존재해온 여행 루트에 새로운 색채가 덧입혀져 인기를 끌기도 했는데, '로맨틱'이라는 이름이 붙은 라인강 투어가 대표적이다. 동화 같은 성이며 로렐라이의 신비한 노래가 있는 라인강 풍경이 오늘날 주요 여행 코스가 된 것은 이때부터다. 하지만 정작 그곳에 살던 사람들은 여행과 스토리가 결합되어 상업화되는 것이 기쁘지만은 않았던 것 같다. 하이델베르크에 살던 어떤 학자는 "하층민이 잘못된 정보로 외국 여행자들을 속이고 있고, 우리 고향 영주의 저택을 품위 없는 이야기로 더럽힌다"고 분노하며 오류를 바로잡기 위해 자기 나름의 안내서를 펴내기도 했다.[42]

하지만 19세기 진정한 여행의 신은 바이런이었다.[43] 케임브리지를 졸업한 바이런은 당시 관례에 따라 그랜드 투어에 나섰다. 그의 첫 번째 해외여행이었다. 소작인의 아들과 시종, 친구 홉하우스John Cam Hobhouse, 1786~1869와 함께였다. 바이런 일행은 약 2년 동안 포르투갈과 그리스, 오스만튀르크를 여행한다. 스미르나(터키 이즈미르의 옛 이름)에서 쓴 장편 서사시 《차일드 해럴드의 편력Childe Harold's Pilgrimage》(1812)으로 바이런은 일약 사교계의 샛별로 떠오르게 되었다. "어느 날 아침 깨어보니 유명해져 있었다"라는 말이 거기서 나온 것이다. 사실 바이런은 뛰어난 외모와 날카로운 풍자, 새로운 것에 대한 열망과 자유분방함, 반항심과 동료애 등 유럽 낭만주의의 모든 요소를 갖춘 젊은이였다. 1815년 편의를 위한 결혼을 감행한 후 곧 딸이 태어났지만, 바이런의 여성 편력에 질려버린 아내가 별거를 요구했다. 바이런은 1816년 두 번째 해외여행을 떠나게 된다.

스위스와 이탈리아를 돌던 바이런의 두 번째 해외여행은 훨씬 더 호화로웠다.[44] 그는 시종, 스파링 파트너, 가이드, 개인 의사까지 대동했고 나폴레옹 황제가 사용했던 마차보다 더 큰 마차를 타고 다녔다. 그 안에는 침실,

식당, 도서관, 작은 동물원까지 있
었다. 공작새를 비롯해 깃털이 고운
새 여러 마리와 개, 원숭이까지 데
리고 여행을 했던 것이다. 당시 바
이런은 이복동생과의 스캔들에 휩
싸여 있었고, 어마어마한 빚 때문에
런던 자택에는 집달리가 진을 치고
있었다. 하지만 그는 그런 상황에도
불구하고 사치스러운 여행 스타일
을 고수했다. 낭만주의적 감성을 좋
아하던 사람들은 그런 바이런의 여
정을 마치 한 편의 드라마처럼 받
아들였다.

19세기 '여행의 신' 바이런.

　　바이런의 죽음은 더 극적이었
다. 1824년 오스만튀르크의 압제에 저항하는 그리스독립전쟁이 일어나자
바이런은 한 개 사단의 지휘를 맡아 원정에 나서게 된다. 그는 그 원정에서
불과 36세의 나이로 죽음을 맞게 되었다. 바이런을 둘러싼 신화에 따르면
그는 오스만튀르크군의 총칼에 죽어가면서도 냉소적인 미소를 띠었다고 한
다. 하지만 사실은 극적인 전사가 아닌 참혹한 병사였다. 바이런은 말라리
아에 걸려 있었고 의사들은 전통적인 방식대로 사혈을 감행했다. 고열에 시
달리던 바이런의 몸에서 무려 1.5킬로그램의 피를 뽑아냈던 것이다. 바이런
은 그다음 날 죽음을 맞았다.

　　바이런의 여행을 상업적으로 이용할 수 있겠다는 생각을 한 사람은 '빨

간 책'을 만들어낸 존 머리 2세였다. 그는 여행 안내서의 성공에 힘입어 이번에는 바이런의 시를 모아 포켓 사이즈의 시선집詩選集을 펴내기 시작했다. 페이지 한쪽에는 유럽 곳곳과 관련 있는 바이런의 시, 다른 한쪽에는 아름다운 삽화를 넣었다. 시집에 실린 〈아테네의 소녀여, 우리 헤어지기 전에 Maid of Athens, Ere We Part〉의 한 부분을 들어보자.

에게해의 바닷바람이 졸라
풀어놓은 그대 머리타래에 걸고
보드라운 장미 볼에 살짝 닿는
까만 속눈썹 꺼풀에 걸고,
새끼 사슴처럼 순진한 그대 눈에 걸고 맹세코
"나의 생명, 그대를 사랑해."
……
아테네의 소녀여, 나는 간다.
사랑하는 그대여, 혼자 있을 때 나를 생각해다오.
나는 이스탄불에 가건만 아테네는
나의 가슴 나의 마음을 붙잡고 있다.
내 그대 사랑하기를 그칠 수 있으랴? 없으리.
"나의 생명 그대, 그대를 사랑해."[45]

머리는 이런 시집에 '들고 다닐 수 있는 바이런portable Byron'이라고 이름 붙였고, "관광객에게 어떤 것도 이보다 더 귀중한 동반자일 수는 없다"라고 홍보했다.[46] 그 전략은 주효했다. 해외의 영국인은 누구나 정보를 위해서는

토머스 쿡 여행사의 이집트 여행 팸플릿
1869년 수에즈 운하가 개통되자, 여행사들
은 이집트 여행단을 모집하기 시작했다.

머리의 책을, 감상을 위해서는 바이런의 책을 들고 다니게 되었다.[47] 단순한
관광에 문화적 체험이라는 고상한 의미가 덧입혀진 것이다. 바이런이 19세
기 여행의 대명사가 된 것은 사실 치밀한 출판 기획의 산물이었던 셈이다.

이제 여행사들은 만족과 교훈 혹은 교양이라는 모토를 내걸고 여행을
기획했다. 선두에 나선 이들은 쿡 여행사와 베를린의 슈탕엔 여행사였다.
카를 슈탕엔Carl Stangen, 1833~1911과 루이스 슈탕엔Louis Stangen, 1828~1876
형제는 1869년 수에즈 운하 개통이 임박하자 이집트 여행단을 모집하기 시
작했다. 다른 한편에서는 부유한 사람들로 이루어진 소규모의 단체 여행팀
이 이탈리아와 그리스의 고전적 장소들을 돌아보며 인문학적 소양을 쌓았

다. 심지어 슈탕엔은 고급 여행 프로그램에 교황과 접견할 수 있는 시간도 집어넣었다. 교황을 접견할 때는 남자에게는 연미복을, 여자에게는 검은색 옷과 미사포를 대여하는 배려까지 잊지 않았다.[48]

쿡은 1872년에, 슈탕엔은 1878년에 세계 일주 여행 상품을 내놓았다. 쿡 여행사는 비교적 폭넓은 계층을 대상으로 삼았지만 슈탕엔은 숙녀를 보호하기 위해 탐정까지 배치했을 정도로 선별된 소수만을 위한 고급 프로그램을 고집했다. 여행은 8개월이 걸렸다. 베를린에서 출발해 브레맨을 거쳐 뉴욕으로 가는 코스였다. 13일간 배를 타고 미국에 도착한 뒤 54일간 미 대륙을 횡단했다. 그다음 18일 동안 배를 타고 태평양을 건너 중국, 인도차이나, 실론, 인도를 통과해 수에즈와 카이로로 갔다. 당시 총경비는 봉급 생활자가 5~6년을 벌어야 하는 엄청난 금액이어서 불과 일곱 명만이 여행에 참가했다.[49]

여행자냐 관광객이냐

사치스럽기 그지없는 여행을 즐기던 바이런은 유럽 어딜 가나 영국인이 너무 많다고 끊임없이 불평했다.[50] "영국인 여행자들이 어디서나 나를 가로질러간다"면서 "그들이 멀리서 얼핏 보이기만 해도 전체적인 풍광에 독을 뿌린다"고 독설을 퍼부었다.[51] 이처럼 19세기에 어떤 이들은 다른 여행자들을 폄하하는 말을 서슴없이 내뱉었다. 자신은 독립적이고 지식과 교양, 호기심과 생기발랄함을 갖춘 '여행자'지만 다른 사람들은 그런 미덕이 결여된 열등한 '관광객'일 뿐이라는 말이었다. 여행은 전통적으로 상류층의 전유물

그랜드 투어

이었는데, 쿡이 나타나면서부터 자격도 없는 하층민이 자신들의 영역을 침범했다는 특권의식에서 나온 말이다. 1870년대 어떤 사람은 "해로운 동물 가운데 가장 최악은 관광객"이라는 표현을 썼을 정도였다.[52] 아일랜드의 소설가 찰스 레버Charles Lever, 1806~1872는 잡지에 이런 글을 실었다.

> 영리에 밝고 부도덕한 어떤 사람(토머스 쿡)이 40~50명의 사람을 끌고 정해진 요금으로 런던에서 나폴리까지 다녀오는 계획을 고안한 모양이다. 왕복 교통편에 먹여주고 여흥까지 제공한다고 한다. …… 처음에 이 기획에 대해 읽었을 때 나는 내 짐작이 어긋나기를 바랐다. 나는 영국인들이 지닌 뛰어난 독립심이 여행자를 고작 팬티 수준으로 끌어내리며 각각의 개성을 깡그리 말살하는 이 계획에 반발할 것이라고 상상했었다. 내가 잘못 생각했다. 내가 읽은 바에 따르면, 이탈리아의 온갖 도시에는 이 사람들이 떼거리로 폭주하고 있다고 한다.[53]

계급의식에 젖어 있던 빅토리아 시대 상류층 인사들은 여행지에서 하층민과 맞닥뜨리거나 우연하게라도 어울리게 될까 봐 두려워했다. 쿡이 여행 사업을 시작하자마자 노동자 계층의 여행은 시간과 돈 낭비라는 비난이 폭주했던 것은 우연이 아니었다. 1860년대가 되면 그런 비난은 상당 부분 수그러들지만 대신 쿡의 고객들은 조롱의 대상으로 전락했다. 예술품과 풍광을 진정으로 음미할 자질이 없다거나 개성이라고는 찾아볼 수 없이 우르르 단체로 몰려다닌다는 점, 여행지의 원주민이나 다른 여행자를 배려하지 않고 자신들에게만 신경을 쓴다는 점이 비난의 주 내용이었다. 비평가 존 러스킨은 철도 덕분에 여행할 수 있게 된 보통 사람들이란 자신들이 무엇을 놓치고 있는지조차 모르는 존재들이라며 "자기들이 방문한다고 상상할 뿐

대중 관광의 시대 대중 관광의 아버지인 토머스 쿡(위 오른쪽)과 1873년 런던의 루드게이트 서커스에
세워진 쿡의 여행사(위 왼쪽) 그리고 1912년 쿡의 여행사 앞에 모인 여행단(아래)이다.

인 나라들을 가로지르며 마치 가축 떼처럼 끌려다니는 현대판 노예이자 얼간이"[54]라고 말하기까지 했다.

하지만 쿡의 기획에 동조하는 사람들도 많았다. 그들은 3주 만에 이탈리아를 보고 오는 경험이 아예 못 가보는 것보다 낫다고 말했다. 쿡도 자신의 여행 사업에 비난을 퍼붓는 사람들에게 맞서 누구에게나 여행할 권리가 있다고 반박했다.

자기보다 낮은 계층을 업신여기는 것을 좋아하는 돈 많은 젊은이들은 진귀한 가치가 있는 장소는 평민들의 시선에서 벗어나 오직 사회의 '선택된' 자들에게만 허락되어야 한다고 생각한다. 하지만 그런 배타적인 난센스nonsense를 말하기에는 이미 오늘날은 너무나도 진보한 시대가 되어버렸다. 신이 허락한 이 세상은 아름다움과 풍요로 충만하고, 이것은 전부 사람들 모두를 위한 것이다. 그리고 철도와 증기선은 모두가 공유하는 과학의 결과물이자 모든 사람을 위한 것이다.[55]

그런데 19세기 엘리트의 계급적 편견을 20세기의 학자들이 계승하는 모습을 심심치 않게 찾아볼 수 있다. 관광객 혐오에 관한 한 대가라 불러도 손색이 없을 퍼셀이 "진짜 여행은 이제 불가능하다. 이제 오직 관광을 할 뿐이다"[56]라고 탄식한 이래, 많은 학자가 그랜드 투어를 고상한 것으로, 대중관광은 천박한 것으로 차별화했다. 대놓고 "어제의 야만인이 오늘날 관광객이다"[57]라는 말을 하는가 하면, "관광이란 타인과의 진정한 접촉을 방해하는 것으로 가득 찬 경험이다"[58]라고 정의했다. 심지어 여행과 관광에 대한 연구에서 가장 중립적인 시각을 지녔다고 알려진 주디스 애들러 헬먼

Judith Adler Hellman 같은 학자조차도 "할리우드 영화가 르브룅Charles Le Brun, 1619~1690[59]의 그림과 다른 것처럼 매스 투어리즘은 중세의 순례나 그랜드 투어와는 다르다"라면서, 성직자나 동행 교사가 전문적 권위를 가지고 지휘 하는 여행과 인쇄물이나 항공사에 의해 스케줄이 제공되는 여행은 다를 수 밖에 없다고 썼다.[60]

그랜드 투어의 시대는 이미 끝났지만 20세기 관광객에게는 여전히 곱 지 않은 시선이 따라다닌다. 어떤 학자는 "관광객이라는 말은 명백하게 진 짜가 아닌 경험에 만족하는 누군가를 조롱하는 표제어로 쓰인다"[61]라고 정 리했다. 루디 코사Rudy Koshar는 현대 대중판 여행 안내서의 발달이 과거에 '볼 수 있던 것optic, 능동적인 관찰'에서 '보아야 하는 것gaze, 수동적인 응시'으로 여행자의 시선을 변화시키는 결과를 가져왔다고 주장한다.[62] 과거에는 천 천히 시간을 두고 자기가 보고 싶은 것을 보며 생각도 하는 여유가 있었지 만, 이제는 여행 안내서나 가이드가 콕 짚어주는 곳만 보고 '인증 샷'만을 찍고 돌아온다는 것이다.

대중 관광을 폄하하는 이야기들 뒤에는 목적 없이 놀기 위해 떠나는 여 행을 은근히 깔보는 시선도 들어 있다. 종교적 경건을 표방했던 순례나 교 육을 전면에 내세웠던 그랜드 투어와 달리 오늘날의 관광은 어떤 생산적인 목적도 없는 여가 활동일 뿐이라고 치부하는 것이다. 그런데 이것은 인류가 오랫동안 여가 활동을 하면서도 그 활동을 정당성을 띤 다른 목적으로 포장 해왔다는 사실을 간과하는 단편적 인식이다.

사실 역사적으로 볼 때 어떤 종류의 여행에도 쾌락적 요소가 포함되곤 했음을 부인할 수 없다. 경건하고 때로는 고통스러웠던 중세의 순례에도 여 흥의 요소가 들어 있었고,[63] 오늘날 기업이나 정부 기구의 '연수'나 '시찰',

심지어 학계의 '컨퍼런스'처럼 목적성이 뚜렷한 회합에도 여흥의 요소는 분명히 동반된다. 그 때문에 라스베이거스는 세계 최대의 도박과 파티의 도시인 동시에 컨퍼런스의 도시로 명성을 떨치게 된 것이다. 따라서 오늘날의 대중 관광을 쾌락적 요소로만 연결시키는 것은 심각한 일반화이며, 그랜드 투어의 교육적 목적만을 강조하는 것도 지나친 이상화가 아닐 수 없다. 무엇보다도 18세기 중엽에는 그랜드 투어의 교육적 성격은 급속하게 사라지고 쾌락이 더 만연한 요소로 등장했기 때문이다.[64]

신귀족을 위한 차별화된 여행지

대중 관광의 시대가 도래하면서 그랜드 투어를 떠나던 상류층은 다른 형태의 여행을 모색하기 시작했다. 과거에 여행할 수 없었던 많은 사람이 그랜드 투어의 루트에 나타나기 시작하자 그들을 피해 멀리 도망간 것이다. 고대 로마 시대에 피서지가 개발되었던 전례를 따라 맑은 공기와 따뜻한 햇살을 자랑하는 새로운 지역들이 부유한 여행자의 발걸음을 기대하며 개발되기 시작했다. 엄청나게 큰 호텔, 호화로운 산책로, 공원, 그리고 카지노가 지어졌다. 1870년대에는 프랑스 남부, 특히 리비에라가 영국인 여행자들에게 가장 인기 있는 곳이 되었다. 빅토리아 여왕이 다녀간 그곳에 벨기에와 바이에른, 그리고 러시아 등 유럽의 왕가와 귀족 들이 모여들었다. 그들은 가족과 함께 하인, 마부 등 많은 수행원을 이끌고 왔다. 그다음에는 미국의 신흥 부자들이 합세했다. 니스는 세계의 '겨울 수도'가 되었다.[65]

굳이 해외에 나가지 않을 사람들은 국내 휴양지를 찾았다. 영국에서 16

브라이턴의 로열 파빌리온.

세기 중반부터 개발되기 시작한 온천은 18세기에 최고의 호황을 누렸다. 특히 바스는 여름이면 전염병과 답답한 도시를 피해 찾아온 부유한 사람들로 북적였는데, 제2의 수도로 불릴 정도였다. 영국의 한 해는 '런던 시즌'과 '바스 시즌'으로 나뉘었고, 명문가 사람들을 많이 만날 수 있는 바스는 19세기까지도 결혼 시장으로 유명세를 누렸다.

한편, 영국 내륙의 온천에서 다른 의사들과의 경쟁에서 밀려난 의사들은 바닷물의 의학적 효용에 관심을 기울이기 시작했다. 온천욕을 대치할 해수욕을 '발명'해낸 것이다. 18세기 중엽 런던에서 멀지 않은 영국 남해안의 브라이턴에 세계 최초의 해수욕장이 개장되었다. 나중에 조지 4세가 될 웨일스 공이 1787년 그곳에 여름 별궁인 로열 파빌리온Royal Pavilion을 짓기 시작하면서 왕실 휴양지로서의 후광까지 얻게 되었다. 천박한 오리엔탈리즘의 정수라 불러도 무방할 로열 파빌리온은 영국 해안에 이국적 풍광까지 더해주며 많은 사람을 끌어모았다. 하지만 1841년 런던-브라이턴 사이에 철도가 개통되자 영국 왕실은 브라이턴을 버리게 된다. 그 대신 철도가 아직 닿지 않는 좀 더 한적한 레이크 디스트릭트와 스코틀랜드를 찾아 휴가를 보내게 되었다.[66]

새롭게 개발되는 상류층의 리조트는 보통 사람들이 잘 모르고, 갈 수 없는 오지로 확장되어가는 경향을 보였다. 근대 리조트 개발은 일종의 패턴에 따라 발달했다. 부유층에 의해 새로운 곳이 개발되면 중산층이 뒤를 잇게 되고, 그러면 부유층은 새로운 곳으로 떠나고 그곳에 다시 대형 리조트가 생겨나는 형태를 반복하는 것이다.[67] 이런 현상은 피에르 부르디외Pierre Bourdieu, 1930~2002의 주장을 상기시킨다. 부르디외는 취향 문화에서 계급적 지표를 찾으려 했던 학자다. 그는 상류계급이 자신들의 동질성을 유지하기 위해 선별의 원리를 동원해 일종의 '은폐된 입장권'을 강화한다고 주장했다.[68] 여행에서 은폐된 입장권이란 보통 사람들이 닿을 수 없는 곳으로의 배타적이고 은밀한 진입을 의미한다.

이제 동기, 빈도와 목적지에 따라 계층별로 다른 형태의 여행이 두드러지게 발달하게 되었다.[69] '은폐된 입장권' 개념을 적용한다면 일상성으로부터 멀어질수록, 그리고 더 자주 더 먼 곳으로 여행할수록 사회적 신분이 높다는 의미다. 휴가 기간이 보통 2~3주에 그치는 중산층에 비해 시간 제약을 덜 받는 부유층은 특히 겨울철에 한 곳에 오래 머무는 경향을 보인다. 그리고 네팔, 에베레스트, 사하라, 시나이 등 사람이 별로 없는 오지로 떠나는 트래킹이나 낙타 여행 등이 상류층의 계급적 표지가 되어갔다.

여행은 계속된다

"여행이 관광으로 대체되고 말았다"[1]는 말에는 고상한 여행이 사라져버렸다는 한탄이 배어 있다. 그런데 이것은 지나치게 단절적인 시각이다. 특정 시기에 지배적인 성격을 보이는 여행의 행태가 있기는 하지만 어떤 하나가 다른 것을 완전히 대치할 수는 없다.[2] 1786년 이탈리아를 여행하던 괴테는 베네치아로 가는 길에서 순례자 집단과 마주쳤다. 그들은 전통적인 순례자의 복장을 하고 조가비 등의 순례자 표지를 주렁주렁 달고 있었다.[3] 순례의 유행이 이미 오래전에 끝났고 그랜드 투어가 절정을 맞고 있었지만 어떤 사람들은 전통적인 순례를 계속하고 있었던 것이다.

그랜드 투어가 표방했던 '여행을 통한 교육'이 매스 투어리즘 시대에 완전히 사라지거나 중단된 것도 결코 아니었다. 그랜드 투어의 핵심적 프로그램인 외국어 교육은 사실 중세까지 그 기원이 거슬러 올라간다. 원칙적으로 여행이 금지되었던 중세 유럽에서 학생은 상인, 군인, 성직자와 더불어 여행을 할 수 있었던 소수 특권자들이었다. 라틴어와 프랑스어 등 외국어 습득은 그들이 유학을 통해 성취하고자 하는 첫 번째 요소였다. 이 전통은 그랜드 투어로 이어졌고, 오늘날에는 어학연수나 교환학생 제도가 그 목적을 계승하고 있다. 또한 중세부터 학교나 기관의 후원을 받아 우수한 인재를 유학 보내는 관습이 있었는데 오늘날에도 풀브라이트 등 수많은 기관과 대학이 장학금을 주어 학생들을 유학 보내고 있다. 군이 장학금을 받지 않고 해외 유학이나 연수를 떠나는 학생들은 어찌 보면 그랜드 투어의 계승자일 것이다.

대학생들의 배낭여행도 순수하게 쾌락적 목적만을 지닌 것은 아니라는 점에서 관광의 범주에 넣기보다는 그랜드 투어의 연장선으로 볼 수 있다. 호화로운 그랜드 투어와 비교해볼 때 배낭여행은 지극히 저렴하고 소박한 여행이지만 말이다. 하지만 그 학생들이 유럽을 여행하며 보는 명소들은 대부분 18세기 귀족 자제들이 한가로이 머물며 구경했던 곳들이다.

요즘 유행하는 유럽 패키지 투어나 단체 관광도 그랜드 투어의 여정을 답습하기는 마찬가지다. 비록 가이드가 인솔하면서 상대적으로 단기간에 유럽 대륙을 돌지만 파리와 이탈리아 등의 주요 목적지는 동일하고, 그랜드 투어리스트들의 여행 지침서에 나온 명승지는 단체 관광객들 역시 잠시라도 들러보는 관람 포인트가 되었다.[4]

어떤 학자는 여행의 역사를 두고 "서로 다른 형태가 공존하며 활짝 피었다가 스러지고 다시 살아나기도 하면서 그 안에서 다른 종류의 여행들 사이의 경계가 흐릿해진다"[5]고 말했다. 대중 관광과 그랜드 투어는 경쟁하며 공존했던 관행으로, 그 경계는 흐릿했다. 그 이전에 나타났던 순례와 그랜드 투어도 마찬가지였다. 로마에서 그랜드 투어리스트들에게 권장되었던 프로그램의 얼개는 이미 12세기에 순례자들이 만들어놓은 것이었다.[6]

이처럼 여행의 역사는 단절과 대비뿐만 아니라 연속과 유사성을 보여준다. 그렇기 때문에 유럽의 그랜드 투어는 인류가 출현한 후 계속해온 여행의 역사, 그 도도한 흐름의 중간쯤에 걸쳐 있는 한 형태로 보아야 한다.

그랜드 투어는 오늘날 우리에게 익숙한 여러 해외여행의 근대적 출발점을 보여주는 동시에 그전에 인간이 떠나왔던 길고 긴 여정을 투영한다. 그리고 앞으로도 인류는 그 발걸음을 계속할 것이다.

부록

Chapter 1 그랜드 투어의 탄생

1   애덤 스미스 지음, 최호진·정해동 옮김,《국부론》하 (범우사, 2002), p. 351.

2   Richard Lassels, "Preface," in *The Voyage of Italy, or, A Compleat Journey through Italy* (Paris, 1670), no. pag.

3   Jeremy Black, *Italy and the Grand Tour* (New Haven: Yale UP., 2003), p. 1; Charles L. Batten, Jr., *Pleasurable Instruction: Form and Convention in Eighteenth-Century Travel Literature* (Berkeley: Univ. of California Press, 1978), p. 38.

4   Philip Sidney, "To the Reader" in *Profitable Instructions* (London, 1633), no. pag.

5   Maxine Feifer, *Tourism in History: From Imperial Rome to the Present* (New York: Stein and Day, 1985), p. 8.

6   윤선자,《축제의 문화사》(한길사, 2008), p. 49.

7   Feifer, *Tourism in History*, p. 21.

8   Feifer, *Tourism in History*, pp. 10-11.

9   키케로,〈카에리우스 루푸스에 대한 변론〉:35, 레이 로렌스 지음, 최기철 옮김,《로마제국 쾌락의 역사》(미래의창, 2011), p. 167에서 재인용.

10 Feifer, *Tourism in History*, pp. 11-12.

11 G. Hartwell Jones, *Celtic Britain and the Pilgrim Movement* (New York: AMS Press, 1980), p. xi.

12 Feifer, *Tourism in History*, p. 39-40.

13 이광주,《베네치아의 카페 플로리안으로 가자》(다른세상, 2001), pp. 75-77.

14 Feifer, *Tourism in History*, p. 31.

15 Feifer, *Tourism in History*, p. 53.

16 중세 순례의 양상과 특성에 대해서는 다음 책을 참고하라. 설혜심,《온천의 문화사: 건전한 스포츠로부터 퇴폐적인 향락에 이르기까지》(한길사, 2001), 1장.

17 Jonathan Sumption, *Pilgrimage* (London: Faber and Faber, 1975), pp. 168-170.

18 Eric J. Leed, *The Mind of the Traveller* (New York: Basic Books, 1991), pp. 12-13.

19 실제로 사회학자들은 예기치 못한 온갖 역경을 '모험'이라고 이름 붙이며 강력한 레저 행위의

하나로 분석한다. 베스터는 "모든 모험에는 특정한 형태와 일정한 위험이 따른다. 그 위험이야 말로 그 행위에 참여하게 만드는 자극적인 동기가 되는 것이다. 모험이란 그 결과물에 관한 한 일상생활보다 훨씬 더 불확실하고 위험한 것이다"라고 주장한 적이 있다. 전혀 다른 공간에서의 낯선 경험들이 궁극적으로 사람을 강하게 만든다는 것이다. Heinz-Gunter Vester, "Adventure as a Form of Leisure," in *Leisure Studies* 6 (1987), p. 242.

20 Leed, *Mind of the Traveller*, p. 179.

21 Christian Zacher, *Curiosity and Pilgrimage* (Baltimore: Johns Hopkins UP., 1976), p. 37에서 재인용.

22 Edward Chaney, *The Evolution of the Grand Tour: Anglo-Italian Cultural Relations since the Renaissance* (London: Frank Cass, 1998), p.59; G. B. Parks, "Travel as Education," in *The Seventeenth Century*, ed., R. F. Jones (Stanford, CA: Stanford UP, 1951), pp. 264-291.

23 Justin Stagl, *A History of Curiosity: The Theory of Travel 1550~1800* (Switzerland: Harwood Academic Publishers, 1995), pp. 47-51.

24 설혜심, 《지도 만드는 사람: 근대 초 영국의 국토, 역사, 정체성》 (길, 2007), pp. 349-354 참조.

25 Lassels, "Preface," in *Voyage of Italy*, no. pag.

26 James Howell, *Instructions for Foreign Travel* (London, 1642), pp. 9-10.

27 18세기 유명한 일기 작가인 파슨 우드포드(Parson Woodforde)는 연간 300파운드의 소득이 있었다. 그는 하녀 두 명, 시종, 집사, 잡역부를 고용했는데, 그들에게 들어가는 비용은 연간 30파운드 12실링이었다. Geoffrey Trease, *The Grand Tour* (New York: Holt, Rinehart and Winston, 1967), p. 136.

28 *Daily Universal Register*, Oct. 5 (1786).

29 스미스, 《국부론》 하, pp. 349-351.

30 스미스, 《국부론》 하, p. 350.

31 Jean Gailhard, *A Treatise Concerning the Education of Youth, The First Part. About their Breeding at Home* (London, 1678), pp. 17-21.

32 메리 울스턴크래프트 지음, 문수현 옮김, 《여성의 권리 옹호》 (책세상, 2011), 제12장 〈국민교육〉, 특히 pp. 139-178을 보라.

33 울스턴크래프트, 《여성의 권리 옹호》, p. 141.

34 William Edward Mead, *The Grand Tour in the Eighteenth Century* [1914] (New York: Benjamin Blom, 1972), pp. 119, 121.

35 Paul F. Grendler, "The Universities of the Renaissance and Reformation," *Renaissance Quarterly* 57: 1 (2004), p. 26; 설혜심, 《역사, 어떻게 볼 것인가: 마녀사냥에서 트위터까지》 (길, 2011), pp. 46-49.

36 스미스, 《국부론》 하, pp. 342-343.

37 이탈리아의 경우에만 일정 시기 여행자의 목록이 파악되어 있는 상태다. R. S. Pine-Coffin, "Bibliography of British and American Travel in Italy to 1860," Florence, 1974, *Supplement in Bibliofilia* 83 (1981). Black, *The Grand Tour in the Eighteenth Century* (Pheonix Mill: Sutton Publishing, 1992), xi 참조.

38 Black, *Grand Tour in the Eighteenth Century*, p. 7 참조.

39 Joseph Spence, *Letters from the Grand Tour* [1766], ed. S. Klima (Montreal: McGill-Queen's UP., 1975), pp. 419-426.

40 J. A. R. Pimlott, *The Englishman's Holiday: A Social History* (Hassocks: The Harvester Press, 1978), p. 68 참조.

41 Pimlott, *Englishman's Holiday*, p. 68.

42 Bruce Redford, *Venice and the Grand Tour* (New Haven: Yale UP., 1996), p. 15.

43 이 분야에 가장 많은 업적을 남긴 제러미 블랙(Jeremy Black)은 대륙을 여행했던 수많은 사람의 경험을 포괄적으로 그랜드 투어에 포함시켰던 반면, 로버트 섀클턴(Robert Shackleton)은 그랜드 투어란 조직화된 양식을 지닌 철저히 영국적인 현상으로, 그 행위자를 젊은 남성에 국한해야 한다고 주장했다. Robert Shackleton, "The Grand Tour in the Eighteenth Century," in Louis T. Milic, ed., *Studies in Eighteenth-Century Culture* 1 (Cleveland: The Press of Case Western Reserve University, 1971), p. 128. 한편, 제프리 트리즈(Geoffrey Trease)는 그랜드 투어를 영국인이 중심이되, 미국인을 포함하는 현상으로 보고사 했나. 내륙에서도 먼 곳까지 여행하는 사람은 많았지만 바다를 건너가는 경험이야말로 이 여행을 특별하게 만드는 중요한 요소라는 시각이다. Trease, *The Grand Tour*, pp. 2-3, 206 그리고 특히 PP. 213-217.

44 Redford, *Venice and the Grand Tour*, p. 14.

45 "To Lady Mar Oct, 1723." Mary Wortley Montagu, *The Complete Letters of Lady Mary Wortley Montagu*, ed. Robert Halsband, 3 vols. (Oxford: Clarendon Press, 1965~67), vol. 2, p. 30.

46 Laurence Sterne, *A Sentimental Journey through France and Italy* [1768], ed. Graham Petrie and intro. A. Alvarez (New York: Penguin Books, 1975), pp. 33-35.

47 *The Weekly Miscellany*, Sep. 6 (1779), p. 529.

48 Black, *Italy and the Grand Tour*, p. 131.

49 Black, *Italy and the Grand Tour*, pp. 127-128, 142.

50 자넷 토드 지음, 서미석 옮김, 《세상을 뒤바꾼 열정: 위대한 페미니스트 울스턴크래프트의 생애》(한길사, 2000), pp. 420-421.

51 David Watkin, "The Architectural Context of the Grand Tour," in Chare Hornsby, ed., *The Impact of Italy: The Grand Tour and Beyond* (London: The British School at Rome, 2000), p. 56; Reinhard Alex, Schlosser und Garten um Worlitz (Leipzig: Seemann, 1988).

52 안드레아스 바이어, 〈여행-체류-죽음: 로마에서의 괴테 가〉, 《서양미술사학회 논문집》 27

(2007년 상반기), pp. 172-174.

53 바이어, 〈여행-체류-죽음〉, p. 180.

54 괴테가 젤터(Zelter)에게 쓴 편지. 바이어, 〈여행-체류-죽음〉, p. 181에서 재인용.

55 요한 볼프강 폰 괴테 지음, 김수용 옮김, 《파우스트》 2 (책세상, 2006), p. 469.

56 11월 7일 1786년. 괴테 지음, 박영구 옮김, 《이탈리아 기행》 (푸른숲, 1998), p. 177.

Chapter 2 여행 준비와 안내서

1 자세한 내용은 J. G. Davies, "Pilgrimage and Crusade Literature," in Babara Sargent-Baur ed., *Journeys toward God* (Kalamazoo: Western Michigan UP., 1992), pp. 8-9를 참조하라.

2 Horton Davies, *Holy Days and Holidays* (Lewisburg, PA.: Bucknell UP., 1982), pp. 84-85.

3 Justin Stagl, *A History of Curiosity: The Theory of Travel 1550~1800* (Switzerland: Harwood Academic Publishers, 1995), p. 53.

4 *Theatrum Humanae Vitae* (editions 1565, 1571, 1586, 1604).

5 Stagl, *History of Curiosity*, pp. 57-60, 70-71.

6 Thomas Nugent, *The Grand Tour or, a Journey through the Netherlands, Germany, Italy, and France*, 4 vols. (London, 1749).

7 설혜심, 〈근대 초 유럽의 그랜드 투어〉, 《서양미술사학회 논문집》 27 (2007년 상반기).

8 준비물에 관한 내용은 다음을 참조하라. John Millard and Philip Playstowe, *Gentleman's Guide in his Tour through France Wrote by an Officer* (London, 1770), pp. 7-13; Christopher Hibbert, *The Grand Tour* (London: Weidenfeld and Nicolson, 1969), pp. 19-20, 38.

9 Leopold Berchtold, *An Essay to Direct and Extend the Inquires of Patriotic Travellers*, 2 vols. (London, 1789), vol. 1, p. 66.

10 Hibbert, *Grand Tour*, pp. 21-22.

11 그의 여행 기록은 다음 책에 나와 있다. Fynes Moryson, *An Itinerary: Containing his Ten Years Travel through the Twelve Dominions of Germany, Bohemia, Switzerland, Netherland, Denmark, Poland, Italy, Turkey, France, England, Scotland and Ireland*, 3 vols. (London, 1617). 원래 다섯 권으로 예정되었던 이 여행기는 모리슨의 생전에 세 권만 출간되었고, 나머지 내용은 필사본으로 옥스퍼드 대학에 보관되어 있다.

12 Thomas Coryat, *Crudities Hastily Gobbled up in Five Months Travels in France, Italy, &c* (London, 1611).

13 Maxine Feifer, *Tourism in History: From Imperial Rome to the Present* (New York: Stein and Day, 1985), p. 65.

14 Trease, *The Grand Tour*, p. 131.

15 Jeremy Black, *Italy and the Grand Tour* (New Haven: Yale UP., 2003), p. 101.

16 Black, *Italy and the Grand Tour*, p. 101.

17 Millard and Playstowe, *Gentleman's Guide through France*, pp. 11-12.

18 Black, *Italy and the Grand Tour*, p. 102; *The Grand Tour in the Eighteenth Century* (Pheonix Mill: Sutton Publishing, 1992), pp. 87-89.

19 Black, *The Grand Tour in the Eighteenth Century*, (Phoenix Mill:Sutton Publishing, 1992), p. 93; J. H. 플럼(Plumb), 〈18세기 유럽의 그랜드 투어〉, 윌리엄 레너드 랭어 엮음, 박상익 옮김, 《뉴턴에서 조지 오웰까지》 (푸른역사, 2004), p. 188; Hibbert, *The Grand Tour*, p. 24.

20 Tobias Smollett, *Travels through France and Italy* [1766], ed. Frank Felsenstein (Oxford: Oxford UP., 1992), p. 9.

21 Hibbert, *Grand Tour*, pp. 22-24.

22 Black, *Italy and the Grand Tour*, p. 98.

23 North to Hallam, 21 Feb. 1753, BL, Add, 61980; Bennett, Bod. Ms. Eng. Misc, f. 54, fol. 196.

24 Black, *Italy and the Grand Tour*, p. 99.

25 Black, *Italy and the Grand Tour*, p. 100에서 재인용.

26 Arthur Young, *Travels in France and Italy during the Years 1787, 1788 and 1789* (London: J. M. Dent & Sons, 1915), p. 254.

27 Hibbert, *Grand Tour*, p. 14.

28 Moryson, *Itinerary*, vol. 1, p. 304; vol. 3, p. 411.

29 Gerald Curzon, *Wotton and His Worlds: Spying, Science, and Venetian Intrigues* (Philadelphia: Xlibris, 2004).

30 William Lithgrow, *The Total Discourse of the Rare Adventures and Painfull Peregrinations of Yeares* (London, 1614).

31 Black, *The Grand Tour in the Eighteenth Century*, pp. 185-187을 보라.

32 Trease, *Grand Tour*, p. 112.

33 Hibbert, *Grand Tour*, p. 14.

34 John Lough, "Introduction," in John Locke, *Locke's Travels in France 1675-1679, As related in his Journals, Correspondence and Other Papers* (Cambridge: Cambridge UP., 1953), p. xxix.

35 요한 볼프강 폰 괴테 지음, 박영구 옮김, 《이탈리아 기행》 (푸른숲, 1998), pp. 153-157.

36 Samuel Sharp, *Letters from Italy, describing the customs and manners of that country in the years 1765, and 1766* (London, 1766), pp. 130-131.

37 Hibbert, *Grand Tour*, p. 12.

38 Moryson, *Itinerary*, vol. 3, p. 189.

39 Moryson, *Itinerary*, vol. 1, pp. 78-80.

40 Nugent, *Grand Tour*, vol. 3, p. 37.

41 Hibbert, *Grand Tour*, p. 19-20 참조.

42 Jean Gailhard, *A Treatise concerning the Education of Youth. The Second Part. About their Breeding Abroad* (London, 1678), pp. 123-128.

43 Gailhard, *Breeding Abroad*, p. 102.

44 Smollett, *Travels through France and Italy*, pp. 69-70, 291.

45 "To Wortley 18 Aug, 1739." Mary Wortley Montagu, *The Complete Letters of Lady Mary Wortley Montagu*, ed. Robert Halsband, 3 vols. (Oxford: Clarendon Press, 1965~67), vol. 2, p. 143.

46 "To Wortley 27 Aug, 1739." Montagu, *Complete Letters*, vol. 2, p. 145.

47 "To Wortley 1 Sept, 1739." Montagu, *Complete Letters*, vol. 2, p. 147; "To Wortley 17 March, 1741," *Complete Letters*, vol. 2, p. 231.

48 Laurence Sterne, *A Sentimental Journey*, ed. Graham Petrie and intro. A. Alvarez (New York: Penguin Books, 1975), p. 37.

49 Montagu, *Complete Letters*, vol. 2, pp. 177-178; vol. 3. pp. 31-33.

50 Black, *Italy and the Grand Tour*, p. 70.

51 Gailhard, *Breeding Abroad*, pp. 24-25.

52 Berchtold, *Essay to Direct and Extend the Inquires*, vol. 1, p. 1.

53 Samuel Paterson, *Another Traveller! or Cursory Remarks and Critical Observations*, 2 vols. (London, 1767~69), vol. 1, pp. 410, 458-459.

54 Berchtold, *Essay to Direct and Extend the Inquires*, p. 130.

55 Hibbert, *Grand Tour*, p. 20 참조.

56 Thomas Taylor, *The Gentleman's Pocket Companion for Travelling in Foreign Parts* (London, 1722).

57 Charles L. Batten, Jr., *Pleasurable Instruction: Form and Convention in Eighteenth-Century Travel Literature* (Berkeley: Univ. of California Press, 1978), pp. 4-5, 26-28.

58 Joseph Addison, *Letters from Italy* (London, 1703); *Remarks on Several Parts of Italy, &c. in the years, 1701, 1702, 1703* (London, 1705).

59 Addison, *Remarks on Several Parts of Italy*, vol. 2, p. 140.

60 "To Richard West, 2, Oct. 1740." Horace Walpole, *Horace Walpole's Correspondence*, ed. W. S. Lewis et al, 48 vols. (New Haven: Yale UP., 1937~83), vol. 8, p. 231.

61 James Boswell, *Boswell on the Grand Tour, Germany and Switzerland 1764*, ed. Frederick A. Pottle (New York: McGraw-Hill, 1953) p. 209.

62 Smollett, *Travels through France and Italy*, pp. 226-227, 277.

63 Frank Felsenstein, "Introduction," in Smollett, *Travels through France and Italy*, p. ix.

64 Sterne, *Sentimental Journey*, p. 71.

65 Batten, *Pleasurable Instruction*, pp. 80-81.

66 Smollett, *An Essay on the External Use of Water* (London, 1752).

67 Smollett, *Travels through France and Italy*, p. 13.

68 Gilbert Burnet, *Some Letters, containing an account of what seemed most remarkable in travelling through Switzerland, Italy, some parts of Germany, etc. in the years 1685 and 1686* (London, 1687), p. 222.

69 Edward Wright, *Some Observations Made in Travelling through France, Italy, etc. in 1720~1722*, 2 vols. (London, 1730).

70 Johann Jakob Ferber, *Travels through Italy in the years 1771 and 1772* (London, 1776).

71 Andrew Ducarel, *Tour through Normandy in a Letter to a Friend* (London, 1754).

72 Chloe Chard, *Pleasure and Guilt on the Grand Tour: Travel Writing and Imaginative Geography 1600~1830* (Manchester: Manchester UP., 1999), p. 10.

73 몬터규는 이탈리아 여러 도시에서 환대를 받으며 국제 분쟁 해결에 힘썼는가 하면, 더 나이가 들자 시골의 빌라에 칩거하며 와인을 만들고, 비단 교역을 위해 누에를 기르기도 했다. 1761년 남편이 죽었다는 소식을 듣고 다음 해 런던으로 돌아온 몬터규는 6개월 뒤 73세를 일기로 유방암으로 사망했다.

74 몬터규가 죽고 40년 뒤 그녀의 편지와 글의 일부가 출간되었고, 다시 1861년에 470여 통의 편지가 수합되어 출간되었다. 1965년부터 로버트 할스반드는 현재까지 확인된 900통의 편지를 집대성해 세 권의 책으로 출간했다.

75 "To [Anne] Thistlethwayte 4 January, 1718." Montagu, *Complete Letters*, vol. 1, p. 371.

76 "To Lady Mar 10 March, 1718." Montagu, *Complete Letters*, vol. 1, p. 385.

77 스티븐 툴민 지음, 이종흡 옮김, 《코스모폴리스》(경남대학교출판부, 1997), pp. 41, 57-64, 117.

78 Joseph Hall, *Quo Vadis?: A Just Censure of Travell as it is commonly undertaken by the Gentlemen of our Nation* (London, 1617), pp. 33, 35.

79 Stagl, *History of Curiosity*, p. 51.

80 "To Lady M- Vienna 1 January, 1717." Montagu, *Embassy to Constantinople: The Travels of Lady Mary Wortley Montagu*, ed. Christopher Pick (London: Century, 1988), p. 72.

81 "To Wortley 12 Oct, 1741." Montagu, *Complete Letters*, vol. 2, p. 256.

82 영국 작가 에런 힐의 다음 작품을 말한다. 힐은 웨스트민스터 스쿨을 졸업한 후 오스만튀르크를 여행했다. Aaron Hill, *A Full and Just Account of the Present State of the Ottoman Empire* (1709).

83 "To the Countess of May, 1718." Montagu, *Complete Letters*, vol. 1, p. 405.

84 "To Lady Pomfret Feb, 1740." Montagu, *Complete Letters*, vol. 2, p. 173.

85 "To [Anne] Thistlethwayte 1 April, 1717." Montagu, *Complete Letters*, vol. 1, p. 343.

86 "To Lady Bute 23 July, 1753." Montagu, *Complete Letters*, vol. 3, pp. 35-36.

87 "To Lady Bute 23 July, 1754." Montagu, *Complete Letters*, vol. 3, pp. 65-66.

Chapter 3 여정

1 Karl D. Bulbring, "Introduction," Daniel Defoe, *The Compleat English Gentleman* (London: David Nutt, 1890), p. lxix.

2 Jeremy Black, *Italy and the Grand Tour* (New Haven: Yale UP., 2003), p. 9. 그리스도 인기 없 는 곳이었고 프라하 동쪽, 함부르크 북쪽으로는 거의 가지 않았다. Christopher Hibbert, *The Grand Tour* (London: Weidenfeld and Nicolson, 1969), p. 25 참조.

3 William Edward Mead, *The Grand Tour in the Eighteenth Century* [1914] (New York: Benjamin Blom, 1972), pp. 30-31에서 다른 예들을 찾아볼 수 있다.

4 John Carr, *The Stranger in France* (London, 1803), p. 21.

5 Hibbert, *Grand Tour*, pp. 30-31; J. H. 플럼, 〈18세기 유럽의 그랜드 투어〉, 윌리엄 레너드 랭 어 엮음, 박상익 옮김, 《뉴턴에서 조지 오웰까지》(푸른역사, 2004), p. 180.

6 John Clenche, *A Tour in France and Italy* (London, 1679), p. 22.

7 Tobias Smollett, *Travels through France and Italy* [1766], ed. Frank Felsenstein, (Oxford: Oxford UP., 1992), p. 49.

8 플럼, 〈18세기 유럽의 그랜드 투어〉, p. 181.

9 Smollett, *Travels through France and Italy*, p. 44.

10 Black, *France and the Grand Tour* (New York: Palgrave Macmillan, 2003), p. 19.

11 Black, *France and the Grand Tour*, p. 19에서 재인용.

12 John Millard and Philip Playstowe, *Gentleman's Guide in his Tour through France wrote by an Officer* (London, 1770), p. 65.

13 To Lady Herford, Beauchamp Papers. undated, Alnwick, 113, pp. 75-82.

14 Hibbert, *Grand Tour*, pp. 55-56; Black, *France and the Grand Tour*, p. 180.

15 "Johnson to Mrs. Lucy Porter, 1755." James Boswell, *The Life of Samuel Johnson* (Norwalk: The Easton Press, 1993), vol 2, p. 188.

16 존슨 박사의 파리 여정은 다음을 참조하라. Boswell, *Life of Samuel Johnson*, vol. 2, pp. 189-201.

17 Boswell, *Life of Samuel Johnson*, vol. 2, p. 191.

18 Boswell, *Life of Samuel Johnson*, vol. 2, pp. 202-203.

19 Boswell, *Life of Samuel Johnson*, vol. 2, p. 199.

20 Thomas Nugent, *The Grand Tour or, a Journey through the Netherlands, Germany, Italy, and France* (London, 1749), vol. 4, p. 14.

21 Boswell, *Life of Samuel Johnson*, vol. 2, pp. 201-202.

22 Nugent, *Grand Tour*, vol. 4, p. 35.

23 "To George Montagu, Paris, March 21, 1766." Horace Walpole, *Letters from the Hon. Horace Walpole, to George Montagu, Esq. 1736~1770* (London: Rodwell and Martin, 1818), p. 383.

24 Black, *France and the Grand Tour*, p. 18.

25 "To John Chute, Paris Oct. 3, 1765." Walpole, *The Letters of Horace Walpole, Earl of Oxford*, 6 vols. (London: Richard Bentley, 1840), vol. 5, p. 78.

26 에드워드 토머스(Edward Thomas) 박사의 편지에 나타난 내용. Edward Thomas, To Jeremiah Milles, 11 June, 1750, BL. Add. 19941. fol. 1.

27 니콜라이 미하일로비치 카람진(Nikolai Mihailovich Karamzin)의 말. Hibbert, *Grand Tour*, p. 56에서 재인용.

28 Mead, *Grand Tour*, p. 247.

29 Lady Phillipina Deane Knight, *Lady Knight's Letters from France and Italy 1776~1795* ed. Lady Elizabeth Eliott-Drake (London: A. L. Humphreys, 1905), p. 10.

30 1699년 5대 엑서터 백작인 존(John, 5th Earl of Exeter)을 수행한 리처드 크리드(Richard Creed)가 한 말. Creed Journal 15 Oct. 1699. Black, *France and the Grand Tour*, p. 16에서 재인용.

31 "To the Hon. Henry Seymour Conway, Florence, March 6 1740." Walpole, *The Letters of Horace Walpole*, 4 vols. (Philadelphia: Lea and Blanchard, 1842), vol. 1, p. 146; "To Sir Horace Mann, London, Dec. 29, 1741." *The Letters of Horace Walpole, Earl of Oxford*. ed. Peter Cunningham, 4 vols. (Cirencester: The Echo Library, 2005), vol. 1, p. 169.

32 "To Richard West Esq. Turin, November 11, 1739." Walpole, *Private Correspondence of Horace Walpole, Earl of Oxford*, 4 vols. (London: Rodwell and Martin, 1820), vol.1, p. 35.

33 Black, *The Grand Tour in the Eighteenth Century* (Pheonix Mill: Sutton Publishing, 1992), pp. 24-25.

34 이런 변화에는 특히 다음 책이 중요한 역할을 했다. Thomas Burnet, *The Sacred Theory of the Earth* (London, 1681).

35 박지향,《영국적인, 너무나 영국적인》(기파랑, 2006), pp. 61-62를 참조하라.

36 Hibbert, *Grand Tour*, pp. 88-89.

37 움베르토 에코 지음, 이현경 옮김,《미의 역사》(열린책들, 2005), p. 282.

38 이종찬, 〈유럽의 풍경에 대한 낭만주의적 인식과 열대성의 발명: 문학과 미술작품에 관한 식물지리학적 관점〉, 《한국과학사학회지》 30: 1 (2008), p. 120.

39 Hibbert, *Grand Tour*, pp. 80–81.

40 Hibbert, *Grand Tour*, pp. 86–87.

41 Black, *Italy and the Grand Tour*, p. 108.

42 William Bromley, *Remarks on the Grand Tour of France and Italy* (London, 1705), pp. 36–37.

43 Geoffrey Trease, *The Grand Tour* (New York: Holt, Rinehart and Winston, 1967), p. 88.

44 Maxine Feifer, *Tourism in History: From Imperial Rome to the Present* (New York: Stein and Day, 1985), pp. 108–109.

45 Samuel Sharp, *Letters from Italy, describing the customs and manners of that country in the years 1765, and 1766* (London, 1766), p. 44.

46 Hibbert, *Grand Tour*, p. 109에서 재인용.

47 Feifer, *Tourism in History*, p. 112.

48 John Lough, "Introduction," in John Locke, *Locke's Travels in France 1675–1679, As related in his Journals, Correspondence and Other Papers* (Cambridge: Cambridge UP., 1953), p. xxix.

49 "4 Feb. 1645." John Evelyn, *A Diary of John Evelyn from 1641 to 1705~6*, ed. William Bray (London: Frederick Warne and co. 1891), p. 47.

50 "Venice May 30, 1817." Lord Byron, *The Life of Lord Byron with his Letters and Journals*, ed. Thomas Moore, 16 vols. (London, 1854), vol. 4, pp. 29–30.

51 Mead, *Grand Tour*, p. 306; Hibbert, *Grand Tour*, pp. 116–118.

52 Hibbert, *Grand Tour*, pp. 114–118.

53 Smollett, *Travel through France and Italy*, p. 219.

54 Nugent, *Grand Tour*, vol. 3, p. 91.

55 Bruce Redford, *The Converse of the Pen: Acts of Intimacy in the Eighteenth-Century Familiar Letter* (Chicago: Univ. of Chicago Press, 1986), p. 52.

56 Black, *Italy and the Grand Tour*, p. 8.

57 Logan Pearshall Smith, *The Life and Letters of Sir Henry Wotton*, 2 vols. (Oxford: Oxford UP., 1907), vol. 1, pp. 85–106.

58 BL. Add. 47073, fol. 169; Broadlands, 11/3.

59 1786년 10월 1일에 쓴 일기. Heather Reyes, *City Pick Venice* (Oxygen Books, 2011), pp. 39–40에서 인용.

60 Nugent, *Grand Tour*, vol. 3, p. 90.

61 Nugent, *Grand Tour*, vol. 3. p. 87.

62 요한 볼프강 폰 괴테 지음, 박영구 옮김, 《이탈리아 기행》 (푸른숲, 1998), pp. 160–161.

63 "To Mapletoft. Lyon, Nov. 8, 1678." Locke, *Locke's Travels in France 1675-1679, As related in his Journals, Correspondence and Other Papers*, p. 13.

64 "11 April, 1645." Evelyn, *Diary*, p. 144.

65 Hibbert, *Grand Tour*, pp. 144-145.

66 Hibbert, *Grand Tour*, p. 136.

67 Black, *Italy and the Grand Tour*, p. 50.

68 Sharp, *Letters from Italy*, p. 204.

69 괴테, 《이탈리아 기행》, p. 217.

70 Nugent, *Grand Tour*, vol. 3, pp. 377-378.

71 Hibbert, *Grand Tour*, pp. 151-156 참조.

72 Chloe Chard, "Comedy, Antiquity, the Feminine and the Foreign: Emma Hamilton and Corinne," in Clare Hornsby, ed., *The Impact of Italy: The Grand Tour and Beyond* (London: The British School at Rome, 2000), p. 151.

73 Feifer, *Tourism in History*, p. 122.

74 나폴리에서 약 8킬로미터 떨어진 해안에 위치한 캄파니아 지방의 고대 도시다. 그리스인의 식민에 의해 생긴 도시로 추정되며 고대에 번영을 구가했으나, 63년 지진으로 큰 피해를 입은 후 79년 폼페이와 함께 베수비오 화산의 폭발로 매몰되었다. 발굴은 18세기에 시작되었으나, 본격적인 발굴은 1927년 이후다.

75 지금은 내륙이 되었으나 당시에는 베수비오 화산의 남동쪽, 사르누스강 하구에 있는 항구 도시로, 로마 귀족들의 별장이 들어선 휴양지로 성황을 이루었다. 79년 8월 베수비오 화산의 대폭발 이후 15세기까지 폼페이의 존재는 잊혔다. 16세기 말부터 소규모 발굴이 시작되고 1748년부터 발굴이 본격적으로 착수되어 꾸준히 계속되었다.

76 Hibbert, *Grand Tour*, p. 159.

77 "Naples, March 18, 1765." John Wilkes, *The correspondence of the late John Wilkes, with his friends, printed from the original manuscripts, in which are introduced memoirs of his life* (London, 1805), vol. 2, pp. 146-147.

78 M. Misson, *New Voyage to Italy* (London, 1739), pp. 487-488.

79 Nugent, *Grand Tour*, vol. 2, pp. 66-67.

80 Hibbert, *Grand Tour*, p. 174.

81 Hibbert, *Grand Tour*, p. 177.

82 Hibbert, *Grand Tour*, pp. 185, 196-197.

83 Nugent, *Grand Tour*, vol. 2, p. 208.

84 "To Lady Mar, Vienna 14 September 1716." Mary Wortly Montagu, *Embassy to Constantinople*, ed. Christopher Pick (London: Century, 1988), p. 55.

85 Feifer, *Tourism in History*, p. 105.

86 Hibbert, *Grand Tour*, pp. 180-182 참조.

87 고유경, 〈자연에서 민족으로: 라인 신화의 탄생과 성장〉, 《대구사학》 106 (2012년 3월), pp. 6-8.

88 Feifer, *Tourism in History*, p. 103.

89 Nugent, *Grand Tour*, vol. 1, pp. 42-44.

90 Nugent, *Grand Tour*, vol. 1, pp. 79-80.

91 Nugent, *Grand Tour*, vol. 1, p. 37.

Chapter 4 상류계층 만들기

1   Jean Gailhard, *A Treatise concerning the Education of Youth. The Second Part. About their Breeding Abroad* (London, 1678), p.73.

2   Christopher Hibbert, *The Grand Tour* (London: Weidenfeld and Nicolson, 1969), p. 44에서 재인용.

3   John Lough, "Introduction," in John Locke, *Locke's Travels in France 1675-1679, As related in his Journals, Correspondence and Other Papers* (Cambridge: Cambridge UP., 1953), p. xxxv.

4   Brian Dolan, *Ladies of the Grand Tour* (London: Harper Collins Publishers, 2001), pp. 178-179.

5   빌 브라이슨 지음, 박중서 옮김, 《거의 모든 사생활의 역사》 (까치, 2011), pp. 466-467.

6   Tobias Smollett, *Travels through France and Italy* [1766], ed. Frank Felsenstein (Oxford: Oxford UP., 1992), p. 60.

7   Smollett, *Travels through France and Italy*, pp. 60-61.

8   브라이슨, 《거의 모든 사생활의 역사》, pp. 460-461.

9   브라이슨, 《거의 모든 사생활의 역사》, pp. 465-66; 설혜심, 《서양의 관상학, 그 긴 그림자》 (한길사, 2002), pp. 241-245.

10 Philip Dormer Stanhope Chesterfield, *Letters of Lord Chesterfield*, Selected with an Introduction by Phyllis M. Jones (London: Oxford UP., 1929), pp. 56-57.

11 Gailhard, *Breeding Abroad*, p. 177.

12 James Howell, *Instruction of Foreign Travel* (London, 1642), pp. 23-24.

13 Howell, *Instruction of Foreign Travel*, pp. 27-28.

14 Maxine Feifer, *Tourism in History: From Imperial Rome to the Present* (New York: Stein and Day, 1985), p. 126에서 재인용.

15 "To Lady Bute 17 Oct, 1750." Mary Wortley Montagu, *The Complete Letters of Lady Mary*

Wortley Montagu, ed. Robert Halsband, 3 vols. (Oxford: Clarendon Press, 1965~67), vol. 2, p. 469; "To Lady Bute 3 June, 1753,"vol. 3, p. 32.

16 "To Lady Pomfret March, 1740." Montagu, *Complete Letters*, vol. 2, p. 177.

17 Chesterfield, *Letters of Lord Chesterfield*, pp. 158-159.

18 Gailhard, *Breeding Abroad*, pp. 48-49; Chesterfield, *Letters of Lord Chesterfield*, pp. 133-134, 158.

19 Gailhard, *Breeding Abroad*, pp. 78-85.

20 Gailhard, *Breeding Abroad*, pp. 78-85.

21 Gailhard, *Breeding Abroad*, p. 122.

22 Gailhard, *Breeding Abroad*, p. 84.

23 Gailhard, *Breeding Abroad*, pp. 67-68.

24 Gailhard, *Breeding Abroad*, pp. 75, 187.

25 Chesterfield, *Letters of Lord Chesterfield*, pp. 158-159.

26 리처드 스텐걸 지음, 임정근 옮김, 《아부의 기술》 (참솔, 2006), pp. 245, 256.

27 "1749년 7월 20일 아들에게 보낸 편지." Chesterfield, *Letters of Lord Chesterfield*, p. 136.

28 Chesterfield, *Letters of Lord Chesterfield*, p. 46.

29 Chesterfield, *Letters of Lord Chesterfield*, pp. 46-47.

30 스텐걸, 《아부의 기술》, p. 227.

31 Gailhard, *Breeding Abroad*, pp. 106-107.

32 Chesterfield, *Letters of Lord Chesterfield*, p. 57.

33 Chesterfield, *Letters of Lord Chesterfield*, pp. 59-60.

34 스텐걸, 《아부의 기술》, pp. 59-60.

35 Chesterfield, *Letters of Lord Chesterfield*, pp. 154-155.

36 스텐걸, 《아부의 기술》, p. 255.

37 John Millard and Philip Playstowe, *Gentleman's Guide in his Tour through France wrote by an Officer* (London, 1770), pp. 11-13.

38 Gailhard, *Breeding Abroad*, pp. 32-33.

39 "To David Hume, Toulouse 21 Oct, 1764." Adam Smith, *Correspondence of Adam Smith*, eds., Ernest Campbell Mossner and Ian Simpson Ross (Indianapolis: Liberty Fund, 1987), p. 102.

40 Gailhard, *Breeding Abroad*, p. 138.

41 Thomas Nugent, *The Grand Tour or, a Journey through the Netherlands, Germany, Italy, and France* (London, 1749), vol. 2, p. 45.

42 William Edward Mead, *The Grand Tour in the Eighteenth Century* [1914] (New York: Benjamin Blom, 1972), p. 129.

43 Chesterfield, *Letters of Lord Chesterfield*, p. 145.

44 E. C. Mossner, *The life of David Hume* (Oxford: Oxford UP., 2001), p. 265.

45 "To David Hume, Toulouse, Sept 1765." Smith, *Correspondence*, p. 108.

46 John Lough, "Introduction," in John Locke, *Locke's Travels in France 1675-1679, As related in his Journals, Correspondence and Other Papers* (Cambridge: Cambridge UP., 1953), pp. xxxvi-xxxvii.

47 카를베크,《세기 전환기의 독일 여행》(베를린, 1936), p. 168. 빈프리트 뢰쉬부르크 지음, 이민수 옮김,《여행의 역사: 오디세우스의 방랑에서 우주 여행까지》(효형출판, 2003), pp. 100-101에서 재인용.

48 뢰쉬부르크,《여행의 역사》, p. 143.

49 "Boswell to Rousseau[Original in French], Motiers Cal de Travers, 3 December 1764." James Boswell, *Boswell on the Grand Tour, Germany and Switzerland 1764*, ed. Frederick A. Pottle (New York: McGraw-Hill, 1953), pp. 218-220.

50 뢰쉬부르크,《여행의 역사》, p. 153.

51 Boswell, *Grand Tour, Germany and Switzerland*, p. 285.

52 Boswell, *Grand Tour, Germany and Switzerland*, pp. 279-280.

53 Boswell, *Grand Tour, Germany and Switzerland*, p. 285.

54 새뮤얼 클라크는 케임브리지 대학에서 수학한 후 런던에서 성직자로 활동한 사상가다. 동시대의 이신론(理神論)과 유물론(唯物論)의 경향에 반대하면서도 새로운 사상의 영향 아래 새로운 신학·윤리 체계를 수립하려 했다. 뉴턴의 견해를 두고 G. 라이프니츠와 죽을 때까지 논쟁을 벌였다. 많은 논쟁과 비난을 불러일으킨 저서《성경의 삼위일체론(Scripture Doctrine of the Trinity, 1712)》으로 유명하다.

55 스튜어트 왕조의 왕권을 되찾으려 한 제임스 스튜어트(James Francis Edward Stuart, 1688~1766)를 말한다.

56 "젊은 참칭왕(The Young Pretender)"이라고 불렸던 찰스 스튜어트(Charles Edward Stuart, 1720~1788)를 말한다.

57 "27 Dec. notes of Voltaire's English Conversation." Boswell, *Grand Tour, Germany and Switzerland*, pp. 300-301.

58 John Brewer, *The Pleasures of the Imagination: English Culture in the Eighteenth Century* (New York: Harper Collins, 1997), p. xxiv.

59 J. H. 플럼, 〈18세기 유럽의 그랜드 투어〉, 윌리엄 레너드 랭어 엮음, 박상익 옮김,《뉴턴에서 조지 오웰까지》(푸른역사, 2004), p. 188.

60 Feifer, *Tourism in History*, p. 92에서 인용.

61 Gailhard, *A Discourse concerning a Private Settlement at Home after Travel* (London, 1682), p. 1.

62 Gailhard, *Private Settlement*, pp. 2, 4.

63 Gailhard, *Private Settlement*, p. 3.

64 Gailhard, *Private Settlement*, pp. 21-22.

65 Gailhard, *Breeding Abroad*, p. 177.

66 플럼, 〈18세기 유럽의 그랜드 투어〉, p. 190.

67 요한 볼프강 폰 괴테 지음, 박영구 옮김, 《이탈리아 기행》 (푸른숲, 1998), pp. 574-575.

68 괴테, 《이탈리아 기행》, pp. 577-578.

69 J. S. Rowlinson, "'Our Common Room in Geneva' and the Early Exploration of the Alps of Savoy," *Notes and Records of the Royal Society of London* 52: 2 (July, 1998), p. 222.

70 Roy Porter, "England," in A. C. Kors, ed., *Encyclopaedia of the Enlightenment* (Oxford: Oxford UP., 2003), vol. 1, p. 414.

71 이블린 로드 지음, 이경식 옮김, 《헬파이어 클럽: 섹스, 악마주의 그리고 비밀결사》 (황소자리, 2010), pp. 49-52, 155-162.

72 로드, 《헬파이어 클럽》, pp. 169-210을 참조하라.

73 케빈 살라티노, 〈성과 영원의 도시: 관능의 성지순례로서의 그랜드 투어〉, 《서양미술사학회 논문집》 27 (2007년 상반기), p. 240.

74 샌드위치 백작 존 몬터규(John Montagu)는 지중해와 유럽을 돌아본 후 《샌드위치 백작의 지중해 연인 여행(A Voyage Performed by the Late Earl of Sandwich Around the Mediteranean)》을 썼다. 내용의 유려함으로 볼 때 이름이 밝혀지지 않은 동행 교사가 상당 부분을 작성해주었을 것이라는 추측이 많다.

75 로드, 《헬파이어 클럽》, pp. 162-163.

76 로드, 《헬파이어 클럽》, pp. 163-164.

77 "To Mann, 14 April 1743." Horace Walpole, ed. P. Cunningham (London, 1891), p. 1340.

78 윌리엄 해밀턴 경, 리처드 페인 나이트(Richard Payne Knight), 찰스 타운리(Charles Towneley), C. M. 크래셔로드(Cracherode) 등을 꼽을 수 있다.

79 Brewer, *Pleasures of the Imagination*, pp. 257-262.

80 Brewer, *Pleasures of the Imagination*, p. 259.

Chapter 5 예술과 쇼핑

1 전진성, 《박물관의 탄생》 (살림, 2004), p. 17.

2 자세한 내용은 노자연, 〈17세기 영국의 호기심의 방〉, 연세대학교 대학원 석사학위논문 (2011년 7월)을 참조하라.

3 이은기, 《르네상스 미술과 후원자》 (시공사, 2002), pp. 333-340, 334.

4 Tobias Smollett, *Travels through France and Italy* [1766], ed. Frank Felsenstein, (Oxford: Oxford UP., 1992), p. 224.

5 Smollett, *Travels through France and Italy*, p. 229.

6 Smollett, *Travels through France and Italy*, p. 229.

7 Maxine Feifer, *Tourism in History: From Imperial Rome to the Present* (New York: Stein and Day, 1985), p. 113에서 인용.

8 John Brewer, *The Pleasures of the Imagination: English Culture in the Eighteenth Century* (New York: Harper Collins, 1997), p. xvi.

9 Philip Dormer Stanhope Chesterfield, *Letters of Lord Chesterfield*, Selected with an Introduction by Phyllis M. Jones (London: Oxford UP., 1929), pp. 164-165.

10 스티븐 툴민 지음, 이종흡 옮김, 《코스모폴리스》 (경남대학교출판부, 1997), p. 77.

11 Brewer, *Pleasures of the Imagination*, p. xv에서 재인용.

12 Brewer, *Pleasures of the Imagination*, p. xix.

13 Brewer, *Pleasures of the Imagination*, p. xviii.

14 Brewer, *Pleasures of the Imagination*, p. xvii.

15 《회고록(Memories)》에 나오는 말이다. 이지은, 《귀족의 은밀한 사생활》 (지안, 2006), pp. 287-288에서 재인용.

16 Jean Gailhard, *A Treatise concerning the Education of Youth. The Second Part. About their Breeding Abroad* (London, 1678), p. 59.

17 Brewer, *Pleasures of the Imagination*, p. 256.

18 Bruce Redford, *Venice and the Grand Tour* (New Haven: Yale UP., 1996), p. 35.

19 이탈리아의 화가로, 바티칸 궁전에 있는 시스티나 예배당의 벽화를 장식했고 15세기 '움브리아 화파'의 지도자였다. 감미롭고 감상적이며 단순화된 화풍을 지녔으며 라파엘로의 스승이었다.

20 Jonathan Richardson, *An Account of Some of the Statues, Bas-reliefs, Drawings, and Pictures in Italy* (London, 1722), p. 181.

21 Sebastiano del Piombo, 〈Cardinal Bandinello Sauli, His Secretary, and Two Geographers〉 1516년 작.

22 Richardson, *Account of Some of the Statues, Bas-reliefs, Drawings, and Pictures* (London, 1722), p. 183.

23 Jeremy Black, *Italy and the Grand Tour* (New Haven: Yale UP., 2003), p. 47.

24 John Wilkes by James McMullen Rigg를 참조. *Dictionary of National Biography, 1885~1900*, vol. 61 (London: Smith, Elder & Co., 1990).

25 Christopher Hibbert, *The Grand Tour* (London: Weidenfeld and Nicolson, 1969), pp. 139-140.

26 Hibbert, *Grand Tour*, p. 140에서 재인용.

27 요한 요아힘 빈켈만,《편지들》(W. 렘발행, 베를린), 1952년, p. 235. 빈프리트 뢰쉬부르크 지음, 이민수 옮김,《여행의 역사: 오디세우스의 방랑에서 우주 여행까지》(효형출판, 2003), p. 137에서 재인용.

28 Brewer, *Pleasures of the Imagination*, p. 259.

29 Smollett, *Travels through France and Italy*, p. 255.

30 Smollett, *Travels through France and Italy*, p. 271.

31 케빈 살라티노,〈성과 영원의 도시: 관능의 성지순례로서의 그랜드 투어〉,《서양미술사학회 논문집》27 (2007년 상반기), p. 238.

32 제임스 배리, 알렉산더 커즌스(Alexander Cozens)와 그의 아들 존 커즌스, 너새니얼 댄스 (Nathaniel Dance), 개빈 해밀턴(Gavin Hamilton), 윌리엄 호어(William Hoare), 토머스 존스 (Thomas Jones), 윌리엄 켄트, 윌리엄 말로(William Marlow), 존 파커, 앨런 램지(Allan Ramsay), 조슈아 레이놀즈, 조지 롬니(George Romney), 조너선 스켈턴(Jonathan Skelton), 프랜시스 타운(Francis Towne), 리처드 윌슨, 더비의 라이트(Wright of Derby) 그리고 조각가인 조지프 놀리킨스(Joseph Nollekens), 조지프 윌턴(Joseph Wilton) 등을 들 수 있다.

33 Black, *The Grand Tour in the Eighteenth Century* (Pheonix Mill: Sutton Publishing, 1992), p. 261.

34 J. H. 플럼,〈18세기 유럽의 그랜드 투어〉, 윌리엄 레너드 랭어 엮음, 박상익 옮김,《뉴턴에서 조지 오웰까지》, (푸른역사, 2004), p. 182.

35 Joshua Reynolds, *The Letters of Sir Joshua Reynolds*, eds. John Irgamells and John Edgcumbe (New Haven: Yale UP., 2006), p. 29.

36 Samuel Johnson, "Grand style of painting," *Idler* no. 79 (20 Oct, 1759).

37 쉬어러 웨스트,〈레이놀즈와 그랜드 투어〉,《서양미술사학회 논문집》27 (2007년 상반기), p. 148.

38 플럼,〈18세기 유럽의 그랜드 투어〉, p. 192.

39 요한 볼프강 폰 괴테 지음, 박영구 옮김,《이탈리아 기행》(푸른숲, 1998), pp. 415-416.

40 Hibbert, *Grand Tour*, p. 141.

41 Smollett, *Travels through France and Italy*, p. 241.

42 플럼,〈18세기 유럽의 그랜드 투어〉, pp. 192-193 참조.

43 괴테,《이탈리아 기행》, p. 485.

44 제임스 애덤의 편지(1760), John Fleming, *Robert Adam and his Circle* (Cambridge, Mass.: Harvard UP., 1962), p. 278에서 인용.

45 Fleming, *Robert Adam*, p. 373.

46 John Evelyn, *A Diary of John Evelyn from 1641 to 1705~6*, ed. William Bray (London:

Frederick Warne and co. 1891), p. 165.

47 레슬리 오레이 지음, 류연희 옮김,《오페라의 역사》(동문선, 1990), pp. 350-352.

48 Black, *Italy and the Grand Tour* (New Haven: Yale UP., 2003), p. 174.

49 Black, *Grand Tour in the Eighteenth Century*, pp. 253-260.

50 Smollett, *Travels through France and Italy*, p. 220.

51 BL. Add. 19941 fol. 11: Brand to Wharton, 24 Oct. 17 Nov. 1783.

52 Black, *Italy and the Grand Tour*, p. 175.

53 "To Lady Pomfret 6 Nov. 1739." Mary Wortley Montagu, *The Complete Letters of Lady Mary Wortley Montagu*, ed. Halsband, 3 vols. (Oxford: Clarendon Press, 1965~67), vol. 2, p. 159.

54 이지은,《귀족의 은밀한 사생활》, p. 204.

55 Smollett, *Travels through France and Italy*, p. 220.

56 Black, *Italy and the Grand Tour*, p. 178.

57 도널드 그라우트 지음, 민은기·오지희 외 옮김,《서양음악사》(이앤비플러스, 2007), p. 353.

58 괴테,《이탈리아 기행》, pp. 83-84.

59 찰스버니,《프랑스와 이탈리아 음악의 현주소》, 숄즈 편집,《버니 박사의 유럽 음악 여행》1권, (런던: 옥스퍼드 출판부, 1959), pp. 153-155. 그라우트,《서양음악사》, p. 454에서 재인용.

60 오레이,《오페라의 역사》, p. 75.

61 그라우트,《서양음악사》, pp. 405-408 참조.

62 그라우트,《서양음악사》, pp. 534-535.

63 오레이,《오페라의 역사》, p. 218.

64 John Millard and Philip Playstowe, *Gentleman's Guide in his Tour through France wrote by an Officer* (London, 1770), p. 62.

65 Evelyn, *Diary*, p. 46.

66 Feifer, *Tourism in History*, p. 128.

67 이지은,《귀족의 은밀한 사생활》, p. 196.

68 Feifer, *Tourism in History*, p. 128.

69 "To Mrs. Lucy Porter, No. 16, 1775." James Boswell, *The Life of Samuel Johnson* (Norwalk: The Easton Press, 1993), vol. 2, pp. 187, 192.

70 Hibbert, *Grand Tour*, p. 165.

71 플럼, 〈18세기 유럽의 그랜드 투어〉, p. 184.

72 괴테,《이탈리아 기행》, pp. 415-416.

73 괴테,《이탈리아 기행》, p. 686.

74 괴테,《이탈리아 기행》, pp. 685-688.

75 괴테,《이탈리아 기행》, p. 448.

76 Black, *Italy and Grand Tour*, p. 155; 뢰쉬부르크, 《여행의 역사》, p. 142.

77 Hibbert, *Grand Tour*, p. 213; Black, *The Grand Tour in the Eighteenth Century*, p. 268.

Chapter 6 여행의 동반자들

1 Francis Bacon, "Of Travel" in *Essays*, ed., F. G. Selby [1601] (London: Macmillan, 1958), p. 45.

2 John Locke, "Some Thoughts Concerning Education", in *On Politics and Education* (New York: D. Van Nostrand Company, 1947), p. 385.

3 Richard Lassels, "Preface," in *The Voyage of Italy, or, A Compleat Journey through Italy in Two Parts* (London, 1670), no. pag.

4 토머스 홉스는 2대와 3대 데번셔 백작을 수행했고, 조지프 애디슨은 샌드위치 백작의 친척인 에드워드 몬터규(Edward Montagu)와 런던 시장의 아들이었던 조지 대시우드(George Dashwood)를 수행했다. 역사학자인 윌리엄 콕스는 허버트 경을 가르쳤다. 로버트 우드는 브리지워터 공작(Duke of Bridgewater)을 수행했고, 윌리엄 화이트헤드는 빌리어스 공(Lord Villiers)과 누네엄 공(Lord Nuneham)을 수행했다. 정치가이자 문헌학자인 존 혼 툭(John Horne Took)은 1764~1765년 프랑스와 이탈리아에서 동행 교사로 일했고, 스위스 역사학자 폴 앙리 말레(Paul Henri Mallet)는 부트 백작(Earl of Bute)에게 고용되어 그의 큰아들 마운트 스튜어트 경(Lord Mountstuart)을 수행했다.

5 Lassels, "Preface," in *Voyage of Italy*, no. pag. 그 외에도 위대한 영웅들 뒤에는 훌륭한 스승이 있었다면서 헤라클레스, 이아손, 파리스, 아킬레우스 등 수많은 영웅을 지도했던 케이론에 대한 일화 등이 소개되었다.

6 게이야르는 프랑스 출신으로, 1660년경부터 영국에서 활동한 작가이자 프로테스탄트 종교 논쟁가다. 1676년부터 로버트 사우스웰(Robert Southwell)에게 고용되어 그의 조카 필립 퍼시벌(Philip Percival)의 동행 교사로 활동했다.

7 Jean Gailhard, *A Treatise concerning the Education of Youth. The Second Part. About their Breeding Abroad* (London, 1678), p. 11.

8 William Edward Mead, *The Grand Tour in the Eighteenth Century* [1914] (New York: Benjamin Blom, 1972), p. 121.

9 Lassels, "Preface," in *Voyage of Italy*, no. pag.; *The Bear-Leaders, or Modern Travelling* (London, 1758), pp. 16-17; Gailhard, *Breeding Abroad*, pp. 9-13.

10 Gailhard, *Breeding Abroad*, p. 12.

11 *Bear-Leaders*, p. 17.

12 *Bear-Leaders*, p. 9.

13 Lassels, "Preface," in *Voyage of Italy*, no. pag.

14 Lassels, "Preface," in *Voyage of Italy*, no. pag.

15 Lassels, "Preface," in *Voyage of Italy*, no. pag.

16 Locke, "Some Thoughts Concerning Education," pp. 386-387; Gailhard, *Breeding Abroad*, pp. 10-11; *Bear-Leaders*, pp. 17, 19.

17 "Memoirs of the Life of the Earl of Chesterfield," *Gentleman's Magazine* 47 (June 1777), p. 257.

18 Gailhard, *Breeding Abroad*, p. 14; *Bear-Leaders*, p. 18.

19 Lassels, "Preface," in *Voyage of Italy*, no. pag.

20 *Bear-Leaders*, p. 19.

21 John Lough, "Introduction," in Locke, *Locke's Travels in France 1675-1679, As related in his Journals, Correspondence and Other Papers* (Cambridge: Cambridge UP., 1953), p. xxxvi-xxxix.

22 Lassels, "Preface," in *Voyage of Italy*, no. pag.

23 Locke, "Some Thoughts Concerning Education," pp. pp. 253-258, 273; Lassels, "Preface," in *Voyage of Italy*, no. pag.; Gailhard, *Breeding Abroad*, pp. 33-53, 85-88, 96-111.

24 Locke, "Some Thoughts Concerning Education," p. 253.

25 Locke, "Some Thoughts Concerning Education," p. 253.

26 Gailhard, *Breeding Abroad*, p. 30.

27 Gailhard, *Breeding Abroad*, p. 46.

28 Gailhard, *Breeding Abroad*, p. 194.

29 Gailhard, *Breeding Abroad*, p. 64.

30 J. H. 플럼, 〈18세기 유럽의 그랜드 투어〉, 윌리엄 레너드 랭어 엮음, 박상익 옮김, 《뉴턴에서 조지 오웰까지》, (푸른역사, 2004), pp. 179-180; Gailhard, *Breeding Abroad*, p. 29.

31 Locke, "Some Thoughts Concerning Education," p. 272.

32 Locke, "Some Thoughts Concerning Education," p. 272.

33 Philip Dormer Stanhope Chesterfield, *Letters of Lord Chesterfield*, Selected with an Introduction by Phyllis M. Jones (London: Oxford UP., 1929), p. 239.

34 Daniel Defoe, *The Compleat English Gentleman*, ed. Bulbring, Karl D. (London: David Nutt, 1890), p. 207.

35 Gailhard, *Breeding Abroad*, p. 22.

36 Gailhard, *Breeding Abroad*, p. 64.

37 1749년 11월 3일에 아들에게 보낸 편지. Chesterfield, *Letters of Lord Chesterfield*, p. 170.

38 Mead, *Grand Tour*, p. 121.

39 "A TUTOR's Account of the Family in which he was engaged, and of his PUPIL's Course of Studies," *Weekly Entertainer or, Agreeable and Instructive Repository* 1 (Jan., 1783), p. 5.

40 James Howell, *Instructions for Foreign Travell* (London, 1642), p. 49.

41 Gailhard, *Breeding Abroad*, p. 13.

42 Gailhard, *Breeding Abroad*, p. 109.

43 Gailhard, *Breeding Abroad*, p. 104. 로크 역시 이 문제에 대해 전적으로 교사가 일차적 책임이 있다고 말한다. Locke, "Some Thoughts Concerning Education," pp. 276-277.

44 1768년 조지프 배러티(Joseph Baretti)가 《이탈리아의 예절과 관습(Manners and Customs of Italy)》에서 "지난 17년간 이탈리아에 출몰한 영국인(주인과 하인 포함)은 약 1만 명"이라고 한 것에 근거한 것이다. Mead, *Grand Tour*, pp. 103-104 참조.

45 Lassels, "Preface," in *Voyage of Italy*, no. pag.

46 Locke, "Some Thoughts Concerning Education," pp. 272-273.

47 Gailhard, *Breeding Abroad*, p. 8.

48 *Bear-Leaders*, p. 7.

49 "존 윌크스가 로킹엄 후작(Marquis of Rockingham)에게 보낸 편지." Sheffield, City Archives, Wenthworth Woodhouse manuscripts R1-606. Jeremy Black, *The Grand Tour in the Eighteenth Century* (Pheonix Mill: Sutton Publishing, 1992), p. 288에서 재인용.

50 John Andrews, *An Analysis of the Principal Duties of Social Life: Written in Imitation of Rochefoucault, in a Series of Letters to a Young Gentleman* (London, 1783), p. 52.

51 자세한 내용은 다음을 참조하라. Mead, *Grand Tour*, pp. 119-123.

52 Horace Walpole, *The Letters of Horace Walpole*, ed. Peter Cunningham (London, 1891), vol. 2, pp. 219-220.

53 1677년 6월 9일 로크가 학생의 아버지에게 보낸 편지. MS. Locke, c. 24. ff. 20-21, Lovelace Collection, Bodleian Library. Locke, *Locke's Travels in France 1675-1679*, p. 150.

54 Maxine Feifer, *Tourism in History: From Imperial Rome to the Present* (New York: Stein and Day, 1985), p. 130.

55 Geoffrey Trease, *The Grand Tour* (New York: Holt, Rinehart and Winston, 1967), p. 88.

56 C. Oman, *Sir John Moore* (London: Hodder & Stoughton, 1953)를 참조하라.

57 J. Anderson, *The Works of John Moore, M. D. with Memoirs of his Life and Writings*, 7 vols. (Edinburgh: Stirling & Slade, 1820).

58 Gailhard, *Breeding Abroad*, pp. 15-16.

59 1774년 1월 23일 퍼거슨이 스미스에게 보낸 편지. Adam Smith, *Correspondence of Adam Smith*, eds., Ernest Campbell Mossner and Ian Simpson Ross (Indianapolis: Liberty Fund, 1987), p. 170.

60 최호진·정해동, 〈해설〉, 애덤 스미스 지음, 최호진·정해동 옮김, 《국부론》 하 (범우사, 2002), p. 583.

61 "To David Hume, Toulouse, 5 July 1764." Smith, *Correspondence*, p. 102.

62 정식 명칭은《국가의 부의 성질과 원인에 관한 고찰(An Inquiry into the Natuer and Cause of The Wealth of Nations)》.

63 스미스,《국부론》상, pp. 177-179.

64 스미스,《국부론》상, pp. 173, 177.

65 스미스,《국부론》하, pp. 336-342, 357-358.

66 스미스,《국부론》상, pp. 176-177.

67 "To David Hume, Toulouse, 21 October 1764." Smith, *Correspondence*, p. 103.

68 "To Charles Townshend, Compiegne 26, Ayg. 1766/27 Aug. 1766." Smith, *Correspondence*, pp. 114-117.

69 1780년 10월 26일 홀트(Andreas Holt)에게 보낸 편지. Smith, *Correspondence*, p. 253.

70 Leopold Berchtold, *An Essay to Direct and Extend the Inquires of Patriotic Travellers* (London, 1789), vol. 2, p. 47.

71 Spark Molesworth to Hugh Gregor, 24 March 1739. BL. Add. 61830 fol. 166.

72 James Boswell, *Boswell on the Grand Tour, Germany and Switzerland 1764*, ed. Frederick A. Pottle (New York: McGraw-Hill, 1953), p. 39.

73 앙드레 모루아 지음, 이정림 옮김,《디즈레일리의 생애》(범우사, 1999), pp. 49, 52; Robert Blake, *Disraeli's Grand Tour* (New York: Oxford UP., 1982), p. 19.

74 자넷 토드 지음, 서미석 옮김,《세상을 뒤바꾼 열정: 위대한 페미니스트 울스턴크래프트의 생애》(한길사, 2000), p. 432.

75 Paul Langford, *Englishness Identified: Manners and Character 1650~1850* (Oxford: Oxford UP, 2000), p. 241.

76 Drake to his father, William Drake 4 Oct. 1768. Aylesbury, Buckhamshire CRO D/DR/8/2.

77 Beauchamp to his mother, Lady Hertford, 15 June, 1743. Alnwick Castle, Northumberland Papers, Letters, vol. 113, p. 301.

78 "To Mrs. Byron, Athens, January 14 1811." Lord Byron, *The Life of Lord Byron with his Letters and Journals*, ed. Thomas Moore, 16 vols. (London, John Murray, 1854), vol. 1. pp. 350-351.

79 "To Wortley, 18 Sept. 1741." Mary Wortley Montagu, *The Complete Letters of Lady Mary Wortley Montagu*, ed. Halsband, 3 vols. (Oxford: Clarendon Press, 1965~67), vol. 2, pp. 252-253.

80 Isobel Grundy, *Lady Mary Wortley Montagu, Comet of the Enlightenment* (Oxford: Oxford UP., 1999), pp. 445-446.

81 Montagu, *Complete Letters*, vol. 2, p. 360.

82 "25 Aug. 1745 To Wortley." Grundy, *Mary Wortley Montagu*, pp. 463-464.

83 Jeremy Black, *Italy and the Grand Tour* (New Haven: Yale UP., 2003), p. 6.

84 Bod. Ms. Eng. Misc. d. 213.

85 Michael Brennan, "Introduction," in Brennan ed., *The Origins of the Grand Tour* (London: The Hakluyt Society, 2004).

86 Robert Moody, "The Travel of the Honourable Banaster Maynard (Spring 1660~April 1663)," in *Origins of the Grand Tour*, pp. 227-302.

87 Moody, "Travel of the Honourable Banaster Maynard," p. 287.

88 Moody, "Travel of the Honourable Banaster Maynard," p. 291.

89 Brennan, *Origins of the Grand Tour*, pp. 6-7.

Chapter 7 **코즈모폴리턴으로 거듭나기**

1 Paul Fussell, *Abroad: British Literary Traveling between the Wars*, pp. 74-75; Edward Chaney, *The Evolution of the Grand Tour: Anglo-Italian Cultural Relations since the Renaissance* (London: Frank Cass, 1998).

2 Southampton University Library, Broadlands collection, 11/3.

3 Samuel Sharp, *Letters from Italy, describing the customs and manners of that country in the years 1765, and 1766* (London, 1766), pp. 132-133.

4 Sharp, *Letters from Italy*, p. 207.

5 빈프리트 뢰쉬부르크 지음, 이민수 옮김, 《여행의 역사: 오디세우스의 방랑에서 우주 여행까지》(효형출판, 2003), p. 178에서 재인용.

6 Jeremy Black, *Italy and the Grand Tour* (New Haven: Yale UP., 2003), p. 2.

7 Abbe Antoine-Francois Prevost, *Adventures of a Man of Quality*, trans and intro, Mysie E. I. Robertson (London: Routledge & sons, 1930), p. 138.

8 뢰쉬부르크, 《여행의 역사》, pp. 149-150.

9 Paul Langford, *Englishness Identified: Manners and Character 1650~1850* (Oxford: Oxford UP., 2000), p. 78.

10 R. Loyalty Cru, *Diderot as a Disciple of English Thought* (New York: Columbia UP., 1913), p. 30.

11 Johann Wilhelm von Archenholz, *A Picture of England*, 2 vols. (London, 1789), vol. 2. p. 171. 독일어판 원본은 Tableau de L'Angleterre Et de L'Italie (1788).

12 Langford, *Englishness Identified*, p. 93.

13 Langford, *Englishness Identified*, p. 25.

14 요한 볼프강 폰 괴테 지음, 박영구 옮김, 《이탈리아 기행》 (푸른숲, 1998), p. 133.

15 괴테, 《이탈리아 기행》, pp. 487-489.

16 John, Earl of Cork and Orrey, *Letters from Italy in the Years 1754 and 1755* (London, 1774), p. 246.

17 Langford, *Englishness Identified*, p. 219.

18 J. A. R. Pimlott, *The Englishman's Holiday: a Social History* (Hassocks: The Harvester Press, 1978), p. 70.

19 이블린 로드 지음, 이경식 옮김, 《헬파이어 클럽: 섹스, 악마주의 그리고 비밀결사》 (황소자리, 2010), p. 148에서 재인용.

20 Black, *France and the Grand Tour* (New York: Palgrave Macmillan, 2003), p. 23.

21 John Moore, *A View of Society and Manners in France, Switzerland, and Germany* (Boston, 1792), p. 18.

22 Langford, *Englishness Identified*, p. 194.

23 박지향, 《영국적인, 너무나 영국적인》 (기파랑, 2006), pp. 28-31, 37 참조.

24 Langford, *Englishness Identified*, p. 60

25 Hermann Puckler-Muskau, *Touring England, Irland, and France* (London, 1833), P. 121.

26 Christopher Hibbert, *The Grand Tour* (London: Weidenfeld and Nicolson, 1969), p. 32; Langford, *Englishness Identified*, pp. 160, 185.

27 Langford, *Englishness Identified*, p. 166.

28 Hibbert, *Grand Tour*, p. 35.

29 윌리엄 메이턴(William Maton) 박사의 말이다. BL. Add. Ms 32442 fol. 161.

30 Thomas Nugent, *The Grand Tour or, a Journey through the Netherlands, Germany, Italy, and France*, 4 vols. (London, 1749), vol. 4., pp. 12-13.

31 Hibbert, *Grand Tour*, p. 32.

32 Tobias Smolett, *Travels through France and Italy* [1766], ed. Frank Felsenstein (Oxford: Oxford UP., 1992), p. 59.

33 Black, *Italy and the Grand Tour*, pp. 125-126.

34 Smolett, *Travels through France and Italy*, p. 222.

35 Nugent, *Grand Tour*, vol. 3, p. 16.

36 Hibbert, *Grand Tour*, pp. 109-110.

37 Margaret Hunt, "Racism, Imperialism, and the Traveler's Gaze in Eighteenth-Century England," *The Journal of British Studies* 32: 4 (Oct. 1993), pp. 339-340; Jean Gailhard, *A Treatise concerning the Education of Youth. The Second Part. About their Breeding Abroad* (London, 1678), p. 167.

38 Hibbert, *Grand Tour*, p. 210; Nugent, *Grand Tour*, vol. 1, pp. 40-45.

39 Nugent, *Grand Tour*, vol. 1, p. 41.

40 Hibbert, *Grand Tour*, p. 210.

41 Ariane Chebel D'appollonia, "European Nationalism and European Union" in Anthony Pagden, ed., *The Idea of Europe from Antiquity to the European Union* (Cambridge: Cambridge UP, 2002), p. 173.

42 Gailhard, *Breeding Abroad*, pp. 178-182.

43 Richard Lassels, "Preface," in *The Voyage of Italy, or, A Compleat Journey through Italy* (Paris, 1670), no. pag.

44 Moore, *View of Society and Manners*, p. 429.

45 Smollett, *Travels through France and Italy*, pp. 48-49.

46 Rev. William Jones, *Observations in a Journey to Paris by Way of Flanders*, 2 vols. (London, 1776), vol. 2, p. 117.

47 스탕달 지음, 이해윤 옮김, 《적과 흑》 (홍신문화사, 1992), pp. 291-292.

48 Langford, *Englishness Identified*, pp. 78-79.

49 *Edinburgh Review* 37, (1822), p. 287.

50 Lynne Withey, *Grand Tours and Cook's Tours: A History of Leisure Travel, 1750~1915* (New York: William Morrow and Co., 1997), p. 94.

51 Alexander Pope, *The Dunciad in Four Books*, ed. Valerie Rumbold (New York: Longman, 1999), p. 314.

52 Charles-Marguerite-Jean-Baptiste Mercier Dupaty, *Lettres sur l'Italie en 1785* (Rome et Paris, 1788)에 나오는 말이다. Pimlott, *Englishman's Holiday*, p. 72에서 재인용.

53 Samuel Paterson, *Another Traveller! or Cursory Remarks and Critical Observations*, 2 vols. (London, 1767~69), vol. 1, p. 460.

54 James Howell, *Instructions for Foreign Travell* (London, 1642), p. 61.

55 Gailhard, *Breeding Abroad*, p. 122.

56 1749년 9월 12일 아들에게 보낸 편지. Philip Dormer Stanhope Chesterfield, *Letters of Lord Chesterfield*, Selected with an Introduction by Phyllis M. Jones (London: Oxford UP., 1929), p. 160.

57 1752년 7월 22일 편지. Mary Wortley Montagu, *The Complete Letters of Lady Mary Wortley Montagu*, ed. Halsband, 3 vols. (Oxford: Clarendon Press, 1965~67), vol. 3, p. 15.

58 Hibbert, *Grand Tour*, p. 110.

59 Langford, *Englishness Identified*, p. 224.

60 Lassels, *Voyage of Italy*, n. p.

61 볼프강 슈말레 지음, 박용희 옮김, 《유럽의 재발견: 신화와 정체성으로 보는 유럽의 역사》 (을 유문화사, 2006), pp. 15, 107-108.

62 도널드 그라우트 지음, 민은기·오지희 외 옮김, 《서양음악사》 (이앤비플러스, 2007), p. 511.

63 Paul Stock, *The Shelley-Byron Circle and the Idea of Europe* (New York: Palgrave Macmillan, 2010), p. 9.

64 Jean Jacques Rousseau, *Considerations sur le gouvernement de Pologne*에서. Chebel D'appollonia, "European Nationalism and European Union," p. 174에서 재인용.

65 〈에필로그〉, 1787년 6월 27일 로잔에서. 에드워드 기번 지음, 이종인 편역, 《로마제국 쇠망사》 (책과함께, 2012), p. 1116.

66 기번의 약력은 이종인, 〈역자해제: 호모 히스토리쿠스 숨〉, 기번, 《로마제국 쇠망사》, pp. 1127-1131을 참조하라.

67 "Memoirs of Edward Gibbon," *The Monthly Visitor and Entertaining Pocket Companion 1* (London, 1797), p. 293.

68 이종찬, 〈유럽의 풍경에 대한 낭만주의적 인식과 열대성의 발명: 문학과 미술작품에 관한 식 물지리학적 관점〉, 《한국과학사학회지》 30: 1 (2008), pp. 120-121; Humphrey Trevelyan, *Goethe and the Greeks* (Cambridge: Cambridge UP., 1941), pp. 286-287.

69 빈프리트 뢰쉬부르크, 《여행의 역사》, pp. 144-145.

70 "Memoirs of Edward Gibbon," p. 294.

71 기번의 자서전에서. 이종인, 〈역자 해제〉, 기번, 《로마제국 쇠망사》, p. 1131에서 재인용.

72 Karen O'Brien, *Narrative of Enlightenment: Cosmopolitan History from Voltaire to Gibbon* (Cambridge: Cambridge UP, 1997).

73 D'appollonia, "European Nationalism and European Union," p. 174.

74 기번, 《로마제국 쇠망사》, p. 1115.

75 기번, 《로마제국 쇠망사》, p. 9.

76 기번, 《로마제국 쇠망사》, p. 34.

77 기번, 《로마제국 쇠망사》, pp. 34-35.

78 기번, 《로마제국 쇠망사》, 특히 1권의 15-16장.

79 다니엘 부어스틴 지음, 이민아 옮김, 《창조자들》 2 (민음사, 2002), p. 177.

80 기번, 《로마제국 쇠망사》, p. 11.

81 5권의 55장. Christopher Kelly, "A Grand Tour: Reading Gibbon's 'Decline and Fall'," *Greece & Rome*, 2nd Ser. 44: 1 (Apr. 1997), p. 49 참조.

82 Kelly, "Grand Tour: Reading Gibbon's 'Decline and Fall'," p. 49.

83 슈말레, 《유럽의 재발견》, pp. 80-83.

84 "August 3, 1764." James Boswell, *Boswell on the Grand Tour, Germany and Switzerland 1764,*

ed. Frederick A. Pottle (New York: McGraw-Hill, 1953), p. 48.

85 "To Lady Mar, Adrianople, April, 1, 1717." Montagu, *Embassy to Constantinople: The Travels of Lady Mary Wortley Montagu*, ed. Christopher Pick (London: Century, 1988), p. 111.

86 "To Lady Mar 18 Apr, 1717." Montagu, *Complete Letters*, vol. 1, p. 351.

87 "To [Anne] Thistlethwayte 1 April, 1717." Montagu, *Complete Letters*, vol. 1, p. 343.

88 뢰쉬부르크,《여행의 역사》, p. 155.

89 앙드레 모루아 지음, 이정림 옮김,《디즈레일리의 생애》(범우사, 1999), p. 47.

90 Brian Dolan, *Exploring European Frontiers: British Travellers in the Age of Enlightenment* (New York: Palgrave Macmillan, 2000), p. 15.

91 Dolan, *Exploring European Frontiers*, p. 51.

92 Dolan, *Exploring European Frontiers*, p. 6.

93 D'appollonia, "European Nationalism and European Union," p. 175.

94 뢰쉬부르크,《여행의 역사》, p. 155.

95 뢰쉬부르크,《여행의 역사》, p. 157.

96 이종찬, 〈유럽의 풍경에 대한 낭만주의적 인식과 열대성의 발명〉, pp. 129-130, 133을 참조하라.

Chapter 8 해외 유학의 득과 실

1 Geoffrey Trease, *The Grand Tour* (New York: Holt, Rinehart and Winston, 1967), p. 191; Christopher Hibbert, *The Grand Tour* (London: Weidenfeld and Nicolson, 1969), pp. 222-225.

2 Hibbert, *Grand Tour*, p. 222에서 재인용.

3 Joseph Hall, *Quo Vadis?: A Just Censure of Travell as it is commonly undertaken by the Gentlemen of our Nation* (London, 1617).

4 Hall, *Quo Vadis?*, p. 26.

5 요한 볼프강 폰 괴테 지음, 박영구 옮김,《이탈리아 기행》(푸른숲, 1998), p. 196.

6 Richard Lassels, "Preface," in *The Voyage of Italy, or, A Compleat Journey through Italy* (Paris, 1670), no. pag.

7 Jean Gailhard, *A Treatise concerning the Education of Youth. The Second Part. About their Breeding Abroad* (London, 1678), pp. 1-5.

8 *The World*, 205 (Dec. 1756), p. 1230.

9 Hibbert, *Grand Tour*, p. 224.

10 Gailhard, *Breeding Abroad*, pp. 18-21.

11 Hibbert, *Grand Tour*, p. 224에서 재인용.

12 애덤 스미스 지음, 최호진·정해동 옮김, 《국부론》 하 (범우사, 2002), p. 351.

13 Hibbert, *Grand Tour*, p. 227.

14 Richard Hurd, *A Dialogues on the Uses of Foreign Travel; considered as part of an English gentleman's education: between Lord Shaftesbury and Mr. Locke* (Dublin, 1764); Esther Moir, *The Discovery of Britain* (London: Routledge & Kegan Paul, 1964), p. 3.

15 Jeremy Black, *Italy and the Grand Tour* (New Haven: Yale UP., 2003), p. 11.

16 J. H. 플럼, 〈18세기 유럽의 그랜드 투어〉, 윌리엄 레너드 랭어 엮음, 박상익 옮김, 《뉴턴에서 조지 오웰까지》 (푸른역사, 2004), p. 196.

17 스미스, 《국부론》 하, p. 351.

18 Hibbert, *Grand Tour*, p. 227.

19 J. A. R. Pimlott, *The Englishman's Holiday: a Social History* (Hassocks: The Harvester Press, 1978), p. 70.

20 "To Lady Bute 8 Dec, 1751." Mary Wortley Montagu, *The Complete Letters of Lady Mary Wortley Montagu*, ed. Halsband, 3 vols. (Oxford: Clarendon Press, 1965~67), vol. 2, pp. 494-495.

21 "To Lady Pomfret June, 1740." Montagu, *Complete Letters*, vol. 2, p. 196.

22 "To Lady Bute 21 Aug, 1758." Montagu, *Complete Letters*, vol. 3, p. 166.

23 "To Lady Pomfret March, 1740." Montagu, *Complete Letters*, vol. 2, p. 177.

24 특히 "To Lady Bute 25 Oct, 1760." Montagu, *Complete Letters*, vol. 3, p. 245.

25 "To Wortley 13 Jan, 1741." Montagu, *Complete Letters*, vol. 2, pp. 220-221.

26 "To Lady Bute 8 Dec, 1751." Montagu, *Complete Letters*, vol. 2, p. 495.

27 Tobias Smollett, *Travels through France and Italy* [1766], ed. Frank Felsenstein, (Oxford: Oxford UP., 1992), p. 85.

28 *Oxford Magazine* 14 (June, 1770), p. 228.

29 "1764년 하트퍼드경(Lord Hertford)에게 보낸 편지." Horace Walpole, *Walpole's Correspondence*, ed. W. S. Lewis et all, 48 vols. (New Haven: Yale UP., 1937~83), vol 38, p. 306.

30 1773년 요크 시어터 로열(York Theatre Royal)에서 공연이 시작되었다.

31 Adam Walker, *Ideas Suggested on th Spot in a Late Excursion through Flanders, Germany, France and Italy* (London, 1790), pp. 178-179.

32 플럼, 〈18세기 유럽의 그랜드 투어〉, p. 190.

33 *The Weekly Miscellany*, Sept. 6 (1779), p. 531.

34 Hibbert, *Grand Tour*, pp. 124-125.

35 Bruce Redford, *The Converse of the Pen: Acts of Intimacy in the Eighteenth-Century Familiar*

Letter (Chicago: Univ. of Chicago Press, 1986), p. 6.

36 Hibbert, *Grand Tour*, p. 128.

37 Francis Osborne, *Advice to a Son* (Oxford, 1656), p. 84.

38 플럼, 〈18세기 유럽의 그랜드 투어〉, p. 186.

39 Black, *Italy and the Grand Tour*, p. 123.

40 "Boswell to Rousseau, 3 Oct. 1765." James Boswell, *Boswell on the Grand Tour: Italy, Corsica, and France 1765~1766*, ed. Frank Brady and Frederick A. Pottle (New York: McGraw-Hill, 1955), p. 3.

41 "Boswell to Rousseau, 3 Oct. 1765." Boswell, *Grand Tour: Italy, Corsica, and France*, pp. 5-6.

42 Boswell, *Grand Tour: Italy, Corsica, and France*, pp. 51-83을 보라.

43 Alexander Pope, *The Dunciad in Four Books*, ed. Valerie Rumbold (New York: Longman, 1999), p. 315.

44 케빈 살라티노, 〈성과 영원의 도시: 관능의 성지순례로서의 그랜드 투어〉, 《서양미술사학회 논문집》 27 (2007년 상반기), pp. 237-238에서 인용.

45 Black, *Italy and the Grand Tour*, p. 124.

46 Black, *Italy and the Grand Tour*, pp. 124-125.

47 "Boswell to Rousseau, 3 Oct. 1765." Boswell, *Grand Tour: Italy, Corsica, and France*, pp. 10-11.

48 Linda Colley, *Britons: Forging the Nation* (New Haven: Yale UP., 1992), p. 156.

49 Lassels, "Preface," in *Voyage of Italy*, no. pag.

50 Gailhard, *Breeding Abroad*, p. 6.

51 제임스 보즈웰이 1776년 4월 11일에 기록한 글. James Boswell, *The Life of Samuel Johnson* 3 vols. (Norwalk: The Easton Press, 1993), vol 2. p. 284.

52 *The World*, 205 (Dec. 1756), pp. 1230-1232.

53 *The World*, 205, p. 1234.

54 *The World*, 205, p. 1232.

55 Gailhard, *Breeding Abroad*, p. 56.

56 David Watkin, "The Architectural Context of the Grand Tour," in Clare Hornsby, ed., *The Impact of Italy: The Grand Tour and Beyond* (London: The British School at Rome, 2000), p. 57.

57 Hibbert, *Grand Tour*, p. 238.

58 John Locke, *Locke's Travels in France 1675~1679, As related in his Journals, Correspondence and Other Papers*, ed. John Lough (Cambridge: Cambridge UP., 1953) 참조.

59 Trease, *Grand Tour*, p. 124.

60 이종찬, 〈유럽의 풍경에 대한 낭만주의적 인식과 열대성의 발명: 문학과 미술작품에 관한 식물지리학적 관점〉, 《한국과학사학회지》 30: 1 (2008), pp. 117-118; 괴테, 《이탈리아 기행》,

1786년 9월 8일, p. 29.

61 제러미 블랙 지음, 김요한 옮김,《세계지도의 역사》(지식의숲, 2006), p. 100.

62 Dervla Murphy, "Introduction," in Montagu, Embassy to Constantinople: The Travels of Lady Mary Wortley Montagu, ed. Christopher Pick (London: Century, 1988), pp. 26-27; Stanley Williamson, The Vaccination Controversy: The Rise, Reign and Fall of Compulsory Vaccination for Smallpox (Liverpool: Liverpool UP., 2007), 특히 Chp. 3; Ann Jannetta, The Vaccinators: Smallpox, Medical Knowledge, and the "Opening" of Japan (Stanford: Stanford UP., 2007), 특히 Chp. 1 참조.

63 문수현,〈해제〉, 메리 울스턴크래프트 지음, 문수현 옮김,《여성의 권리 옹호》(책세상, 2011), p. 212.

64 "1793년 2월 15일 자 편지." 자넷 토드 지음, 서미석 옮김,《세상을 뒤바꾼 열정: 위대한 페미니스트 울스턴크래프트의 생애》(한길사, 2000), pp. 435-436.

65 토드,《세상을 뒤바꾼 열정》, pp. 436-437.

66 빈프리트 뢰쉬부르크 지음, 이민수 옮김,《여행의 역사: 오디세우스의 방랑에서 우주 여행까지》(효형출판, 2003), p. 140.

67 뢰쉬부르크,《여행의 역사》, p. 140

68 이광주,《베네치아의 카페 플로리안으로 가자》(다른세상, 2001), pp. 142-154.

69 I quattro libri dell'architettura (1570).

70 빌 브라이슨 지음, 박중서 옮김,《거의 모든 사생활의 역사》(까치, 2011), pp. 350-353.

71 브라이슨,《거의 모든 사생활의 역사》, pp. 356-361.

72 브라이슨,《거의 모든 사생활의 역사》, p. 354.

73 Kerry Downes, Sir John Vanbrugh: A Biography (London: Sidgwick and Jackson, 1987), p. 75.

74 Watkin, "Sir John Soane's Grand Tour: Its Impact on his Architecture and his Collections," in Hornsby, ed., The Impact of Italy.

75 Watkin, "Sir John Soane's Grand Tour," pp. 103-104.

76 Trease, Grand Tour, pp. 136-137.

77 브라이슨,《거의 모든 사생활의 역사》, p. 319-320.

78 이블린 로드 지음, 이경식 옮김,《헬파이어 클럽: 섹스, 악마주의 그리고 비밀결사》(황소자리, 2010), pp. 149, 153.

79 존 헤스켓 지음, 정무환 옮김,《산업 디자인의 역사》(시공아트, 2004), pp. 12-14.

80 John Brewer, The Pleasures of the Imagination: English Culture in the Eighteenth Century (New York: Harper Collins, 1997), pp. 221-222.

1 Geoffrey Trease, *The Grand Tour* (New York: Holt, 1967), p. 239.

2 Bruce Redford, *Venice and the Grand Tour* (New Haven: Yale UP., 1996), p. 125. note 13.

3 Paul Fussell, *Abroad: British Literary Traveling between the Wars* (Oxford: Oxford UP., 1980), pp. 38~39.

4 빈프리트 뢰쉬부르크 지음, 이민수 옮김,《여행의 역사: 오디세우스의 방랑에서 우주 여행까지》(효형출판, 2003), p. 217.

5 관광에 대해서는 다양한 정의가 존재한다. 학자들은 자신의 전공 영역을 토대로 관광을 다르게 규정해왔다. A. 보르만(Bormann)이나 J. 메디신(Medecin)은 관광 행동에 중점을 두고, F. W. 오길비(Ogilvie)와 H. 슐런(Schulern)은 경제학적 관점에서, R. 글룩스만(Glucksmann)은 지역 주민과 관광객 간의 상호작용과 교류를, W. 헌지커(Hunziker)는 '비정주성'이라는 측면을 강조해 관광자의 자격에 중점을 두며 관광을 규정한 바 있다. 양위주·장희정,《관광학》(형설출판사, 1998) pp. 15. 24; 오카모토 노부유키(岡本伸之) 지음, 최규환 옮김,《관광학 입문: 포스트 매스 투어리즘의 관광학》(백산출판사, 2003), p. 69.

6 하동현 외,《관광학 원론》(한올출판사, 2005), p. 13; Valene Smith ed., *Hosts and Guests. The Anthropology of Tourism* (Philadelphia: U. of Pennsylvania Press, 1977), pp. 2, 91.

7 Stuart Semmel, "Reading the Tangible Past: British Tourism, Collecting, and Memory after Waterloo," *Representations* 69 (Winter, 2000), p. 10.

8 James Buzard, "The Uses of Romanticism: Byron and the Victorian Continental Tour," *Victorian Studies* 35: 1 (Autumn, 1991), p. 30.

9 "Mania for visiting France (Letter from "Charles Credulous")", *The Scourge* 8 (Nov. 1814), p. 329.

10 John Scott, *A Visit to Paris in 1814* (London: Longman, 1815), pp. 1, 13, 42.

11 강신민·신국철·이광호,《New 관광학 원론》(대경, 2007), p. 11; Nelson Graburn, "Tourism: The Sacred Journey," Smith ed., *Hosts and Guests*, p. 29.

12 패트리샤 하이스미스 지음, 김문운 옮김,《태양은 가득히》(동서문화사, 2003).

13 Daniel Kilbride, "Travel, Ritual, and National Identity: Planters on the European Tours, 1820~1860," *The Journal of Southern History* 69: 3 (Aug, 2003), p. 551.

14 Kilbride, "Travel, Ritual, and National Identity," pp. 553~557.

15 V. 모트(Mott)의 말이다. Robert C. L. Scott, "American Travellers in France, 1830~1860," Ph. D. Diss. (Yale UP., 1940), p. 168.

16 Kilbride, "Travel, Ritual, and National Identity," p. 558.

17 Nancy L. Green, "The Comparative Gaze: Travelers in France before the Era of Mass Tourism," *French Historical Studies* 25: 3 (Summer 2002), p. 425.

18 Lynne Withey, *Grand Tours and Cook's Tours: A History of Leisure Travel, 1750~1915* (New York: William Morrow and Co., 1997), p. 92.

19 Edith Wharton, *The Age of Innocence* (New York: Appleton, 1920).

20 Wharton, *A Backward Glance: An Autobiography* (London: J. M. Dent, 1993), pp. 31, 38, 170.

21 Wharton, *Fighting France, from Dunkerque to Belfort* (London: T. Fisher Unwin, 1915).

22 이지은,《부르주아의 유쾌한 사생활》(지안, 2011), p. 108; J. A. R. Pimlott, *The Englishman's Holiday: a Social History* (Hassocks: The Harvester Press, 1978), p. 89; 볼프강 쉬벨부시 지음, 박진희 옮김,《철도여행의 역사》(궁리, 1999), pp. 108-111, 155.

23 쉬벨부시,《철도여행의 역사》, p. 111.

24 쉬벨부시,《철도여행의 역사》, p. 199.

25 Pimlott, *Englishman's Holiday*, p. 88.

26 뢰쉬부르크,《여행의 역사》, p. 202.

27 Withey, *Grand Tours and Cook's Tours*, pp. 135-157.

28 뢰쉬부르크,《여행의 역사》, p. 221.

29 Withey, *Grand Tours and Cook's Tours*, p. 98.

30 뢰쉬부르크,《여행의 역사》, p. 221.

31 1885년 영국의 보통 성인 남성은 하층 근로자일 경우 연 수입이 60파운드 정도였다. Pimlott, *Englishman's Holiday*, p. 150.

32 *The Excursionist*, April, 25 (1864).

33 당시 프랑스는 1인당 연 수입이 영국의 3분의 2 수준이었고, 독일은 3분의 1 정도였다.

34 Withey, *Grand Tours and Cook's Tours*, p. 157.

35 뢰쉬부르크,《여행의 역사》, pp. 221-222.

36 등급을 매기는 관행은 토머스 마틴(Thomas Martyn)이 처음 도입한 것이다. Thomas Martyn, *A Gentleman's Guide in His Tour Through France* (London, 1787).

37 Withey, *Grand Tours and Cook's Tours*, pp. 69-70.

38 뢰쉬부르크,《여행의 역사》, p. 185.

39 뢰쉬부르크,《여행의 역사》, p. 154.

40 뢰쉬부르크,《여행의 역사》, p. 163; Maxine Feifer, *Tourism in History: From Imperial Rome to the Present* (New York: Stein and Day, 1985), p. 147.

41 뢰쉬부르크,《여행의 역사》, p. 175.

42 뢰쉬부르크,《여행의 역사》, p. 167.

43 Buzard, "Use of Romanticism," p. 30.

44 Feifer, *Tourism in History*, p. 142.

45 조지 고든 바이런 지음, 황동규 옮김,《순례》(민음사, 1980), pp. 90-91.

46 Buzard, "Use of Romanticism," p. 37.

47 Arthur B. Rowan, *Gleanings after "Grand Tour"-ists* (London: Bosworth and Harrison, 1856), pp. 253-254.

48 뢰쉬부르크,《여행의 역사》, pp. 222, 226.

49 뢰쉬부르크,《여행의 역사》, pp. 222-223.

50 Buzard, "Use of Romanticism," p. 32.

51 Lord Byron, *The Life of Lord Byron* ed. Thomas Moore, 16 vols. (London: John Murray, 1851), vol. 1, pp. 601-602.

52 전원생활을 그려낸 일기로 유명한 프랜시스 킬버트(Francis Kilvert)의 말이다. Fussell, *Abroad*, p. 40에서 재인용.

53 찰스 레버(Charles Lever)가 필명 가운데 하나인 코닐리어스 오다우드(Cornelius O'Dowd)로 기고한 기사다. *Blackwood Magazine* 97 (February, 1865), pp. 230-233.

54 John Ruskin, *The Works of John Ruskin*, ed. E. T. Cook and Alexander Wedderburn (London: George Allen, 1908), vol. 34, pp. 140-141.

55 *The Excursionist*, March, 17 (1864). Withey, *Grand Tours and Cook's Tours*, p. 163에서 재인용.

56 Fussell, *Abroad*, p. 37.

57 Nancy Mitford, "The Tourist," *Encounter* 13 (1959), p. 3.

58 Daniel Boorstin, *The Image: A Guide to Pseudoevents in America* (New York: Harper & Row, 1972), p. 91.

59 루이 14세 치하에서 프랑스 왕실의 전속 화가로 활동했던 샤를 르브룅을 말한다.

60 Judith Adler, "Youth on the Road: Reflections on the History of Tramping," *Annals of Tourism Research* 12: 3 (1985), p. 1369.

61 D. MacCannell, *The Tourist, A New Theory of the Leisure Class* (New York: Schocken, 1976), p. 94.

62 Rudy Koshar, "'What Ought to Be Seen': Tourists' Guidebooks and National Identities in Modern Germany and Europe," *Journal of Contemporary History* 33: 3 (July, 1998).

63 설혜심,《온천의 문화사: 건전한 스포츠에서 퇴폐적인 향락에 이르기까지》(한길사, 2001), 1장 참조.

64 Pimlott, *Englishman's Holiday*, pp. 68-70.

65 뢰쉬부르크,《여행의 역사》, p. 242.

66 Withey, *Grand Tours and Cook's Tours*, p. 101.

67 강신민·신국철·이광호,《New 관광학 원론》, p. 11.

68 피에르 부르디외 지음, 최종철 옮김,《구별짓기》상 (새물결, 2005), 특히 pp. 348-352 참조.

69 Fussell, *Abroad*, p. 49.

1   Lynne Withey, *Grand Tours and Cook's Tours: A History of Leisure Travel, 1750~1915* (New York: William Morrow and Co., 1997), p. viii.

2   Judith Adler, "Travel as Performed Art," *The American Journal of Sociology* 94: 6 (May, 1989), p. 1372.

3   Adler, "Travel as Performed Art," p. 1372.

4   Withey, *Grand Tours and Cook's Tours*, pp. 73-74, 91.

5   Adler, "Travel as Performed Art," p. 1374.

6   Adler, "Travel as Performed Art," p. 1373.

참고문헌

1. 매뉴스크립트

Beauchamp to his mother, Lady Hertford, 15 June, 1743. Alnwick Castle, Northumberland Papers, Letters.

BL. Add. 19941 fol. 1: To Jeremiah Milles, 11 June, 1750.

BL. Add. 19941 fol. 11: Brand to Wharton, 24 Oct. 17 Nov. 1783.

BL. Add. 47073 fol. 169: Broadlands, 11/3.

BL. Add. 61830 fol. 166: Spark Molesworth to Hugh Gregor, 24 March 1739.

BL, Add, 61980: North to Hallam, 21 Feb. 1753.

BL. Add. Ms 32442 fol. 161.

Bod. Ms. Eng. Misc. d. 213.

Bod. Ms. Eng. Misc. f. 54 fol. 196: Bennett.

Drake to his father, William Drake 4 Oct. 1768. Aylesbury, Buckhamshire CRO D/DR/8/2.

MS. Locke, c. 24. ff. 20-21, Lovelace Collection, Bodleian Library.

Southampton University Library, Broadlands collection, 11/3.

To Lady Herford, Beauchamp Papers. undated, Alnwick, Castle, Northumberland Papers, 113.

2. 인쇄본

Addison, Joseph, *Remarks on several parts of Italy, &c. in the years, 1701, 1702, 1703* (London, 1705).

_____, *Letters from Italy* (London, 1703).

Adler, Judith,"Youth on the Road: Reflections on the History of Tramping," *Annals of Tourism Research* 12: 3 (1985).

_____, "Travel as Performed Art," *The American Journal of Sociology* 94: 6 (May, 1989).

Alex, Reinhard, *Schlosser und Garten um Worlitz* (Leipzig: Seemann, 1988).

Anderson, J., *The Works of John Moore, M. D. with Memoirs of his Life and Writings*, 7 vols. (Edinburgh: Stirling & Slade, 1820).

Andrews, John, *An Analysis of the Principal Duties of Social Life: Written in Imitation of Rochefoucault, in a Series of Letters to a Young Gentleman* (London, 1783).

Archenholz, Johann Wilhelm von, *A Picture of England*, 2 vols. (London, 1789).

Bacon, Francis, *Essays*, ed., F. G. Selby [1601] (London: Macmillan, 1958).

Baretti, Joseph, *Manners and Customs of Italy* (London, 1879).

Batten Jr., Charles L., *Pleasurable Instruction: Form and Convention in Eighteenth-Century Travel Literature* (Berkeley: Univ. of California Press, 1978).

Berchtold, Leopold, *An Essay to Direct and Extend the Inquires of Patriotic Travellers*, 2 vols. (London, 1789).

Black, Jeremy, *France and the Grand Tour* (New York: Palgrave Macmillan, 2003).

_____, *Italy and the Grand Tour* (New Haven: Yale UP., 2003).

_____, *The Grand Tour in the Eighteenth Century* (Pheonix Mill: Sutton Publishing, 1992).

Blackwood Magazine 97 (February, 1865).

Blake, Robert, *Disraeli's Grand Tour* (New York: Oxford UP., 1982).

Boorstin, Daniel, *The Image: A Guide to Pseudoevents in America* (New York: Harper & Row, 1972).

Boswell, James, *Boswell on the Grand Tour, Germany and Switzerland 1764*, ed. Frederick A. Pottle (New York: McGraw-Hill, 1953).

_____, *Boswell on the Grand Tour: Italy, Corsica, and France 1765~1766*, ed. Frank Brady and Frederick A. Pottle (New York: McGraw-Hill, 1955).

_____, *The Life of Samuel Johnson* 4 vols. (Norwalk: The Easton Press, 1993).

Brennan, Michael, ed., *The Origins of the Grand Tour* (London: The Hakluyt Society, 2004).

Brewer, John, *The Pleasures of the Imagination: English Culture in the Eighteenth Century* (New York: Harper Collins, 1997).

Bromley, William, *Remarks on the Grand Tour of France and Italy* (London, 1705).

Burnet, Gilbert, *Some Letters, containing an Account of what seemed most remarkable in Travelling through Switzerland, Italy, Some parts of Germany, etc. in the Years 1685 and 1686* (London, 1687).

Burnet, Thomas, *The Sacred Theory of the Earth* (London, 1681).

Buzard, James, "The Uses of Romanticism: Byron and the Victorian Continental Tour," *Victorian Studies* 35: 1 (Autumn, 1991).

Byron, Lord, *The Life of Lord Byron with his Letters and Journals*, ed. Thomas Moore, 16 vols. (London, 1854).

Carr, John, *The Stranger in France* (London, 1803).

Chaney, Edward, *The Evolution of the Grand Tour: Anglo-Italian Cultural Relations since the Renaissance* (London: Frank Cass, 1998).

Chard, Chloe, *Pleasure and Guilt on the Grand Tour: Travel Writing and Imaginative Geography 1600~1830* (Manchester: Manchester UP., 1999).

Chesterfield, Philip Dormer Stanhope, *Letters of Lord Chesterfield*, Selected with an Introduction by Phyllis M. Jones (London: Oxford UP., 1929).

Clenche, John, *A Tour in France and Italy* (London, 1679).

Coryat, Thomas, *Crudities hastily gobbled up in Five Months Travels in France, Italy, &c* (London, 1611).

Cru, R. Loyalty, *Diderot as a Disciple of English Thought* (New York: Columbia UP., 1913).

Curzon, Gerald, *Wotton and His Worlds: Spying, Science, and Venetian Intrigues* (Philadelphia: Xlibris, 2004).

Daily Universal Register, Oct. 5 (1786).

Davies, Horton, *Holy Days and Holidays* (Lewisburg, Pa.: Bucknell UP., 1982).

Defoe, Daniel, *The Compleat English Gentleman* (London: David Nutt, 1890).

Dictionary of National Biography, 1885~1900, vol. 61 (London: Smith, Elder & Co., 1900).

Dolan, Brian, *Exploring European Frontiers: British Travellers in the Age of Enlightenment* (New York: Palgrave Macmillan, 2000).

_____, *Ladies of the Grand Tour* (London: Harper Collins Publishers, 2001).

Downes, Kerry, *Sir John Vanbrugh: A Biography* (London: Sidgwick and Jackson).

Ducarel, Andrew, *Tour through Normandy in a Letter to a Friend* (London, 1754).

Edinburgh Review 37 (1822).

Evelyn, John, *A Diary of John Evelyn from 1641 to 1705~6*, ed. William Bray (London: Frederick Warne and co. 1891).

Feifer, Maxine, *Tourism in History: From Imperial Rome to the Present* (New York: Stein and Day, 1985).

Ferber, Johann Jakob, *Travels through Italy in the years 1771 and 1772* (London, 1776).

Fleming, John, *Robert Adam and his Circle* (Cambridge, Mass.: Harvard UP., 1962).

Fussell, Paul, *Abroad: British Literary Travelling between the Wars* (Oxford: Oxford UP., 1980).

Gailhard, Jean, *A Discourse concerning a Private Settlement at Home after Travel* (London, 1682).

_____, *A Treatise concerning the Education of Youth, The First Part. About their Breeding at Home* (London, 1678).

_____, *A Treatise concerning the Education of Youth. The Second Part. About their Breeding Abroad* (London, 1678).

Gentleman's Magazine 47 (June, 1777).

Green, Nancy L., "The Comparative Gaze: Travelers in France before the Era of Mass Tourism," *French*

그랜드 투어

Historical Studies 25: 3 (Summer 2002).

Grendler, Paul F., "The Universities of the Renaissance and Reformation," *Renaissance Quarterly* 57: 1 (2004).

Grundy, Isobel, *Lady Mary Wortley Montagu, Comet of the Enlightenment* (Oxford: Oxford UP., 1999).

Hall, Joseph, *Quo Vadis?: A Just Censure of Travell as it is commonly undertaken by the Gentlemen of our Nation* (London, 1617).

Hibbert, Christopher, *The Grand Tour* (London: Weidenfeld and Nicolson, 1969).

Hornsby, Clare, ed., *The Impact of Italy: The Grand Tour and Beyond* (London: The British School at Rome, 2000).

Howell, James, *Instructions for Foreign Travel* (London, 1642).

Hunt, Margaret, "Racism, Imperialism, and the Traveler's Gaze in Eighteenth-Century England," *The Journal of British Studies* 32: 4 (Oct, 1993).

Hurd, Richard, *A Dialogues on the Uses of Foreign Travel; considered as part of an English gentleman's education: between Lord Shaftesbury and Mr. Locke* (Dublin, 1764).

Idler no. 79 (20 Oct. 1759).

Jannetta, Ann, *The Vaccinators: Smallpox, Medical Knowledge, and the "Opening" of Japan* (Stanford: Stanford UP., 2007).

John, Earl of Cork and Orrey, *Letters from Italy in the Years 1754 and 1755* (London, 1774).

Jones, G. Hartwell, *Celtic Britain and the Pilgrim Movement* (New York: AMS Press, 1980).

Jones, R. F., ed., *The Seventeenth Century* (Stanford, CA: Stanford UP, 1951).

Jones, Rev. William, *Observations in a Journey to Paris by Way of Flanders*, 2 vols (London, 1776).

Kelly, Christopher, "A Grand Tour: Reading Gibbon's 'Decline and Fall'," *Greece & Rome*, 2nd Ser. 44: 1 (Apr. 1997).

Kilbride, Daniel, "Travel, Ritual, and National Identity: Planters on the European Tours, 1820~1860," *The Journal of Southern History* 69: 3 (Aug, 2003).

Knight, Lady Phillipina Deane, *Lady Knight's Letters from France and Italy 1776~1795* ed. Lady Elizabeth Eliott-Drake (London: A. L. Humphreys, 1905).

Kors, A. C., ed., *Encyclopaedia of the Enlightenment* (Oxford: Oxford UP., 2003).

Koshar, Rudy, "'What Ought to Be Seen': Tourists' Guidebooks and National Identities in Modern Germany and Europe," *Journal of Contemporary History* 33: 3 (July, 1998).

Langford, Paul, *Englishness Identified: Manners and Character 1650~1850* (Oxford: Oxford UP., 2000).

Lassels, Richard, *The Voyage of Italy, or, A Compleat Journey through Italy* (Paris, 1670).

Leed, Eric J., *The Mind of the Traveller* (New York: Basic Books, 1991).

Lithgrow, William, *The Total Discourse of the Rare Adventures and Painfull Peregrinations of Years* (London, 1614).

Locke, John, *Locke's Travels in France 1675~1679, As related in his Journals, Correspondence and Other Papers* (Cambridge: Cambridge UP., 1953).

_____, *On Politics and Education* (New York: D. Van Nostrand Company, 1947).

MacCannell, D., *The Tourist, A New Theory of the Leisure Class* (New York: Schocken, 1976).

Martyn, Thomas, *A Gentleman's Guide in His Tour Through France* (London, 1787).

Mead, William Edward, *The Grand Tour in the Eighteenth Century* [1914] (New York: Benjamin Blom, 1972).

Millard, John, and Philip Playstowe, *Gentleman's Guide in his Tour through France wrote by an Officer* (London, 1770).

Misson, M., *New Voyage to Italy* (London, 1739).

Mitford, Nancy, "The Tourist," *Encounter* 13 (1959).

Moir, Esther, *The Discovery of Britain* (London: Routledge & Kegan Paul, 1964).

Montagu, John, *A Voyage Performed by the Late Earl of Sandwich Around the Mediteranean* (London, 1799).

Montagu, Mary Wortley, *Embassy to Constantinople: The Travels of Lady Mary Wortley Montagu*, ed. Christopher Pick (London: Century, 1988).

_____, *The Complete Letters of Lady Mary Wortley Montagu*, ed. Robert Halsband, 3 vols. (Oxford: Clarendon Press, 1965~67).

Moore, John, *A View of Society and Manners in France, Switzerland, and Germany* (Boston, 1792).

Moryson, Fynes, *An Itinerary: Containing his Ten Years Travel through the Twelve Dominions of Germany, Bohemia, Switzerland, Netherland, Denmark, Poland, Italy, Turkey, France, England, Scotland and Ireland*, 3 vols. (London, 1617).

Mossner, E. C., *The life of David Hume* (Oxford: Oxford UP., 2001).

Nugent, Thomas, *The Grand Tour or, a Journey through the Netherlands, Germany, Italy, and France*, 4 vols. (London, 1749).

O'Brien, Karen, *Narrative of Enlightenment: Cosmopolitan History from Voltaire to Gibbon* (Cambridge: Cambridge UP, 1997).

Oman, C., *Sir John Moore* (London: Hodder & Stoughton, 1953).

Osborne, Francis, *Advice to a Son* (Oxford, 1656).

Oxford Magazine 14 (June, 1770).

Pagden, Anthony, ed., *The Idea of Europe from Antiquity to the European Union* (Cambridge:

Cambridge UP., 2002).

Paterson, Samuel, *Another Traveller! or Cursory Remarks and Critical Observations*, 2 vols, (London, 1767~69).

Pimlott, J. A. R., *The Englishman's Holiday: A Social History* (Hassocks: The Harvester Press, 1978).

Pine-Coffin, R. S., "Bibliography of British and American Travel in Italy to 1860," Florence, 1974, *Supplement in Bibliofilia* 83 (1981).

Pope, Alexander, *The Dunciad in Four Books*, ed. Valerie Rumbold (New York: Longman, 1999).

Prevost, Abbe Antoine-Francois, *Adventures of a Man of Quality*, trans and intro, Mysie E. I. Robertson (London: Routledge & sons, 1930).

Redford, Bruce, *The Converse of the Pen: Acts of Intimacy in the Eighteenth-Century Familiar Letter* (Chicago: Univ. of Chicago Press, 1986).

_____, *Venice and the Grand Tour* (New Haven: Yale UP., 1996).

Reyes, Heather, *City Pick Venice* (Oxygen Books, 2011).

Reynolds, Joshua, *The Letters of Sir Joshua Reynolds*, eds. John Irgamells and John Edgcumbe (New Haven, Yale UP., 2006).

Richardson, Jonathan, *An Account of Some of the Statues, Bas-reliefs, Drawings, and Pictures in Italy* (London, 1722).

Riesbeck, John Castar, *Travels through Germany*, trans. Rev. Mr. Maty, 3 vols. (London, 1787).

Rowan, Arthur B., *Gleanings after "Grand Tour"-ists (London: Bosworth and Harrison, 1856).

Rowlinson, J. S., "'Our Common Room in Geneva' and the Early Exploration of the Alps of Savoy," *Notes and Records of the Royal Society of London* 52: 2 (July, 1998).

Ruskin, John, *The Works of John Ruskin*, ed. E. T. Cook and Alexander Wedderburn (London: George Allen, 1908).

Sargent-Baur, Babara, ed., *Journeys toward God* (Kalamazoo: Western Michigan UP., 1992).

Scott, John, *A Visit to Paris in 1814* (London: Longman, 1815).

Scott, Robert C. L., "American Travellers in France, 1830~1860," Ph. D. Diss. (New Haven: Yale UP., 1940).

Semmel, Stuart, "Reading the Tangible Past: British Tourism, Collecting, and Memory after Waterloo," *Representations* 69 (Winter, 2000).

Shackleton, Robert, "The Grand Tour in the Eighteenth Century," in Louis T. Milic, ed., *Studies in Eighteenth-Century Culture* 1 (Cleveland: The Press of Case Western Reserve University, 1971).

Sharp, Samuel, *Letters from Italy, describing the customs and manners of that country in the years 1765, and 1766* (London, 1766).

Sidney, Philip, *Profitable Instructions* (London, 1633).

Smith, Adam, *Correspondence of Adam Smith*, eds., Ernest Campbell Mossner and Ian Simpson Ross (Indianapolis: Liberty Fund, 1987).

Smith, Logan Pearshall, *The Life and Letters of Sir Henry Wotton*, 2 vols. (Oxford: Oxford UP., 1907).

Smith, Valene, ed., *Hosts and Guests. The Anthropology of Tourism* (Philadelphia: U. of Pennsylvania Press, 1977).

Smollett, Tobias, *An Essay on the External Use of Water* (London, 1752).

_____, *Travels through France and Italy* [1766], ed. Frank Felsenstein (Oxford: Oxford UP., 1992).

Spence, Joseph, *Letters from the Grand Tour* [1766], ed. S. Klima (Montreal: McGill-Queen's UP., 1975).

Stagl, Justin, *A History of Curiosity: The Theory of Travel 1550~1800* (Switzerland: Harwood Academic Publishers, 1995).

Sterne, Laurence, *A Sentimental Journey through France and Italy* [1768], ed. Graham Petrie and intro. A. Alvarez (New York: Penguin Books, 1975).

Stock, Paul, *The Shelley-Byron Circle and the Idea of Europe* (New York: Palgrave Macmillan, 2010).

Sumption, Jonathan, *Pilgrimage* (London: Faber and Faber, 1975).

Taylor, Thomas, *The Gentleman's Pocket Companion for Travelling in Foreign Parts* (London, 1722).

The Bear-Leaders, or Modern Travelling (London, 1758).

The Excursionist, April, 25 (1864).

The Excursionist, March, 17 (1864).

The Monthly Visitor and Entertaining Pocket Companion 1 (London, 1797).

The Scourge 8 (Nov. 1814).

The Weekly Miscellany, Sep. 6 (1779).

The World, 205 (Dec. 1756).

Trease, Geoffrey, *The Grand Tour* (New York: Holt, Rinehart and Winston, 1967).

Trevelyan, Humphrey, *Goethe and the Greeks* (Cambridge: Cambridge UP., 1941).

Vester, Heinz-Gunter, "Adventure as a form of Leisure," in *Leisure Studies* 6 (1987).

Walker, Adam, *Ideas Suggested on the Spot in a Late Excursion through Flanders, Germany, France and Italy* (London, 1790).

Walpole, Horace, *Correspondence*, ed. P. Cunningham (London, 1891).

_____, *Horace Walpole's Correspondence*, ed. W. S. Lewis et al, 48 vols. (New Haven: Yale UP., 1937~83).

_____, *Letters from the Hon. Horace Walpole, to George Montagu, Esq. 1736~1770* (London:

Rodwell and Martin, 1818).

_____, *Private Correspondence of Horace Walpole, Earl of Oxford*, 4 vols. (London: Rodwell and Martin, 1820).

_____, *The Letters of Horace Walpole*, 4 vols. (Philadelphia: Lea and Blanchard, 1842).

_____, *The Letters of Horace Walpole, Earl of Oxford*, 6 vols. (London: Richard Bentley, 1840).

_____, The Letters of Horace Walpole, Earl of Oxford. ed. Peter Cunningham, 4 vols. (Cirencester: The Echo Library, 2005).

_____, *Walpole's Correspondence*, ed. W. S. Lewis et all, 48 vols. (New Haven: Yale UP., 1937~83).

Weekly Entertainer or, Agreeable and Instructive Repository 1 (Jan. 1783).

Wharton, Edith, *A Backward Glance: An Autobiography* (London: J. M. Dent, 1993).

_____, *Fighting France, from Dunkerque to Belfort* (London: T. Fisher Unwin, 1915).

_____, *The Age of Innocence* (New York: Appleton, 1920).

Wilkes, John, *The correspondence of the late John Wilkes, with his friends, printed from the original manuscripts, in which are introduced memoirs of his life* (London, 1805).

Williamson, Stanley, *The Vaccination Controversy: The Rise, Reign and Fall of Compulsory Vaccination for Smallpox* (Liverpool: Liverpool UP., 2007).

Withey, Lynne, *Grand Tours and Cook's Tours: A History of Leisure Travel, 1750~1915* (New York: William Morrow and Co., 1997).

Wright, Edward, *Some Observations Made in Travelling through France, Italy, etc. in 1720~1722*, 2 vols. (London, 1730).

Young, Arthur, *Travels in France and Italy during the Years 1787, 1788 and 1789* (London: J. M. Dent & Sons, 1915).

Zacher, Christian, *Curiosity and Pilgrimage* (Baltimore: Johns Hopkins UP., 1976).

강신민·신국철·이광호, 《New 관광학 원론》 (대경, 2007).

고유경, 〈자연에서 민족으로: 라인 신화의 탄생과 성장〉, 《대구사학》 106 (2012년 3월).

노자연, 〈17세기 영국의 호기심의 방〉, 연세대학교 대학원 석사학위논문 (2011년 7월).

다니엘 부어스틴 지음, 이민아 옮김, 《창조자들》 2 (민음사, 2002).

도널드 그라우트 지음, 민은기·오지희 외 옮김, 《서양음악사》 (이앤비플러스, 2007).

레슬리 오레이 지음, 류연희 옮김, 《오페라의 역사》 (동문선, 1990).

레이 로렌스 지음, 최기철 옮김, 《로마제국 쾌락의 역사》 (미래의창, 2011).

리처드 스텐걸 지음, 임정근 옮김, 《아부의 기술》 (참솔, 2006).

메리 울스턴크래프트 지음, 문수현 옮김, 《여성의 권리 옹호》 (책세상, 2011).

박지향, 《영국적인, 너무나 영국적인》 (기파랑, 2006).

볼프강 시벨부시 지음, 박진희 옮김,《철도여행의 역사》(궁리, 1999).

볼프강 슈말레 지음, 박용희 옮김,《유럽의 재발견: 신화와 정체성으로 보는 유럽의 역사》(을유문화사, 2006).

빈프리트 뢰쉬부르크 지음, 이민수 옮김,《여행의 역사: 오디세우스의 방랑에서 우주 여행까지》(효형출판, 2003).

빌 브라이슨 지음, 박중서 옮김,《거의 모든 사생활의 역사》, (까치, 2011).

설혜심,〈근대 초 유럽의 그랜드 투어〉,《서양미술사학회 논문집》27 (2007년 상반기).

설혜심,《서양의 관상학, 그 긴 그림자》(한길사, 2002).

설혜심,《역사, 어떻게 볼 것인가: 마녀사냥에서 트위터까지》(길, 2011).

설혜심,《온천의 문화사: 건전한 스포츠에서 퇴폐적인 향락에 이르기까지》(한길사, 2001).

설혜심,《지도 만드는 사람: 근대 초 영국의 국토, 역사, 정체성》(길, 2007).

쉬어러 웨스트,〈레이놀즈와 그랜드 투어〉,《서양미술사학회 논문집》27 (2007년 상반기).

스탕달 지음, 이해윤 옮김,《적과 흑》(홍신문화사, 1992).

스티븐 툴민 지음, 이종흡 옮김,《코스모폴리스》(경남대학교출판부, 1997).

안드레아스 바이어,〈여행-체류-죽음: 로마에서의 괴테 가〉,《서양미술사학회 논문집》27 (2007년 상반기).

앙드레 모루아 지음, 이정림 옮김,《디즈레일리의 생애》(범우사, 1999).

애덤 스미스 지음, 최호진·정해농 옮김,《국부론》상·하 (범우사, 2002).

양위주·장희정,《관광학》(형설출판사, 1998).

에드워드 기번 지음, 이종인 편역,《로마제국 쇠망사》(책과함께, 2012).

오카모토 노부유키 지음, 최규환 옮김,《관광학 입문: 포스트 매스 투어리즘의 관광학》(백산출판사, 2003).

요한 볼프강 폰 괴테 지음, 김수용 옮김,《파우스트》2 (책세상, 2006).

요한 볼프강 폰 괴테 지음, 박영구 옮김,《이탈리아 기행》(푸른숲, 1998).

움베르토 에코 지음, 이현경 옮김,《미의 역사》(열린책들, 2005).

윌리엄 레너드 랭어 엮음, 박상익 옮김,《뉴턴에서 조지 오웰까지》(푸른역사, 2004).

윤선자,《축제의 문화사》(한길사, 2008).

이광주,《베네치아의 카페 플로리안으로 가자》(다른세상, 2001).

이블린 로드 지음, 이경식 옮김,《헬파이어 클럽: 섹스, 악마주의 그리고 비밀결사》(황소자리, 2010).

이은기,《르네상스 미술과 후원자》(시공사, 2002).

이종찬,〈유럽의 풍경에 대한 낭만주의적 인식과 열대성의 발명: 문학과 미술작품에 관한 식물지리학적 관점〉,《한국과학사학회지》30: 1 (2008).

이지은,《귀족의 은밀한 사생활》(지안, 2006).

이지은,《부르주아의 유쾌한 사생활》(지안, 2011).

자넷 토드 지음, 서미석 옮김,《세상을 뒤바꾼 열정: 위대한 페미니스트 울스턴크래프트의 생애》
  (한길사, 2000).

전진성,《박물관의 탄생》(살림, 2004).

제러미 블랙 지음, 김요한 옮김,《세계지도의 역사》(지식의숲, 2006).

존 헤스켓 지음, 정무환 옮김,《산업 디자인의 역사》(시공아트, 2004).

케빈 살라티노, 〈성과 영원의 도시: 관능의 성지 순례로서의 그랜드 투어〉,《서양미술사학회 논문
  집》27 (2007년 상반기).

패트리샤 하이스미스 지음, 김문운 옮김,《태양은 가득히》(동서문화사, 2003).

피에르 부르디외 지음, 최종철 옮김,《구별짓기》상 (새물결, 2005).

하동현 외,《관광학원론》(한올출판사, 2005).

그랜드 투어

엘리트 교육의 최종 단계

1판 1쇄 발행일 2020년 10월 5일
1판 3쇄 발행일 2024년 4월 1일

지은이 설혜심

발행인 김학원
발행처 (주)휴머니스트출판그룹
출판등록 제313-2007-000007호(2007년 1월 5일)
주소 (03991) 서울시 마포구 동교로23길 76(연남동)
전화 02-335-4422 **팩스** 02-334-3427
저자·독자 서비스 humanist@humanistbooks.com
홈페이지 www.humanistbooks.com
유튜브 youtube.com/user/humanistma **포스트** post.naver.com/hmcv
페이스북 facebook.com/hmcv2001 **인스타그램** @humanist_insta

편집주간 황서현 **편집** 최인영 엄귀영 이영란 **디자인** 유주현
조판 홍영사 **용지** 화인페이퍼 **인쇄** 삼조인쇄 **제본** 해피문화사

ⓒ 설혜심, 2020

ISBN 979-11-6080-484-3 03900